高等院校"十三五"规划教材——经济管理系列

电子商务概论

卢金钟　雅　玲　主　编

方　英　王永生　张　远　副主编

清华大学出版社

北　京

内 容 简 介

本书作为电子商务专业学生的专业基础课教材，同时适用于管理类专业的学科基础课教材，内容涵盖了整个电子商务价值链中涉及的各个部分，知识体系较为全面和新颖。

本书共分为 10 章，基于电子商务管理知识、电子商务经济知识、电子商务技术知识、电子商务综合知识等四部分依次展开论述。包括电子商务概述、电子商务体系框架与商业模式、网络经济、电子支付与互联网金融、电子商务管理应用、网络营销、电子商务物流。电子商务安全技术、跨境电子商务、电子商务法律等相关内容。本书力求结合电子商务业界前沿的最新实践发展，用理论加以分析并做归纳分析。本书每章结尾都附有案例，学生可以结合本章节的理论加以分析总结；每章节的复习思考题可供读者思考并消化章节内容。

本书提供电子教案、电子课件、课后习题参考答案等系列教学资料。本书既可作为高等院校本科经济管理类专业相关课程的教材，也可作为高职高专学生专业课教材使用，同时也可供相关技术人员自学用书及培训班教材参考使用。

图书在版编目(CIP)数据

电子商务概论/卢金钟，雅玲主编. —北京：清华大学出版社，2017 (2021.2重印)
(高等院校"十三五"规划教材——经济管理系列)
ISBN 978-7-302-48426-4

Ⅰ．①电…　Ⅱ．①卢…　②雅…　Ⅲ．①电子商务—高等学校—教材　Ⅳ．①F713.36

中国版本图书馆 CIP 数据核字(2017)第 225964 号

责任编辑：秦　甲
封面设计：刘孝琼
责任校对：周剑云
责任印制：杨　艳

出版发行：清华大学出版社

　　网　　　址：http://www.tup.com.cn, http://www.wqbook.com
　　地　　　址：北京清华大学学研大厦 A 座　　　邮　　编：100084
　　社 总 机：010-62770175　　　　　　　　　　邮　　购：010-62786544
　　投稿与读者服务：010-62776969, c-service@tup.tsinghua.edu.cn
　　质量反馈：010-62772015, zhiliang@tup.tsinghua.edu.cn
　　课件下载：http://www.tup.com.cn, 010-62791865

印 装 者：北京国马印刷厂

经　　销：全国新华书店

开　　本：185mm×260mm　　　印　　张：17.75　　字　　数：430 千字
版　　次：2017 年 10 月第 1 版　　　　　　　印　　次：2021 年 2 月第 8 次印刷
定　　价：48.00 元

产品编号：060163-02

前　言

电子商务正领跑"互联网+"时代。电子商务以其高成长性，已经成为产业转型升级、经济发展的新引擎，不断催生新机遇、新产业，为大众创业、万众创新创造出最佳平台。电子商务作为一种新型的商业文明，正改变着人们的生活和工作方式，也冲击着人们的思维方式和行为准则，其影响已远远超过技术和商务本身。传统商务模式和商务流程亟须向电子商务转型，传统企业和组织无不积极思考并实践着转型、升级、提质、增效，以适应电子商务时代发展的需要。

尽快并尽可能多地培养出复合型的电子商务专业人才，成为当前开设电子商务专业的高校的迫切任务，以适应电子商务的快速发展，满足社会电子商务活动需要，提高电子商务从业人员的整体素养。

《电子商务概论》作为电子商务专业的学科基础课程，是整个专业的基石，其主要目的是使学生从电子商务的基本理论、运营环境到电子商务的高级应用层次、产业化发展和电子商务的经济性等各方面有一个全面而深入的了解、认识和把握，为进一步学习后续各门电子商务的专业知识奠定坚实的基础。本教材在作者前期陆续出版的《新编电子商务概论》《新编电子商务概论》第2版、《电子商务物流管理》《电子商务英语》的基础之上，融合国内外学者、专家和自己的学术、科研和实践成果，以及电子商务业界前沿的最新发展动态，在多次讲课的基础上再次修订而成。

本教材根据教育部电子商务专业教学指导委员会对电子商务专业知识模块的划分，从基础理论出发，结合现代电子技术，全方位阐述了电子商务的特点、应用和技术创新。它注重电子商务的基本理论、基本知识和基本应用的同时，突出了电子商务的创新性和前沿性，强调理论与应用相结合，力图比较完整地反映电子商务专业知识的基本概貌和电子商务理论与应用的最新发展。本书是根据教学的需要，运用最新的数据和案例，结合电子商务的实践性要求和新的发展动态来进行编写的。全书分为4篇共10章：

(1) 电子商务基础知识篇(第1章、第2章)；

(2) 电子商务经济知识篇(第3章、第4章)；

(3) 电子商务管理知识篇(第5章、第6章和第7章)；

(4) 电子商务综合篇(第8章、第9章、第10章)。

本教材可以作为电子商务专业学生的课程教材，也可以作为其他经管类专业学生的专业基础课教材以及其他专业选修课的参考教材。

本教材的编著分工为：主编卢金钟(内蒙古工业大学)负责确定大纲、总纂全书并编写第1章及第8~10章，主编雅玲(内蒙古工业大学)编写第2~4章，方英(内蒙古工业大学)编写第5章和第6章，张远(内蒙古化工职业学院)编写第7章。参与编著并承担本书收集、整理资料等工作的还有张昭俊、冀强、王永生、荣霞、王晶、王洪鹏、吴文平、阿如娜、肖丹、温慧君、张莉蔚、靳华宇等。

在本书编写过程中，我们参阅了许多与电子商务相关的教材和网站资料以及有关研究成果，在此一并向其作者表示衷心感谢！由于电子商务是一门新兴的学科，而且发展速度快，其理论、技术和应用都是在不断发展和变化中得以逐渐成熟与完善的，因此，书中疏漏和不妥之处在所难免，恳请专家、学者和读者批评指正。

编　者

目　录

第1章

电子商务概述

【学习目标】

❖ 理解电子商务的概念

❖ 掌握电子商务的功能和作用

❖ 认识电子商务的分类和意义

❖ 了解电子商务的产生和发展

电子商务代表着 21 世纪社会经济的发展方向。在当前经济全球一体化的大背景下，伴随着互联网的迅速普及与互联网经济的迅猛发展，电子商务作为 Internet 的一个重要应用领域已真正走入社会生活的各个角落和各个领域，并对人类社会生活的各个层面带来了巨大的影响和改变。它带来了一种全新的商业文明即电子商务文明，创造出了崭新的商业模式和海量的商业机会。企业的经营模式、政府的管理模式、人们的生产、生活方式均面临着巨大的冲击，毋庸置疑，这是技术进步推动的社会进步，每个人都应积极面对，拥抱变化。

1.1　电子商务的产生与发展

1.1.1　电子商务的产生

电子商务是伴随着 Internet 的发展、成熟而不断成长的。Internet 经过近 20 年的发展，从 1969 年，美国国防部先进研究项目管理局(ARPA)建立了用于国防研究项目的 ARPANET，以连接有关高校、研究机构和国防工程承包商的计算机系统；到 1986 年，由美国国家科学基金会(NSF)接手投资扩建成 NSFNET，成为推动科学技术研究和教育发展的重要工具；再到 1992 年，美国政府提出"信息高速公路"计划，进一步加强对 Internet 的资金支持，并取消商业性应用的禁令，这些都给电子商务发展铺平了道路。自 1995 年起，Internet 主干网转由企业支持，从而实现商业化运营，使电子商务进入快速成长阶段。

20 世纪 90 年代初期，信息高速公路、信息经济、电子商务还是很抽象、很遥远的概念，即便是在发达国家，许多人也认为那不过是可望而不可即的海市蜃楼，或者是商家为吸引股民和消费者而玩的噱头。如今，欧美发达国家的企业和消费者早已实际受益于电子商务带来的效益和各种便利，即使在中国这样的发展中国家，广大民众也深刻感受到"互联网+"和电子商务给社会经济生活带来的巨大影响。如今坐在家中足不出户即可通过互联网及相关平台完成商务活动中的几乎所有事项；通过网上银行、电子钱包、手机银行、银证转账等即可轻松实现各类交易及查询，通过 12306 网、去哪儿网、携程网、美大网等可完成火车票、飞机票、酒店客房、餐饮等的线上预订与支付线下体验等事宜，所有这一切极大地节约了商务成本及时间成本，切实提高了商务效率。

电子商务的发展应划分为如下五大阶段。

第一阶段：电子邮件阶段。这个阶段可以认为是从 20 世纪 70 年代开始的，平均的通信量以每年几倍的速度增长。

第二阶段：信息发布阶段。从 1995 年起，以 Web 技术为代表的信息发布系统爆炸式地成长起来，成为当时 Internet 的主要应用。

第三阶段：EC(Electronic Commerce)，即电子商务阶段。在这个时点，EC 在美国也才刚刚开始，之所以把 EC 列为一个划时代的产物，是因为 Internet 的最终主要商业用途就是电子商务。海量的商业信息，主要是通过 Internet 高效传递与分享。Internet 成为这个商业信息社会的神经系统。1997 年年底在加拿大温哥华举行的第五次亚太经合组织非正式首脑会议(APEC)上，美国总统克林顿提出敦促各国共同促进电子商务发展的议案，引起了全球首脑的关注，IBM、HP 和 SUN 等国际著名的信息技术厂商宣布 1998 年为电子商务年。

第四阶段：全程电子商务阶段。随着 Saas(Software as a service)软件服务模式的出现，软件纷纷登录互联网，延长了电子商务链条，形成了当时最新的"全程电子商务"概念模式。

第五阶段：智慧电子商务阶段。2011 年，互联网信息碎片化以及云计算技术愈发成熟，主动互联网营销模式出现，i-Commerce(individual Commerce)顺势而出。电子商务摆脱传统销售模式生搬上互联网的现状，以主动、互动、用户关怀等多角度与用户进行深层次沟通。其中以 IZP 科技集团提出的 ICE 最具有代表性。

电子商务应用是一个由初级到高级、由简单到复杂的过程，对社会经济的影响也是由浅入深、从点到面。从网上相互交流需求信息、发布产品广告，到网上采购或接受订单、结算支付账款，企业应用电子商务是从少部分到大部分，直至覆盖全部业务环节。从具体业务领域来看，也是由少到多逐步发展完善的循序渐进的过程。

美国是 Internet 的发源地，也是电子商务应用最发达的国家之一，目前其电子商务交易总额仍占全球电子商务交易额的一半以上。自 1992 年美国政府取消 Internet 商业应用的禁制后，电子商务推广与 Internet 扩张互为因果、互相促进，形成良性循环，在政府的鼓励和促进下，电子商务迅速推广普及。

Internet 正全面改变着当今社会生活的面貌。网上商城、电子图书馆、网上书店、电子音乐厅、网上医院、电子社区、网上游戏厅、电子棋室、网上投票、电子政府、网络幼儿园、虚拟娱乐中心等蓬勃发展成长，Internet 和电子商务的影响无所不至，已经成为人们生活中不可缺少的内容，"电子社区""电子生活""电子城市""电子政府"充斥了我们整个社会生活。

Internet 和电子商务的飞速发展创造了新的商业文明，阿里巴巴、京东、Amazon、新浪、eBay 等网络企业，依靠电子商务的优越性和投资者对网络企业的认知，从最初的几百万或几千万美元投资迅速成长为市值达数百亿甚至上千亿美元的巨型企业。

对于 2014 年 9 月份的全球资本市场来说，没有什么比阿里巴巴在美国上市更让人激动的了。据外国媒体报道，当阿里巴巴执行主席马云在纽约为公司上市进行 IPO 的路演活动时，在其入住的酒店外，潜在投资人排着长队，等待长达半小时时间去乘坐电梯，以求能见到这位传奇的浙江商人。据统计，马云的身家超过 200 亿美元，已在王健林和马化腾之上，成为中国新首富，也成为中国的全民创业偶像。美国时间 2014 年 9 月 19 日上午，阿里巴巴正式在纽交所挂牌交易。阿里巴巴在交易中总共筹集到了 250 亿美元资金，创下了有史以来规模最大的一桩 IPO 交易。

至此，我国排名居前的互联网公司，如阿里巴巴、腾讯、百度、网易、搜狐、新浪、京东等，都选择了在海外资本市场上市。专家分析，在纳斯达克等境外上市则能够顺应全球品牌竞争时代的到来，提升企业的国际公众形象和国际社会声誉，进一步提高公司品牌的含金量，为中国企业进入全新的全球品牌竞争时代奠定了基础。21 世纪的商业舞台正在上演一幕幕更精彩的电子商务市场争夺战。

1.1.2　促进电子商务发展的积极因素

电子商务作为一种新兴的商业文明，无疑已成为经济增长的助推器，新引擎随着时代的发展，国内外的政治环境、经济环境、社会环境以及一日千里的技术进步，无一不在推动着电子商务的发展。

1．计算机应用的普及和 Internet 的高速发展

近年来，计算机处理速度越来越快，处理能力越来越强，价格越来越低，应用越来越广泛。与此同时，Internet 也逐渐成为全球通信与交易的新媒体，全球上网用户呈级数增长趋势，已逾数亿，而且还在迅速增长。Internet 打破时空的限制，使建立快速的全球性贸易成为可能。这是电子商务发展的关键之一。特别是微型计算机、智能手机的普及与应用，几乎所有的单位和家庭都在利用计算机和智能手机开展各种工作。

(1) 基础数据。

● 截至 2015 年 12 月，中国网民规模达 6.88 亿人，全年共计新增网民 3951 万人。互联网普及率为 50.3%，较 2014 年年底提升了 2.4 个百分点。

● 截至 2015 年 12 月，中国手机网民规模达 6.20 亿人，较 2014 年年底增加 6303 万人。网民中使用手机上网人数占比由 2014 年的 85.8%提升至 90.1%。

● 截至 2015 年 12 月，中国网民中农村网民占比 28.4%，规模达 1.95 亿人，较 2014 年年底增加 1694 万人。

● 截至 2015 年 12 月，中国网民通过台式电脑和笔记本电脑接入互联网的比例分别为 67.6%和 38.7%；手机上网使用率为 90.1%，较 2014 年年底提高 4.3 个百分点；平板电脑上网使用率为 31.5%；电视上网使用率为 17.9%。

● 截至 2015 年 12 月，中国域名总数为 3102 万个，其中".CN"域名总数为 1636 万个，占中国域名总数比例为 52.8%，".中国"域名总数为 35 万个。

● 截至 2015 年 12 月，中国网站总数为 423 万个，其中".CN"下网站数为 213 万个。

● 截至 2015 年 12 月，中国企业使用计算机办公的比例为 95.2%，使用互联网的比例为 89.0%，通过固定宽带接入方式使用互联网的企业比例为 86.3%、移动宽带为 23.9%；此外，开展在线销售、在线采购的比例分别为 32.6%和 31.5%，利用互联网开展营销推广活动的比例为 33.8%。

(2) 企业应用特点。

① 企业"互联网+"应用基础更加坚实，互联网使用比例上升 10.3 个百分点。2015 年，中国企业计算机使用比例、互联网使用比例、固定宽带接入比例相比 2014 年分别上升了 4.8 个、10.3 个和 8.9 个百分点。在此基础上，企业广泛使用多种互联网工具开展交流沟通、信息获取与发布、内部管理、商务服务等活动，且已有相当一部分企业将系统化、集成化的互联网工具应用于生产研发、采购销售、财务管理、客户关系、人力资源等全业务流程中，将互联网从单一的辅助工具，转变为企业管理方法、转型思路，助力供应链改革，踏入"互联网+"深入融合发展的进程。

② 企业具备基础网络安全防护意识。我国企业已具备基本的网络安全防护意识：91.4%的企业安装了杀毒软件、防火墙软件，其中超过 1/4 的企业使用了付费安全软件，并有 8.9%的企业部署了网络安全硬件防护系统、17.1%的企业部署了软硬件集成防护系统。随着企业经营活动全面网络化，企业对网络安全的重视程度日益提高，对网络活动安全保障的需求迅速增长，这将加速我国网络安全管理制度体系的完善、网络安全技术防护能力的

提高，同时提升我国网络安全产业的产品研发与服务能力，激活企业网络安全服务市场。

③ 互联网正在融入企业战略，决策层主导互联网规划工作的企业比例达 13.0%。专业人才是企业发展"互联网+"必不可少的支撑，有 34.0%的企业在基层设置了互联网专职岗位；有 24.4%的企业设置了互联网相关专职团队，负责运维、开发或电子商务、网络营销等工作，互联网已经成为企业日常运营过程中不可或缺的一部分。同时，我国企业中决策层主导互联网规划工作的比例达 13.0%，"互联网+"正在成为企业战略规划的重要部分。

④ 移动互联网营销迅速发展，微信营销推广使用率达 75.3%。在开展过互联网营销的企业中，35.5%的企业通过移动互联网进行了营销推广，其中有 21.9%的企业使用过付费推广。随着用户行为全面向移动端转移，移动营销将成为企业推广的重要渠道。移动营销企业中，微信营销推广使用率达 75.3%，是最受企业欢迎的移动营销推广方式。此外，移动营销企业中建设移动官网的比例为 52.7%，将电脑端网页进行优化、适配到移动端，是成本较低、实施快捷的移动互联网营销方式之一。

⑤ 互联网推动供应链改造，超过 30%的企业在网上开展在线销售/采购。截至 2015 年 12 月，全国开展在线销售的企业比例为 32.6%，开展在线采购的企业比例为 31.5% 。受中国网络零售市场发展带动，开展网上销售业务的企业数量、销售规模增长迅速。此外，有 40.7%的上网企业部署了信息化系统，通过建设 OA 系统以提高内部流程化管理水平与效率，部署实施 ERP 和 CRM 等信息系统来优化配置产销资源、开展高效的客户服务。但各业务之间协同联动效果不足，亟须从局部流程优化向全流程再造方向进行升级。

(3) 个人应用特点。

① 半数中国人接入互联网，网民规模增速有所提升。截至 2015 年 12 月，我国网民规模达 6.88 亿人，全年共计新增网民 3951 万人，增长率为 6.1%，较 2014 年提升 1.1 个百分点。我国互联网普及率达到 50.3%，超过全球平均水平 3.9 个百分点，超过亚洲平均水平 10.1 个百分点。

② 网民个人上网设备进一步向手机端集中，90.1%的网民通过手机上网。截至 2015 年 12 月，我国手机网民规模达 6.20 亿人，网民中使用手机上网的人数占比由 2014 年的 85.8% 提升至 90.1% 。台式电脑、笔记本电脑、平板电脑的使用率均出现下降，手机不断挤占其他个人上网设备的使用。移动互联网塑造了全新的社会生活形态，潜移默化地改变着移动网民的日常生活。新增网民最主要的上网设备是手机，使用率为 71.5%，手机是带动网民规模增长的主要设备。

③ 无线网络覆盖明显提升，网民 Wi-Fi 使用率达到 91.8%。网络基础设施建设逐渐完善，移动网络速率大幅提高，带动手机 3G/4G 网络使用率不断提升。截至 2015 年 12 月，我国手机网民中通过 3G/4G 上网的比例为 88.8%；智慧城市的建设推动了公共区域无线网络的使用，手机、平板电脑、智能电视则带动了家庭无线网络的使用，网民通过 Wi-Fi 无线网络接入互联网的比例为 91.8%。

④ 线下支付场景不断丰富，推动网络支付应用迅速增长。截至 2015 年 12 月，网上支付用户规模达 4.16 亿人，增长率为 36.8% 。其中手机网上支付用户规模达 3.58 亿人，增长率为 64.5%。网络支付企业大力拓展线上线下渠道，运用对商户和消费者双向补贴的营销策略推动线下商户开通移动支付服务，丰富线下支付场景。

⑤ 在线教育、网络医疗、网络约车已成规模，互联网有力提升公共服务水平。2015

年，我国在线教育用户规模达 1.10 亿人，占网民的 16.0%；互联网医疗用户规模为 1.52 亿人，占网民的 22.1%；网络预约出租车用户规模为 9664 万人，网络预约专车用户规模为 2165 万人。互联网的普惠、便捷、共享特性，渗透到公共服务领域，加快推进社会化应用，创新社会治理方式，提升公共服务水平，促进民生改善与社会和谐。

2. 银联在线支付及第三方支付的迅速发展与普及

(1) 银联在线支付。

银联在线支付是由中国银联联合各商业银行共同打造的银行卡网上交易转接清算平台，是为满足各方网上支付需求而打造的银行卡网上交易转接清算平台，也是中国首个具有金融级预授权担保交易功能、全面支持所有类型银联卡的集成化、综合性网上支付平台。其涵盖认证支付、快捷支付、小额支付、储值卡支付、网银支付等多种支付方式，可为用户境内外网上购物、水电气缴费、商旅预订、转账还款、基金申购、慈善捐款以及企业代收付等提供"安全、快捷、多选择、全球化"的支付服务。其基本特点如下：

① 方便快捷。简单灵活支付，无须烦琐程序，加快交易进程，提升用户体验，有助于银行、商户吸引更多客户，促进网上交易，所有银联卡普遍适用。

② 安全可靠。多重安全防控技术保障，实时风险监控，完备的风险处置和化解机制，前中后台联动，充分保证交易安全。

③ 全球通用。银联跨境网上支付服务已经覆盖全球主要国家和地区，国内主要银行发行的银联卡均可使用，免收货币转换费，持卡人足不出户即可"轻点鼠标，网购全球"。

④ 金融级预授权担保交易。银联在线支付是国内首个支持金融级预授权担保交易的在线支付平台，与其他担保支付方式相比，银联在线支付完全按照金融规范和标准提供预授权担保交易，在交易最终确认前，交易资金在自有账户内冻结，无须提前向第三方划转，免除了利息损失和挪用风险，解决了持卡人对支付资金安全问题的担心，最大化地保证了银行、商户和持卡人的利益。银联的互联网商户通过了严格的入网审核和实名认证，在商户规则和业务管理环节，银联/收单机构要求商户提供可信赖的保证，以确保商户本身拥有良好的纠纷处理能力。

⑤ 综合性商户服务。基于中国银联强大的资金清算体系和综合服务能力，不仅可为商户提供线下线上一体化的资金清算服务、便利的交易管理服务，提高资金管理效率，更可为商户带来庞大的客户资源和无限商机。

⑥ 无门槛网上支付。"银联在线支付"通过特殊的无卡支付通道，让无网银客户也能畅享网上支付服务，有助于银行减少对网银系统的资源投入，吸引更多客户进行网上交易。

(2) 第三方支付。

除了网上银行、电子信用卡等支付方式以外，还有一种方式也可以相对降低网络支付的风险，那就是正在迅猛发展起来的利用第三方机构的支付模式及其支付流程，而这个第三方机构必须具有一定的诚信度。所谓第三方支付，就是一些和产品所在国家以及国内外各大银行签约，并具备一定实力和信誉保障的第三方独立机构提供的交易支持平台。在通过第三方支付平台的交易中，买方选购商品后，使用第三方平台提供的账户进行货款支付，由第三方通知卖家货款到达、进行发货；买方检验物品后，就可以通知付款给卖家，第三方再将款项转至卖家账户。第三方支付采用支付结算方式。按支付程序分类，结算方式可分为一步支付方式和分步支付方式，前者包括钞票结算、票据结算(如支票、本票、银行汇票、承兑汇票)、汇转结算(如电汇、网上支付)，后者包括信用证结算、保函结算、第三方支付结算。

目前国内第三方支付排名较为靠前的包括支付宝、微支付、快钱、汇付天下、易宝支付、通联支付、环迅支付、拉卡拉等。银联在线及第三方支付以其方便、快捷、安全等优点成为人们消费支付的重要手段，推动并形成了完善的全球性信用卡计算机网络支付与结算系统，电子支付已不再是妨碍电子商务发展的瓶颈。

3．安全电子交易协议的出台

为确保网上支付的安全性，美国 VISA 和 MasterCard 国际组织等联合制定了安全电子交易协议，即 SET(Secure Electronic Transaction)，于 1997 年 5 月 31 日公布，作为在开放网络上进行电子支付的安全标准。SET 协议使用加密技术保证支付信息的安全性；使用数字签名确保支付信息的完整性；使用数字签名并颁发商用电子证书，对商户身份进行认证。SET 协议的颁布得到许多厂商的认可和支持，将为网上购物与支付提供一个安全的环境，这是电子商务的关键所在。

4．各国政府的支持

政府的支持与推动是电子商务成功的关键因素之一。纵观全球电子商务的发展，各国政府高度重视，大力推动电子商务的发展。1997 年 4 月欧盟发布了欧洲电子商务协议，1997 年 7 月美国政府发布了"全球电子商务纲要"，受到各国关注，推动着全球电子商务的发展。电子商务受到世界各国政府的重视，各国政府纷纷采取各种有效措施支持和推动电子商务的发展，这为电子商务的发展提供了强有力的支持。

据 2015 年 5 月 20 日《北京商报》报道，我国相关部委 10 天内连续发布五道扶持令，扫清电商发展障碍，史无前例的政策红利促电商起飞，高调推动流通产业升级，力挺电商和"互联网+"新业态。从加强电商的规范化经营、暂缓针对电商征税，到国务院发文全面、细致部署各个部门促进电商发展的工作，再到海关总署针对跨境电商推 365×24 无休息服务保障，电商行业迎来政策密集期。2015 年 5 月 10 天内发布的五道电子商务扶持令分别是：5 月 5 日商务部发布的《无店铺零售业经营管理办法(试行)(征求意见稿)》；5 月 6 日税务总局发布的《关于坚持依法治税更好服务经济发展的意见》；5 月 7 日国务院发布的《国务院关于大力发展电子商务 加快培育经济新动力的意见》；5 月 15 日商务部发布的《"互联网+流通"行动计划》；5 月 15 日海关总署发布的《海关总署关于调整跨境贸易电子商务监管海关作业时间和通关时限要求有关事宜的通知》等。此外，由于计算机的普及应用以及互联网技术的发展，人们信息化观念和意识不断提高，也为电子商务的发展提供了有力的公众支持。

5．政策的制定和法规的完善

电子商务最基本的要求就是安全性与合法性，商务活动要有法律的保障。世界各国经验表明，为了促进电子商务快速、健康发展，就必须要加快电子商务的立法，进一步创造良好的政策、法律环境。从推动重点行业和骨干企业电子商务建设、引导电子商务推广应用、创建良好的电子商务发展环境、完善电子商务支撑体系、发展第三方电子商务交易与服务、积极开展国际合作和培育新的经济增长点等多个方面来推进电子商务协调发展。这些法律和政策的颁布实施，必将进一步改善电子商务的法制环境，促进安全可信的电子交易环境的建立，推动电子商务进入新的发展阶段。

6. 市场的潜在机会与日俱增

埃森哲最新调查表明，电子商务拥有众多的潜在机会，能为全球国家带来新的机遇。该研究报告举出了几个推动电子商务发展的积极因素。

首先，在每个国家广阔但未开发的市场中，互联网用户的数量都在持续不断增长。

其次，移动电话使用以惊人的速度增长，为移动商务提供了绝佳的机会。

最后，电子商务可以在不远的将来大量应用于采购和后勤方面。一些研究结果进一步显示，成功的公司在供应链中积极寻求合作，改善它们在产品设计、预测、计划、库存管理和采购方面的效率。

随着移动电话和无线应用的快速增长，将大大推动移动商务和无线业务收入的增长。越来越多的企业正在加强它们的内部流程。根据这一原则，许多企业将重塑自我，在获得规模经济的同时，充分利用外包、合作和联网来增强竞争实力。互联网不断地产生新的技术进步和机会，先行者的优势正在扩展到许多新的领域。

1.1.3 中国电子商务的发展历程

1. 起步期

1990—1993年，电子数据交换(EDI)时代，成为中国电子商务的起步期。20世纪90年代，中国正式开展EDI的电子商务。从1990年开始，EDI就已列入"八五"国家科技攻关项目。1991年9月，由国务院电子信息系统推广应用办公室牵头，会同国家计委、科委、海关总署和税务局等国家智能部门正式进入电子政务时代。同年10月成立"中国EDIFACT委员会"，并参加亚洲EDIFACT理事会。EDI在对内外贸易、金融、交通等方面得到应用。作为电子商务的起步期，电子数据交换作为电子商务的原始雏形逐渐壮大。

2. 雏形期

1993—1997年，政府领导组织开展"三金工程"阶段，为电子商务发展期打下了坚实基础。1993年，成立国务院副总理为主席的国民经济信息化联席会议及其办公室，相继组织了金关、金卡、金税等"三金工程"，取得了重大进展。1996年1月，成立国务院国家信息化工作领导小组，由副总理任组长，20多个部委参加，统一领导组织中国信息化建设。1996年，全桥网与Internet正式开通。1997年，信息办组织有关部门起草编制中国信息化规划。1997年，中国第一家垂直互联网公司——浙江网盛科技股份有限公司(浙江网盛生意宝股份有限公司)诞生。1997年4月在深圳召开全国信息化工作会议，各省、市、地区相继成立信息化领导小组及其办公室，各省开始制定本省包含电子商务在内的信息化建设规划。1997年，广告主开始使用网络广告。1997年4月以来，中国商品订货系统(CGOS)开始运行。

3．发展期

1998—2000 年，互联网电子商务发展阶段。1998 年 3 月，中国第一笔互联网网上交易成功。1998 年 10 月，国家经贸委与信息产业部联合宣布启动以电子贸易为主要内容的"金贸工程"，它是一项推广网络化应用、开发电子商务在经贸流通领域的大型应用试点工程。1999 年 3 月 8848 等 B2C 网站正式开通，网上购物进入实际应用阶段。1999 年兴起政府上网、企业上网，电子政务(政府上网工程)、网上纳税、网上教育(湖南大学、浙江大学网上大学)、远程诊断(北京、上海的大医院)等广义电子商务开始启动，并已有试点，进入实际试用阶段。

4．稳定期

2000—2009 年，电子商务逐渐从传统产业向 B2B、B2C、C2C 典型的电子商务模式转变，不再是简单的商务网上化，这标志着电子商务已经进入可持续性发展的稳定期。2000 年 5 月，卓越网成立，为我国早期的 B2C 网站之一。2003 年 5 月，阿里巴巴集团投资 1 亿元人民币成立淘宝网进军 C2C。2006 年 5 月，环球资源入购慧聪国际，结成中国最大 B2B 战略联盟。2008 年，中国电子商务 B2B 市场交易达 3 万亿美元，网购交易也首次突破千亿大关，达 1 500 亿元人民币。2009 年，当当网宣布率先实现盈利，平均毛利率达 20%，成为国内首家实现全面盈利的网上购物企业。

5．成熟期

IT 技术的蓬勃发展促使全网全程的电子商务 V5(Version 5)时代成型，它所具有的全网全程、主动营销等特点是前几个电子商务发展时期所不具备的。这个时代人类已离不开互联网信息，传统互联网已经无法满足消费者对于电子商务平台的需求，曾经无法实现的移动互联网电子商务得以蓬勃发展。而国家对于电子商务发展的政策支持，给这个产业增加了更多的发展机会。当下，全国每个省市县均在大力进行电子商务生态布局，电子商务园区、物流园区、高新科技园区、大学生创新创业园区等如雨后春笋，迅速生长。成熟的电子商务生态体系功能日益完善。纳入电子商务生态圈的很多产业被高效整合，发挥出明显的集聚效应。

国家投入专项资金全力发展农村电子商务，重点向建设县、乡、村三级物流配送体系倾斜，培育农村电商生态环境。如今的农村电子商务发展风起云涌，尤其在带动就业、物流建设、拉动农村消费、农业产业化发展等方面呈现出不同特点和亮点。现在，随着时代的进步，电子商务越来越成为人们生活中不可或缺的一部分。电商的迅速发展不仅创造了新的消费需求，引发了新的投资热潮，开辟了就业增收新渠道，还为大众创业、万众创新提供了新空间，而且电子商务正加速与制造业融合，推动服务业转型升级，催生新兴业态，成为提供公共产品、公共服务的新生力量，成为经济发展新的原动力。

1.2　电子商务的概念

电子商务作为近年来一门新兴的学科，有着其自身一整套理论体系和逻辑，毋庸置疑，电子商务是一门科学，包含着广泛的内容。各种组织、政府、公司、学术团体等依据自己的理解和需要，为电子商务做了一系列定义。但迄今为止还没有一个全面的、具有权威性的、能够为大多数人认同的电子商务的定义，或许很多年之后，电子商务这个概念将消失，这个名字或将被互联网商务取代，抑或只有商务一词，不再有电子之分。为此，我们当前并不能追求对电子商务有一个严格的、固定不变的定义，而应从专家学者、IT企业、政府、国际组织等对电子商务的认识着手来理解电子商务的本质。

1.2.1　国际组织对电子商务的定义

国际化组织包括全球信息基础设施委员会、国际标准化组织、联合国国际贸易法律委员会、联合国经济合作和发展组织等，它们都曾提出过电子商务的定义。

(1) 全球信息基础设施委员会(GIIC)电子商务工作委员会在报告草案中对电子商务的定义：电子商务是运用电子通信作为手段的活动，通过这种方式人们可以对带有经济价值的产品和服务进行宣传、购买和结算。这种交易方式不受地理位置、资金或零售渠道的所有权影响，是各种国有、私有企业、公司、政府组织、各社会团体、一般公民、企业家都能自由参加的经济活动，其中包括农林牧渔业、工业、私营和政府的服务业。电子商务能使产品在世界范围内交易并向消费者提供多种多样的选择。

(2) 国际标准化组织(ISO)对电子商务的定义：电子商务是企业之间、企业与消费者之间信息内容与需求交换的一种通用术语。

(3) 联合国国际贸易法律委员会(UNITRAL)对电子商务的定义：电子商务是采用电子数据交换(EDI)和其他通信方式增进国际贸易的职能。

(4) 联合国经济合作与发展组织(OECD)对电子商务的定义：电子商务是发生在开放网络上的包含企业之间、企业和消费者之间的商业交易。

(5) 欧洲议会在《电子商务欧洲动议》(*A European Initiative in Electronic Commerce*)中对电子商务的定义是：电子商务是通过电子方式进行的商务活动。它通过电子方式处理和传递数据，包括文本、声音和图像。它涉及许多方面的活动，包括货物电子贸易和服务、在线数据传递、电子资金划拨、电子证券交易、电子货运单证、商业拍卖、合作设计和工程、在线资料、公共产品获得。

(6) 加拿大电子商务协会对电子商务的定义：电子商务是通过数字通信进行商品和服务的买卖以及资金的转账。它还包括公司之间和公司内利用电子邮件(E-mail)、电子数据交换(EDI)、文件传输、传真、电视会议、远程计算机联网所能实现的全部功能。

1.2.2　世界著名公司对电子商务的定义

国内外一些著名的公司根据自身在电子商务发展过程中所处的地位和业务竞争的需

要，也纷纷提出了各自的电子商务的理念和定义。

(1) IBM 公司对电子商务的定义：电子商务是在 Internet 的广泛联系和传统信息技术系统的丰富资源相互结合的背景下应运而生的一种相互关联的动态商务活动。它所强调的不仅仅是硬件和软件的结合，也不仅仅是通常意义下的狭义的电子商务，而是把买方、卖方、金融机构、厂商及其合作伙伴在 Internet、企业内部网和企业外部网结合起来的在网络计算环境下的商业电子化应用。IBM 公司在 1997 年提出电子商务概念时，将电子商务诠释为 E-Business = IT + Web + Business。

(2) Intel 公司对电子商务的定义：电子商务是基于网络连接的不同计算机之间建立的商业运作体系，利用 Internet/Intranet 网络来使商务运作电子化。电子商务等于电子化市场与电子化交易加电子化服务的总和。

(3) HP 公司对电子商务的定义：电子商务是通过电子化手段来完成商业贸易活动的一种方式。电子商务使我们能够以电子交易为手段完成物品和服务等的交换，是商家和客户之间的联系纽带。它包括两种基本形式：商家之间的电子商务及商家与最终消费者之间的电子商务。

(4) SUN 公司对电子商务的定义：电子商务是利用 Internet 进行的商务交易。其强调的是电子商务的技术基础(特别是基于 Java 技术的企业)和企业电子商务的逐步实现过程。以现有的基于 Web 信息访问与发布系统为基础，加上基于 Java 的网络应用软件完成网上公开交易。在现有的企业 Intranet 的基础上，开发 Java 的企业网上应用，实现企业应用的 Intranet 化，进而扩展到企业 Intranet 化，使外部客户可以通过企业的网上应用软件进行交易。客户通过广泛分布和应用的具有 Java 网络计算功能的各种电子工具，如网络计算机、机顶盒、个人数字助理、电话、个人计算机、手机等进行企业和跨企业的交易。

(5) GE 公司对电子商务的定义：电子商务是通过电子方式进行商业交易的一种方式。它可以分为企业与企业之间的电子商务和企业与消费者之间的电子商务。

(6) 用友公司的电子商务理念：电子商务的基础是企业内部资源的网络化和业务模块的集成化。一个企业要实现电子商务，首先必须从企业的财务管理入手，实现内部资源(资金流、物流、信息流)的网络化管理。而在其中，财务又是企业管理的核心，所以财务管理作为核心的企业信息化是企业电子商务的基础。

1.2.3 本书对电子商务的定义

本书认为，电子商务通常是指在全球各地广泛的商业贸易活动中，在因特网开放的网络环境下，基于浏览器/服务器应用方式，买卖双方不面对面地进行各种商贸活动，实现消费者的网上购物、商户之间的网上交易和在线电子支付以及各种商务活动、交易活动、金融活动和相关的综合服务活动的一种新型的商业运营模式。所谓电子商务，就是"互联网+商务"。其又有广义和狭义之分。

广义的电子商务(Electronic Business，EB)，是指各行各业，包括政府机构和企业、事业单位各种业务的电子化、网络化。EB 可称为电子业务，包括电子商务、电子政务、电子军务、电子医务、电子教务、电子公务、电子事务、电子家务等。

狭义的电子商务(Electronic Commerce，EC)，是指人们利用电子化手段进行以商品交换为中心的各种商务活动，如公司、厂家、商业企业、工业企业与消费者个人之间利用计算机网络进行的商务活动。EC 也可称为电子交易，包括电子商情、电子广告、电子合同签约、电子购物、电子交易、电子支付、电子转账、电子结算、电子商场、电子银行等不同层次、不同程度的电子商务活动。

随着我国网络技术普及率的日益提高，通过网络进行购物、交易、支付等的电子商务新模式发展迅速。电子商务凭借其低成本、高效率的优势，不但受到普通消费者的青睐，还有效促进中小企业寻找商机、赢得市场，已成为我国转变发展方式、优化产业结构的重要动力。

1.2.4 电子商务的本质

在电子商务初期实践中，一部分人认为电子商务的本质是电子化交易，另一部分人认为电子商务的形式是电子，本质是商务。然而电子商务是在实践中不断发展和完善的，电子商务实践拓展，使人们对电子商务本质的认识发生了深刻的变化。电子商务起源于商务活动的电子化，最初目的是想通过网络手段来开展商务活动。但目前电子商务活动的发展远远突破了商务活动的范围，而是集中在以电子化的信息共享和资源交换为特征的管理活动。如现在最为流行的团购活动、在线游戏、供应链管理、物流管理、远程教育、电子政务等，都是电子商务涉及的领域，具有信息和资源交换的基本特征，但都没有传统商务活动的特点。如果将电子商务限定在商务活动范围内而不是管理领域，将很难归纳和概括出共同特征。与交易活动有密切关系的活动应该称为电子交易，而交易双方为交易进行商务策划和沟通交流的活动应称为网络营销。有人认为电子商务的本质是商务，其实混淆了电子商务与网络营销的根本区别——电子商务的目的在于盈利，这也是商务的目的，而本质上是管理手段与方式的创新，重点关注和解决经营管理领域利用高效的电子商务手段提高组织效率和降低成本的问题。

电子商务来源于传统商务，又是对传统商务的蜕变与扬弃。根据演变方式的不同，其产生了两类不同的企业。一类是传统企业：其通过电子商务手段改造原有经营流程和业务种类，来达到提高企业效率、降低经营成本或从网络上增加新的交易机会，从而提高企业经营效益。苏宁云商是其中的典型代表，它由苏宁电器从连锁经营转型和蜕变而成。另一类是直接产生于互联网经济的典型企业，如淘宝、天猫。事实上，它只是互联网交易的平台与中介，通过收取技术服务费、诚信保证金和增值服务等方式获取收益。

电子商务起源于商品交换与交易的过程，特别是伴随信息技术的产生而发展起来的，是对交易方式和手段的一种革命。电子商务的目的是商务，而本质应该是一种创新的交易模式和手段，它可以是一种变革传统商务的工具和手段，更应该是在互联网上创新设立的前人未曾尝试的崭新经营方式和手段。传统商务与电子商务的根本区别在于交易方式和交易手段上存在很大的不同，从而导致一种新的商业模式的产生或原有企业经营方式的蜕变。传统商务中，信用交易只是重要形式和补充，特别在中国的中小型企业交易中使用并不太多。电子商务与传统商务相比，经营背景、经营方式和经营效果都发生了很大改变，电子商务是依靠网络等手段进行多方协同的信用交易，交易的数量和金额远远超出了传统商务的想象力。电子商务严重依赖信用交易，在没有信用制度保障下开展电子商务只能是事倍功半，电子商务参与各方都很难受益，这在电子商务发展初期特别明显。根据商品交换的发展历程，从辩证法的角度来分析和思考电子商务是企业商务活动信息化的过程，可知电子商务是企业与外部进行信息共享和资源交换的活动，是企业将管理触角伸向外界的手段之一。电子工具的应用水平是反映企业电子商务能力的标志，信息和资源的整合水平是企业经营管理水平的高低，也是企业电子商务能力的高低。

1.3 电子商务的分类

1.3.1 按参与交易对象分类

按参与电子商务交易涉及的对象不同，可以把电子商务分为 B2B、B2C、C2C、C2B 和 ABC 等类型。

1. 企业与企业之间(Business to Business，B2B)的电子商务

B2B 方式是电子商务应用最多和最受企业重视的形式，企业可以使用 Internet 或其他网络对每笔交易寻找最佳合作伙伴，完成从订购到结算的全部交易行为，包括向供应商订货、签约、接受发票和使用电子资金转移、信用证、银行托收等方式进行付款，以及在商贸过程中发生的其他问题，如索赔、商品发送管理和运输跟踪等。典型的 B2B 电子商务平台包括阿里巴巴和环球资源网等。

B2B 是企业之间的电子商务交易模式，即企业与企业之间通过 Internet 进行产品、服务及信息的交换。当前全球 80%的电子商务交易额是在企业之间，而不是企业和消费者之间完成的。B2B 是电子商务中最重要的一种模式。据统计，B2B 的市场规模是 B2C 的 6 倍。它的对象为不确定的、企业以外的、潜在的大宗批发商或零售商，客户关系不稳定，没有发展为长期客户关系的客户。B2B 市场蕴藏着巨大的机会，是电子商务的主流，是新经济最重要的特征和基础。它的主要效益为提高销售工作效率，减少库存，降低采购、销售，售后服务等方面的成本；打破时空限制，可在世界范围内以最快的速度销售产品和做产品广告。

B2B 电子商务包括两种基本模式。第一种是面向制造业或面向商业的垂直 B2B。垂直 B2B 可以分为两个方向，即上游和下游。生产商或商业零售商可以与上游的供应商之间形成供货关系；生产商与下游的经销商可以形成销货关系。第二种是面向中间交易市场的 B2B。这种交易模式是水平 B2B，它是将各个行业中相近的交易过程集中到一个场所，为企业的采购方和供应方提供了一个交易的机会。B2B 只是企业实现电子商务的一个开始，它的应用将会得到不断发展和完善，并适应所有行业的企业的需要。

B2B 电子商务模式上交易商品的特点：B2B 交易次数少，交易金额大，适合企业与供应商、客户之间大宗货物的交易与买卖活动。另外，B2B 模式交易对象广泛，它的交易对象可以是任何一种产品，既可以是中间产品也可是最终产品。因此，B2B 是目前电子商务发展的推动力和主流。以面向中间交易市场的水平 B2B 为例，B2B 交易商品的特点是在 B2B 交易平台上完成的，商品覆盖种类齐全。这是因为企业和企业之间的交易是大额交易，不

像普通消费者以日用、休闲、娱乐等消费品为主，单宗交易数额小，交易量大。另外，B2B交易在线下完成，这和企业之间的大额交易特点有关。B2B只是一个交易平台，将交易双方会聚在一起，撮合双方达成交易。

2. 企业与消费者之间(Business to Customer，B2C)的电子商务

消费者利用 Internet 直接参与经济活动的形式，类同于商业的零售商务。随着 Internet 的普及，网上销售也迅速地发展起来。目前，在 Internet 上有许多各种类型的虚拟商店和虚拟企业，提供各种与商品销售有关的服务。通过网上商店买卖的商品可以是实体化的，如书籍、鲜花、服装、食品、汽车、电视等；也可以是数字化的，如新闻、音乐、电影、数据库、软件及各类基于知识的商品；还可以是提供的各类服务，如安排旅游、在线医疗诊断和远程教育等。典型的 B2C 电子商务平台包括搜狐和网易的网上商城等。

B2C 电子商务是指企业与消费者之间以 Internet 为主要服务提供手段进行的商务活动。它是一种电子化零售模式，采用在线销售，以网络手段实现公众消费和提供服务，并保证与其相关的付款方式电子化。目前，在 Internet 上遍布各种类型的网上商店和虚拟商业中心，提供从鲜花、书籍、饮料、食品、玩具到计算机、汽车等各种消费品和服务。有很多 B2C 类型电子商务成功应用的例子，如全球最大的亚马逊虚拟书店。为了获得消费者的认同，网上销售商在"网络商店"的布置上往往煞费苦心。网上商品不是摆在货架上，而是做成了电子目录，里面有商品的图片、详细说明书、尺寸和价格信息等。网上购买引擎和购买指南还不时帮助消费者在众多的商品品牌之间做出选择。消费者只要用鼠标轻轻一点，选中的商品就会被拖到网络的"购物车"里。在付款时消费者需要输入自己的姓名、家庭住址以及信用卡号码，确认后，一次网上购物就算完成。为了消除消费者的不信任感，大多数网上销售商还提供免费电话咨询服务。

B2C 电子商务模式的特点：商品的交易完全通过网络的方式进行，从消费者到网上挑选和比较商品开始，到网上购物支付和物流配送以及售后服务，是通过网络为媒介完成的、企业和消费者之间不进行面对面的一条龙式交易。

因此，B2C 模式交易的商品有如下特点。

(1) 适合在网上销售。这是 B2C 电子商务模式对产品的特殊要求。只有能通过电子传输的产品和服务，如电影、Flash、电子杂志等，才适合在网上销售，这样的产品被当作 B2C 电子商务最好的目标产品。在网上实施全天候服务，实时交易，商品传递速度快。

(2) 商品的搜索成本低。这是因为适合做 B2C 电子商务的商品大多是书、音乐和光盘等。

(3) 具有标准化、不易变质、适合传递等特征。如小型数码产品适合做电子商务。在网上销售的商品受限较多，如没有库存，不能完全真实地感受信息及物流配送的特点等，一般要求网上商品要具有标准化、不易变质、适合传递等特征。

3. 消费者与消费者之间(Customer to Customer，C2C)的电子商务

C2C 电子商务是消费者对消费者的交易，简单地说，就是消费者本身提供服务或产品给消费者。C2C 商务平台就是通过为买卖双方提供一个在线交易平台，使卖方可以主动提供商品上网拍卖，而买方可以自行选择商品进行竞价。典型的网站是一些拍卖类的网站，

如易趣网和淘宝网等。

个人电子商务市场的巨大潜力吸引了诸多国内外企业和投资者的目光，尽管当前中国 C2C 电子商务市场还没有显现任何盈利迹象，但是培育中国个人电子商务市场已经成为国内外众多企业争取用户份额、留住客户、进行强力竞争的手段。

C2C 电子商务模式的特点：C2C 交易平台上交易产品丰富、范围广，并且以个人消费品为主。从本质上来说，C2C 交易也是网上撮合成交，并通过网上或者网下的方式进行交易。

4．企业、消费者、代理商三者相互转化类型(ABC)

ABC 模式是新型电子商务模式的一种。ABC 分别是代理商(Agents)、商家(Business)、消费者(Consumer)英文的第一个字母，被誉为继阿里巴巴 B2B 模式、京东商城 B2C 模式、淘宝 C2C 模式之后电子商务界的第四大模式。它是由代理商、商家和消费者共同搭建的集生产、经营、消费为一体的电子商务平台。企业、消费者和代理商之间可以相互转化。生产者、消费者、经营者、合作者、管理者都是这个平台的主人，并且相互服务，相互支持，你中有我，我中有你，真正形成一个利益共同体，资源共享，产、销共生，从而达到共同幸福的良性局面。淘众福是全球首创的 ABC 模式。

5．其他电子商务类型

其他电子商务类型包括消费者与企业之间(Customer to Business，C2B)的电子商务，企业与政府机构之间(Business to Government，B2G 或 Government to Business，G2B)的电子商务，消费者与政府机构之间(Customer to Government，C2G 或 Government to Customer，G2C)的电子商务，企业与员工之间(Company to Employee，C2E 或 Employee to Company，C2E)的电子商务，企业联合体与消费者之间(Business to Business to Customer，B2B2C)的电子商务等。

(1) C2B 模式。该模式采用消费者主动的方式，也可把各地有同样需求的消费者集中统一和厂家"侃价"。Priceline 更是由传统的商家出价看哪个消费者愿意购买，改为消费者出价看哪个商家愿意卖。这种模式的优点不言而喻，缺点是不能及时达成交易，消费者需要等待数天或者更长的时间才能知道是否成交。

(2) B2G 或 G2B 模式。贸易企业对政府机构(B2G)的电子商务模式可以覆盖公司与政府组织间的许多事务。目前我国很多地方政府已经推行网上采购，出现了政府机构对企业的电子商务(G2B)。

(3) C2G 或 G2C 模式。C2G 或 G2C 电子商务行为，不以营利为目的，主要包括政府采购、网上报关、报税等活动。其中消费者对行政机构间的电子商务，指的是政府对个人的电子商务活动。这类电子商务活动目前在我国还没有真正形成。然而，在个别发达国家，如在澳大利亚，政府的税务机构已经通过指定私营税务或财务会计事务所用电子方式来为个人报税。这类活动虽然还没有达到真正的报税电子化，但是，它已经具备了消费者对行政机构电子商务的雏形。随着商业机构对消费者、商业机构对行政机构的电子商务的发展，政府将会对社会公民实施更为全面的电子方式服务。政府各部门向社会纳税人提供的各种服务，如社会福利金的支付等，将来都会在网上进行。

(4) C2E 或 E2C 模式。正当人们把视线的焦点集中在 B2B 和 B2C 等立足销售关系的电子商务模式时,一种以改进企业内部管理形态为目的的新型电子商务形式悄然出现。广州地球村计算机网络软件技术有限公司把一种新的电子商务模式 C2E 和 E2C 运用于实践,并取得了成功。

(5) B2B2C 模式。该模式是一种复合的交易模式,其意为中间的 B 直接面对客户,把订单交给第一个 B 来执行。这种模式看起来好像只是传统渠道销售的翻版,在 Internet 时代根本不可行,因为 Internet 经济的一大特征就是压扁中间渠道,亚马逊等大行其道的原因也正是基于这种"中间商之死"的论调,它们抢占的正是原来中间商的利润。因此,B2B2C 模式长期以来被认为是一种不可能成立的模式。但如果中间的 B 能够提供一种独特的服务,把消费者都吸引到它那里去,并通过它下订单,则该模式就是可行的。当然这对中间的 B 要求就非常高,因为它必须提供一种独一无二、对消费者而言价值很大的服务,而且在一年、两年甚至更长的时间内都无法模仿才行,否则消费者就不会聚焦于此,B2B2C 模式也就无法运转。

(6) C2B2B2S 模式(又写作 CBBS,Consumer to Business to Business to Service- partners),即消费者(C)、渠道商(小 B)、制造商(大 B)、电子商务服务提供商市场集群(S)。这是新的电子商务商业模式,只有把 C(消费需求端)当作原点,把 B(供应端)当作终点,并让 S(服务商)参与其中,整个产业链条才能被真正有效重构。随着电子商务的发展及技术的进步,传统电商的细分领域如 B2B、B2C、C2C、C2B,甚至是 O2O 等之间的界限正在日益模糊。

1.3.2　按地域范围分类

按照电子商务交易活动的地理范围,电子商务可以分为本地电子商务、远程国内电子商务和全球电子商务。

1．本地电子商务

本地电子商务通常是指利用本城市内或本地区内的信息网络实现的电子商务活动,如当前高歌猛进、异常火爆的团购业务就是典型的本地服务电子商务,其特征是电子交易的地域范围较小。本地电子商务系统是开展远程国内电子商务和全球电子商务的基础系统,因此,它的建立和完善是实现全球电子商务的关键。

2．远程国内电子商务

远程国内电子商务是指在本国范围内进行的网上电子交易活动。其交易的地域范围较大,对软硬件设备和技术要求较高,并要求在全国范围内实现商业电子化、自动化,实现金融电子化;同时,交易各方应具备一定的电子商务知识、经济能力和技术能力,并具有一定的管理水平和能力。

3．全球电子商务

全球电子商务是指在全世界范围内进行的电子交易活动,参加电子交易各方通过网络进行贸易。有关交易各方的相关系统有买卖各国家进出口公司系统、海关系统、银行金融系统、税务系统、运输系统、保险系统等。全球电子商务业务内容繁杂，数据来往频繁，要求电子商务系统严格、准确、安全、可靠。

1.3.3 按交易所涉及的商品内容分类

按照电子商务涉及的商品对象特征，可以把电子商务分为有形商品电子商务和无形商品电子商务。

1. 有形商品电子商务

有形商品是指实体类商品，它在交易过程中所涉及的信息流和资金流完全可以在网上传输，买卖双方在网上签订购货合同后又可以在网上完成货款支付。但交易的有形商品必须由卖方通过某种运输方式送达买方指定地点，所以有形商品电子商务还必须解决好货物配送的问题。有形商品交易电子商务由于三流(信息流、资金流、物流)不能完全在网上传输，又被称为非完全电子商务或间接电子商务。

2. 无形商品电子商务

无形商品是指包括软件、电影、音乐、电子读物、信息服务等可以数字化的商品，这类无形商品交易可以直接在网上联机订购、付款和交付或免费下载。无形商品网上交易与有形商品网上交易的区别在于前者可以通过网络将商品直接送到购买者手中。由于这种无形商品电子商务模式完全可以在网上实现，又被称为完全电子商务或直接电子商务。

1.3.4 按电子商务所使用的网络类型分类

按照电子商务所使用的网络类型，可以将电子商务分为 EDI 商务、Internet 商务、Intranet 商务和移动商务。

1. EDI 商务

电子数据交换(Electronic Data Interchange，EDI)是按照一个公认的标准和协议，将商务活动中涉及的文件标准化和格式化，通过计算机网络，在贸易伙伴的计算机网络系统之间进行数据交换和自动处理。

2. Internet 商务

Internet 商务是利用联通全球的网络开展的电子商务活动。它以计算机、通信、多媒体、数据库技术为基础，在网上实现营销、购物服务，真正实现了网上商务投入少、成本低、零库存、高效率，避免了商品的无效搬运，从而实现了社会资源的高效运转和最大节余。消费者不再受时间、空间和厂商的限制，在网上以最低的价格获得了最为满意的商品和服务。在 Internet 上可以进行各种形式的电子商务业务，这种方式涉及的领域广泛，全世界各个企业和个人都可以参与，是目前电子商务的主要形式。

3. Intranet 商务

Intranet 是在 Internet 基础上发展起来的企业内部网，它在原有的局域网上附加一些特定的软件，将局域网与 Internet 连接起来，从而形成企业内部的虚拟网络。Intranet 与 Internet 最主要的区别在于 Intranet 内的敏感或享有产权的信息受到企业防火墙安全网点的保护，它只允许被授权者访问内部网点，外部人员只有在许可条件下才可进入企业的 Intranet。

4. 移动商务

移动商务是基于移动通信网络和 Internet 使用手机、个人数字助理(PDA)和掌上电脑等其他移动智能终端进行的交易、支付和认证等电子商务活动。与传统电子商务相比，移动商务拥有更为广泛的用户基础，因此具有极为广阔的市场前景。

1.3.5 O2O 电子商务

O2O(Online to Offline)是指把线上的消费者带到现实的商店中去——在线支付购买线下的商品和服务，再到线下去享受服务。目前较火爆的团购如美团、大众点评、百度糯米等，就是 O2O 模式中的一种。

随着移动互联网的兴起，渠道碎片化、场景化，颠覆型的项目出现，粉丝经济风靡，营销重回个性化时代。但究其根源特征，O2O 的发展是技术驱动的；资源在碎片化和中心化之间不断转换；新技术应用起于个体，快速转变为工业化；离不开社会化。

1. 作为产品和服务信息流挖掘者的 O2O

在中国电子商务发展中，O2O 是历史最悠久的商业模式之一。在早期的 O2O 中，携程网为其优秀代表。在 20 世纪，携程网收购线下的旅游公司，用网上信息吸引游客，再让游客到线下的公司接受旅游服务。携程旅行网成立于 1999 年，2003 年 12 月在美国纳斯达克上市。携程网使 O2O 模式成为中国最早的上市概念，甚至可以说，纳斯达克是先认识了中国的 O2O，然后才知道中国电子商务的。

像标准的 O2O 一样，携程网有线上、线下两部分业务。线上提供"目的地指南"，涵盖全球近 500 个景区、10 000 多个景点的住、行、吃、乐、购等旅行信息；线下向会员提供酒店预订、机票预订、度假预订等旅行服务。目前，携程旅行网拥有国内外 5 000 余家会员酒店可供预订，是中国领先的酒店预订服务中心，每月酒店预订量达到 50 余万间。除携程、艺龙酒店预订都是采用到付模式，线上只发生信息流，而不发生资金流。而青芒果则采用预付模式，与现在的 O2O 一样。

中国电子商务早期 O2O 的另一个成熟应用，就是订票服务。2007 年看购网正式推出看购网网络平台，观众可以通过看购网，预订全国百家影院影票预订联盟所属的百家影院的影票、提前订座。看购网将票务定制、影卡充值、娱乐资讯、影院阵地宣传及周边营销活动等业务进行整合，并打造了属于自己的网络娱乐品牌——看购娱乐。目前这项 O2O 服务已覆盖至全国 11 个城市。飞机订票是另一项相当普及的 O2O 订票服务。国内目前影响力较大的当属去哪儿网。每个人都可以在网上进行询价、比价、订购飞机票，然后到现实的机场去接受航空旅行服务。

2. 适合 O2O 的有形产品

电子商务主要由信息流、资金流、物流和商流组成。O2O 的特点是只把信息流、资金流放在线上进行，而把物流和商流放在线下进行。最直观地看，那些无法通过快递送达的有形产品要应用电子商务，适合 O2O。像音乐下载、在线视频这样的产品，就很难发挥 O2O 作用。阿里巴巴曾通过网货会首次试水汽车产品类 O2O 模式，组织者说："消费者在购车前，平均要花费 18～19 小时在互联网上，研究购车信息及有关资料，占整个购车周期的 60%，很多消费者在购车后，还需要一些增值服务，如想做汽车美容却不知哪儿最便宜，想要买配件却不知哪儿最近，想要买内饰却不知道哪儿最好，而所有这些需求都可以借助互联网完成。" 他们希望让 Online 为 Offline 服务的核心特点向更多的领域拓展。

Uber 是一个已经在旧金山得到很好推广的 O2O 服务。使用 Uber 需在手机上下载私家车搭乘服务应用程序。通过这个程序发出打车请求后，服务提供者通过 GPS 追踪定位私家车，让它几分钟内到达你面前；支付和小费通过信用卡自动完成。与汽车类似的适合 O2O 的产品，还有住房。2010 年 9 月在纽约证券交易所成功上市的搜房网，就是一家 O2O 模式的房地产家居网络平台。搜房网拥有 6 000 多名员工，网络业务覆盖 314 个城市，在中国 86 个城市拥有分公司和办公室。搜房网通过在线传递信息，将客户引向新房、二手房、租房、别墅、商业地产、家居、装修装饰等线下交易。

2011 年全球十大网商之一的伟业我爱我家，采用的也是线上与线下结合的 O2O 模式，线上是房地产交易热门网站 5i5j.com，它连接着线下的 5 大展销服务中心、800 家连锁门店以及售楼处，业务覆盖 40 余个大中型城市，并进一步向二、三线城市和新兴区域扩展。爱日租提供 O2O 服务，主要工作是通过在线房源信息，将用户引向线下交易。爱日租的地面团队有 30 多人，主要工作就是寻找优质房源，先判断出有需求后，由地面人员去寻找房源，再和房东进行联系，以此保证线下资源正是人们在线上所寻找的。从表面看，O2O 的优势在于那些实体难以搬到网上的交易，深入来看，却不尽然。

3. 信息流长于创造意义价值

在电子商务初期，只采用信息流方式，是不得已而为之。那时物流、支付条件还不具备，要想发展电子商务，就只能用网站来进行信息流活动。O2O 要成为一种刻意的模式选择，需要在发挥信息流本身优势上做文章。O2O 的优势在于创造意义价值。实体对应功能，资金对应价值，信息对应意义。

O2O 有两个重要优势有利于创造意义价值，精准服务顾客。一是让顾客对实体和价值进行意义判断，节省交易费用。一件商品对顾客有没有意义，决定了它在实体上该不该生产，该生产多少；决定了它在价值上值不值得，值多少。从理论上说，如果意义是已知的，市场上既不应有多余的产品，也不应有不足的产品。但在实体商业中，精确到个人的意义是未知的，实体商场不得不采取或多或少的数量，不得不采取或高或低的价格，出售商品。信息流的优势，就是可以让商品在不发生实体或价值上的耗费的条件下，通过传递商品实体性能和价格的信息，诉诸顾客的选择和判断，使那些只符合意义价值的商品，发生实体和价值运动，从而避免无效的中间耗费。因此，意义挖掘成为 O2O 深入发展可以倚赖的稳定技术和商业优势。二是发挥数据的作用，深入把握顾客所认同的意义。实体商店进行交易的一个无法克服的缺陷，是难以对用户的数据进行采集和分析。由于 O2O 模式要求用户在网上支付，支付信息就成为商家对用户个性化信息进行深入挖掘的宝贵资源。掌握用户数据，可以大大提升对老客户的维护与营销效果；通过分析，还可以提供发现新客户的线索，预判甚至控制客流量。

4．作为体验提供者的 O2O

O2O 更大的潜力在于体验。40 年前托夫勒就预言，制造业、服务业之后，体验业将是产业升级的方向。10 年前，这个预言开始在世界范围成为现实。如今，电子商务仅仅满足于销售货物、销售服务已经不够了，它能不能销售体验，以获得更高附加值呢？O2O 很可能就是一个答案。O2O 适合那些面对面"亲自"接受的体验型服务。例如，亲自会朋友、亲自下馆子、亲自健身、亲自看剧场演出、亲自美容美发等。这些特别适合到店消费的服务，都不能在线完成，又都具有体验的性质。这正是 O2O 发挥优势的舞台。从宏观上看，未来 5 年，中国服务业的 GDP 占有率将超过制造业，有一种看法甚至认为："如果把商品塞到箱子里送到消费者面前的网上销量有 5 000 亿元，那么生活服务类的网上销量会达到万亿元。"O2O 对于推动电子商务从销售货物向提供服务和体验转变将起到推动作用，自身也会顺势而上，提高电子商务服务业在产业链和价值链上的位势。

1.4 电子商务的功能和特点

1.4.1 电子商务的功能

电子商务具有强大的功能，在商务活动的各个方面都能够发挥作用。从电子商务的角度对商务活动进行分析和分解，可以将纷繁复杂的商务活动大致分为 3 个方面或 3 个层次，即信息、管理和交易。所有商务活动都可以归入其中一类，或者同时归入两类、三类。比如广告或商品宣传，可归入信息类，商品进销存问题可归入管理类，而商品订货则可归入交易类。

可见，商品信息、管理和交易构成了商务活动的 3 个方面或者 3 个层次。电子商务的功能正是从这 3 个方面或者 3 个层次得以体现的。按照电子商务的功能目标的不同，与商务信息、管理和交易相对应，一般将电子商务系统的功能分为内容管理(Content Management)、协同处理(Collaboration Processing)和交易服务(Commerce Service)。由于三个词的英文字母均以字母"C"开头，因此 3 大功能也简称为"3C"。

电子商务的系统功能分类是既有区别又相互联系的 3 个方面，它们的组合构成了电子商务的基本功能。3 大功能之间相互交叉，组成一个有机的整体。图 1-1 所示为 3 者之间的关系。

图 1-1　电子商务的功能组成

1. 内容管理

内容管理即管理需要在网上发布的各种信息，通过更好地利用信息来增加产品的品牌价值，扩大企业的影响等。其主要包括以下内容。

(1) 对企业信息进行分类管理。

(2) 提供 Web 上的信息发布，经常更新 Web 站点上的主页。

(3) 提供产品与服务的相关信息。

(4) 支持企业内部信息的共享，并通过 Internet 将企业的政策、通知传递给雇员、客户、供应商和业务伙伴。

2. 协同处理

协同处理支持群体人员的协同工作，通过自动处理商业流程来减少成本和开发周期。它主要体现在邮件与信息共享、写作与发行、人事和内部工作管理与流程、销售自动化。其具体包括以下内容。

(1) 企业内部网和外部网。企业内部网(Intranet)上连接的主要是企业的各个部门、分厂(店)。企业外部网(Extranet)上连接的则主要是企业的供应商、经常性的客户、企业商业伙伴等。

(2) 通信系统，包括 E-mail 和信息系统。

(3) 企业内部资源管理，包括人力资源、资金、设备和材料等。

3. 交易服务

交易服务完成网上交易，提供交易前、交易中和交易后的各种服务。其主要包括以下内容。

(1) 提供可供交易的产品或服务目录。

(2) 订单处理，如接受客户订货、签订交易合同、进行网上支付。

(3) 提供售后服务。

1.4.2　电子商务的特点

与传统的贸易活动方式相比，电子商务主要具有以下几个方面的特点。

1. 虚拟化交易

基于 Internet 的贸易平台，贸易双方从贸易磋商、签订合同到支付等，无须当面进行，均通过 Internet 完成，整个交易完全虚拟化。对卖方来说，可以到网络管理机构申请域名，制作自己的主页，组织产品信息上网。而买方只需通过虚拟现实、网上聊天等新技术使自己根据需求选择广告，并将信息反馈给卖方。通过信息的推拉互动，签署电子合同，完成交易并进行电子支付。整个交易都在网络的虚拟环境中进行。

2. 低成本交易

电子商务使得贸易双方的交易成本大大降低，具体表现在电子商务在网络上进行信息传递的成本相对于信件、电话、传真而言较低。此外，缩短时间及减少重复的数据录入也降低了信息成本。贸易企业利用企业内部网可实现无纸办公，提高内部信息传递的效率，节省时间，并降低管理成本。

3. 高效率交易

由于 Internet 将贸易中的商业报文标准化，使商业报文能在世界各地瞬间完成传递与计算机自动处理，使原料采购、产品生产、需求与销售、银行汇兑、保险、货物托运及申报等过程无须人员参与而在最短时间内完成。在传统贸易方式中，用信件、电话和传真传递信息必须有人的参与，且每个环节都要花不少时间，甚至有时由于人员合作和工作时间的问题而延误传输时间，失去最佳商机。电子商务克服了传统贸易方式费用高、易出错、处理速度慢等缺点，使整个交易快捷、方便及正确无误。

4. 透明化交易

由于买卖双方从交易的洽谈、签约以及货款的支付、交货通知等整个交易过程都在网络上进行，因而通畅、快捷的信息传输可以保证各种信息之间互相核对，也可以防止伪造信息的流通。例如，在典型的许可证 EDI 系统中，由于加强了发证单位和验证单位的通信、核对，虚假的许可证就不易漏网。

5. 突破了时空限制的贸易

时间、空间限制是人们从事贸易活动的主要障碍，也是构成贸易企业经营成本的重要因素，电子商务把商业和其他业务活动所受的时空限制大大弱化了，从而降低了企业经营成本和国民经济运行成本。基于 Internet 的电子商务是 24×7 全方位运行，利用 Internet，人们足不出户就可以达成交易、支付款项，完成各种业务手续，实现各种贸易活动，同城交易与异地甚至跨国交易所需时间相差无几。随着全球信息高速公路的发展以及宽频光纤通信的普及，电子商务打破时空限制的优越性会进一步展现。

6. 少环节的贸易

电子商务是在商务活动的全过程中，通过人与电子通信方式的结合，极大地提高商务活动的效率，减少不必要的中间环节，使生产"直达"消费。传统的制造业借此进入小批量、多品种的时代，"零库存"成为可能；传统的零售业和批发业开创了"无店铺""网上营销"的新模式；各种线上服务为传统服务业提供了全新的服务方式。

1.5　电子商务的意义

1.5.1　电子商务对传统企业产生的影响

电子商务的飞速发展给商业和人们的生活带来了深刻的变化，同时对企业的经营环境和经营手段产生了极大的影响，促使企业在组织管理和生产经营方面必须做出相应的战略和策略调整，以适应电子商务时代的要求。

1．电子商务对企业组织管理的影响

从企业组织信息传递的方式来看，由过去单向的"一对多式"转换为双向的"多对多式"。在网络化的企业组织结构里，信息无须经过中间环节就可以达到各方的沟通，使工作效率得到提高。

从企业工作方式上来看，电子商务打破了传统职能部门依赖于分工与协作完成整个工作任务的过程，形成了并行工程的理念。电子商务改变了过去只有市场部和销售部才可以与客户打交道的状态，在电子商务的构架里，其他职能部门也可以通过商务网络与客户频繁接触。原有各工作单元之间的界限被打破，重新组合成了一个直接为客户服务的工作组。这个工作组直接与市场接轨，以市场的最终效果来衡量生产流程的组织状况和各组织单元间协作的好坏。

从企业经营活动的范围上来看，企业的经营活动打破了时间和空间的限制，虚拟企业这种新型的企业组织形式诞生了。它打破了企业之间、产业之间、地域之间的一切界限，把现有资源组合成为一种超越时空、利用电子手段传输信息的经营实体。虚拟企业可以是企业内部几个要素的组合，也可以是不同企业之间的要素组合。其管理由原来的相互控制转为相互支持，由监视转为激励，由命令转为指导。

2．电子商务对生产经营的影响

国内越来越多的企业已经充分认识到，在以计算机、通信、网络为代表的信息产业快速发展的今天，实现电子商务是企业能够在愈演愈烈的全球化市场竞争中得以生存、发展的必由之路。这是因为电子商务不仅对传统企业的管理，如计划、组织和控制产生了影响，而且对企业的研究开发、采购、生产、加工、制造、存储、销售以及客户服务也产生了巨大的影响。

(1) 电子商务对企业采购产生的影响。到目前为止，国内大部分传统企业仍以订货会、供需见面会等为采购原材料的主要方法，由此而花费大量的人、财、物，而电子商务恰好可以弥补这方面的不足，成为减少企业采购成本支出的一种有效途径。电子商务的发展，使企业之间的竞争不再取决于企业所实际占有的资源多少，而取决于企业可控制运用的资源多寡。因此，企业必须利用外部资源尤其要发挥好网络的作用，通过 Internet 使自己与合作伙伴、供

应商互通互联，做到信息资源实时共享，最大限度地提高运作效率，降低采购成本。

(2) 电子商务对企业生产加工产生的影响。电子商务对企业的生产运作方式、生产周期、库存等都会带来巨大的影响。

一方面，传统经营模式下的生产方式是大批量、规格化、流程固定的流水线生产，是产品的全程生产，外协加工工序较少。而电子商务的生产方式是顾客需求拉动型的生产，能够减少企业库存，提高库存管理水平。产品生产周期越长，企业越需要较多的库存来应付可能出现的交货延迟、交货失误，对市场需求变化的反应也就越慢。而库存越多，其运转费用就越高，效益就越低。大量库存使得货物所在仓库租金成本上升，也使得企业对库存的管理与维护费用显著增加。而在电子商务环境下，企业通过 Internet 可以直接找到供应商，减少了中间商进行"加价"的机会而直接让利于消费者；同时，由于专业化程度越来越高，企业之间的合作不断加强，更多先进生产方式(如 MRP Ⅱ 制造资源计划、ERP 企业资源计划、JIT 适时管理)的应用，为企业实现精确生产、"零库存"奠定了基础。

另一方面，缩短了生产与研发的周期。在 Internet 上，消费者可以以互动的方式进行订购，并协助企业设计出整套解决方案，使企业最大可能地理解消费者，从而使产品几乎以零开发周期的速度进入市场。

(3) 电子商务对企业销售产生的影响。电子商务对企业销售产生的影响具体表现在以下 3 个方面。

第一，电子商务突破了时间和空间的限制。传统企业由于受到地域的限制，所以面对的市场是有限的。而电子商务则使得企业通过 Internet 直接面对全球市场，在网上展开营销活动；同时，Internet 提供的是每周 7 天、每天 24 小时的销售，交易时间的延长给传统企业带来了更多的机会。

第二，电子商务可以降低企业的交易成本。电子商务模式构筑的是全球营销网络，建立的是无中介的销售渠道，通过 Internet 进行广告宣传及市场调查，改变了市场准入及品牌定位等规则。企业可以利用 Internet 资源，建立个性化的电子商务网站，在网上进行企业宣传，展示自己的产品，树立企业形象，扩大企业影响，并进行促销活动，从而大大降低了企业的促销成本。与传统营销方式相比，网络营销的费用大大降低。

第三，电子商务全方位展示产品，使顾客根据需求理性购买。传统的销售虽然也展示真实的商品，但商家必须有相应的基础设施，如仓库、展厅、店铺等来支持，从而增加了企业的销售成本。另外，作为消费者的顾客还要占用大量的时间和精力。而企业通过网络全方位展示商品功能的内部结构、商品的性能、质量、价格及付款条件等，帮助消费者完全认识了商品及服务，根据需求购买。

(4) 电子商务对企业客户服务产生的影响。作为现实的和潜在的消费者，是企业最重要的资源。企业内部的一切努力，如开发新产品、提高生产效率和产品质量以及降低消耗等，最终目的都是促使顾客的购买行为成为现实。因此，不断了解顾客需求，改善客户服务质量，改进产品及售后服务，实施互动式沟通，提高客户满意度和忠诚度，就成为企业能否在竞争激烈的市场上立足的关键。

1.5.2 电子商务对社会的意义

1．电子商务改变了商务活动的方式

电子商务减少了传统商务活动的诸多中间环节，缩短了企业与用户需求之间的距离，大大降低了各种经济资源的消耗；不受时空限制，全球化、全天候的服务使交易更加便利；无须地理上的营销渠道，无须大量的库存清单，无须办公场所。这些都是电子商务所带来的改变。通过人与电子通信方式的结合，极大地提高了商务活动的效率，继而实现全球化的商务活动，使人类进入了"直接经济"时代。

电子商务从根本上使传统的商务活动转变为一种低成本、高效率的商务活动。它运用电子信息化管理的手段，让商务采购、库存管理、供需见面、结算、配送、售后服务等诸多方面联系起来，建立起一个完整的电子信息系统。

2．电子商务改变了企业经营管理的方式

(1) 优化业务流程。现代企业的运作依赖各种各样的流程，这些流程是一系列相互关联的活动和决策，是信息流和物流的复杂结合。流程是企业个性化的产物，流程的优化带来的是企业运作效率的提升、质量的优化、服务的改善以及竞争力的增强。企业流程再造(BRP)的主要内容是：从职能管理和专项管理实现向业务流程管理的转变；打破企业内一切功能性的小单位；关注整体的最优化；组织结构高度服从于流程；面向整个供应链设计企业流程；一切工作建立在企业信息技术平台基础之上。

(2) 降低采购成本。采购成本在许多企业的总成本中所占比例很高，降低采购成本的手段主要有：一是尽可能广泛地询问价格，找到最佳供货商；二是在供货商报价后，对其报价进行精细的成本分析和核算，在此基础上再合理压价。

(3) 改善库存状况。在企业的各种成本中，库存成本始终占据着重要地位。仓库场地占用费、维护费、建造费、库存商品毁损和仓库保管人员的开支等均不容忽视。此外，库存占用了企业大量资金，也增加了企业的成本。电子商务时代物流管理的思想更是以信息代替库存，将供应链作为仓库，实现物流的敏捷配送，并最终实现零库存。

(4) 缩短生产周期。利用电子商务，采用辅助生产的信息系统，改善信息沟通状况和提高各部门间的协同能力，在保证甚至提高产品质量的前提下最大化地压缩生产周期，规避了重复劳动，使得企业降低生产成本、提高市场快速反应能力的迫切需求得以实现。

产品生命周期管理(PLM)系统是企业缩短产品开发周期的有力武器。利用 PLM 系统可以实现产品设计者、技术研发者、销售者以及使用者之间的有效沟通，完成从产品研发、技术设计到售后支持、次品回收这一完整产品生命周期的管理。

(5) 提升客户关系。随着市场竞争的日益加剧、竞争者的不断增加、消费者选择余地增大以及消费需求的个性化趋向，企业需要全面提升与客户之间的关系。这种关系不仅仅维系于售后服务环节上，而且，企业在生产、经营、管理活动的方方面面都要以客户为中心。使用传统办法要做到这一点是很困难的，需要付出较大的成本。电子商务时代客户关系管理系统(CRM)，以"一切以客户为中心"为管理理念，强调用信息化、智能化的手段为客户打造个性化的产品和服务，从而全面提升客户关系和客户体验，是企业自下而上发展

不可或缺的部分。

(6) 降低销售价格。大幅降低产品销售价格是电子商务的巨大魅力所在。从更少的人员开支到更低的库存占用，从更扁平的分销渠道到更短的生产周期，从更低的采购价格到更有效的宣传推广，这一切都是电子商务能够降低销售价格的原因所在。

(7) 获取新的商机。Internet 的普及、电子商务的成熟给企业和个人创造了无数全新的商机，传统企业也可以通过从事电子商务获得启发，从而发现新的利润来源。

(8) 全面把握市场。开展电子商务的企业必然增强了对市场的感触力，从而可以通过多种方式获取实时、全面和精准的市场信息，以辅助企业自身的各种决策。

3. 电子商务改变了人们的消费方式

电子商务对人们的消费观念和消费方式的改变主要体现在以下几个方面。

(1) 选择性多，消费者将拥有比过去更大的选择自由。他们可根据自己的个性特点和需求在全球范围内找寻满意的商品，货比无数家，且不受时空的限制。

(2) 节省时间，足不出户就可把商品买回家。

(3) 享受低价，电子商务省去了许多中间环节，可以直接面对生产者或经销商，不必负担中间商的利润，从而享受到最低价格。

(4) 保护个人隐私。

(5) 满足个性化消费需要。

1.5.3 电子商务发展带来的问题

在电子商务发展的过程中，人们必然会对安全、保密、认证、法律等技术手段和标准规范是否成熟可靠等问题进行讨论和研究，从而进一步解决所面临的一系列问题。电子商务是一项复杂的系统工程，由于其发展环境和相关技术需要不断改进、不断完善，因此电子商务的应用不可避免地存在各种各样的问题和挑战。

1. 安全问题

电子商务的运作涉及多方面的安全问题，如资金安全、信息安全、货物安全、商业秘密等。其中，电子交易的安全问题是阻碍电子商务发展的最大问题。安全问题不仅体现在技术层面，还体现在法律法规方面。电子商务发展中出现的问题有的需要技术的提高才能解决，即通过防火墙、加密技术、数字签名、身份认证等技术手段，来确保网上信息流的保密性、完整性和不可抵赖性。但是，就目前而言，技术的提高并没有完全解决电子商务的安全问题。只有法律和技术双管齐下，才能维护和保障电子商务的稳健发展。安全问题如果不能妥善解决，全面实现高质量的电子商务就是空谈。

2. 应用技术问题

电子商务的核心是技术。电子商务技术的不断创新对于解决电子商务的发展瓶颈显得尤为重要。技术方面的进步滞后于电子商务发展的需求，制约了电子商务的发展，如基础设施方面的问题可能对电子商务应用系统性能全部展现产生不利影响，如服务器、网卡、总线等跟不上互联网经济发展步伐，主存储器和超高速缓存也需要迎合云技术发展的匹配等。目前电子商务的全面应用对诸如电子发票的实现、交易技术的改进及相关应用系统无缝对接等需求迫切。

3．电子商务的税收问题

国家重要的财政来源无疑是税收。电子商务的交易活动是在没有固定场所的国际信息网络环境下进行的，因而会造成国家难以控制和收取电子商务的税金。因此，在制定与电子商务有关的政策法规时，需要重新审视传统的税收政策和手段，建立有效的、新的税收机制。

4．其他问题

电子商务区域发展不平衡是当下电子商务存在的突出问题。与其他经济环境一样，电子商务环境一定也存在着地域上的差异。此外，电子商务还存在着诸多问题，如法律问题、企业的经营方式和管理水平落后、商家的信誉问题、物流体系不健全、电子商务人才缺乏等问题。与自然界的生态系统一样，电子商务产业应有一个产业生态系统，在这个生态系统中的各个相关种群共生互荣、相互支撑，良好的生态系统能使整个地区电子商务产业繁荣兴旺。电子商务生态系统的形成及健康良性运转需要产业内生机制和非生物生态环境两个维度共同提供保障。

 ## 复习思考题

1. 电子商务的产生与发展过程经历了哪些阶段？
2. 电子商务的本质是什么？电子商务的特点有哪些？
3. 国际组织及世界著名公司对电子商务有哪些定义？
4. 列举并浏览 B2C、B2B、C2C、O2O 知名电子商务网站，认识各电子商务网站。
5. 举出几个你身边电子商务运用的例子，说明电子商务是如何改变人们生产或者生活的。

 ## 案例分析

2015 年我国电子商务发展现状及趋势分析

2015 年注定是中国互联网被载入史册的一年，自中国互联网商业元年(1995 年)以来，经历了 20 年的发展，中国互联网已经在世界互联网版图中占有举足轻重的地位。2015 年中国以 18 万亿元人民币的电子商务交易总额跃居成为世界第一大网络零售市场。随着移动互联网的飞速发展、社交网络与媒体的方兴未艾、电子商务的不断普及，以及大数据技术和应用的不断深入，数据正逐渐成为人们分析过去、把握当下、预测未来的重要依托。

现阶段，随着网络基础设施不断改善，中国电子商务市场已逐渐步入成熟期，电子商务在现代服务业中占比明显上升。电子商务是政府及企业降低成本、提高效率、拓展市场、转变经济发展方式、增强国际竞争力的重要手段，同时在品牌培育、节能减排、增加就业、鼓励创业等方面也发挥着积极重要的作用。

2015年，《"互联网+"行动计划》《智能制造2025》《国务院关于加快发展生产性服务业促进产业结构调整升级的指导意见》《2015年电子商务工作要点》和《国务院办公厅关于加快电子商务发展的若干意见》等政策相继发布实施，中国电子商务产业发展继续保持高速增长。同时，物联网、云计算等新一代信息技术对于电子商务的渗透不断加深，电子商务的应用和服务形式更加丰富和多元化，电商企业竞争也更趋激烈。在全球新一轮产业变革兴起、中国经济发展步入新常态、国家多项政策强力推动的大背景下，电子商务目前正面临难得的历史发展机遇，未来"十三五"期间电子商务将会以更快的速度发展，掀起实体经济与电子商务结合的新浪潮。

2015年我国电子商务发展迅猛，为大众创业、万众创新提供了新空间。电子商务的快速发展，不仅创造了新的消费需求，引发了新的投资热潮，开辟了就业增收新渠道，而且正在加速与现代农业、制造业、服务业融合发展，助推经济结构转型升级，成为发展新动力。

一、电子商务发展现状

1. 我国电商交易保持较快增速

近年来，我国的电子商务交易额增长率一直保持快速增长势头。特别是网络零售市场更是发展迅速，根据中国电子商务研究中心发布的《2015年(上)中国电子商务市场数据监测报告》显示，2015年上半年，中国电子商务交易额达到7.64万亿元人民币，同比增长30.4%。其中，B2B交易额达5.8万亿元人民币，同比增长28.8%。网络零售市场交易规模达1.61万亿元人民币，同比增长48.7%。

根据阿里巴巴提供的数据，2015年11月12日零时，经过24小时的鏖战，淘宝与天猫以912.17亿元人民币的全天交易额，再次刷新了世界以及自己的纪录。相比2014年的517亿元人民币增长了近60%左右，同时这个数字也是7年前第一届"双11"成交额的1754倍。根据中国电子商务研究中心预测，11月11日全日电商全行业、全平台的交易总额将首度突破1000亿元人民币大关。

2. 农村电商发展势头强劲

面对日益饱和的一二线城市，农村电子商务已成为各大电商新的战场，农村正在被电子商务所改变。

根据阿里巴巴提供的数据显示，2014年全国销售额超亿元人民币的淘宝县超过300个，遍及25个省市区，而来自中西部的亿元人民币淘宝县则超过100个，另外国家级贫困县成为亿元人民币淘宝县的有21个。另据统计，2014年，在阿里巴巴零售平台上，县域消费者在移动端的消费额突破2000亿元人民币，同比增速超过250%，县域网店在移动端的销售额超过1200亿元人民币，同比增速超过300%。而全年移动端消费额增幅最大的100个县域有75个地处中西部省区。与城市的增幅相比，2014年县域网购消费额同比增长速度要比城市快18个百分点。

3. 跨境电商交易快速发展

据中国电子商务研究中心(100EC.CN)监测数据显示，截至 2014 年，中国跨境电商交易规模为 2 万亿元人民币，同比增长 42.8%，跨境电子商务占整体贸易的渗透率达到 14.2%，达到 3.75 万亿元人民币，增长率高达 38.9%。2015 年上半年，跨境电子商务占我国进出口总值的 17.3%。当年预计到 2016 年，跨境电子商务贸易总额会突破 6 万亿元人民币，保持每年 30% 的增长，远远超过外贸增速。未来会有更多企业加入跨境电子商务行列，中国跨境电子商务从规模到质量都会有大幅度的提高，在国际市场的影响力也会进一步增强。

二、电子商务发展存在的问题

我国电子商务在迅速发展过程中遇到了一些亟须解决的问题，主要有以下几个方面。

1. 商业规则和法律法规不完善

近年来，国务院和有关部委出台了一系列关于电子认证、网络购物、网上交易、支付服务等方面的政策、规章和标准规范，优化了电子商务的发展环境。不过，由于电子商务是新兴业态，目前适应电子商务发展的商业规则尚不完善，具有权威性、综合性的电子商务法律法规还是空白，部分规章和标准缺乏操作性，难以有效规范电子商务交易行为。

2. 交易存在安全隐患

电子商务作为一个开放的交易平台，为了保障交易双方之间的诚信、平等以及交往信息的安全等，需要确保交易者身份的真实性、信息的完整性以及信息的保密性。而我国在电子商务的技术和信用体系建设上还不完善，交易中时常出现信誉问题。电脑黑客、病毒与各种手段的网上骗局、网上盗窃等也让人猝不及防。这些电子商务中时常发生的篡改、信息破坏、身份识别、信息泄密等问题都造成了人们对电子商务信任的降低。

3. 网络交易纠纷明显增多

近年来，与电子商务相关的网上售假和网下制假、网络欺诈、网络传销、侵犯知识产权、不正当竞争、泄露用户信息、虚假宣传、虚假促销等行为明显增多。网络交易具有虚拟性、开放性、跨地域性的特点，处理网络交易纠纷的难度大、成本高。据全国最大第三方消费者电商权益保护平台——"中国电子商务投诉与维权公共服务平台"统计数据显示，2015 年上半年通过在线递交、电话、邮件、即时通信、微信等多种渠道，接到的全国用户涉及电子商务类投诉比 2014 年上半年增长 2.03%。

4. 物流配送效率低下

我国物流业发展基础较差，物流配送效率低下，是制约电子商务发展的重要瓶颈。其主要表现在以下几个方面：一是快递业小、散、弱的问题仍然突出，快递行业的服务能力不能满足电子商务的需求。我国快递企业的数量超过 1 万家，但市场集中度低，现有加盟制经营模式导致快递服务质量普遍不高。二是仓储设施少，且现代化程度低，立体仓库、自动分拣等现代化设备未普及。三是区域发展不平衡。快递公司主要为大中城市提供服务，中国邮政之外的快递公司几乎没有覆盖农村地区的快递网点。

三、未来电子商务发展趋势

1. 电商向上游侵袭会成为常态

电商行业一直以"出货"为主，但随着综合性电商平台在用户、流量上的优势，以及对网购行为、偏好、购买、支付等大数据的应用，2015 年，电商向上游侵袭会成为新常态。C2B 的按用户需求定制和众筹等模式将形成规模，进而传递到柔性制造、设计、供应链等环节。电商与上游厂商的联盟与合作会越来越频繁，合作深度将涉及品牌、大数据、物流、供应链、互联网金融、智能设备等各个层面，电商的角色和重要性也都会发生根本性转变。

2. 线上线下多方合作趋势明显

2015 年 O2O 将出现新的变化：一是电商网站将加快向线下进军，如阿里入股银泰与京东联手全国百家便利店；二是线下零售业态 O2O 升级进入深水区，会疯狂改造线下零售模式和体验，如万达收购快钱补齐支付短板，2015 年线下店面的优势和地位会大幅抬升；三是 O2O 模式将整体走向成熟，创新的交互购物体验会涌现，并带来业务模式、用户体验上的新突破。

3. 跨境电商成为新增长点

2015 年跨境电商、全球化会出现一波争相涌入的行情。越来越多的在物流、支付各方面都比较有经验和能力的电商开始将自己的业务线向外延伸，如淘宝全球购、天猫国际、聚美优品均开放海淘专区，苏宁成立跨境电商项目组等。这不仅让消费者享受更多海外购物的便利以及资金保障，还让电商在开拓海外市场以及引进外国品牌进驻方面起到一定积极作用，实现多方共赢。未来，受到国内外经济环境和外贸政策的影响，跨境电商将出现大的增长。

4. 电商将向三四线城市渗透

随着一二线城市网购渗透率接近饱和，电商城镇化布局将成为电商企业们发展的重点，三四线城市、乡镇等地区将成为电商"渠道下沉"的主战场，同时电商在三四线欠发达地区可以发挥更大的优势，缩小三四线城市、乡镇与一二线城市的消费差别。未来，谁先抢占了三四线城市，谁将在竞争中占据更大的优势。

5. 形成更趋完善的电商物流体系

物流对电商的重要性是毋庸置疑的，2014 年围绕着物流上的竞争大幕拉开，京东自建物流延伸出了极速达、3 小时达、移动自提车等个性化物流服务，苏宁、当当等也纷纷加码物流建设，开启了新一轮的对抗战。2015 年物流军备竞赛的优劣势充分暴露出来，并影响到用户网购的选择决策，"无物流，不电商"成为铁律。2016 年，物流价值不仅是快、慢，以物流为杠杆延伸出来的供应链、服务、营销等增值服务和价值也会凸显。未来中国的电子商务将发展迅速，并形成强大的电子商务产业集群。

(案例来源：王玉华. 中国西部科技.)

案例思考

1. 中国电子商务元年是哪一年？为什么？

2. 电子商务对传统制造业有何冲击？

3. 根据本案例，未来电子商务的发展趋势有哪些？

第2章

电子商务体系框架与商业模式

电子商务系统是一个庞大而又复杂的体系，这个体系支撑并保障了参与电子商务交易的各个环节流畅运转。理解电子商务体系的内涵，首先要从电子商务体系的框架结构入手，从庞杂的电子商务体系中抽象出电子商务概念模型，有助于更好地学习电子商务的基础知识。

2.1　电子商务体系框架

电子商务在一定程度上改变了市场的组成结构。传统的市场交易链是在商品、服务和货币的交换过程中形成的，现在，电子商务在其中强化了一个因素——信息，于是就有了信息商品、信息服务和电子货币。人们进行交换的实质并没有改变，但是贸易过程中的一些环节因为所依附的载体发生了变化，也相应地改变了形式。基于此，从单个企业来看，其贸易方式发生了一些变化；从整个的贸易环境来看，有的商业机会消失了，同时又有新的商业机会产生了，有的行业衰退了，同时又有别的行业兴起了，从而使得整个贸易过程呈现出一个崭新的面貌。

2.1.1　电子商务的框架结构

电子商务的框架结构是指实现电子商务从技术到电子商务应用层所应具备的完整的运作体系。为了更好地理解电子商务体系，可以参考图 2-1 所示的电子商体系的一般框架图。该图描绘出了电子商务体系中的主要因素。

1．网络基础设施层

网络基础设施层是实现电子商务最底层的基础设施，是信息传输系统，包括电信网、广电网、无线网和 Internet 等。网络基础层是电子商务发展的基本条件，没有一个快速、安全、稳定的网络环境，真正意义上的电子商务是不可能存在的。

2．多媒体内容层

多媒体内容层是指在网络基础层提供的信息传输基础上，通过 Internet 传输信息的内容，包括文本、图像、音频和视频等。其主要利用 HTML、Java 等技术进行构建。

3．信息传播层

EDI、E-mail、HTTP 是 Internet 上通用的信息传播工具，它以统一的显示方式，在多种环境下显示非格式化的多媒体信息。

4．商业服务层

商业服务层包括保证商业信息安全传送的方法、认证买卖双方合法性的方法、标准的商品目录服务、建立价目表、电子支付工具的开发等。

5．电子商务应用层

电子商务的具体应用范围较广，包括供应链管理、电子广告及电子市场、网上娱乐、网上购物、网上银行、有偿信息服务等。

2.1.2　电子商务系统的支撑环境

与自然界的生物系统一样，电子商务体系的运转亦有一个与之相对应的产业生态系统，本书称为电子商务生态系统。电子商务生态系统既包括构成生态系统的各物种种群，也包括非生物生态环境因素。电子商务的支付环境、物流环境、信用环境、政策法律环境、各种技术标准、安全交易协议等构成了电子商务非生物生态环境，是电子商务体系存在的必要条件基础。

如图 2-1 所示，整个电子商务体系框架有两个支柱：政策法规和技术标准。 关于第一个支柱政策法规，国际上，人们对于信息领域的立法工作十分重视。美国政府在其发布的《全球电子商务的政策框架》中，在法律方面做了专门的论述。俄罗斯、德国、英国等国家也先后颁布了多项有关法规。1996 年联合国贸易组织通过了《电子商务示范法》。目前我国在信息化方面的注意力还主要集中在信息化基础建设方面，信息立法还没有进入实质阶段，针对电子商务的法律法规还有待健全。其他的如个人隐私权、信息定价等问题也需要进一步界定，比如：是否允许商家跟踪用户信息，对儿童能够发布哪些信息，这些问题随着越来越多的人介入到电子商务中，必将变得更加重要和迫切。

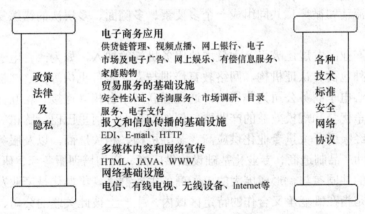

图 2-1　电子商务的一般架构模型

另外，政策法规需要考虑各国的不同体制和国情，而这同 Internet 和电子商务的跨国界性是有一定冲突的，这就要求加强国际的合作研究。如在美国，它的社会体制决定了私有企业在美国经济运行中的主导地位，在制定政策法规时美国政府必将向私有企业倾斜，同时尽量减少政府限制。而在中国这样同美国社会体制存在很大不同的国家，必然会是采用以政府为主导的经营政策。此外，由于各国的道德规范不同，也必然会存在需要协调的方面，在通常情况下，由于很少接触跨国贸易，普通消费者不会感觉到它们的冲突，而在电子商务要求全球贸易一体化的号召下，用户可能很容易通过网络购买外国产品，这时就会出现矛盾。比如：酒类在有些国家是管制商品，但商家对此未必知晓，即使知道，也有可能在利益驱使下去违反。对于这些小宗的大量的跨国交易，海关该如何处理目前的情况，近期国家针对跨境电子商务的政策出台，已经带来一些变化。另外，国家在制定法规时应该充分考虑多方面因素。法律的不完善势必会影响我国企业参与国际竞争。

第二个支柱是技术标准。技术标准定义了用户接口、传输协议、信息发布标准等技术细节。就整个网络环境来说，标准对于保证兼容性和通用性是十分重要的。正如有的国家是左行制，有的国家是右行制，会给交通运输带来一些不便；不同国家 110 伏和 220 伏的电器标准会给电器使用带来麻烦，今天的电子商务在发展中也遇到了类似的问题。目前许多的厂商、机构都意识到标准的重要性，正致力于联合起来开发统一一标准，比如：VISA、MasterCard 这样的国际组织已经同业界合作制定出用于电子商务安全支付的 SET 协议。

2.2　电子商务生态系统

随着互联网经济的不断成熟，电子商务开始出现产业集群化迹象，表现为参与的个人与企业数量急剧增加，类型逐渐多元化，而且协同关联性强。电子商务不再只是买卖双方之间交易的简单电子化，网购人群的增加与电子商务网站的发展促使大量机构开始参与到电子商务产业，其他行业机构如银行、物流、软件、担保、电信等也开始逐渐围绕网络客户的需求进行集聚，通过互联网这一虚拟园区交织为庞大的新产业环境并进行更广泛的资源整合。这就形成了类似自然界生态系统的电子商务生态系统。电子商务生态系统中各"物种"成员各司其职、相互交织，形成完整的价值网络；物质、能量和信息通过这个价值网络在联合体内流动和循环，共同组成一个多要素、多侧面、多层次的错综复杂的商业生态系统。

电子商务产业的发展还吸引了大量增值服务机构的加入，如为改善电子商务交易环境而存在的技术外包商、认证机构、网络教育培训与人才服务机构等。这些机构为服务共同的客户，以核心电子商务公司为集聚点，通过互联网平台相互连接、相互促进和拉动，形成具有群体竞争优势和规模效益的产业群。例如携程网、阿里巴巴、腾讯等大型的电子商务公司，都已经吸引了大量专业化供应商、金融机构、相关厂商，以及服务延伸而涉及的销售渠道、辅助产品制造商、专业化基础设施供应商、咨询培训服务商、研究开发服务商、标准制定机构的共同参与，形成庞大的电子商务生态群落。集群化是产业发展过程中非常普遍的现象，是指在既竞争又合作的特定区域内，生产上彼此关联的公司、供货商、服务供应商、相关产业的企业以及政府和其他相关机构的地理集聚体。国际上有竞争力的产业大多是集群模式，集群化现象甚至已经成为特定产业步入成熟阶段的标志。

2.2.1　电子商务生态系统的主要物种种群

电子商务生态系统中的"物种"成员按其定位可以划分为以下几类。

(1) 领导种群。即核心电子商务企业，是整个生态系统资源的领导者，通过提供平台以及监管服务，扮演电子商务生态系统中资源整合和协调的角色。

(2) 关键种群。即电子商务交易主体，包括消费者、零售商、生产商、专业供应商等，是电子商务生态系统其他物种所共同服务的"客户"。

(3) 支持种群。即网络交易必须依附的组织，包括物流公司、金融机构、电信服务商以及相关政府机构等，这些种群并非依赖电子商务生态系统而生存，但它们可以从优化的电子商务生态系统中获取远超过依靠自己竞争力可得的利益。

(4) 寄生种群。即为网络交易提供增值服务的提供商等，包括网络营销服务商、技术外包商、电子商务咨询服务商等。这些物种寄生于电子商务生态系统之上，与电子商务生态系统共存亡。

电子商务生态系统概念模型如图 2-2 所示。

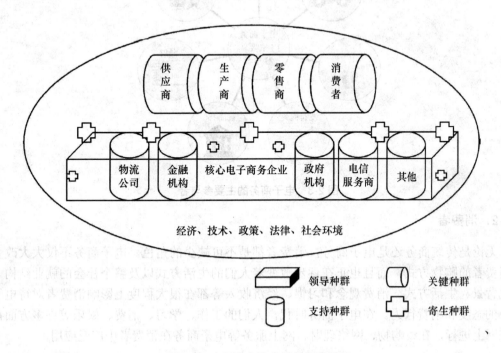

图 2-2　电子商务生态系统概念模型

2.2.2　电子商务价值链

迈克尔·波特在《竞争优势》一书中首先提及了价值链概念，他认为企业组织的设计、生产、销售、交货以及售后服务等活动集合统称为价值创造过程，企业的价值创造过程是通过一系列基本活动和辅助活动构成的，两种不同性质的活动既相互分离又相互联系，在动态磨合过程中产生了价值增值，这种线性的要素联结形式即价值链。事实上，无论是上下游关联企业之间还是企业内部各生产组织环节之间，都广泛存在着价值链，不同的价值链可以通过特定节点而互相联结成范围更大的价值网络。

电子商务价值链的主要参与主体有企业、消费者、政府、CA 认证机构、银行、第三方支付平台等，如图 2-3 所示。其中，企业是电子商务最主要的推动者和受益者，消费者作为经济活动中不可缺少的角色也必然要介入到电子商务的环境中，另外两个主要角色——政府和中介机构同样也起着不可替代的作用。

1. 企业

从电子商务应用的类别来看，所涉及的企业主要可以划分为生产制造型、流通贸易型和服务型三类。

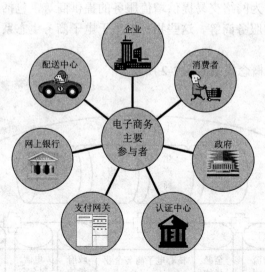

图 2-3　电子商务的主要参与者

2．消费者

无论是传统商务还是电子商务，消费者都是不可缺少的角色。电子商务不仅大大改变了消费者的购物方式，而且也正在逐步改变着人们的生活方式以及整个社会的就业结构。文化背景、生活方式、消费观念和习惯、经济收入等都在很大程度上影响消费者对待电子商务的态度和消费行为。在电子商务时代，人们的工作、学习、消费、娱乐等许多方面都将在网上进行，在线购物、网络理财、网上服务等电子商务在消费者中广泛应用。

3．政府

政府是电子商务活动的管理机构，具体包括工商、税务、海关和经贸等部门。政府作为现代经济生活的调控者，在电子商务环境中应该起什么样的作用，这是一个各国政府广泛关注的问题。政府需要解决政策导向、相关法律法规的建设与健全、信用体系建设、CA认证等问题。

4．认证中心

认证中心(Certificate Authority，CA)是法律承认的独立于交易双方的第三方权威机构，负责发放和管理电子证书，使网络的各方都能够互相确认身份。电子证书是一个包含证书持有人的个人信息、公开密钥、证书序号、有效期和发证单位的电子签名等内容的数字文件。

5．支付网关

支付网关是信息网与金融网连接的中介，它承担双方的支付信息转换的工作，所解决的关键问题是让传统的封闭的金融网络能够通过网关面向 Internet 的广大用户，提供安全方便的网上支付功能。

6．网上银行

网上银行包括发卡行和开户行。区别于传统银行，网上银行最重要的一点是为商务交易中的用户和商家提供 7×24 小时实时服务。

7．配送中心

配送中心以商家的要求为依据，组织运送商品，同时跟踪商品流向，将商品送到消费者手中。

2.2.3　电子商务的"流"要素

电子商务流程大都包括四种基本的"流"要素，分别是信息流、资金流、物流和商流。在电子商务活动中，信息流、资金流、物流和商流的整合与配合，保障了电子商务活动的顺畅进行，如图 2-4 所示。

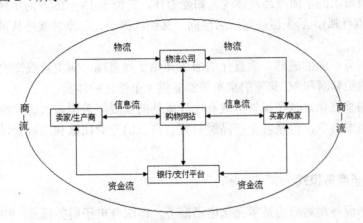

图 2-4　电子商务中的"流"要素

电子商务中，信息流、资金流、物流和商流各自的基本功能如下。

(1) 信息流包括商品信息、技术支持信息、售后服务信息、企业资信信息等的传递过程，也包括询价单、报价单、付款通知单、转账通知单等商务贸易单证信息的传递过程。

(2) 资金流是指资金的转移过程，包括付款、转账等。

(3) 物流是电子商务体系流要素中较为特殊的一种，是唯一不能完全通过 Internet 完成的流动要素，它指物品在从供应地向接受地的实体流动中，根据实际需要，将运输储存、装卸、搬运、包装、流通加工、配送、信息处理等功能有机结合来实现用户要求的过程。对于少数商品和服务来说，可以直接通过网络传输的方式进行配送，如各种电子出版物、信息咨询服务、有价信息软件等。而对于大多数商品和服务来说，物流要通过物理方式进行。

(4) 商流一般是指商品交易过程中发生的有关商品所有权的交换转移。在电子商务中，信息流、资金流和商流都可以通过计算机和网络实现。

2.3 电子商务企业运营模式

2.3.1 电子商务企业运营模式分类

1. 垂直电子商务模式

垂直电子商务是指在某一个行业或细分市场深化运营的电子商务模式。垂直电子商务网站旗下商品都是同一类型的产品。这类网站多为从事同种产品的 B2C 或者 B2B 业务，其业务都是针对同类产品的网上推广与销售。

垂直电子商务的核心是专业化，典型实例比如中国化工网、中国小商品市场网、苏宁易购等。

垂直电商是指服务于某些特定人群或为某些领域提供更专业的服务的商店，可以提供有关这个领域或需求的全面产品及体现。如麦考林，定位于 18～25 岁的年轻女性群体，尽管起家是用 DM(直邮)，后来慢慢向网店倾向；又如红孩子，起步时就是从母婴消费者这个细分市场切入的。

随着电子商务产业的成熟，垂直化的服务开始受到重视。如主营服饰的凡客诚品、专业经营正品鞋的拍鞋网和 3C 起家的京东等都提供了个性化的体验。

电子商务的垂直化运营在国外早就有比较成熟的发展。美国最大的购物网站亚马逊虽然经营的产品包罗万象，但是各个产品类目都有自己的专业团队独立运营以符合不同用户的需求。

2. 综合电子商务模式

与垂直电子商务相对应的是多元化电子商务，即综合电子商务模式。中国电子商务在起步阶段孕育了很多多元化的电子商务网站，如 B2C 的卓越当当、C2C 的淘宝和 B2B 的阿里巴巴等。这些网站就像综合类的大百货商店。

综合电子商务的核心是多元化，经营多行业多品类的商品，典型的综合电商有京东、凡客、当当、亚马逊、1 号店等。

3. 平台电子商务模式

平台型电商在用户黏性方面具有先天优势。用户一般都希望一站式购物，解决所有需求，加上一些垂直电商经营的品类本身消费周期长，不需要经常重复购买，很难形成持续的黏性，只能通过市场投放吸引新用户来维持销量，市场成本居高不下。

典型实例有淘宝、天猫、拍拍、易趣等平台电商。

4. 团购电商模式

团购是指团体线上购物，根据薄利多销的原则，商家可以给出低于零售价格的团购折扣和单独购买得不到的优质服务，让认识或不认识的消费者联合起来，取得最优价格的一种购物方式。团购是一种新兴的电子商务模式，通过消费者自行组团、专业团购网、商家组织团购等形式，提升用户与商家的议价能力，并极大程度地获得商品让利，引起消费者及业内厂商甚至是资本市场关注。如百度糯米、美团、大众点评等都是团购型网站的代表。

5．O2O 电商模式

所谓双线型就是线上订购、线下消费的模式，是指消费者在线上订购商品，再到线下实体店进行消费的购物模式，如爱邦客。这种商务模式能够吸引更多热衷于实体店购物的消费者，让以次充好的、图片与实物不符等虚假信息的缺点在这里彻底消失。再把在线支付变成线下体验后再付款，消除消费者对网购诸多方面不信任的心理。消费者可以在网上的众多商家提供的商品里面挑选最合适的商品，亲自体验购物过程，不仅放心、有保障，而且也是一种快乐的享受过程。

去哪儿网在线销售电子机票，旅客持身份证即可到机场办理登记手续登机，享受航空公司提供的运输服务。携程网可网上订机票、订酒店，消费者在线下体验。火车客票销售网站 12306 亦是如此。以上均是典型的 O2O 电子商务模式。

2.3.2　电子商务企业的商业模式

1．商业模式理论

商业模式(Business Model)这个概念最早出现在 20 世纪 50 年代，但是直到 90 年代才开始广泛流行起来，逐渐被人们使用和传播，并成为一个独立的研究领域接入学术、商业界。从 2003 年到现在，商业模式的研究取得了较大的进步。简言之，商业模式就是企业通过什么途径或方式来赚钱。

商业模式是一个公司赖以生存的模式，一种能够为企业带来收益的模式。商业模式包含了一系列要素及其关系的概念性工具，用以阐明某个特定实体的商业逻辑。它描述了企业所能为客户提供的价值以及企业内部结构、合作伙伴网络和关系资本等，用以实现(创造、推销和交付)这一价值并产生可持续盈利收入的要素。

目前，国外专家对商业模式的定义主要有四大方面：一是经济方面理论，主要侧重于为企业获取利润的模式；二是运营方面理论，重点说明企业通过什么基本构造设计和内部流程来创造价值；三是战略方面理论，着重对不同企业战略方向的总体考察，涉及市场主张、组织行为、增长机会、竞争优势和可持续性等；四是整合方面理论，侧重对企业商业系统如何更好运行的本质描述。

根据国内吕延杰教授对商业模式研究理论的综述，商业模式的含义也大致分为三类。

(1) 盈利模式理论，说明企业是如何进行运营、盈利模式的。

(2) 价值创造理论，说明企业创造价值的模式。

(3) 体系论，说明一个有很多因素构成的系统，是一个体系或集合，强调商业模式的综合性，研究视角更全面、更宽泛，能够从各个维度更系统地诠释商业模式的实质。

随着信息技术的迅速发展、市场需求日益清晰以及资源日益得到准确界定，新型产品的出现，分销渠道的更新，需要拆分、重组原有产业价值链。用户消费群体的增加，直接导致了更加激烈的竞争，从而带来了许多新的经营方式，商业模式也在经历着前所未有的创新。

传统的商业模式的"店铺模式"受到严重冲击，商业模式也不再是简单的赚钱，而是变得更加复杂，从产品、服务、市场、价值链、营销等各方面逐渐成熟演变为完善的现代商业模式，并将市场需求和资源有机结合的系统，要全面提升竞争能力。因此，商业模式涵盖了企业从资源获取、研究开发、生产组织、产品营销到售后服务、客户关系、合作伙伴、收入方式等几乎一切活动，是一个正在形成和发展中的新的理论和操作体系。

电子商务企业的商业模式，是指在网络环境中基于一定技术基础的商业运作方式和一系列为了盈利而创造核心竞争力的业务流程的集合。电子商务商业模式主要包括以下内容：厂商可为客户提供怎样的价值；可为哪些客户提供价值；如何提供价值定价；如何提供价值；如何在提供价值的过程中保持竞争优势。

2．电子商务企业商业模式要素

电子商务企业商业模式要素一般有如下六种。

(1) 客户以及公司与客户的关系，包括客户价值主张。

(2) 公司所提供的所有产品及服务。

(3) 制造和销售产品和服务所需的业务流程。

(4) 制造和销售产品所需要的资源。

(5) 组织的供应链，包括供应商和其他业务合作伙伴。

(6) 盈利模式、期望成本、财务资源以及预期利润。

3．电子商务企业商业模式的类型

目前较为常见的商业模式主要有以下几类。

(1) 直销(Direct Sales)。电子商务的特性使得很多厂商摆脱了对经销商、分销商等中间商的依赖，实现了去中间环节化，越来越多的厂商开始建立自己的门户网站，或者在各大电商平台建立门店直销自己的产品，或者是自己采购自己经销。DELL 电脑、当当网等采用的就是直销商业模式。

(2) 中介(Intermediary)。电子商务中介的主要存在形式是信息平台，通过提供平台供交易双方发布各自所需信息，撮合交易。如阿里巴巴 B2B 平台、搜房网、58 同城、赶集网，还包括一些提供金融服务及物流服务的信息平台，都是电子商务中介模式。

(3) 内容提供商(Content Provider)。内容提供商是通过信息中介商向最终消费者提供信息、数字产品、服务等内容的信息生产商，或直接给专门信息需求者提供定制信息的信息生产商。内容提供商能够处理大量的信息，包括图像、图形、声音、文本等。由于信息安全性是第一要求，因此，信息内容提供商在存储介质和网络设施上投资较大。一些视频网站如优酷、在线音乐下载如百度音乐、新闻资讯如新浪、搜狐等均为内容提供商。

(4) 服务提供商(Full-service Provider)。电子商务服务提供商涵盖 IT 技术类服务商、运营服务类服务商、营销推广类服务商、市场研究类服务商、仓储物流类服务商、品控保险类服务商和电子商务整体外包类服务商(电商整包类)等。其属于电子商务生态系统中的支持种群。天气预报、股票指数等提供者可视为服务提供商商业模式。

(5) 公共基础设施提供商(Shared Public Infrastructure)。这类商业模式目前主要由各大电信运营商运营，如中国移动、中国联通、中国电信等，还有一些代理商从电信批发购买服务,再将服务零售给消费者。

(6)　价值网集成商(Value Net Integrator)。价值网集成商是将各种有价值的信息集成在一起的集成商商业模式。新浪门户网站集成了各类有价值的资讯、新闻、财经、科技、汽车、房产、博客、读书、教育、时尚等,类似的门户网站还有很多,这些均为价值网集成商。

(7)　虚拟社区(Virtual Community)。天涯论坛、校友录、人人网、猫扑等为此类商业模式。

(8)　综合服务商(Consolidator of Service)。新浪网在提供内容、价值网集成的同时,还提供其他服务,如服务器托管等,多类服务的提供者称为综合服务商。

2.4　主流与前沿的电商模式

电商是近年来发展比较迅速的商业模式,本节通过对主流和前沿的电商模式介绍,可以为想要从事电商的商家和个人提供可以参考的实际案例,加强对于电商环境和模式的了解。另外,还可以帮助电商从业者更有效地做好计划准备,避免盲目的选择,让商家找到自己最合适的模式。

2.4.1　主流电商模式

目前主流的电子商务模式有如下几种。

1. B2B(Business to Business)

B2B 有时写作 B to B,但为了简便一般用其谐音 B2B(2 即 two,two 与 to 同音,后面 B2C、C2C 等亦同此意)。B2B 是指商家(泛指企业)对商家的电子商务,即企业与企业之间通过互联网进行产品、服务及信息的交换。通俗的说法是指进行电子商务的交易供需双方都是商家(或企业、公司),使用了 Internet 的技术或各种商务网络平台,完成商务交易的过程。

这些商务的过程包括:发布供求信息,订货及确认订货,支付过程及票据的签发、传送和接收,确定配送方案并监控配送过程等。B2B 的典型是中国供应商、阿里巴巴、敦煌网、慧聪网、瀛商网、Needsee、电子商务学吧等。

B2B 按服务对象可分为外贸 B2B 及内贸 B2B,按行业性质可分为综合 B2B 和垂直 B2B,阿里巴巴即为综合 B2B 的典型,垂直 B2B 有中国化工网等。

2．B2C(Business to Customer)

B2C 是企业对消费者的电子商务模式。这种形式的电子商务一般以网络零售业为主,主要借助于 Internet 开展在线销售活动。B2C 模式是我国最早产生的电子商务模式,以 8848 网上商城正式运营为标志。这种模式企业通过互联网为消费者提供一个新型的购物环境——网上商店,消费者通过网络在网上购物、在网上支付。由于这种模式节省了客户和企业的时间和空间,大大提高了交易效率,节省了宝贵的时间。

B2C 商业模式主要包含商城模式、团购模式、垂直电商模式、跨境电商模式等。

(1) 商城模式。

淘宝网近年推出天猫商城，并且正式推出独立域名，受邀企业可以缴纳担保金，进驻商城，在淘宝的宝贝搜索中，前几位的一般都是为商城预留的。另外一个比较有实力的 B2C 商城是京东商城，京东的店铺商家也有不少。另外，我的网店平台推出独立网店模式也很有竞争力。目前平台店铺模式(B2C)中在中国占有市场的是天猫商城、京东商城、1 号店和我的网店。

(2) 团购模式。

团购模式也是商家将商品托管给平台的模式，该模式目前十分火爆，但是弊端很多，商品质量参差不齐。经过前些年的"千团大战"后，目前主流有名的团购网站有美团、大众点评、拉手、赶集网、糯米团、去哪儿团、聚划算等。目前独立团购网站虽然红火，但是迹象显示：除了糯米、美团这样的有千橡或者百度支撑的团购网站之外，其他可以存活的网站一般都是依靠其他电商平台和团购导航进行低价策略而维持的。

(3) 垂直电商模式(Vertical E-business Models)。

垂直电子商务是指在某一个行业或细分市场深化运营的电子商务模式。垂直电子商务网站旗下商品都是同一类型的产品。这类网站多为从事同种产品的 B2C 或者 B2B 业务，其业务都是针对同类产品的，比如红酒商品、机票等。

垂直电子商务与多元化电子商务是电子商务的两种模式。垂直领域的优势在于专著和专业，能够提供更加符合特定人群的消费产品，满足某一领域用户的特定习惯，因此能够更容易取得用户信任，从而加深产品的印象和口碑传播，形成品牌和独特的品牌价值，这也是中小企业创业的必经之路。乐蜂网、酒仙网、聚美优品等均为有代表性的垂直电商模式。

(4) 跨境电商。

跨境电子商务是指分属不同关境的交易主体，通过电子商务平台达成交易、进行支付结算，并通过跨境物流送达商品、完成交易的一种国际商业活动。跨境电子商务是基于网络发展起来的，网络空间相对于物理空间来说是一个新空间，是一个由网址和密码组成的虚拟但客观存在的世界。网络空间独特的价值标准和行为模式深刻地影响着跨境电子商务，使其不同于传统的交易方式而呈现出自己的特点。跨境电子商务具有全球性、无形性、匿名性、即时性、无纸化、快速演进等特征，这些内容在本书后续章节会专门进行介绍。

具有代表性的跨境电商为速卖通、亚马逊、天猫国际、网易考拉、苏宁云商海外购等。

3. C2C(Customer to Business)

C2C 即消费者之间，是个人与个人之间的电子商务。如一个消费者有一台手机，通过网络进行互动并达成交易，把它出售给另外一个消费者，此种交易类型就称为 C2C 电子商务。

毫无疑问，淘宝在 C2C 领域的领先地位暂时还没有人能够撼动。在中国 C2C 市场，淘宝的市场份额超过 60%。如果是在传统行业，淘宝完全可以高枕无忧。然而在瞬息万变的互联网领域，这种优势并不是什么不可逾越的屏障。比如 eBay 在国外的市场份额也很可观。

4. C2B(Customer to Customer)

C2B 是消费者与企业之间的电子商务。真正的 C2B 应该先有消费者需求产生而后有企业生产，即先有消费者提出需求，后有生产企业按需求组织生产。通常情况为消费者根据自身需求定制产品和价格，或主动参与产品设计、生产和定价，产品、价格等彰显消费者的个性化需求，生产企业进行定制化生产。

C2B 的核心是以消费者为中心，站在消费者的角度看。C2B 产品具有以下特征：①相同生产厂家的相同型号的产品，无论通过什么终端渠道购买价格都一样，也就是全国人民一个价，渠道不掌握定价权(消费者平等)；②C2B 产品价格组成结构合理(拒绝暴利)；③渠道透明(O2O 模式拒绝山寨)；④供应链透明(品牌共享)，小米手机的以销定产就具有此类典型特征。

2.4.2　前沿电商模式

新型前沿的电商模式具备两个特点：一是区别于以往的电商模式；二是具有很大的发展前景。

1. C2M

C2M 是英文 Customer-to- Manufactory(顾客对工厂)的缩写，其中文简称为"客对厂"。"客对厂"由爱优会社交购物平台提出，是一种新型的电子商务互联网商业模式，这种模式是基于社区 SNS 平台以及 B2C 平台模式上的一种新的电子商务模式。

在 C2M 模式下用户可以在爱优会社交购物平台建立自己的社交关系网络，使得规模巨大但同时相互之间割裂的、零散的消费需求整合在一起，以整体、规律、可操作的形式将需求提供给供应商，从而将"零售"转化为"集采"，能够大幅提高工厂的生产效率和资产、资金周转，价格因而又有了一个巨大的下调空间；继而以"云采购"模式，将参与"集采"的消费者需求信息整合起来，速送工厂，使其"以需定产、量体裁衣"。

爱优会创新地将社交网络(SNS)与电子商务巧妙、无缝地融合在一起，通过朋友间的推荐、分享、评价、行为、信任和相互影响，以业界首创的"云采购"模式将对同一类商品的需求整合起来向供应商进行集中采购，顺利达成零售领域难以实现的面向消费者的规模效应，真正实现"人多力量大""越买越便宜"。

爱优会采取主动承担资金风险、不收取任何费用与返利、摒弃账期，而以现款现货的方式，跨过代理商直接向工厂采购，代表消费者将"云采购"所整合的用户需求向工厂直接下单，工厂按单排产、生产，一方面节省出中间环节所占据的 1/3 左右的价格空间，另一方面完全消除工厂资金风险、加快工厂资金周转、加快工厂固定资产折旧、提高工厂生产效率，从而又创造出 1/5 左右的价格空间，因而最终为消费者创造出 1/2 左右的市场价下降空间。

2. O2M

通过线上线下的互动营销，目前以 O2M(Offline to Mobile)的渠道营销为主，线下实体店负责顾客体验,移动手机端做好顾客服务。O2M 是基于地域的线下销售团队的有效集合,与线上平台为客户定制服务的能力相结合的全新服务体系。O2M 将以强大线下实力为发展基础,依托移动互联技术,力图做到"通盘""通客""交叉销售""共享资讯""共享中台",整合多种业务线为客户提供一站式、平台化、交叉交互式的轻资产房地产服务,最大限度实现客户价值。

3. O2P

O2P 商业模式是针对移动互联网商业浪潮背景下,瞄准传统渠道将向"电商平台+客户体验店+社区门店+物流配送"转型机会而推出的新型互联网商业模式。该轮变革主要体现在①渠道商/连锁经营从经销与批发向本地化平台经营转型;②专卖店向体验店转型,社区门店变商城,社区终端为王;③厂家向 C2B 个性化单品规模化生产转型,向互联网平台要渠道。

O2P 商业模式的核心是 Online to Partner,即采用互联网思维,围绕渠道平台化转型机会,构建厂家、经销商、零售商铺、物流机构、金融机构等共同参与的本地化生态圈,帮助传统产业向互联网转型,提升系统效率,创造消费者完美购物体验。

4. B2Q

B2Q 电商模式英文全称为 Business to Business and ensure the quality,指的是商家(泛指企业)对商家在以确保质量、诚信交易为前提的电子商务平台所进行的电子商务活动,即企业与企业之间通过第三方认证平台进行产品、服务及信息的交换。

5. BOB

BOB 商业模式是指供应方与采购方之间通过运营者(Operator)达成产品或服务的一种电子商务模式。BOB 商业模式使供应方和采购方只需要专注其自身领域——厂家/批发商(供应方)负责做好生产/批发,采购方专注采购以及如何做好下一步 2C 零售,运营者承揽了产业供应链两端之外的其他环节,实现商流、物流、资金流、信息流四流整合,运营者进行产业供应链的优化管理。

BOB 电商模式有别于过去的 B2B、B2C、O2O 等电商模式,是一种全新的一站式电商运营模式。BOB 电商模式将电子商务以及实业运作中的品牌运营、店铺运营、移动运营、数据运营、渠道运营等五大运营功能板块升级和落地,从而实现"品牌塑造+平台展示+立体分销+数据指导+新媒体营销+智能仓储+金融结算"一体化的供应链管理,使得传统批发商为其自身产业转型和升级提供了最坚实的力量和后盾。

2.4.3 电子商务盈利模式存在的问题

电商行业每天都有新的进入者,也有不断的退出者。电子商务领域竞争激烈,尤其是遭遇互联网经济寒冬的时期。2011 年上演的"千团大战"即是电商领域残酷竞争的真实写照。电商领域竞争惨烈,其深层次的原因除了经济形势大背景之外,还与参与竞争的电商企业盈利模式有很大相关。

1. 盈利模式单一，创新不足

很多电子商务系统主要靠企业赞助、广告费、会员费来维持生存，少数能收取一些交易费用。我国大多数电子商务企业盈利模式主要是依靠对平台上注册的会员收取会员费以及增值服务费。如中国化工网，目前已拥有国内外注册会员近 10 万个，入网客户已超过 7000 家，其中会员费是中国化工网主要收入来源。企业通过第三电子商务平台参与电子商务交易，必须注册为网站的会员，每年要交纳一定的会员费，才能享受网站提供的各种服务，目前会员费已成为我国 B2B 网站最主要的收入来源。如阿里巴巴网站收取中国供应商、诚信通两种会员费，中国供应商会员费分为每年 4 万元和 6 万元两种，诚信通的会员费每年 3688 元；中国化工网每个会员第一年的费用为 12 000 元，以后每年综合服务费用为 6000 元；五金商中国的金视通会员费 1580 元/年，百万网的百万通 600 元/年。

有的平台仅注册一个会员用户就会收取一定费用，其注册形式也是五花八门，如搜索优先排名服务，卖方已注册的付费会员会根据产业宣传需要，选定相关的关键词，当买方已注册会员使用这些关键词进行产品搜索时，那些交过增值服务费的会员所宣传的内容会出现在搜索结果的前列。对于盈利模式已经发展成熟的电子商务公司来说，依靠会员费来维持的收入是可观的，但对于其他刚起步的电子商务网站来说，靠会员费来维持运转不现实，如果收取的广告费或会员费过高，对网站的推广会产生负面影响。

2. 盲目复制盈利模式

严格地说，任何盈利模式都是可复制的，只是复制的难度不同，而复制难度大则可以使竞争者难以进入，为自己的发展赢得时间。对一种电子商务盈利模式而言，抓住时机，利用先发优势、网络效应、切换成本等手段使得其模式难以被竞争对手复制，也是影响其获得成功的重要因素。

但是许多电子商务公司未能把握市场走向，不注重企业内涵发展，存在盲目效仿复制盈利模式的现象。当看到其他电商企业的盈利模式能够使企业盈利时，就会盲目地复制盈利模式，引用不符合自身发展规律的盈利模式非但不能实现企业的效率化，而且容易造成巨大经济损失，结果是企业付出沉重代价，失去市场生存机会。

3. 盈利模式持久性差

盈利模式设计的最终目的是为了能够长远获利，但是目前许多电子商务企业目标战略不清楚，问题分析不透彻，只顾眼前的利益而忽视长远利益。目前利用互联网赚钱的方式虽然不少，但是作为一种电子商务盈利模式必须是针对一种长期存在的市场所设计出来的。如果针对的只是一种临时的需求和市场，那不能算是一种成功的盈利模式，因为市场一旦失去了，就没有其存在的必要，这种模式必然失败。

2.4.4　电子商务盈利模式的创新和战略选择

任何商业模式要实现盈利，最本质的问题就是如何从用户手中获取利润。因为企业的市场竞争，从根本上来说就是围绕满足顾客需求而展开的，正如菲利普·科特勒所指出的：

"顾客是价值最大化者。"因此,所谓的满足顾客的需求,就是要为顾客提供最大、最多、最好的价值。

电子商务盈利模式的分析必须要从盈利增长点、盈利的对象、盈利的措施和盈利的屏障这四点来着手。其实如果要从创新角度来考虑的话,重点还是核心竞争力。这就要求电子商务公司在如下方面不断创新。

(1) 建立专业细分的贸易商家数据库。对于电子商务平台来说,最核心的资源便是注册用户,即众多的供应商和采购商,而这些贸易商也正是企业的衣食父母。建立一个专业的按行业、按产品细分的数据库,能够有效地提高企业的服务质量。相应供应商与采购商的直接对接, 能有效地节省双方的时间成本,提高网站的使用效率,进而增加用户对网站的满意度。

(2) 以服务的纵向深化来弥补市场横向扩张的不足。针对中小企业的现实需求,通过向中小企业直接或间接提供金融服务,帮助其解决"融资难"的困境。通过这种方式取得的收入是相对较稳定的,同时还能够增加现有用户对平台的黏性,提高用户满意度和忠诚度。横向与纵向的相辅相成,能够促使企业更加持续稳定的发展。

(3) 加强企业合作,充分利用平台资源。现在市场竞争已从企业与企业层面的竞争上升到企业联盟与企业联盟层面的竞争。B2B 平台要发展金融服务,不能仅仅依靠企业自身的资源,还要加强企业间的合作,充分利用合作企业的资源。

(4) 建立有效的平台互动机制。互动能够发现问题、探讨问题、解决问题。各方的积极参与,使得平台"活"起来之后,再配以相应的服务,电子商务才会更好地发展。为了提高电子商务盈利模式的有效性,维持电子商务企业竞争优势的持久性,可以选择适合自己发展的竞争战略。

一般来说,企业所采取的竞争战略有以下几种类型。

(1) 差别化战略,即企业在盈利模式上取得某种独特性,防止竞争模仿。电子商务企业应更多地采用差别化战略。网络赋予了消费者更多的议价能力,只有提高产品的差别化程度,才能加强与之议价的能力来避免利润的下降。而网络技术的应用,又使企业了解消费者个性化需求,从而提供明显区别于竞争对手的异质产品或服务,进而使差别化战略能够实施得更为彻底。如新浪为其网站广告模式申请了专利,防止其他竞争者模仿。

(2) 低成本战略,即电子商务企业通过降低成本向客户提供价值。其主要有三种方式:第一种,中间环节减少导致中间费用减少;第二种,中间环节增加,但中间费用减少;第三种,向交易双方提供交易平台而使双方同时赢利。同时,电子商务公司自身也要降低成本,如卓越网以前通过向会员发放印刷品会刊来介绍自己的每期产品,后来为了节约成本,用电子会刊的形式代替了印刷品会刊。

(3) 抢先战略,即企业较早地将主要资源投入到市场,不断对其盈利模式创新。电子商务公司如果第一个创办了属于自己盈利模式并取得成功,那就要努力占据自己的市场,因为只有第一个占据新市场的人才是真正盈利的。如阿里巴巴采用开放式经营方式,与参与者共享收益和承担风险,这是阿里巴巴首次开创的自己的盈利模式。

(4) 公司联合战略,即企业通过发掘其他企业的资源来壮大自己的盈利模式。当今全球化企业都强强联合加强自己的竞争力,电子商务公司也应该走向国际化。如惠普合并康柏,向客户提供优质服务。

目前，我国发展电子商务的环境，包括网络基础建设等运行环境、法律环境、市场环境、信息安全、认证中心建设等条件，正在逐步完善，国家有关电子商务的各项政策、法规也日益健全，为中国电子商务规范、高速前行提供了推动力。越来越多的电子商务公司已经找到属于自己的盈利模式，正在打造具有中国特色的电子商务盈利模式。

 ## 复习思考题

1. 思考电子商务的框架结构和支撑环境。
2. 电子商务的主要商业模式有哪些？
3. 电子商务的盈利模式有哪些？存在哪些问题？
4. 如何看待电子商务盈利模式的创新与战略选择？

 ## 案例分析

互联网创业的 24 种商业模式

摘要：自从谷歌开始在搜索结果旁边投放广告以来，广告已经成了互联网行业默认的首选变现方式。实际上，广告本来是平面媒体的主要商业模式，现在互联网行业已经彻底抢走了广告领域的风头。

所谓互联网思维，与传统行业最迥异的，应该就是商业模式问题。传统行业思考的只是产品创新，而互联网行业似乎还得思考商业模式创新。比如 Google，在 1999 年的时候，大家还为 Google 没有商业而担忧。Facebook 上市之后也仍旧没有牢靠的商业模式。但是，现在怎么样，Google 和 Facebook 都不怎么为收入发愁了。所以能否直接从用户身上赚钱无所谓，只有用户数量积累到一定程度，自然有赚钱的门道"涌现"出来。所以，只要你的产品能够吸引到足够多的用户，就能看到商业模式了。

互联网行业经历了近些年来各路人马的尝试之后，已经基本上摸索出了所谓互联网思维下的商业模式套路。在产品积累到足够的用户后，这些现成的商业模式都可以拿来为我所用。初步归纳一下，可能会有 24 种模式商业模式。当然，更多聪明绝顶的企业，还在不断开拓新的商业模式。

一、实物商品的商业模式

如果你的产品是某种物品，受众可以直接持有和使用你这个物品，也就是通常意义上的商品/货物，那么你的商业模式就很简单，基本上就是以下四个套路。

(1) 自己生产、自己销售：自己直接生产、直接销售给用户。

(2) 外包生产、自己销售：把生产环节外包出去，自己负责直接销售给用户。

(3) 只生产、不销售：自己负责生产，交给分销商销售。

(4) 只销售、不生产：自己作为分销商，或者提供销售商品的交易市场。

亚马逊、京东等电子商务网站，就是第四种商业模式。

如果你的产品不是某种物品，受众们不能直接持有和使用，那么你怎么赚钱呢？下面看看所谓互联网思维下的商业模式。

二、广告

(1) 展示广告：展示广告一般形式是文字、banner 图片、通栏横幅、文本链接、弹窗等，通常是按展示的位置和时间收费，也就是我们所说的包月广告或包天、包周广告。这是目前最常见的模式。

(2) 广告联盟：广告联盟相对于互联网形式的广告代理商，广告主在广告联盟上发布广告，广告联盟再把广告推送到各个网站或 APP 里去。百度联盟、Google AdSense 是最大的两个广告联盟。基本上网站流量还没有到一定程度时，都会选择跟广告联盟合作，只有做到一定流量后，才会跟确定的广告主直接建立合作关系。广告联盟一般是按广告的点击次数收费。

(3) 电商广告：最常见的就是阿里妈妈了，京东、亚马逊、当当都有自己的电商广告，凡客当年也是靠这个突然蹿红的。这些广告一般是按销售额提成付费。很多导购网站，就是完全靠这种收入的，特别是海淘导购网站，会接入各个海外购物网站的广告，佣金还挺不错。

(4) 软文：软文是指把广告内容和文章内容完美结合在一起，让用户在阅读文章时，既得到了他想需要的内容，也了解了广告的内容。很多媒体网站或者微博、微信公众号，都是靠软文赚钱的。

(5) 虚拟产品换广告效果：你还可以为用户提供虚拟产品，但是代价是用户必须接受一定的广告，比如看完某段广告、注册某个网站的用户、下载某个 APP。

(6) 用户行为数据：通过分析用户在你的网站或 APP 上操作方式，可以分析用户的习惯和心理，从而有利于在产品设计和商业规划上做出正确的决策。很多企业都需要这样的用户使用习惯的数据，所以可以出售这样的数据。淘宝数据魔法就提供这样的服务，如告诉你什么地方、什么商品、什么风格、什么尺码最受用户欢迎。

三、交易平台模式

(1) 实物交易平台：用户在你的平台上进行商品交易，通过你的平台支付，你从中收取佣金。天猫就是最大的实物交易平台，天猫的佣金是其主要的收入来源。

(2) 服务交易平台：用户在你的平台上提供和接受服务，通过你的平台支付，你从中收取佣金。威客平台猪八戒就是这样收取佣金的。Uber 的盈利模式也是收取司机车费的佣金。

（3）沉淀资金模式：用户在你的平台上留存有资金，你可以用这些沉淀的资金赚取投资收益回报。传统零售业用账期压供应商的货款，就是为了用沉淀资金赚钱。现在这种方式也被应用到互联网行业。很多互联网金融企业、O2O 企业，也是寄希望于这个模式。

四、直接向用户收费

除了广告，另外一大类商业模式就是直接向用户收费。当然。如果前期就收费，很可能会吓跑用户。所以，需要借助一些巧妙的做法。

（1）定期付费模式：这种商业模式类似于手机话费的月套餐，定期付钱获得一定期限内的服务。相对于一次性付费直接买软件，定期付费的单笔付费金额比较小，所以用户付费的门槛相对较低。如 QQ 会员，就是按月/按年付费的模式，现在的价格差不多是每个月 10Q 币。

（2）按需付费：按需付费是用户实际购买服务时，才需要支付相应的费用。比如，在爱奇艺里看到想看的某一部电影，花 5 元钱，只看这一部，这是按需付费。如果是购买了爱奇艺会员的 VIP 用户，在一段时间内所有会员免费的电影都可以看，这就是定期付费模式。再比如，我要在道客巴巴找到一个我最需要的文档，下载要 5 元钱，我用微信支付后就可以下载这个文件了。

（3）打印机模式：打印机的商业模式是指，先以很便宜的价格卖给消费者一个基础性设备，如打印机，用户要使用这个设备，就必须以相对较高的价格继续购买其他配件，比如耗材。剃须刀也是采用类似的商业模式，刀架的价格近乎白送，然后通过卖刀片赚钱。再比如，索尼和任天堂以低于成本的价格卖游戏机，然后用很高的价格卖游戏光盘。因为日本打印机公司爱普生首先采用这种商业模式，所以把它叫作打印机模式。

五、免费增值模式

免费增值商业模式就是让一部分用户免费使用产品，而另外一部分用户购买增值服务，通过付费增资服务赚回成本和利润。不过通常一般采取免费增值模式的产品，可能只有 0.5%～1% 的免费用户会转化为付费用户。

（1）限定次数免费使用：这种模式是在一定次数之内，用户可以免费使用，超出这个次数的就需要付费了。

（2）限定人数免费使用：这种模式是指用户数量在一定人数之内，就是免费的，如果用户数量超出这个限定额，就要收费了。如很多企业邮箱服务，如果你的公司注册了某个域名，打算用这个域名做你的企业邮箱；企业邮箱服务商可以要求，5 个以内邮箱地址免费，超过 5 个邮箱地址就要购买它们的服务。

（3）限定免费用户可使用的功能：免费用户只能使用少数几种功能，如果想使用所有功能，就得付费。比如使用 Evernote，它会提醒你用不用升级，升级之后，每个月可以上传更大的附件，也可以给自己的笔记加上密码。

（4）应用内购买：应用的下载和使用是免费的，但是在使用的过程中，可以为特定的功能付费。最常见的就是游戏了，购买虚拟装备或者道具之类的。再比如在微信内购买付费的标签。

（5）试用期免费：让用户在最初一定的期限内可以免费使用，超过试用期之后就要付费了。比如 Office，它会天天提醒你，免费版试用期还有××天就要到期了，让你抓紧激活。激活就是要买正版的激活码。

（6）核心功能免费，其他功能收费：Appstore 里的 APP，有不少都是这种模式，一个产品分为免费版和收费版。免费版里基本功能都有了，但是要获得更多的功能，就要收费。如照片处理应用，免费版有几个基本的滤镜效果，差不多够用，但是如果要更炫更酷的滤镜，就要下载付费版。

（7）核心功能免费，同时导流到其他付费服务：如微信，微信聊天是免费的，但是微信内置了很多其他服务，游戏、支付、京东、滴滴打车，这些服务都有可能是收费的。

（8）组织活动：通过免费服务聚齐人气，然后组织各种下线活动，这些活动可以获得广告或赞助，或者在活动中销售商品或服务。比如，很多媒体通过组织线下行业峰会赚钱。还有的地方社区会组织线下展销会、推荐会，如装修展销会、婚纱摄影秀等，销售商品或服务。

所以，既然互联网有这么多商业模式可以选择，创业者完全不用太关注这个问题。努力做好产品，努力黏住更多的用户，用户数量达到一定程度了，选择一个合适的商业模式，就可以赚钱。

（案例来源：杜国栋. 新芽网. 2015-07-09）

案例思考

1. 通过本案例分析，如何延伸并创新 O2O 这一商业模式？
2. 你知道的免费增值商业模式还有哪些？
3. 根据本案例，京东商城要想进一步发展，提高竞争力，应该怎样做？

第 3 章

网络经济

【学习目标】

❖ 掌握网络经济的含义及特征

❖ 理解网络经济的基本特征及理论

❖ 网络经济下厂商的定价策略

网络经济兴起于美国，现已在世界范围内展开。20 世纪 90 年代美国经济的高增长、低通胀和低失业率，一般归功于网络经济的繁荣。格林斯潘说："美国的数字经济奇迹最有说服力地证明，自由的人在自由的市场上可以带来什么样的生产效率。"网络经济是在信息网络化时代产生的一种崭新的经济现象，表现为经济生活中微观主体的生产、交换、分配、消费等经济活动，以及金融机构和政府职能部门等主体经济行为，都越来越多地依赖信息网络，特别是在国际互联网络开通以来，网络经济活动的发展势头之猛，超出了所有人的想象。人们不仅要从网络上获取大量经济信息，依靠网络信息进行预测和决策，而且许多交易行为直接在信息网络上进行。在网络经济中，信息不仅是生产资料，更是生产产品和消费商品，它在未来经济中具有举足轻重的作用。

人们称 21 世纪将是信息或网络的时代。但关于未来经济的说法有多种，如信息经济、后工业经济、知识经济、新经济、注意力经济、网络经济等，不管怎样，其基础都是计算机网络，特别是 Internet，而本质则是信息的生产与传输。如今，在世界范围，网络经济正在如火如荼地发展，它对传统经济提出了严重挑战，并正在迅速地改变着世界。正如 200 年前的工业革命把人与机器和工厂结合在一起那样，如今电子网络与经济的结合将改变人们的生活，决定企业的生存、国家的发展乃至世界的前途。因此，认识和把握网络经济有着重要的理论和现实意义。

3.1　网络经济的含义及特征

从技术进步和生产力发展的角度来看，人类社会的经济形态可以分为三个阶段：生产和消费合一的农业经济阶段；生产和消费过程分离的工业经济阶段；生产和消费过程重新统一的网络经济阶段。

农业经济阶段，国民财富只是简单再生产，没有增值过程，自给自足的生产和消费直接合一，是一种低水平的、没有社会化的直接经济。工业经济时代是迂回经济，亚当·斯密经过研究发现，工业文明的秘密在于"分工"，分工是财富的根本来源，分工是工业经济与农业经济最大的、也是最初的区别点。因此，在工业经济时代，财富的增长主要来自分工，来自生产起点到消费终点之间增加的诸多中间迂回的环节，所以是生产和消费之间进行迂回的经济。这种迂回既包括生产资料投资的迂回，也包括商业流通中增加的商场、分销商的迂回，它不再是直接经济，但却是社会化的经济。而网络经济的秘密在于"融合"——"生产和消费的统一过程或直接化过程"，它直接、快捷地贴近用户要求，是在更高程度上的、社会化的直接经济。从全局的角度看，网络经济将对以工业经济为主的国民经济全局带来根本性的改变。因此，"融合"是网络经济中财富的根本来源，也是网络经济与工业经济分化的原点。然而，"融合"并非网络经济发展的最终目标，融合的根本实质则是满足人们"自我实现"的最高需求，在网络经济时代，人们完成一次交易、消费或使用商品，已经不再仅仅是"交易"、物质的满足，而是一种过程的体验，一种自我实现。网络经济与工业经济的主要区别在于计算机网络和信息技术的应用而导致的信息处理与传播方式的变化。如果说工业经济是以机器为中心的商品经济，那么网络经济就是以网络为中心的服务经济。网络经济时代的主要工具是信息技术，或者说是计算机和网络。在这种新型工具的作用下，不但是人们的生产方式和生产资料，而且连人们的生活方式、相互关系等政治、经济、社会的一切方面都因之而发生根本性的改变。

可见，网络经济应是没有时空、地域限制的生产者和消费者直接见面的经济，即社会化了的直接经济。网络经济是区别于农业经济、工业经济的一种新型经济。

3.1.1 网络经济的含义

网络经济的产生离不开经济信息化和信息网络化。经济信息化是工业社会向信息社会发展的动态过程。它一方面依靠信息技术的产业化，另一方面依靠传统产业的信息化。其根本标志是信息成为社会经济最重要的战略资源，不能仅从通信现代化和计算机化去把握网络经济的丰富内涵。信息网络化虽然以互联网络或信息高速公路为物质基础，但其内涵主要在于人类经济行为方式的变革：经济主体上网交易；电子货币悄然兴起；网络金融蓬勃发展；网络管理渐成时尚；信息网络对资源配置的调节范围和调节作用逐渐加大。网络经济生成的根本原因不仅源于数字化革命和信息传输效率的飞速提高，还在于交易活动的变化和网络经济效应的存在。

网络经济这一概念早已有之，而且由于分析的角度不同，有不尽一致的看法。不过，今天人们一般所说的网络经济，更多的是指成为时尚而流行的互联网经济，即 Internet Economy，它与信息经济有着密切的关系。但是，对于网络经济的概念，目前却有着不同的说法，以下说法具有一定的代表性。

(1) 网络经济是指包括电信、电力、交通运输等有着相应的运营网络的经济行业。这些行业大致相当于具有网络特征的基础设施行业。

(2) 网络经济是指以计算机网络为核心的信息产业群，包括与计算机网络相关的硬件、软件开发制造以及网络体系建设等行业。美国商务部甚至将无线广播、电视以及相关制造业包括在其中。

(3) 美国得克萨斯州立大学电子商务研究中心认为，网络经济包含四个部分：网络的基础建设领域、网络的基础应用领域、网络的中介服务领域、网上的商务活动。

(4) 网络经济所研究的是当社会的生产方式与交换方式以网络形式组织起来后，人与人的经济关系会发生什么变化。

(5) 从企业运行的角度来说，网络经济是建立在国民经济信息化基础之上的，各类企业利用信息和网络技术整合各式各样的信息资源，并依托企业内部和外部的信息网络进行动态的商务活动和管理活动所产生的经济。

(6) 网络经济是构架在电子网络上的经济，其本质在于经济的联结性。网络经济的这种联结性将会改变社会生产和经营的动作方式，创造出一个全新的经济。

(7) 网络经济是信息经济的一个别称或特称。数字经济、比特经济、知识经济、智能经济、后工业经济、新经济等都是对信息社会经济的不同称谓。这些称谓都是从某一个特定方面来反映这一经济特征的。

(8) 网络经济有三个层面：从经济形态这一最高层面看，网络经济是有别于农业经济和工业经济的信息经济、知识经济和数字经济；从产业发展的宏观层面看，网络经济就是与电子商务活动紧密相连的网络产业经济，既包括网络营销、网络金融、网络企业以及其他商务性网络服务，又包括网络基础设施、网络设备和产品以及各种网络服务的建设、生产和提供等经济活动；从企业营销、居民消费或投资的微观层面看，网络经济则是一个网络大市场或大型的虚拟市场。网络经济的这三个层面是相互联系的。网络市场扩大了，网络产业发展了，表现为全新经济形态的网络经济也就必然水到渠成。

(9) 网络经济又有狭义和广义之分：从狭义的角度来分析，网络经济应是与计算机网络，特别是与 Internet 有关的经济。网络经济的主导产业是信息技术产业和信息服务业，而信息技术产业又可分为计算机硬件产业、软件产业和信息媒介三大产业。信息服务业则包括新闻、咨询、代理、电信、网络等。从广义上来讲，网络经济是从经济的角度对未来社会的描述。从工业社会的产业经济向未来社会的网络经济的转化是一种经济的变迁。网络经济是区别于农业经济、工业经济的一种新型经济。

上述关于网络经济的概念，是许多学者从不同的角度对网络经济所做的描述，彰显了网络经济的不同特征，可谓见仁见智，以至于我们不能简单地判定孰优孰劣。但是，总体来说，网络经济可以分为两大类：一类是认为网络经济就是以计算机网络为核心的信息产业群，也就是网络产业，即为网络经济；另一类是认为网络经济应该是包括社会再生产各环节在内的一个总体经济的概念。一般而言，我们可以把网络经济定义为通过网络而进行的一切经济活动的总和。

3.1.2　网络经济的特征

在网络经济中，信息传递工具的技术创新和革命性变化，改变了信息处理与传递的方式。因此，网络经济最本质的特征是改变了人们的生产、贸易和交往方式。其重要表现是：任何时间任何事物的相连性，这种彼此直接见面的经济是生产和消费的统一，它大大减少了交易的成本，消除了人们的时空感和距离感，不仅使"天涯若比邻"成为现实，而且也正逐步改变着我们的世界。网络经济与传统经济相比有以下特点。

1. 全天候运作的网络经济

由于信息网络和 WEB 服务器等是全天 24 小时运转的，因此，人们的经济活动在某种意义上变成了人与计算机之间，甚至是计算机与计算机之间的交易活动。这样，基于网络的经济活动就很少再受时间因素的制约，你可以在任何时间完成你需要进行的交易，特别是对于数字产品、信息服务等，因为这些产品、信息是被存储于计算机信息服务系统(服务器)中的，而服务器则是全天候运行的，因此，网络经济彻底打破了时间限制。

2. 全球化的网络经济

网络经济突破了地区和国界的限制，物理空间的距离正在消失。网络使得地理距离变得无关紧要，基于网络的经济活动把空间因素的制约降低到最小限度，使整个经济的全球化进程大大加快，世界各国经济的相互依存性空前加强。因此，网络经济是全球一体化的经济。网络经济在打破空间限制的同时，也引来了全球化的竞争。企业网上交易可面对全球的用户，而每个企业都可以通过网络选择自己的合作伙伴和交易对象，这样网络就为企业提供了极大的发展空间，也使得竞争更加激烈。

全球经济高度信息化的发展，给世界经济一体化提供了条件，而世界经济一体化又反过来促进了网络经济的形成与发展。我们知道 Internet 是一个不分国界、不分地区的全球网络，从而建立在网络基础上的经济也已不再是以往的地区性经济，而是一种全球化的经济形式。正如一个小小的泰国货币贬值竟会引起全面的亚洲金融危机，进而波及俄罗斯、影响美国金融市场一样，在全球经济一体化进程中，每一个小小的波动都有可能对全球经济造成影响。跨国公司作为世界经济一体化的实体在网络经济下有了新的灵魂。新型跨国公司的网络触角早已超越了传统，它将公司之间的业务往来也包括在自己的业务范围之内。借助广泛而密切的联系，各种决策能在总部与分布在世界各个角落的子公司或分公司之间及时地传递和交流，诸如分红协议、战略联盟、生产任务和供应安排等。

3．中间层减弱的"直接"经济

网络缩短了生产厂家与最终用户之间供应链上的距离，改变了传统市场的结构。企业可以绕过传统的经销商而直接与客户沟通，客户的需求将直接转化为企业的生产指令，这不仅可以大大增加企业与消费者的联系，同时可以减少许多中间环节，使企业大幅度降低经营管理成本。

工业经济的市场模式有许多中间环节，企业生产是大规模生产，企业销售产品需要经过多级批发商、零售商等。网络经济的市场模式将取消这些中间环节，也就是说从工业经济向网络经济的转变，就是从中间层管理制度到直接的管理制度；从规模化的迂回生产到直接通信的柔性制造；从间接的商场销售到网络直销；从纸币中介到电子货币；从大批量中间生产到直接面向最终用户的迅速反应；从重视硬件到依靠知识信息、网络增值服务、卫星通信等。简单地说，从工业经济向网络经济的发展，就是从迂回经济向直接经济的转变。网络使信息在组织的各部门之间及时、快速地传递，从而减弱了中间管理层的作用，使经济组织结构从金字塔型转向扁平型。网络也使企业能够直接把产品推向消费者，通过网络与消费者建立长期、密切的关系，使处于网络端点的生产者与消费者直接联系，"产销见面"使中间层次的作用大大削弱，减少了批发商、零售商等中间环节。

4．虚拟的网络经济

经济的虚拟性源于网络的虚拟性。转移到网上去经营的经济都是虚拟经济，它是与网外物理空间中的现实经济相并存、相促进的。培育虚拟经济的成长、促进虚拟经济的发展，已成为现代经济新潮流的动向。企业的一切经济活动都是在由网络构筑的虚拟空间上完成的，供方和需方可能从未见过面，订货、付款、收货等贸易活动的全过程都在网络上完成。在这里，作为经济主体的企业的信誉和品牌是非常重要的，也对企业在网络空间中创造自己的品牌提出了挑战。同时，如何保证企业在网络上交易信息的安全和对个人隐私的保护，是网络经济健康发展的保证。

5．竞争与合作并存的网络经济

信息网络使企业之间竞争和合作的范围扩大了，也使竞争与合作之间的转化速度加快了。经济全球化的发展，使企业之间的竞争越来越激烈，企业原有的地域、产品、技术优势已不复存在，面对着的是掌握世界范围内产品信息、对产品和服务要求越来越苛刻的客户，且客户的需求变化也越来越快。为了赢得竞争优势，单凭企业自身的力量很难满足客户不断增长的需求，因此需要与其他企业作，在竞争中合作也是为了增强自己的竞争力。正是在这种既合作又竞争的环境中，企业的活力增强了，企业的应变能力提高了。企业可持续的竞争优势，主要不再依靠自然资源和资金的优势，而更多地取决于信息和知识。

6．速度型的网络经济

现代信息网络可用光速传输信息。反映技术变化的"网络年"概念流行起来，而网络年只相当于正常日历年的 1/4。网络经济以接近于实时的速度收集、处理和应用大量的信息，经济节奏大大加快；一步落后就会步步落后。产品老化在加快、创新周期在缩短，竞争越来越成为一种时间的竞争。未来的经济将是在注重质量的基础上注重速度的经济。思科公司(Cisco)首席执行官兼总裁钱伯斯说："今天，网络经济已经出现，在这种经济环境中，游戏规则不再是以大胜小、以强凌弱，而是速度的较量。"

7．创新型的网络经济

网络经济的核心是创新。网络经济是高科技的产物，它激发了企业的不断创新精神。因网络技术的发展日新月异，以此为基础的网络经济更需要强调研究开发和教育培训，唯有不断创新，企业才能发展，网络经济才能为继。在技术创新的同时还需要有制度创新、组织创新、管理创新、观念创新的配合。在一个国家的经济发展和追赶、跨越中，仅靠自由竞争的市场经济是不够的，还需要从长远的、动态的视野出发，寻求资源的最优配置，通过政府进行适当干预，共同推动产业和企业的技术创新与发展。即使在世界经济日趋一体化的情况下，国家创新体系仍是一个国家经济发展的关键概念框架。在人类历史上，技术领先国家，从英国到德国、美国，直到日本，这种追赶、跨越，不仅是技术创新的结果，而且还包括知识创新，以及许多制度和组织的创新。

8．个性化服务的网络经济

网络时代的顾客会拥有越来越多的信息，他们利用这种信息找出满足他们需要的、质量和价格最好的产品。而针对顾客的多样性和信息反馈的及时性，"灵活制造""个性化服务"越来越受到企业的注意。个性化即针对每一个用户的独特信息需求进行独特的针对性服务，基于大量用户的各自不同的信息需求进行高效率的集成化信息过滤，也就是所谓的"信息分流"。企业最具有竞争力的优势是对市场外力的更迅速的响应和对不同类型信息之间的更好地处理。以金融界为例，在网络经济时代，金融机构面临的挑战是怎样通过建立"电子化世界"，在提高企业利润的同时加强客户关系。

9．与知识经济、网络技术相结合的网络经济

知识的最基本要素是信息，知识经济也是以信息的传播和增值为基础的经济，而网络技术的迅速发展又推动着传统经济的全面信息化。因此，当知识经济与网络技术结合起来时，这就意味着一个全新的全球性的以网络驱动的新型经济，即网络经济的诞生。Internet的飞速发展大大加速了以知识为基础的经济时代的到来。

在网络时代，竞争的优势已经不再属于那些最大的或自然资源最丰富的、资本最雄厚

的国家。而是智能主宰一切，只有善于创造新的知识，把新智能转化为新技术和新产品的国家，在未来才能更快地走向繁荣。

10．中小企业地位大幅上升的网络经济

工业经济的产品是标准化、大众化的，它是大企业的时代，中小企业无法与其竞争；网络经济中，产品更新速度大大加快，而且产品是差异化、个性化的，这对于任何企业几乎是一样的，中小企业可通过网络扩大自己的影响，并将产品销售到世界任何地方，中小企业竞争力极大提高。

3.1.3　网络经济的影响

网络经济时代是信息、知识型经济，其交易通行"应用越广价值越大"的原则，商品价格最大限度地接近于严格反映供求变化的市场价格，对交易双方具有互动协商、互利双赢的优越性。网络经济是在传统的工业文明基础上的市场经济发展的自然结果，不仅劳动生产率高，而且创造财富快。另外，网络经济的财富创造主要不在于短期利润，而是着眼于信息资产或知识资产长期的增值。

1．网络经济改变着世界经济的运作方式

网络经济不仅仅是一个独立的产业，更重要的是，它不断通过自身优势渗透到其他传统产业中，迅速引发了一场新的社会、经济革命，并将改变世界经济的运作方式。其具体表现如下。

（1）网络经济的发展加快了经济全球化进程，改变了人类的生产、流通、分配、消费方式，出现了虚拟企业、网络市场、电子商务、网络消费等新的经济现象。

（2）网络经济使产业结构向高级化、劳动结构向知识密集化方向转变。

（3）商务活动集信息流、资金流、物流于一体，其中信息流起主导作用。

（4）经济网络化、全球化导致经济发展的高度开放，从而要求主权国家增强政策的调控能力，善于在不可避免的外部冲击下来实现自己的社会经济目标。

（5）竞争与合作并重、注重速度、讲求创新。传统工业社会的竞争是一种盲目的对抗性竞争。进入网络时代，协同竞争将发挥越来越重要的作用，因为不合作就不能互联，也就没有竞争。进入 21 世纪以来，全球企业或企业集团之间的购并浪潮愈演愈烈的事实就是一个很好的佐证。

（6）网络经济促使企业变革战略思想、管理理念、运行方式、组织结构，以提升其竞争力。网络在给企业之间的竞争增大游戏空间的同时，也在改变着企业。如企业内部网正在改变着企业内部人、财、物之间传统的沟通方式，而企业外部网正在改变着企业与其上游企业、下游企业乃至一般顾客的沟通方式，互联网为企业间的竞争提供了一个全球性的舞台。企业的网络化加快了企业国际化的进程，企业之间竞争的深度和广度得到了极大加强。这些都将促使企业组织结构和运行方式的一系列变化。

（7）网络经济促使金融与贸易的一系列变化。网络经济使 300 年来形成的传统银行结构被现代信息技术所打破，出现了网上银行、网上证券交易公司、网上保险公司，导致银

行的性质、职能的转变，货币理论、货币政策调控、金融风险及其监管都将受到影响。电子商务的出现给传统贸易方式带来极大的挑战。

2. 网络经济改变着人们的生产方式

网络带来了物质生活资料生产方式的革命性变革。网络和现代信息技术使得传统生产领域的部分生产管理活动可以数字化进行，数字化带来的物质生活资料生产方式的革命性变革主要表现为人类索取物质生活资料的工具的变化。在网络经济时代，人们对物质生活资料的生产不必要像以前那样将自己束缚在生产工具上，对于物质生活资料的生产可以交给"机器人"来完成。因为，数字化实现了计算机之间的对话与沟通，使得管理信息在计算机之间可以自动传送和处理，生产指令在机器之间传递。生产力的这种变化又进一步推动着生产关系的变化。物质利益的矛盾冲突将会被弱化乃至得到根本性的消解，从而一切建立在物质利益基础上的其他关系都将得到根本性的改变。

3. 网络经济是传统经济跳跃式的、革命性的延伸

20 世纪 90 年代掀起的网络浪潮，着实让许多老牌企业大吃一惊。可以说网络技术对于许多现有的技术和商业行为形成生死攸关的挑战，电子邮件的出现挑战了传统邮件的垄断地位，并质疑传统邮件存在的必要性；美国在线等门户网站挑战了传统媒体提供新闻的方式，迫使媒体大佬百年老店时代华纳在后生——美国在线面前屈膝称臣；亚马逊网上书店对传统书店销售书籍的方式形成了挑战。这是因为网络技术是一种跳跃式技术，它的出现将取代许多现有的技术，使得这些现有的技术无存在的必要。

我们知道，任何新技术都可以分成两种：持续性技术和跳跃性技术。持续性技术的特点是会使得现有产品的表现更佳，可能在质量、用途、大小、方便程度等方面都有所改进，从而为现有产品的主流客户带来更大的附加值，现有持续性技术的改进往往是有极限的；跳跃性技术所生产的产品或提供的服务的表现在近期可能不如现有产品或服务，至少那些现有产品的主流客户尚不会马上转用跳跃性技术所带来的产品或服务。但是跳跃性技术的产品或服务往往具有更便宜、更简单、更小型或者使用更方便等特点，这些产品和服务能够满足客户的最基本要求，而且随着跳跃性技术的进一步改进，能够满足大批客户的需求。因此，现有持续性技术存在着被新型跳跃性技术所替代的可能。如电子邮件相对传统的邮件递送而言是一种跳跃性技术，网上零售方式相对传统的零售方式而言是一种跳跃性技术，在家医疗相对传统的大型医院而言是一种跳跃性技术，MP3 对于 CD、DVD 对于 VCD、液晶电视对于 CRT 电视、数字电视对于模拟电视等而言也都是跳跃性技术。可以说，网络技术相对许多现有的技术是跳跃性的，它的出现将导致许多现有技术的消失或者萎缩，逼迫企业改变现有的许多商业模式。因此，基于网络技术的网络经济相对于传统经济就是跳跃性的，它将引起一场经济革命。

4. 社会信息传播方式的改变

网络经济所基于的网络不仅包括相互协同的企业内部网和企业外部网，更包括覆盖全球的 Internet，这就构成了纵横交错的信息网络。这一网络最主要的特征是在根本上改变了人们信息交流和传递的方式，人们可以在任何地点、任何时间，对任何信息进行处理加工，

从而及时、准确地获取、处理和利用信息。

5．人们交往方式的改变

交往方式是人类实践方式的一个重要方面，并受人类实践水平的制约。不同的交往方式形成了人们不同的交往关系。与农业时代人们以血缘关系和地缘关系为主的交往方式，以及工业时代以业缘关系为主的交往方式不同，在网络经济时代又出现了一种新的交往关系——"网缘关系"。

"网缘关系"是网民通过网络交往在虚拟空间构建成的一种人际关系，它的出现引起了人类传统交往方式的巨大变化，对传统交往观念产生了强有力的冲击。一个最常见的例子就是人的交流媒介的变化，通过电子书写代替了人工书写，过去的各种广告也被电脑平面设计所取代。通过网络等电子媒介获取信息已经成为人们获取信息的一个重要来源，上网浏览、聊天和收发邮件在某种程度上取代了过去的读书、看报、面对面的交谈和写信等，成为现代信息传播以及交流的重要渠道。更重要的是，由于人也可以被数字化，在网络空间中，你不再是现实中的你，人们完全可以拥有与现实世界中完全不同的身份，成为"虚拟人"。从以上分析可以看出，网络引起的人的交往方式具有不同于传统交往方式的新特点：跨时空性、符号性、交互性和多主体性。这是数字化虚拟带来的变化。虚拟已经并将继续改变着人类的交往方式。

6．人们进行娱乐和消费方式的改变

电子商务的推广，使网上购物和娱乐成为一种便捷、时尚的方式。只要消费者"来到"网络商店，就可以挑选自己想要的商品，然后查看商品的规格和性能。消费者也不会因见不到产品的内部构造而对其存有疑虑，网络可以真实地将产品的里里外外、方方面面展示给消费者。不但如此，网络还可以展示商品的生产过程，使消费者增加对产品的了解，提升顾客价值。消费者也用不着再为花上数小时，精疲力竭地从一个商店到另一个商店去挑选商品。随着多媒体网络的应用，还可以将三维的图形放在网络上，让顾客进入一个虚拟的商店，对商品进行选择；在网上的虚拟商店，通过电脑消费者可以从容地逛店，从数万商品中挑选自己喜欢的商品，整个过程与逛真正的百货商店无异，可以从上楼下楼，从一排排货架上"拿"下商品仔细观看。对于选定的商品，顾客还可以调出订单进行填写，然后把自己的信用卡号码加进去，用于付款。用户确认之后，商家几乎立即就可以收到订单，随即就会送出或寄出顾客选定的商品。支付方式也将得到很大的转变。上网消费者只需要拥有一个网络账号，就可以在任何地点、任何时间每天 24 小时不间断地享受银行业务服务，包括储蓄、转账等业务，还包括信用卡、证券、交易、保险和公司财务管理等业务。

7．人们接受教育和进行科研方式的改变

有学者指出，在数字化时代，由于数字传媒和 Internet 的广泛利用，人的学习方式既从连续的课程性学习转化为非线性的超学习(hyperlearning)，也从文字的空间性理解转化为互动性的多媒体信息的体验。一种与 Internet 结合的新型教学技术将从根本上改变传统的学习方式，而新的学习理念、新的教育观念、新型的教学技术又进一步从根本上改变了我们现行的教育事业，教学方式、教学内容、教学结构乃至整个教学体制正发生着深刻的变化。

8．衍生了虚拟文化

文化是人类生产方式、生活方式和交往方式的反映，随着生活方式、交往方式和生产方式的重大改变，一种新的文化形态——虚拟文化正在勃然兴起。虚拟文化的兴起直接起因于人类数字化的信息革命。这种文化最主要的特点就在于它的虚拟性，它不是以报纸、杂志和书籍等有形的形式存在，而是在媒体中以无形的数据编码的形式存在，必须通过解码才能解读；它不是在人类现实的生活空间进行，而是在计算机网络的虚拟空间中进行；它主要不是对人类现实生活作静态的描述和反映，而是通过虚拟现实技术手段对自然和人类生活进行动态的实时再现或仿真再造，创造出了活生生的充满了想象的虚拟实在。

3.2　网络经济的基本特征及理论

3.2.1　网络经济的正反馈

1．网络和正反馈

人们对电话网、铁路网和航空网这样的物理网络都非常熟悉。一些高科技网络很像这些"有形"网络：相互兼容的传真机的网络、相互兼容的调制解调器的网络、电子邮件用户的网络、自动取款机的网络和互联网本身。但是许多高科技产品是在"虚拟"网络上：Windows XP 用户的网络、金山毒霸用户的网络、博客中国用户的网络等。

在"有形"的网络中，节点之间的连接是物理连接；在虚拟网络中，节点之间的连接是无形的，但它对市场动态和竞争战略的重要性并不亚于物理网络。不管是有形的还是虚拟的，网络都具有一个基本的经济学特征：连接到网络的价值取决于已经连接到该网络的其他人的数量。这个基本的价值定理有许多不同的名字：网络效应、网络外部性和需求方规模经济。它们的本质含义都一样：在其他条件不变的情况下，连接到一个较大的网络要优于连接到一个较小的网络。

正反馈(positive feedback)的概念对理解网络经济学至关重要。正反馈使强者更强、弱者更弱，引起极端的结果。正如一个人对着麦克风讲话，通过反复的放大，稍大一点的声音就会变得震耳欲聋，这就是正反馈在起作用。对于市场而言，正反馈会引起极端的结果：一家公司或一种技术主宰市场。系统的恶性循环同良性循环一样都是正反馈机制在起作用。在最极端的形式中，正反馈可以导致赢家通吃的局面，单个公司或技术击败了所有的对手。图 3-1 是网络经济学中正反馈的作用。

2．与正反馈相关的几个概念

(1) 路径依赖。它也叫初始状态敏感依赖，是具有正反馈机制的体系一旦在外部偶然性事件的影响下被系统所采纳，便会沿着一定的路径发展演进，而很难被其他潜在的甚至更优的体系所替代。也就是说，经济体现有的状态与其自身的历史情况有关，这可以理解为经济中的混沌思想(也就是经济学上的"蝴蝶效应")。在经济学中，经济学家们用它来表示即使一个以自愿抉择和个人利益最大化行为为特征的世界中，在经济发展过程中(如一些

技术、产品或是标准)，一个次要的或暂时的优势或是一个看似不相干的事件都可能对最终
的市场资源配置产生重要而不可逆转的影响。在网络经济中，它指一个系统或网络对其中
的制造者和消费者过去的选择的依赖性。

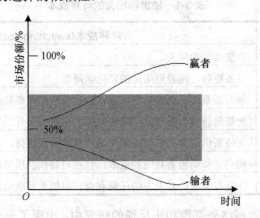

图 3-1　网络经济学中正反馈的作用

　　要知道路径依赖在经济学中的应用，就必须充分理解它所隐含的两个重要特征：历史
的重要性和不可逆转的选择。历史的重要性是指，我们目前的经济环境可能在很重要的程
度上有赖于历史上的一些突然转折和偶发事件。这里所谓的不可逆转也就是我们下面讲的
"锁定"。比如，使用 Windows 操作系统的人就不愿意换成其他系统，即使不是最适合
自己的。因为一旦换掉，使用者就需要面对重新适应、软件不兼容、原有信息丢失等诸多
问题。

　　(2)　锁定和转移成本。不管你喜欢不喜欢，在网络时代，购买者在从一个系统转换到
另一个系统的时候通常都要承受巨大的成本。当从一种品牌的技术转移到另一种品牌的技
术的成本非常高时，用户就面临锁定。理解这些转换技术，甚至转换品牌的成本对于成功
是至关重要的。

　　所谓的锁定是指由于各种原因，导致从一个系统(可能是一种技术、产品或是标准)转换
到另一个系统的转移成本大到转移不经济，从而使得经济系统达到某个状态以后就很难退
出，系统逐渐适应和强化这种状态，从而形成一种"选择优势"把系统锁定在这个均衡状
态上。当转移成本过高，使用户望而却步时，用户就处于被锁定状态，也就是经济体一旦
达到了某种状态由于退出成本的原因而很难退出。

　　锁定的本质是你将来的选择将受到你今天的选择的限制。现举 Windows 的例子，如果
你最先购买的就是 Windows 系统，那么你以后所购入的相关软件一定是与之相匹配的，假
如现在市场上流行一款新型软件是不兼容的，那么即使它再好你也不会选择它。对试图在
市场中推出新的、不兼容的技术的公司来说，最大的挑战就是通过克服总转移成本——所有
用户的成本的总和，来扩大网络规模。

　　由上可见，转移成本显然是和锁定相联系的一个概念。转移成本实际上是对路径依赖
程度和锁定程度的衡量。在网络经济中，锁定和转移成本"是规律，而不是例外"。如果
你是寻找新顾客的供应商，你必须克服顾客对竞争对手的惰性和锁定。如果你是一个被锁
定的顾客，你可能会发现自己处于一个较弱的地位，这本来在开始时就可以通过协商保障

措施而避免。此外，如果你能预见到锁定，你也可以在开始时就要求得到一些"甜头"来补偿将来的锁定。锁定和相关的转移成本如表 3-1 所示。

表 3-1　锁定和相关的转移成本

锁定的类型(lock in)	转移成本(switching cost)
合同义务	补偿或毁约损失
耐用品的购买	设备更新，随着耐用品的老化而降低
针对特定品牌的培训	学习新系统，既包括直接成本，也包括生产率的损失；随着时间而上升
信息和数据库	把数据转换为新格式，随着数据的积累而上升
专门供应商	支持新供应商的资金；如果功能很难得到维持，会随时间而上升
搜索成本	购买者和销售者共同的成本，包括对替代品质量的认知
忠诚顾客计划	在现有供应商处失去的任何利益，再加上可能的重新积累使用的需要

(3) 临界容量。在对网络外部性和正反馈的研究中，出现了一个重要的概念——"临界容量"。在具有网络效应的市场中，临界容量的存在暗示了一种能支撑得住的网络成长需要一个最小的非零均衡规模。经济学教授尼古拉斯·埃克诺米迪斯(Nicholas Economides)和查尔斯·锡默尔贝格(Charles Himmelberg)根据观察把临界容量解释为"鸡和鸡蛋"的悖论：预期的网络规模过小以至于无法吸引消费者进入该网络。反过来，因为没有消费者愿意加入这个网络，则这个预期的网络规模将会更小。

新技术的采用多以 S 形经历三个阶段：启动时是平坦的，然后随着正反馈的作用在起飞阶段急速上升，接着随着饱和的出现再次走向平坦。在缓慢增长的启动阶段与收益递增的起飞阶段之间，存在着一个转折点，存在一个用户数量的临界值。新技术出现时面临着两种可能的结果：或者达到临界容量而起飞，或者未能达到临界容量而失败。那么，为什么网络的成长需要经历一个决定其命运的转折点？下面通过图 3-2 来解释。

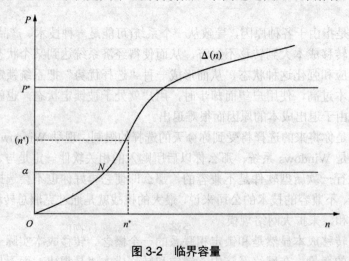

图 3-2　临界容量

图 3-2 中，横轴 n 表示该网络拥有市场的大小，纵轴 P 表示产品价格或价值。α 为单个产品的价值，$\Delta(n)$ 为网络价值。n 是使得 $\Delta(n)+\alpha=P$ 的市场份额，即临界容量。该产品的 S 形曲线显示，它依次经过启动阶段、起飞阶段和饱和阶段。在启动阶段和起飞阶段之间，

存在一个临界容量。一旦超越临界容量，产品就会顺利进入起飞阶段，在强烈的正反馈效应下产生爆炸性的增长。

3. 负反馈与正反馈

(1) 两种形式的规模经济。在网络经济时代，正反馈处于支配地位。然而正反馈并不是一个全新的事物，几乎每个产业在发展的早期都要经过正反馈阶段。传统经济中的正反馈来源于生产的规模经济或称供应方规模经济。

① 供应方规模经济。由于大公司的规模比小公司更有效率，而且有更低的单位成本(至少到某一点)，这种效率刺激了大公司的进一步发展，这种现象被称为生产的规模经济——以今天的观点来看，我们更倾向于把这些传统的规模经济称为供应方规模经济。几乎每个产业在发展的早期都要经过正反馈的阶段。这里的供应方规模经济与通常意义上的规模经济不同，它是指原有企业的效益会随着新加入企业数量的增加而增大的现象。最典型的例子就是经济体中普遍存在的企业集群现象。出于追求企业间的学习效应(横)、产品的互补效应(纵)、降低运输成本等因素的考虑，企业会经过一段时间形成区域范围的集中现象。这种集中使得各个企业的利润(收益成本)空间加大，从而产生整个经济体中供应方的规模经济性。

② 需求方规模经济。在信息经济中，正反馈以一种新的、更强烈的形式出现，它基于市场需求方，而不仅仅是供应方。微软的统治是基于它的需求方规模经济。微软的顾客认为，它的操作系统有价值是因为它被广泛应用，是事实上的产业标准。

此处的需求方规模经济指的是需求个体的效用随着需求方数量的增多而增大。这种效应广泛地存在于具有网络外部性的经济系统中。在经济中的具体表象为：由于越来越多的人使用电子邮件，使得最初的使用者所获得的效用随着后续使用的人的增多而增大。因为他可以使用电子邮件和更多的人交换信息。例如，联通和移动公司在校园广泛开展的定价策略是网内话费(移动与移动间或联通与联通间)的单位时间价格要低于网间(移动与联通间)的价格。这样，原来校园移动客户所能得到的效用会随着其后续校园移动用户的增多而增大。

与供应方规模经济不同，需求方规模经济在市场足够大的时候不会分散；如果别人全部使用 Microsoft Word，那就真的更有理由使用它了。

③ 供求双方相互促进。供求双方的相互促进是指由于某些原因使得需求方的数量增多，这会使得供给方加大产量从而获得更多的收益；或者由于供给方数量的增多，使得需求方的需求量增加的现象。在此我们还引用上面提到的现象。由于某种原因先占领了市场的较大份额，那么就会有更多的人愿意购买该类型的产品，这样生产商为了满足客户需求就会增加产量。最终，形成供给方与需求方相互促进的态势。

(2) 传统经济的负反馈与网络经济的正反馈。在传统经济的负反馈系统中，强者变弱，弱者变强，负反馈起支配作用。按照传统经济观点，一种货物的数量增加，其每个货物的价值就会降低(负反馈)；稀少的货物特别有价值，而大批量的产品将失去价值；商品的价值建立在数量多少的基础之上。传统经济中产业发展的早期阶段都经过正反馈阶段，这种正反馈的来源是生产的来源，是生产的规模经济，即供应方规模经济。这种规模经济的正反馈有其自然限制，它通常在远低于主宰市场的水平时就耗尽了。超过这一点，负反馈就起主导作用。

而网络经济中，正反馈是一种需求方正反馈，而非供应方正反馈。由于网络效应的存在，网络越大就越有吸引力。就技术或公司的竞争力来说，随着市场份额的增加，用户对技术和公司的信心也会增加，从而引起市场份额的进一步增加。正反馈的负面是这种发展趋势也会向相反的方向发展。所谓"强者更强，弱者更弱""赢者通吃""网络上没有第二，只有第一"，产生马太效应。

现在，从网络产品的市场需求和市场供给的角度出发，描述网络经济下的正反馈现象。如图 3-3 所示，Q 是自变量，需求和供给两条曲线相交于点 AE。在市场规模 $Q_1 < Q_{ae}$ 时，消费者的需求价格是 P_{d1}，小于企业愿意接受的最低价格 P_{s1}。企业如果想把产品销售出去，只能按 P_{d1} 定价。此时，企业处于亏损状态，它不可能愿意保持在该规模上提供产品。同理，可以得出：任何在点 Q_{ae} 以下的市场规模，都不可能长期存在。随着 Q 的增长，消费者由于效用增加，愿意支付的最高价格越来越高；企业由于边际成本递减，愿意接受的最低价格越来越低。当 Q 超过 Q_{ae} 时，如图 Q_2 点，就有 $P_{d2} > P_{s2}$。此时，如果不存在竞争，追求利润最大化的企业依然愿意按照 P_{d2} 定价，它将提供越来越多的产品，获得巨大的超额利润，产生爆炸式的增长。从以上分析看出，此时，点 AE 实际上并不是均衡点，而是一个临界点。Q_{ae} 也不是均衡数量，而是临界数量。网络经济的市场供求关系本质上是反均衡的，体现出的是一种正反馈现象。

经济学中的正反馈理论是一个对动态的经济过程的描述，它包括边际收益递增的假设、多态均衡特征、路径依赖特征、锁定特征、可能无效率等特征。成长的良性循环和衰败的恶性循环同样都是正反馈。正反馈过程都呈现一种 S 形的动态模式。

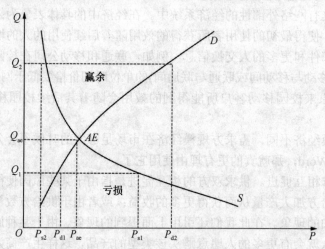

图 3-3　网络经济的正反馈(市场反均衡)

3.2.2　网络外部性

1. 外部性

(1) 外部性的经济学含义。当一个市场参与者的行为影响了其他人或者公共的利益，而行为人却没有因该行为作出赔偿或得到补偿的时候，就产生了外部性。外部性的种类：

正如一枚硬币有正反两面一样，外部性同样存在相对积极的和相对消极的两面，即正外部性和负外部性。

(2) 外部性的影响。对整个经济的负面影响：无论是正外部性还是负外部性，都破坏了市场应有的效率，降低了社会总效用，扭曲了成本效益原则，对市场经济的正常运行是不利的。

市场之外的干预手段的介入：因为外部性是市场自身的产物，即市场失灵，无法完全通过市场手段来使之内在化，这时需要借助于市场之外的力量(政府、法律、道德等)，利用"看得见的手"消除外部性的存在基础，进而解决外部性的问题。

2. 网络外部性的含义

网络外部性是指当一种产品对用户的价值随着采用相同产品或可兼容产品的用户增加而增大时，就出现了网络外部性。也就是说，由于用户数量的增加，在网络外部性的作用下，原有的用户免费得到了产品中所蕴含的新增价值而无须为这一部分的价值提供相应的补偿。著名的梅特卡夫法则(Metcalfe Law)所描述的就是这种经济现象：网络的价值以网络节点数平方的速度增长。也就是说，网络的效益随着网络用户的增加而呈指数增长，网络对每个人的价值与网络中其他人的数量成正比。梅特卡夫分析说，当只有一部电话时，并没有什么价值；当有两部电话时，一个人可以打给另一个人，其价值为 1；当有 3 部电话时，每一部电话都可以打给另外两个，其价值骤升为 6(即 3×2)；当有 100 部电话时，每一部电话都可以打给其余 99 部电话，其总价值则是 100×99。

梅特卡夫法则来自于数学选择问题，梅特卡夫的分析实例可以转化为如下的数学问题：当有 m 部电话时，两部电话之间互相连接的总可能性是多少？由于每一部电话(共 m 部)可以与剩余的所有电话(不包括自身，因而是 $m-1$ 部)通话，所以总可能性是 $m(m-1)$。当网络规模不断扩大时，网络结点数会不断增加。当 m 接近无穷大时，$m(m-1)$ 等于 m 的平方。假如用公式来表示，就是 $I=EM^2$，其中 I 是网络经济的规模，E 是常数，M 是网络结点数。网络外部性产生的根本原因在于网络自身的系统性和网络内部组成成分之间的互补性(或者称为网络内部信息交流的交互性)。

3. 网络外部性的分类

(1) 直接的网络外部性和间接的网络外部性。

直接的网络外部性是指通过消费相同产品的市场主体的数量所导致的直接物理效果而产生的外部性。通信网络，诸如电话、传真机、在线服务、E-mail 等，这些产品都是直接的网络外部性的典型例子。间接的网络外部性是指随着某地产品使用者数量的增加，该产品的互补品数量增多、价格降低而产生的价值。例如，当某种特定类型的计算机用户数量增加时，就会有更多的厂家生产该种计算机所使用的软件，这将导致这种计算机的用户可得到的相关软件数量增加、质量提高、价格下降，因而获得了额外的利益。

(2) 正的网络外部性和负的网络外部性。

在我们的讨论中一直只提及正的网络外部性，这很容易给人造成一种错觉：网络外部性只有正的，而且它的存在很显然是有益的。事实上，这两个判断都是错误的。其实在网络外部性中，正的外部性引起了人们极大的关注，而且它也是网络外部性的主要体现形式，但是，这并不意味着负的网络外部性就不存在。以通信网络 E-mail 或新闻组为例，如果使用它的人增多，它的价值就会提高，老用户就可以得到额外的收益，这时 E-mail 体现出正的网络外部性。但是如果大家都在大量地使用这种通信方式，又有可能出现拥堵，E-mail 或新闻组的使用者有可能会因为速度太慢而苦恼。这时就出现了负的网络外部性。在网络经济中，正的网络外部性所带来的经济影响相对更大一些，所以，如未特别指出，我们所说的网络外部性就都指正的网络外部性。

4．网络外部性对市场效率的影响

网络外部性对市场效率的影响包括两个方面。首先，网络外部性将导致实际产出与社会有效产出的偏离。我们可以通过图 3-4 描述这一偏离。图 3-4 中的例子是对一种计算机操作系统的使用。当更多的用户使用它的时候，该操作系统的价值会提高。这可以通过一条上升的消费者收益曲线 WTR 表现出来。它表明使用者越多，用户愿意支付的平均价格(包括对外部性的支付)越高，假定在边际成本曲线上，如果该操作系统开发公司能够向消费者要求支付他们所得到的网络外部性利益，这时该公司的最佳产量是 Q_1，相应的价格为 P_1；但如果这个公司无法向消费者索取这部分外部性所带来的收益，这时公司只能向消费者索要 P_2 的价格，相应的产量为 Q_2。在这点上，由于公司的边际成本低于用户所真正愿意接受的价格，就暗示着该产品生产不足了。这种市场失效与传统经济学中的外部性所导致的市场失效是相同的。而更重要的一种市场失灵体现为：对消费者而言，如果某种产品在市场中占统治地位并产生了网络外部性，那么消费者可能失去自由选择产品的权利而被迫选择该产品，即使该产品的质量不是最好的，因为放弃选择该产品将会带来更多的不便，诸如兼容问题、产品相关服务问题等。对竞争的厂商而言，他们则可以充分利用网络外部性的特点，努力扩大使用其产品的用户规模(而非只着眼于产品的质量)，一旦行业内某家厂商的产品出现了网络外部性，就可能导致竞争机制的扭曲，其他厂商的产品质量再好、价格再合理也可能无人问津。这样，网络外部性最主要的问题就是可能导致次优技术占领市场。

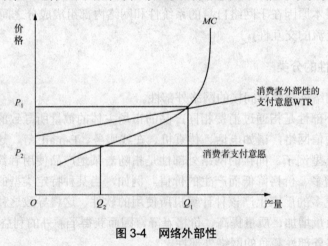

图 3-4　网络外部性

3.2.3　边际收益递增

网络经济是边际收益递增的经济。所谓边际收益，是指在生产过程增加一单位的产出所带来的收益。边际收益随着生产规模的扩大呈现出三种不同的趋势：一是逐步扩大，称为边际收益递增；二是保持不变；三是逐步减少，称为边际收益递减。边际收益递减是工业社会物质产品生产过程的普遍现象。西方经济学的传统理论也把边际收益递减作为其理论分析的基本假设。但是这个流行了 200 年的假设在网络经济面前遇到了严峻的挑战。网络经济是一种边际收益递增的经济，这一结论可以从以下六个方面证明。

1．网络经济边际成本随着网络规模的扩大而呈递减趋势

西方经济学的厂商理论，是在发展制造业的经济实践中形成的。在以物质产品为中心的经济分析中，无论是短期成本曲线，还是当生产量达到规模经济的起点之后，边际成本都呈现出递增的趋势。但是，这一分析并不适用于网络经济。信息网络成本主要由以下三部分构成：①网络建设成本，记为 C_1；②信息传递成本，记为 C_2；③信息的收集、处理和制作成本，记为 C_3。由于网络可以长期使用，并且其建设费用及信息传递成本与入网人数无关，因此，C_1 和 C_2 的边际成本(MC_1、MC_2)为零，平均成本(AC_1、AC_2)都呈明显递减趋势。只有 C_3 与入网人数正相关，入网人数越多，所需收集、处理、制作的信息就越多，这部分成本就会随之增大。但其平均成本(AC_3)和边际成本(MC_3)都呈下降趋势。把这三部分成本综合起来可知，信息网络的平均成本(AC)随着入网人数的增加明显递减，其边际成本(MC)则缓慢递减。但信息网络的收益却随着入网人数的增加而同比例增加。网络规模越大，总收益和边际收益越大。

2．网络信息价值具有累积增值和传递效应

在网络经济中，对信息的连接投资，不仅可以获得一般的投资报酬，还可以获得信息累积的增值报酬。如果说对一般的生产要素尚且如此的话，那么，投资在信息上的货币，其在生产中的潜在效能就会更深刻、更广泛。信息通过累积和处理可以变换，使它的内容和形式发生质的变化，以适应特定的市场需要，从而身价倍增。由于信息网络的特殊功能，可以把零散、片面、无序的大量资料、数据和消息按照使用者的要求进行加工、处理、分析和综合，从而形成有序的高质量的信息资源，为经济决策提供科学依据。例如，连续购买某产品价格信息及关联产品的价格信息和市场需求量信息的时间序列资料，利用回归分析系统，可以科学预测该产品未来市场容量和价格趋势，从而生成价值更高的信息资源。另外，信息使用具有传递效应，正如阿罗(Kenneth J. Arrow)所说："信息的使用会带来不断增加的报酬。举例来说，一条技术信息能够以任意的规模在生产中加以运用。"这就是说，在信息成本几乎没有增加的情况下，信息使用规模的不断扩大下，可以带来不断增加的收益。这种传递效应也使网络经济呈现边际收益递增的趋势。

3．网络信息系统具有信息的自动记忆和自动生成功能

网络信息在使用规模足够大的情况下，信息的来源就会自然而然地产生，并且在网络内自动整合，甚至生成层次更高、价值更大的综合性信息。这一切完全由网络自身产生，不用额外去采集和整理。这是一种特殊的系统：每一个使用网络、接触网络的行为，都会被自动记载、自动归类整理、自动存储进入数据库。

4．网络经济的创新效应非常明显

科技的发展，知识的创新，越来越决定着一个国家、一个民族的发展进程。在网络经济时代，创新已经成为边际收益递增的不竭动力。在网络经济中，信息技术的创新蕴藏着无限的潜力。根据莫尔法则(More's Law)，计算机芯片的功能每隔 18 个月就会翻一番，而其价格却可以下降一半。该法则的作用从 20 世纪 60 年代以来已经持续发生 30 多年，预计还会持续几十年。它揭示了网络经济中信息技术创新的巨大经济效益的源泉。

技术创新所实现的收益递增主要是通过创新过程中需要的巨大的开始成本表现出来。现代意义上的创新已不能用偶然的小发明或工艺上细小的改进来概括，创新成为企业有目的的有意义的进行研究与开发的活动；而与之相对应的则往往是巨大的研究费用，这笔费用也要记入未来产品的成本，因此它被称为开始成本。开始成本是一笔固定的支出，它不会随产品产量的变化而变化；同时它又是一笔沉淀支出，一旦支出就不能收回。如果实现了创新，它可以通过产品的销售而得到补偿。与传统的物质产品生产相比，开始成本对于高技术行业更为重要。物质生产依赖较多的物质原料和少量的技术投入，而高科技产品则依靠很少的物质投入，生产过程中很少追加投入成本，从第二件开始只需支付很少的成本。因此，一旦生产过程开始，厂商面临的是一条下降的供给曲线，不断扩大的生产规模分摊了开始成本，并使生产产品的平均成本不断下降，因此企业获得了递增的规模收益。

5．网络经济中存在着极强的学习效应

学习效应所实现的收益递增主要来自两个方面：一是来自于工作中经验的累积。不论是实际工作中的工人、技术人员，还是管理者，知识或技能并不是全部来自以前的学习或培训，更多的是来自工作过程中积累起来的经验，因此，工作过程也可被视为一种学习的过程。与这种经验直接相关的经济意义在于它有利于改善组织管理，提高工作效率并降低成本，从而使生产表现出收益递增。二是来自于信息和知识累积增值的传递效应。零散、片面和无序的廉价信息，经过按使用者的要求进行加工、处理、分析和综合，可以形成有序的高质、高价的信息资源，为经济决策提供科学依据。完整的应用性强的信息和知识具有很强的传递效应。

6．网络经济中的消费行为具有显著的连带外部正效应

所谓连带外部正效应(network externality)是指就某些商品而言，一个人的需求也取决于其他人的需求。如果某消费者对某种商品的需求量随着其他人购买数量的增加而增加，那么可称为连带外部正效应，反之则称为连带外部负效应。连带外部正效应的存在是收益递减的又一来源。W.布来恩·阿瑟(W. Brian Arthur)经研究发现，以信息和知识为生产基础的产品，像计算机、软件、光导纤维和通信器材等，具有很强的连带外部正效应。这种连带效益不仅来自消费者的互相攀比，而且更多地来自消费品的互补性。当 CP/M. DOS 与 Macin-fosk 在市场中竞争个人计算机操作系统的市场份额时，DOS 系统通过与 IBM 公司的联手而取得了竞争优势：装备了 DOS 系统的 IBM 计算机的销售量的增加，使软件商品倾向于用 DOS 语言编写软件；DOS 软件的流行使更多的消费者倾向于选择装有 DOS 系统的计算机，以方便使用软件。在这一正反馈过程中，DOS 操作系统的拥有者微软公司，则获得

了明显的收益递增：通过把成本分散给越来越多的使用者而使平均成本随着产量的增加而不断下降。对于生产者(厂商)而言，在存在连带外部效应的条件下进行的竞争不再是商品价格的竞争，而是标准的竞争，使自己的产品成为市场的标准是厂商力求实现的目的。正是以上连带外部正效应，促生了信息活动中优劣势反差不断扩大的所谓马太效应(Matthews-Effect)。马太效应源出《新约全书·马太福音》第 25 章的一句话："有的，还要加给他，叫他有余；没有的，连他所有的，也要夺过来。"这种效应促成的结果是：强者更强，弱者消亡。

3.3　网络经济下厂商的定价策略

3.3.1　网络产品的需求曲线

张小蒂、倪云虎从广义网络出发，将网络产品定义为一切满足人与人之间交往的产品。网络由节点和连线组成，节点的中心即单个的人，节点间的连线即为连接单个人之间的媒体，人与人之间通过网络交往的物质产品和信息产品都属于网络产品。

在传统的经济学中，任何产品的需求曲线都反映为以价格为变量函数，需求曲线向下倾斜，因为商品的价格越低，消费者通常购买商品就多一些。也就是说，较低的价格可能促使那些一直购买该种商品的消费者消费更多的数量。

需求曲线描述了一个静态的单期行为，反映了价格对需求数量的影响；而网络产品则强调了预期的作用，反映了预期数量对价格的作用。换句话说，我们关于网络外部性的描述"一个商品的价值随其所售数量的增加而增加"应当被解释为"一个商品的价值随其预期将售数量的增加而增加"。这样，需求曲线依然向下倾斜，但在存在网络外部性的情况下，又将随着其预期将售数量的增加而上升。

从图 3-5 可以看出，网络产品的需求曲线是先上升再下降的一条倒 U 形曲线，先考察 c_0 点左侧的曲线，这是一条和传统需求曲线相反的曲线，体现了随着网络产品的价格上升，网络规模 n 相应增加。之所以出现这种现象，就是因为随着网络的增大，网络产品的价值也相应地增加，这就体现了网络产品和传统产品的区别所在，网络产品是具备网络外部性特征的。当网络足够大的时候，虽然网络产品的价值仍然增加，但是增加幅度已经开始减少。而对于单个消费者来说，其选择的网络是有限的。如电话网络再增加，对消费者的影响已经不大，我们称为内化网络效应。以电话网络为例，虽然加入到电话网络中的每一个用户都会增加网络中其他使用者的价值，但是实际上，电话网络的用户并不会打电话给网络中的所有用户，其更多的是和自己的亲戚朋友联络。网络效应的内化，使得在一定规模下，网络规模的增加对消费者产生的影响已经可以忽略了，而消费者更加注意网络产品自身。从图 3-5 中也可以看出，当需求曲线过了顶点以后，网络产品的需求曲线已经和传统产品的需求曲线没有太大的区别。

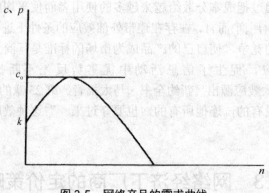

图 3-5　网络产品的需求曲线

3.3.2　数字产品和定价

网络产品主要包括数字产品和智能产品。我们以数字产品为例分析网络产品定价策略。数字产品被严格界定为，在网络经济中交易的可以被数字化——编码成一段字节——并且可以通过网络来传播的事物。信息是数字产品的首选实例，如可数字化并通过网络来传输的知识产品。它包括范围广泛的纸上产品，如书籍、杂志、报纸、期刊、照片、地图和其他图形，再如数据库、计算机软件、可以数字化的音像产品、电影、电视节目和声音制品等。

1. 数字产品成本特征

数字产品具有高固定成本、低边际成本的特征，这一特征使得传统边际成本定价法失灵，而且大大提高了产品差异化的重要性。数字产品的研发费用是一笔极大的开支，如电影的拍摄，这从现在好莱坞的电影大片动辄上亿美元的制作费用可见一斑，比尔·盖茨曾称 VISTA 系统的开发费用不低于人类登月。数字产品不仅有高昂的研发费用，本身的固定成本也是极为巨大的，典型的例子体现在电信通信产业。移动电话也罢，固定电话也罢，在消费者使用之前，运营商必须建立大量的基站和数据网络来覆盖整个区域，这笔开销是极为巨大的，有人估算覆盖全国的基站建设成本在上千亿元人民币。

必须指出的是，相对于实体产品的固定资产，如土地、厂房、设备而言，数字产品的固定资产大多属于沉没成本(Sunk Cost)，即这一成本不仅固定且难以在短期内变动，并且如果生产停止就无法收回。研发投入是典型的沉没成本，失败的研发，例如，一份根本没人购买的软件的研发费用即使停止生产也无法收回；投入到这一产品的营销、版权保护等相关的费用也无法收回。更直观的例子是电影：电影的拍摄、剪辑、后期制作、广告宣传等活动都是在电影放映实现票房收入之前完成的，但如果这部电影在市场上无人问津，那么这些成本不可能像厂房、机器设备那样可以折价转让，部分收回。

为什么数字产品的生产沉没成本如此之高、风险如此之大，但是仍有那么多厂商要投入这个行业？其原因就在于数字产品生产的另外一个特性：边际成本极低，甚至可以近乎为零。即使考虑数字产品载体的生产，因为这些载体相对于数字产品本身的价值来说，几乎可以忽略不计，那么对于电影、音乐、软件这类数字产品，只要研发出来，几乎可以不受生产能力的限制批量生产，而增加的成本极低，从而达到盈利。例如花费 2.5 亿美元制作费用的《泰坦尼克号》，全球票房达到 18.45 亿美元，体现了极高的投资回报率。

2. 边际成本定价法失灵

新古典经济学产品的最优价格在于边际成本等于边际收益。图 3-6 中，AC 为平均成本，MC 为边际成本，假定 D 为需求曲线，它和消费者的边际收益 MB 为同一条曲线。不难发现，网络经济下的生产成本特征从根本上否决传统定价模型：当生产的边际成本很小甚至接近于零时，如何按边际成本来决定价格？难道以接近零的边际成本来确定价格？如此低的价格是无法弥补数字产品生产初期投入的大量沉没成本的，因而是不合理的。在这种条件下，产品的定价显然无法按边际成本曲线向上攀升的原理来加以确定。总而言之，数字产品的成本特性导致了传统边际成本定价法的失灵。

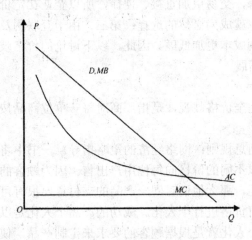

图 3-6　数字产品的成本曲线与短期供给曲线

3. 数字产品差异化

从理论上说，如果在生产同一类产品的行业中存在许多企业，那么只有价格才是影响消费者选择的唯一因素，同时没有哪个企业能够保证在维持原有市场份额的前提下，把价格提高到边际成本之上。但是，如果企业的产品被有效地差异化，那么企业在某种程度上就取得了对于偏好他们产品的顾客的支配优势，这种优势自然也就转化为在产品定价方面的更大自主权。这集中表现在尽管差异化后的产品价格各不相同，但企业仍然能够维持一部分的市场份额。因此，有效的产品定位，或者说成功的产品差异化必定会极大地拓展定价的余地。

在网络经济下，由于数字产品的成本特征以及信息技术的推广使得产品差异化成为厂商生存的必须。如果产品不能有效地进行差异化，那么数字产品市场的激烈竞争会导致价格下降到零(即产品的边际成本)，这时厂商就难以为继了。很显然，为了生存，厂商必须使自己的产品有所不同，并且要尽最大努力去保持这种不同。这既是符合数字产品成本结构特征的要求，也是网络经济下激烈竞争的必然结果。例如，有一家美国的互联网商业目录服务公司在它的电话号码和地址的数据库中链接了一个地理信息系统，这样用户在查找电话号码的同时还可以看到该查找对象的确切地理位置。这个创意迅速地使自己的产品与其他公司的产品区别开来。数字产品的成本结构要求企业必须对其所生产的产品进行差异化。

4. 价格歧视

价格歧视就是指企业在出售完全一样的或者经过差异化的同类产品时，对不同的消费者索取不同的价格。价格歧视有助于提高企业的利润。传统经济中具有市场势力的厂商以边际成本为依据，出于攫取消费者剩余的动机实施价格歧视；而在网络经济下，企业更多的是依据消费者支付意愿的差异，出于抢占市场份额的动机施行价格歧视。而且，网络经济下实施价格歧视的条件更加成熟，从而价格歧视策略所带来的效果也更加理想。具体来说，有三个方面的理由：第一，互联网的发展和电子交易的出现极大地增强了企业了解消费者偏好的能力，增加了企业分析研究消费者的机会，同时极大地减少了信息的不确定性；第二，互联网上的电子商务实现了企业与消费者之间、企业与企业之间的"点对点"交易模式，交易成本大幅下降，交易更加直接、便捷，所以企业在定价方面也就有了更大的空间和灵活性，价格歧视也就成为必然的选择；第三，由于互联网及其他信息技术的飞速发展，数字产品的生产定制成本更加低廉。因此，以下讨论的价格歧视可以说是对传统价格歧视在理论和应用上的拓展。

1) 一级价格歧视

一级价格歧视也称完全价格歧视，是指厂商对每一单位商品按照消费者愿意付出的最高价格销售。

皮罗和范里安在《信息规则：网络经济的策略指导》一书中将一级价格歧视"生动"地称为个人化定价，即以不同的价格向每位用户出售。因为顾客的地理位置、人口特征和过去的购买习惯可能不同，那么他们对同一产品的支付意愿很有可能不同，只要厂商能够充分掌握这一信息就能对价格进行个人化。成功的产品个人化是以对消费者需求特征的充分了解为前提的。产品个人化就是根据顾客的要求来定制产品，使产品完全符合顾客的需求，可以说是产品差异化的终极形式。产品差异化能否有效划分市场的关键在于分清顾客的不同偏好。为了防止高支付意愿的顾客伪装成低支付意愿的顾客，企业必须能够通过某种手段去识别不同的顾客。互联网的发展与信息技术的应用使得产品个人化成为可能。这一点已经被诸多的互联网公司的出色表现所证实。突出的例子就是数字产品提供商针对不同用户的需要而进行的信息定制服务。完全价格歧视在传统经济中几乎是不可能实现的，但是网络经济下企业可以更便捷、廉价地获取消费者信息，因此个人化定价的成功概率大大提高。比如，在电子商务中的 B2C 模式中，企业实现了与消费者的"点对点"交易，从而可以通过用户注册了解消费者的个人信息，同时通过跟踪消费者的搜索和购买行为直接了解其兴趣偏好，等等。在网络经济下，当数字产品顺利地进行了个人化定制以后，就为企业实施完全价格歧视打下了基础。完全价格歧视通过向每个顾客索取他们愿意支付的最高价格，从而完全占有了消费者剩余，提高了企业的利润。

2) 二级价格歧视

二级价格歧视是指厂商对于不同的消费数量段，制定不同的价格。这种现象也被称为非线性定价。每个消费者面临相同的价格表，但此表格对不同的购买量有不同的价格。

第一，两段收费。

两段收费是指企业先向消费者收取一笔固定的购买权费，然后再收取每单位的使用费，也可以用等式来表示：

$$T(q) = A + pq$$

其中，$T(q)$就是企业运用两段收费所制定的非线性价格，A代表固定费用并且通常是大于零的，p表示边际成本(也称边际价格)，q为购买量。可见，两段收费提供了一系列线性的消费组合，与纯线性定价的直线不同，这条直线不经过原点。最经典的两段收费例子就是游乐场，在收取门票后，每项游乐设施或项目仍需要收取一定的使用费。企业通过观察消费者在不同的两段收费中所作的选择，来判断消费者究竟属于哪一个顾客群体，这也就是所谓的自我选择机制。在这种情况下，企业不必费心去研究消费者的群体归属，因为每一个消费者的选择都会显示出他所属的顾客群体的特征。

作为一种传统的价格歧视方式，两段收费在数字产品的销售中也同样大有作为。比如，软件供应商通常在顾客第一次购买产品时会索取一个较高的价格，以后在每次产品升级的时候则只收取一笔较少的费用。又比如，网络内容提供商总是要求用户先交一笔固定费用成为它的会员，然后再根据用户的具体消费行为另行收费。当然，套利行为依然会发生，某个消费者可以先支付一笔固定费用，然后就可以购买产品转售给其他人。在完全套利的情况下，企业只能收取到唯一的一笔固定费用。为了有效地减少套利行为，企业可以设法提高消费者之间的交易成本。

第二，捆绑销售。

在网络经济下，对数字产品运用捆绑销售的定价方式已经屡见不鲜了。例如，微软公司就是利用这种方式来销售软件产品的，它把包括 Word、Excel、Outlook、PowerPoint 等在内的应用软件捆绑在 Microsoft Office 上销售。正是由于微软公司把它的 IE(Internet Explorer)浏览器产品捆绑在 Windows 操作系统中进行销售，才引发了网景(Netscape)公司对微软的起诉，沸沸扬扬的微软垄断案竟然起因于产品的捆绑销售，可见这种定价方式对竞争对手的打击有多大。企业除了可以对自己的产品实施捆绑销售之外，还可以与相关企业的产品进行捆绑销售。比如，包括 IBM、DELL 在内的许多著名的计算机硬件厂商都曾与微软公司签署协议，要求微软公司授权它们在出售计算机硬件的时候可以预装 Windows 操作系统。

3)　三级价格歧视

三级价格歧视是指不同的买者被索要不同的价格，但每一买者为每一单位商品的购买需求支付一个不变的量。这也许是最普通的价格歧视形式，如学生打折、对一周的不同时间索要不同的价格等。三级价格歧视能够帮助企业在实现积极正反馈的过程中尽早达到临界容量，同时群体定价可以加快产品成为业界标准的速度。这样随着用户数量的增长，在网络外部性的作用之下，企业可以顺利实现积极的正反馈。

有的时候企业可能得不到充分的信息来区分每一位顾客，或者说无法得知每个消费者的个别需求曲线，这时企业可以根据某种特定的标准将顾客进行分类，并且能够明确每位顾客是属于哪个类别。这里所谓的标准常常是指某些外在的信息，比如职业、年龄、性别、住址等。在有效防止转卖的情况下，企业可以对不同类型的顾客制定不同的价格，不同的群体在价格敏感上具有系统性的不同。最明显的例子就是学生群体，由于他们消费能力有限，因此对大部分产品的需求弹性较高。制定一个较低的价格，也就是说为追求利润最大化而实施价格歧视的企业，可以对拥有较高弹性的消费者群体提供价格折扣。

3.3.3　限制进入

在网络经济环境下，由于新技术的广泛采用、信息流动的加快和数字产品特殊的成本特征，一方面使得竞争对手可以更容易地施行"产品差异化"策略，另一方面使得潜在进入者的模仿复制时间缩短，同时仿制的成本也大大降低。也就是说，在新技术和信息的数字化、网络化等条件的共同作用之下，数字信息产业的"进入壁垒"被降低了，因此网络经济中的行业领先者们将会遭遇到比以往任何时候都严酷的行业进入挑战。这种情况下，在位厂商会运用各种战略行为阻止潜在厂商进入市场。

1. 产品或技术不兼容策略

当在位厂商在网络规模上具有很大优势时，实施这种战略的动机就会更加明显。因为在兼容情况下，产品间存在着很高的替代性，对新进入者来说不存在网络规模的劣势，正反馈效应也不会使市场完全偏向某一厂商的产品，此时市场上的竞争会十分激烈，无论是在位者还是进入者都很难获取到较高的利润。但是在不兼容的情况下，在位厂商产品用户数量的增加所带来的好处对在位厂商有效，这时市场就很有可能偏向在位厂商的产品。例如微软公司在操作系统的主导地位逐步得到确定之后，为了阻止进入者或其他竞争对手共享其用户基数和网络受益，确保自己在操作系统市场上的主导地位，就采取了与竞争对手操作系统产品不兼容的战略。

2. 专利保护

潜在厂商进入市场，可能需要使用大网络产品的某些技术，而一旦大网络企业将这些技术申请专利，由于专利的约束，小网络产品无法生产兼容性产品。

3. 封闭产品

封闭产品意味着消费者能够使用的功能都是产品所愿意提供的，消费者只有使用的权利而没有修改的权利，小网络产品没有办法在大网络产品不提供接口的情况下进行兼容。Windows产品就被视为一种封闭的产品，所有基于Windows开发的企业，都只能在微软公司所提供的接口上进行开发。换句话说，厂商或者消费者对于Windows的使用只能局限于微软想提供的范围。与之相反的是开源软件，所谓开源软件(Open-source)是一个新名词，它被定义为描述其源码可以被公众使用的软件，并且此软件的使用、修改和分发也不受许可证的限制。虽然微软公司认为这种封闭行为是出于对知识产权的保护，但是这种封闭产品的行为使得微软公司在对产品兼容方面有着很大的控制权。

4. 核心设备和技术的控制

通过控制关键的设备和技术，在位厂商可以阻止潜在的进入者利用这些设备，以提高进入者的成本。例如，在电信网络中，在位厂商一般都控制了现有的基础网络传输设备，如果在位厂商拒绝向进入者提供这些基础设施，那么进入厂商只有自己投资建设，而这些投资不仅需要庞大的资金，而且投资周期长，这就加大了进入者的进入成本。例如，在操作系统市场上，微软的 Windows 系列操作系统已经成为事实上的标准后，微软通过对操作系统的源代码的控制和对应用程序接口的操控，使得其余的竞争对手在操作系统市场上因为无法事先与 Windows 兼容而难有作为。

5. 垂直一体化战略

垂直一体化有助于战略性地提高进入壁垒，当在位厂商进入垂直一体化后，进入厂商要想获得相同的竞争力至少要同时进入两个市场，否则就会面临竞争劣势。在网络外部性的作用下，这种效应会更加明显。因为只有同时进入两个市场同时生产两种互补性的产品，才能使网络外部性发挥作用，否则只能依赖外部厂商提供相应的与之兼容的辅助产品。而新厂商缺乏一定的用户基数，是很难获得外部辅助产品的支持的，所以它只能自己同时生产辅助产品。对进入厂商来说，要同时进入两个市场，就会大大增加进入成本。同时，当垂直一体化的厂商在某个市场面临竞争的威胁时，还可以通过在两个市场之间的交叉补贴来打击竞争者。如微软公司在操作系统市场上处于近乎垄断的地位，从而可以使它在应用软件市场上采取掠夺性定价手段排挤对手。当网景公司推出 Netscape 浏览器后，微软就意识到浏览器市场是一个巨大的市场，而且也意识到网景公司在浏览器市场的主导地位有可能会威胁到微软在操作系统市场上的霸主地位。在这一紧要关头，微软公司毅然决定采取与 Windows 捆绑销售浏览器的战略，免费向用户提供 IE 浏览器。最终使网景公司的市场份额直线下滑，并使网景公司挑战操作系统市场的计划被扼杀在摇篮中。微软公司以上的做法就是一种典型的掠夺性定价行为，也是一种典型的交叉补贴行为。

6. 排他性手段

在网络外部性明显的市场上，由于存在转移成本与路径依赖等因素，所以会对消费者产生一定的锁定效应。为了使这种锁定效应不被市场竞争削弱，在位厂商可以采取一系列排他性的手段限制竞争对手的发展。在网络经济下，这种手段的作用比在传统市场上更具威力。因为在网络市场中，当网络的规模达到临界容量后就有可能引发正反馈，使得某种产品完全占领市场。当在位厂商采取排他性手段后，进入者很难达到临界容量，因此很难使正反馈机制发挥作用挑战在位厂商的网络规模，从而难以成功地实现进入。这种采取排他性手段阻止进入的案例在现实中很常见，如微软就和 OEM 厂商签订了很多排他性协议，同时为了构建其浏览器用户的基数还与 ISP 厂商签订了排他性合同。

7. 操纵消费者预期

如前面的分析，消费者预期在消费者的决策过程中起到了很大的作用，消费者总是选择一个未来网络规模大、价格性能比具有优势的网络。但是消费者的预期是以一定的信息为基础的，这就为厂商操纵消费者的预期提供了可能。当一个厂商可以先占地向消费者传递某一网络的信息时，它就有可能产生一定的优势。例如，戴维(David Dranove)和耐尔(Neil Gandal)在 1999 年 10 月对 DVD 和 DIVX 竞争中的产品提前宣布问题进行了分析,得出了结论：在网络外部性明显的市场上，提前宣布产品可以迅速在初期获得优势，正反馈效应的作用会使市场偏向于该产品。

3.3.4 限制性定价策略

阻止潜在进入者进入的定价策略并不意味着一定要打一场价格战，这对于在位企业并不是最优的。定价策略应该着眼于如何更迅速地占领市场。人们最早对战略性进入壁垒分析是从限制性定价行为开始的。与容易让人丧失理智的价格战相比，限制性定价是一个较好的选择。

限制性定价模型最初是由贝恩(Bain)等人创建的有关进入壁垒的著名模型，它的基本思想是，如果进入之前的价格和进入的速度或程度存在着正相关的关系，现有的企业就确实会有削减价格的激励。在某种情况下，在位企业可以维持一个低价以阻碍进入。通过为产品制定一个相对低价，从而降低本行业对潜在竞争者的吸引力。很显然，低价向所有人宣告：本行业是微利的，不值得投资。如果潜在的进入者预期不能在合理的期限内收回投资，他最明智的抉择是放弃进入。在位企业运用限制性定价方法一方面抑制了潜在的竞争者进入，另一方面可以迅速地占领市场。因此，限制性定价有点不战而胜的味道。当产品具有耐用品特性的时候，低价还能使企业垄断需求，这里就不再赘述。

既然低价必须向潜在的进入者们传递相关市场盈利性的坏消息，那么限制性定价是如何发挥作用的呢？对这个问题的解释可谓见仁见智。第一种观点认为，在位企业的定价具有承诺价值，也就是说，进入者预期进入前的价格在进入后仍将维持。但是，价格是一个易变的因素，它本身只在极短的时间内具有承诺价值。第二种观点把进入之前的低价与进入之前的高生产能力(这里也可以把生产能力理解为一定的投资水平)联系在一起。他们认为，由于生产能力比价格具有更高的承诺价值，所以进入阻碍的根源在于在位者的生产能力而非他的价格。第三种观点认为，即使在那些生产能力不一定具有承诺价值的产业里，当在位者面临进入威胁时，在位企业还是会选择降低价格。下面的叙述将着重介绍后两种观点。

首先介绍第二种观点，即斯坦克尔伯格—斯宾塞—迪克西特模型。也就是说，虽然产品市场竞争在短期内决定了市场的价格，但在长期中，企业是通过生产能力的积累而展开竞争的。在位优势使得在位企业积累了大量的生产能力，因此在位企业可以制定一个低价，从而防止潜在进入者的进入。由于在位企业进入本行业较早，因此必然会积累起一定数量的"资本"，从某种程度上说，这些资本也就构成了不同的进入壁垒。比如，领先的技术，熟练的生产经验，现存的机器设备，市场占有率，等等。这些先发优势能够让在位企业有效地限制竞争。其中，最明显的就是由购置机器设备所带来的大量沉没成本，它可以被视为对进入者的一种阻碍。沉没成本表明了在可预见的将来，在位企业无法(可能因为代价太高)通过出售等办法来改变已投入资本的用途，所以机器设备仍会留在市场中继续生产，这对潜在的进入者无疑是一个打击。

但是在现实经济生活中，在位者与进入者往往是处于一种信息不对称的状态中。为了解决这个问题，米尔格罗姆-罗伯茨对限制性定价模型作了重新考察，使之建立在在位者与进入者之间信息不对称的基础上，这就形成了上文所说的第三种观点。在他们的模型中，在位者试图传递市场需求较低或他自己的边际成本较低的信息，而制定一个低价，这就等于向潜在的进入者发出了进入的盈利可能很低这样一个信号。

对于在位企业而言，不断的自我创新是防止进入的长久之计，是保持领先地位的根本保证。但并不是说只要能够创新，企业就可以高枕无忧了。创新是成功的必要条件，却不是充分条件。特别是在网络经济下，技术的发展创新越来越快，产品的生命周期越来越短，如果企业不能结合所处行业的具体情况，制定出相应的阻止进入策略，就会随时有被淘汰的危险。

3.4　网络经济对传统经济学原理的挑战

20 世纪 90 年代以来，以通信或信息网络为核心的服务活动逐渐成为多数发达国家的主要经济活动，并数倍于工业增长速度在全球扩展。一个令人们头痛的问题是网络价值的实现过程与资本增值过程是完全不同的两回事，经济教科书中建立在边际成本上的供求均衡曲线已经失去意义。从各国政府分拆垄断企业到听任公司之间全球结盟、购并，从电信价格大战到网络互联纠纷不断，从微软公司捆绑销售官司不了了之到网络经济泡沫破灭，说明当今世界已进入一个新旧经济剧烈摩擦的年代。摩擦的结果是，网络将最终迫使人们放弃狭隘的达尔文主义观点，让平等、合作和互动精神渗透整个社会。面对这一切，传统理论的许多假设前提开始动摇，人们必须重新构筑信息时代的理性思维平台。

1. 网络经济对传统资源稀缺理论的挑战

传统经济学是建立在"资源稀缺、欲望无限"假设前提上的完整的理论体系，它的基础资源是钢铁和水泥，理论依据是稀缺性与占有性的矛盾。网络新经济的基础资源是沙子(硅)和信息，理论依据在于消费理性和可共享性，也就是资源不再稀缺，欲望不再无限，从成本构成到价值实现形式正在给传统理论带来严重的挑战。传统经济受资源、能源和交易费用的约束，单位生产成本总会随着产量的增加而上升，同时一个消费者占有实物财富越多，每增加单位财富对他的使用价值也会下降，从而形成收益递减效应。网络企业的主要原料是沙子(硅)和信息，由于较少受资源、能源和交易费用约束，单位服务成本总是随服务量的增加而下降，同时，一个人占有的信息越多，每增加一条信息对他的有用性才越大，因而形成收益递增效应。收益递增会造成某些小企业快速无边界扩张，形成新的集中垄断，比如微软公司、英特尔公司。在新经济领域，垄断可以看作收益递增规律的逻辑性结果，但它又是破坏市场对资源的优化配置，产生官僚主义和企业内部非效率性的罪魁祸首。

因此，各国在产业实践中一方面实行政策性管制，另一方面培育竞争对手以限制这种垄断的力量，以寡头形式实现有效竞争。现在看来，过于分散的小企业和过度集中的大企业都是工业时代的产物，网络时代的最后赢家是大型、分散、具有专业化优势的企业集团。知识和技术的飞速发展及其创新的传播加速了全球化进程，但这个过程并没有影响经济学的基本命题，即稀缺资源的配置。因此"相对稀缺"和"机会成本"仍是两个基本概念，变化的是它们的内在所指范围。这两个基本概念会使人直觉认为收益递减规律仍是适用的。但全球化却在很大程度上削弱了这个规律的适用性，收益递增成为新技术和全球化经济中的普遍现象。

那么网络经济与普遍的收益递增的关系为什么在新经济时代表现得如此密切？在网络

经济中，表现最突出的是网络效应，即商品的价值取决于这种商品被其他人使用的情况。

2．网络经济对传统供求均衡理论的挑战

在传统经济学中，供求均衡理论是一个最基本的分析工具，市场均衡是由供给曲线的需求共同决定的。供求曲线反映出经济学中"边际收益递减"规律。而网络经济突破了"边际收益递减"规律，甚至否定了供求规律。用传统经济理论无法解释网络经济所特有的边际成本递减与边际收益递增现象。在西方经济学以物质产品为中心的经济分析中，无论是短期成本曲线还是长期成本曲线，当生产量达到规模经济的起点之后，边际成本都呈现递增的趋势。其原因在于，生产量一旦超过了固定资产所能容纳的限度，生产效率就会下降，即使追加固定资产投资也不会立即提高生产效率。边际成本增加了而产品的价格不能随之增加，因此，边际收益呈递减趋势。但这一分析不适用于网络经济。信息网络成本主要由三个方面构成：一是网络建设成本，表现为折旧；二是信息传递成本；三是信息收集、处理和制作成本。前两者并不存在边际成本的问题，因为其递增或递减与上网人数无直接联系。网络的传输速度几乎可以无限制地增加，而上网的人数不会在同一时间达到统计最大值。只有信息收集、处理和制作成本才与上网人数正相关。收集处理的信息量越大，成本也就越高。上网人数越多，网络处理信息量将会以上网人数的几何数字增加。毕竟，单个信息的结合不是简单的增加，而是智慧火花的碰撞，只有这部分成本是递增的。把三个部分成本综合起来可知，信息网络的平均成本随入网人数的明显增加会明显递减，边际成本随之缓慢递减。

网络经济是典型的规模报酬递增经济，这种特性表现在成本曲线上，就是一定的固定成本和随着产量增大而不断下降的可变成本的组合。在网络经济中，几乎所有的生产要素成本都是呈递减趋势的，使得平均可变成本呈不断下降的趋势。对于许多不同的生产过程，信息、知识等共同的生产要素几乎可以以零成本的代价从一种生产过程转移到另一种生产过程。在网络经济时代，生产社会化的发展趋势就是信息化程度递增的过程。生产的信息化程度的不断加深，必然使得平均成本不断下降。这样，网络经济显现出了明显的规模报酬递增趋势。

3．网络经济对经济个人主义的挑战

市场经济学的鼻祖亚当·斯密在 200 年前就提出一个悖论：人们在追求私人目标时，会在一只看不见的手的操纵下，实现社会资源最优配置和增进社会福利。也就是相信人的本性是自私的，但市场规律又天然具有一种平衡约束力，使每个利己的经营者和消费者在不损害他人利益的情况下，实现社会利益最大化，后被西方经济学称作帕累托最优状态。但是，帕累托最优状态在整个西方经济实践中并不存在，现实的市场经济在多数情况下不能导致资源的最优配置。这是因为以下四个原因。

(1) 垄断实际存在。垄断是由于对某些产品和服务的规模经营造成的。现代信息产业的经济规模出现了跨国联合扩张趋势，市场对于垄断企业不具有约束力，完全依靠市场肯定会使经济失衡。

(2) 负外部性的存在。有些生产者的生产结果会对他人产生有利或者有害影响，消费者的消费结果也会对他人造成有利或者不利影响，尤其是某些生产和经营活动可能产生严

重的环境污染，危害公众健康和社会安全，这些问题不可能由市场本身自行解决。

(3) 公共物品的存在。国防、环保、绿化、道路、桥梁、广播等公共设施，属于不付钱的消费或者非营利投资领域。

(4) 信息不对称。市场经济的一个重要假定是信息对所有经营者和消费者都是透明的。而实际上，消费者与经营者对商品信息的了解总是不对称的。于是自私的经营者们必然会出现欺诈行为，破坏帕累托最优状态。

与过去不同的是，网络创造了平等、协作的刚性气氛。也就是说，在网络环境中，唯利是图越来越没有市场，损人利己者会更快得到报复。只有持平等合作态度，并为他人提供了有用价值者才能得到合理的回报。

企业追求利润最大化一直是传统经济教科书的一条刚性定律。"企业目标就是创造利润""办企业就是要为股东赚钱"等口号也被写进我国许多企业家们的施政纲领。在这样的舆论氛围和经营模式下，企业家最关心的是年度利润指标，所谓利大大干、利小小干、无利不干，导致企业短视。有些企业甚至不顾本企业实际条件，看到人家干什么赚钱，它也就要干什么。当一种业务利润下降时，就盲目转向另一种业务。

从近期的产业实践来看，往往越是急于获取高额利润，越是离利润更远。为了赚取更多利润，经营者很可能降低产品和服务质量，利用信息不对称甚至制造信息不对称，在价格上大做文章。结果，国内外有许多企业由刚成立时的超额利润，到若干年后走向亏损和破产，就是因为沿袭传统经济的企业目标，急功近利而陷入困境。

随着信息越来越透明、社会越来越进步，现代企业目标也悄然发生着变化。在股份制的初期阶段，股东大会是企业的最高权力机构，股东就是要赚取利润，利润率越高，越能吸引股东们的进一步投资。在股份制的中期阶段，股东越来越多，董事会成为实际的最高权力机构，董事会主要是由一些经营专家组成，这些经营专家最关心的是企业品牌和企业业绩，股票升值还是贬值。股票持有者也希望股票升值而不是利润分红。股份制企业发展到第三阶段，一个重要标志是股权继续分散，监事会成为企业的实际最高权力机构。监事会的首要责任是约束企业为社会创造价值并在不污染环境、不危害社会情况下得到合理的经济回报。网络经济一个重要规律是梅特卡夫法则，就是网络价值与网络用户数的平方成正比。换句话说，就是网络创造的价值远远高于财务收益。

所以，一个有远见的企业家首先要承认微利时代的到来，进而还要以价值最大化为企业目标。合理利润只是实现价值最大化的自然结果。

4．网络经济的正反馈挑战传统经济的负反馈

由于网络经济具备一种正反馈效应，因此先期占有网络资源者将获得更多发展机会，后进入的则难以从中获利。但是另一方面，许多落后国家和地区，因为优先发展网络产业，利用信息均富效应，很快缩短了与发达地区的经济差距。据联合国组织在拉丁美洲的调查，远程教育、远程医疗等高级网络服务在边远贫困地区的价值远比大城市高。

从自然属性看，工业商品在于内部性和独占性，信息服务在于外部性和共享性。也就是说，总体上工业经济容易产生两极分化，网络经济更能促进共同富裕。目前出现数字鸿沟的主要问题在于按照传统市场经济规则使价格与价值脱节，社会尚缺少为穷人服务也有利可图的制度安排和机制。

20 世纪末，美国政府提出了信息高速公路发展计划，一个重要宗旨就是扩展电信普遍服务概念，"要使所有美国人，不论职业、收入、居住地点、残疾与否，都能以负担得起的价格享受先进的电信与信息服务"。由于美国的示范作用，许多国家也制订了类似计划，并且重申电信普遍服务责任。各国的普遍做法是建立普遍服务基金制度，以专项基金方式贴补边远地区网络建设成本和运营成本过高部分，也就是形成一种服务穷人也不吃亏的制度安排。

各国重视普遍服务的另一个深层原因还在于网络产业的新经济属性。工业产品可以定位于少数人消费的市场，而网络价值与用户的平方成正比，因此它必须定位于大众市场。美国的铱星计划、新加坡的 CDMA 移动通信系统就是因为脱离大众市场而告失败。所以，除了普遍服务基金制度之外，一个有远见的网络企业家也应该在可行条件下积极开拓大众市场，主动承担普遍服务的责任。

5. 网络经济模式挑战传统的宏观调控政策

网络经济是在信息时代产生的一种崭新的经济现象，表现为经济生活中的生产、交换、分配、消费等经济活动都同信息网络密切相关。企业、政府职能部门和金融机构等经济行为主体不仅要从网络上获得大批的经济信息，依靠网络进行预测和决策，而且许多交易行为直接在网上进行。经济主体及其行为的网络化，不仅对传统的宏观调控理论提出了挑战，而且极大地增强了国家宏观间接调控的有效性。

对于"市场失灵"来说，不论是在完全竞争条件下，还是在不完全竞争条件下，都是信息不对称导致的。前者属于市场经济运作中正常的信息失灵，属于市场固有机制的局限性；后者则是因为市场参加者无法完全实现与消费者之间的信息有效交换。因此，在一定时间内、价格较固定的情况下，具有信息优势的市场参加者在自我利益最大化的影响下，会采取行动影响未来价格并因此牟取高利，从而无法实现所有市场参加者的行为都是竞争性的，进而导致市场失灵。"政府失灵"的原因包括以下几点：首先是传统政府的行为目标与社会公共利益的取向不太一致，政府本身具有自身利益，也是"经济人"；政府也不能完全代表公共利益，往往被一些特殊利益集团所左右。其次是因为传统政府机构无一例外地存在效率问题。再次是政府无法实现对经济信息的完全掌握，决策速度对于发展速度相对加快的经济来说相对滞后。总之，信息因素是导致"市场失灵"与"政府失灵"的最重要因素。对信息的看法以及不同的获取、处理方式，导致了不同宏观经济政策流派的产生。在网络经济形态下，网络技术可以成为政府更有效地管理经济的有力工具。它不仅可以提高政府的工作效率和效果，更重要的是可以使人们更多地参与决策。网络经济的不透明性与虚拟性使得非公平竞争和垄断有了更为宽敞的发展空间，这就需要政府加强对竞争的管制，目标是防止共谋性市场操纵与过度市场垄断。在网络的强化作用下，处于生产与信息优势的市场进入者，在生产协调与赢得消费者信心上，将会处于更为有利的地位，所以生产方面的隐性集中与虚拟生产过程中的排外将挑战竞争的公平化，从而使它们在信息超载的市场上取得难以动摇的竞争优势，并阻止新的生产者和技术出现。在这一点上，政府的宏观调控政策将起着无可替代的作用，可以较好地克服信息因素带来的"失灵"现象。

另外，网络经济还有一个比较棘手的问题，即产品定价问题。由于信息产品的定价原则不能采用边际成本定价法，使得信息产品的定价成为一个困难的问题。由于市场的供求均衡点很难确定，一个产品生产出来，该如何科学地定价就成为其走向市场面临的重要问题。这个问题在我国软件产品市场上表现得尤其突出，软件产品的定价缺乏科学的方法，面对"盗版"问题，许多软件商就开始上演"竞相降价"的竞争游戏，有些甚至是十分盲目的，然而确实也没有更好的方法。在网络经济发展过程中，还会遇到更多新的、不可预测的问题，这些就有待于在人们自身素质提高的基础上不断得到解决。这种现象的出现，要求网络经营者在网络经济发展过程能够扮演一个更聪明的角色。

复习思考题

1. 什么是网络经济？
2. 网络经济有哪些功能和特点？
3. 什么是正反馈与需求方规模经济？
4. 为什么网络经济呈现边际收益递增？这与传统经济学原理矛盾吗？为什么？
5. 网络经济学有哪些基本规律？
6. 网络经济学的性质与特点分别是什么？

案例分析

世界改变的源动力——创新

变化永远充满多变性，必须不断对未来的不确定性进行预测，即使没有风险时也要做好准备。东西方哲学的核心思想就是拥抱变化、创造变化。

银行业：银行一直是中国老百姓心中至高无上的地方，从未敢有人想过能超越它，然而马云创办的支付宝，每天流动资金超过任何一家银行，业界哗然；近几年推出的"余额宝"，给予客户的利息超过银行17倍，直接抢了银行的饭碗。

新闻业：传统新闻业被寡头垄断，互联网没有进入中国前，央视在中国老百姓心目中是高高在上的，汶川大地震央视的新闻几小时后才出来，而网络上几分钟后就出现新闻，速度之惊人，如今还有多少人在看电视？还有多少人在看报纸？

零售业：全球最大的零售商沃尔玛，在华有5万名员工，年交易额超过百亿元人民币，这个巨无霸的公司似乎无人能及；然而马云创办的淘宝网，仅三年时间的交易额就是沃尔玛在华所有门店交易额的三倍，2012年"光棍节"一天的交易额就达350亿元人币币，是沃尔玛在华所有门店一年的交易额。淘宝网一天的交易额相当于7个香港黄金周，超过中国京、广、深一线城市线下零售总额，2013年"光棍节"当天，就有2.4亿人在淘宝上消费，相当于2个日本总人口，没有人能够想到今天淘宝会这么强大。

旅行业：携程网，一家没有一架飞机、没有一间酒店的公司，每天卖出的机票和开出的房间超过任何一家航空公司和酒店，业界震惊。

通信业：中国移动、中国联通一直垄断这么多年，却被一个看似不起眼的腾讯所超越，微信短短几年时间，用户超过 4 亿人。微信不仅可以发短信，还能语音通话，收发图片和视频，而且还是免费的，只要能上网，完全可以替代中国移动、中国联通。甚至有一天，世界可能不再需要手机号码，而是 Wi-Fi，对电话和短信的依赖越来越低，直到电话的技术被彻底封存起来，就像当年的电报一样。同时手机号码、电话号码等词会出现在历史课本里。

服装业：行业巨头雅戈尔用了 32 年时间，在华建立了 500 亩的工业城，建立了 1500 个专卖店，终于实现每天 1.3 万件男式衬衫的销售业绩。而同样卖服装的凡客诚品，仅仅成立 3 年时间，没有厂房和流水线、没有一家专卖店，除了设计是自己的，靠一个网站一天实现 3 万件男式衬衫的销售业绩，是行业巨头雅戈尔的 2 倍。其估值已经超过 50 亿美元，让不少传统老板汗颜。

手机业：摩托罗拉、诺基亚向来是世界手机业巨头，不同层次、不同价格、不同功能的手机，N 多的产品线，构建起来的商业帝国无人能及，然后却被一个绑上互联网的苹果手机所打败，只因这款手机能上网，10 万个应用可以下载。

娱乐业：无数人为了实现自己的明星梦，不惜潜规则，投巨资，少则几十万元，多则上百万元，却依然默默无名，财色兼失，最后坠入红尘。人家"芙蓉姐姐"和"天仙妹妹"成名经费不过几千元。互联网想让一个人成名，那实在太简单了。

政坛：奥巴马，一个没有任何关系和背景，而且还是黑人，不仅当选了总统，还是美国有史以来唯一没有拿政府选举经费的人，当他的竞争对手到处演讲和做电视访谈时，他却建起一个网站用来宣传他的政治主张，同时买断了互联网上大部分的关键词。美国网民无论在互联网上搜索什么，都能看到一个年轻人的政治宣言，你想不认识他都不行，要知道美国网络普及率是非常高的，几乎家家户户有电脑，利用互联网 24 小时不间断传播他的政治主张，使得奥巴马家喻户晓。当他的竞争对手把选举经费都花完时，他却通过网络拿到了无数的赞助，不花政府一分钱，反而还赚了钱，这样的人，你不选他，你选谁？奥巴马的成功，可以说是互联网的成功。

咨询界：中国咨询行业最著名的是叶茂中机构，用了 20 年时间，借势电视广告拍摄，客户广告中央播放，成为知名度最高的个人和企业品牌。世界最著名的麦肯锡咨询机构成立几十年，直至今天才成为业界最受尊敬的咨询公司。而如今，通过网络，新进企业只要思路正确，注重方法论又懂得利用网络行销，成为受市场关注的机构比起过去简单多了。

未来我们的生活会是什么样子呢？我们设想一下，晚上带着家人去吃饭，拿出手机点击附近餐厅，看完餐厅介绍，对比之后，挑一家评价好的、好吃又实惠的餐厅，在手机上领取一张会员卡，定好座位，等时间到了，点击导航，直接去吃饭，不用排队。

吃饭的时候，哪个好吃就拍个照，放到微博或微信朋友圈，晒一晒，与朋友共享，因为以后朋友来这里吃饭的时候，凭着你的分享，可以享受优惠，商家还会给你返利，既能吃到好东西，分享又能赚钱，真的很惬意。

"趋势就像一匹马，如果在马后面追，你永远都追不上，你只有骑在马上面，才能和马一样的快，这就叫马上成功！" 这个时代呼唤跨界、融合、创新，就是用反传统、反经验、反做法的逆向思维方式，把表面似乎无关的东西用未来的需求、内在逻辑和服务方式，创造出一种新的商业模式。在别人还看不清的时候，你已勾勒出比别人想象中更美好的蓝图。

(案例来源：中国好案例)

案例思考

1. 根据案例试分析电信行业的发展趋势。
2. 你是否同意"创新不是最重要的，但没有创新是万万不能的"？(结合案例和所学知识)
3. 假如你是一家银行的总裁，你将采取什么措施来与支付宝等第三方支付平台竞争？

第4章

电子支付与互联网金融

【学习目标】

❖ 掌握电子支付工具和移动支付的特点及应用

❖ 理解网上银行和电子银行的相关概念

❖ 了解电子支付和移动支付的流程

支付是商务活动中一个重要环节。电子支付方式的出现要早于互联网，但电子支付是最近几年才被人们普遍接受的。在电子商务比较发达的美国与加拿大等国，各大企业如IBM、惠普、微软、SUN等纷纷推出各自的电子商务产品和解决方案。随着电子商务的发展，各种法规也都已健全，许多西方国家都已经通过数字签名和身份认证法律。1996年下半年，美国财政部颁布有关《全球电子商务选择税收政策》白皮书，联合国国际贸易法委员会(UNCITRAL)已经完成模型电子商务法的制定工作，为电子交易制定出统一通用的规则。另外，两大国际信用卡组织VISA和MasterCard合作制定的安全电子交易协议(Secure Electronic Transaction，SET)定义了一种电子支付过程标准，其目的就是保护Internet上支付卡交易的每一个环节。图4-1所示为快捷支付平台。

图4-1　快捷支付平台

蓬勃发展的电子商务推动电子支付向纵深发展，互联网金融正是基于这种背景下的金融创新。目前互联网金融有两大表征：第一个是金融互联网，金融行业走向互联网；第二个是互联网金融，是依托于支付、云计算、社交网络以及搜索引擎等互联网工具，实现资金融通、支付和信息中介等业务的一种新兴金融。互联网金融是互联网时代金融的新生态。以互联网为代表的现代信息科技，特别是移动支付、云计算、社交网络和搜索引擎等，将对人类金融模式产生根本影响。在这种金融模式下，支付便捷，搜索引擎和社交网络降低信息处理成本，资金供需双方直接交易，可达到与现在资本市场直接融资和银行间接融资一样的资源配置效率，并在促进经济增长同时，大幅减少交易成本。

4.1　电子支付概述

4.1.1　电子支付的概念与特征

20世纪70年代，计算机和网络通信技术在一些发达国家得到应用，银行业务开始以电子数据形式通过电子信息网络进行办理，诸如信用卡、电子汇兑等一些电子支付方式开始投入使用。

1．电子支付的概念与发展

电子支付(Electronic Payment，E-Payment)，是指通过电子信息化的手段实现交易中的价值与使用价值的交换过程，即完成支付结算的过程。电子交易的当事人，包括消费者、厂商和金融机构，使用安全电子支付手段，通过网络进行货币支付或资金流转。电子商务支付系统是电子商务系统的重要组成部分。

电子支付方式的出现要早于 Internet，采用信息技术进行电子支付的形式经历了以下几个阶段：

第一阶段是银行利用计算机处理银行之间的业务，办理结算。

第二阶段是银行计算机与其他机构计算机之间资金的结算，如代发工资、代交水电费、煤气费、电话费等业务。

第三阶段是利用网络终端向用户提供各项银行服务，如用户在自动柜员机(ATM)上进行存、取款操作等。

第四阶段是利用银行销售点终端(POS)向用户提供自动扣款服务，这种电子支付方式在商超、实体店较为常见并被广泛使用。

第五阶段是基于 Internet 的电子支付，它将第四阶段的电子支付系统与 Internet 整合，实现随时随地的通过 Internet 进行直接转账结算，形成电子商务交易支付平台。该阶段的电子支付称为网上支付。

第六阶段是基于移动互联网的电子支付，它是第五阶段的电子支付系统利用移动智能终端与无线网络的整合与延伸，实现随时随地的通过移动互联网进行直接转账结算。这种支付方式实现了电子商务线上线下渠道的融合。该阶段的电子支付是打通电子商务 O2O 闭环的关键环节。

随着支付宝钱包和微信支付等移动支付工具的大规模推广，一些电商如大众点评、美团等借助这两大平台，开始建立自己"完整"的 O2O 闭环。在一部手机或者智能终端上，电商与用户建立直接联系，打通线上线下形成闭环，然后通过对会员数据的分析，进而实现精准营销，最终将线上用户引入线下门店消费。移动支付打通线上线下，引导更多的顾客进入线下门店消费，增加客流量，这是移动支付推动 O2O 发展对传统零售业的最大意义。

2．电子支付的特征

相对于传统支付结算时普遍使用的"一现三票一卡"(即现金、发票、本票、汇票和信用卡)电子商务电子支付方式，以 Internet 为主要平台的电子支付结算方式表现出更多的优点和特征，具体如下。

(1) 电子支付结算主要在开放的公共网络系统中通过看不见但先进准确的数字来完成相关支付信息传输，即采用数字化的方式完成款项支付结算。

(2) 电子支付具有方便、快捷、高效、经济的特性。有时用户只要拥有一台上网的计算机，便可足不出户，在很短的时间内就可以完成整个支付与结算过程。手续费用仅相当于传统支付的几十分之一，甚至是几百分之一。

(3) 电子支付具有轻便性和低成本性。与电子货币相比，一些传统的货币如纸质货币和硬币则愈发显示出其奢侈性。而采用电子支付方式，因为电子支付系统的建立和维护开销很小，无论小公司还是大企业都可从中受益。

（4）电子支付与结算具有较高的安全性和一致性。支付的安全性是保护买卖双方不会被非法支付和抵赖，一致性是保护买卖双方不会被冒名顶替。电子支付系统和现实的交易情况基本一致，而付费协议提供了与纸质票据相对应的电子票据的交易方法，电子支付远比传统的支付结算安全可靠。

（5）电子支付可以提高开展电子商务的企业资金管理水平，不过也增加了管理的复杂性。采用电子支付方式后，不仅可以作原有的网络广告宣传，而且能够十分方便地利用收集到的客户信息建立相关决策支持系统。

（6）银行提供电子支付结算的支持使客户的满意度与忠诚度均上升，这为银行与开展电子商务的商家实现良好的客户关系管理提供了支持。当然，就目前的技术水平而言，电子支付作为新兴方式，还存在一定的安全性以及支付环境的具备、管理规范的制定等问题。

4.1.2　电子支付的流程

电子支付借鉴了很多传统支付方式的应用机制与过程，所不同的是流动的媒介，一个是传统纸质货币与票据，大多为手工作业；另一个是电子货币并为网上作业。

以 Internet 为基本平台的电子支付一般可以描述为以下流程。

（1）客户连接 Internet，用 Web 浏览器进行商品浏览、选择与订购，填写网络订单，选择应用的电子支付结算工具，并得到银行的授权使用，如信用卡、电子钱包、电子现金、电子支票或网络银行账号等。

（2）客户机对相关订单信息如支付信息进行加密，在网上提交订单。

（3）商家的电子商务服务器对客户的订购信息进行检查、确认，并把相关的经过加密的客户支付信息等转发给支付网关，直至银行专用网络的银行后台业务服务器进行确认，以期从银行等电子货币发行机构验证得到支付资金的授权。

（4）银行验证确认后，通过刚才建立起来的经由支付网关的加密通信通道，给商家服务器回送确认及支付结算信息，为进一步的安全，可以给客户回送支付授权请求。

（5）银行得到客户传来的进一步授权结算信息后，把资金从客户账号转拨至开展电子商务的商家银行账号上，而且可以是不同的银行，后台银行与银行借助金融专网进行结算，并分别给商家、客户发送支付结算成功的信息。

（6）商家服务器接收到银行发来的结算成功信息后，给客户发送网络付款成功信息和通知。至此，一次典型的电子支付结算流程就结束了，商家和客户可分别借助网络查询自己的资金余额信息，以进一步核对。

在实际应用中，这些电子支付方式的应用流程由于技术上、资金数量上、管理机制上的不同还是有所区别的。需要说明的是，电子支付结算流程只是对目前各种网上支付结算方式的应用流程的普遍归纳，并不表示各种网上支付方式的应用流程都是一模一样的，或不同电子支付结算工具的应用流程也是一样的。

4.1.3　电子支付的类型

电子支付的业务类型按电子支付指令发起方式分为网上支付、电话支付、移动支付、销售点终端交易、自动柜员机交易和其他电子支付。图 4-2 所示为电子支付分类。

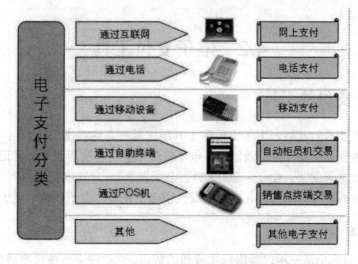

图 4-2　电子支付分类

1. 网上支付

网上支付是电子支付的一种形式。广义地讲，网上支付是以互联网为基础，利用银行所支持的某种数字金融工具，发生在购买者和销售者之间的金融交换，而实现从买者到金融机构、商家之间的在线货币支付、现金流转、资金清算、查询统计等过程，由此电子商务服务为其他服务提供金融支持。图 4-3 所示为网络支付平台。

图 4-3　网络支付平台

2. 电话支付

电话支付是电子支付的一种线下实现形式，是指消费者使用电话(固定电话、手机、小灵通)或其他类似电话的终端设备，通过银行系统就能从个人银行账户里直接完成付款的方式。

3. 移动支付

移动支付是使用移动设备通过无线方式完成支付行为的一种新型的支付方式。移动支付所使用的移动终端可以是手机、PDA、移动 PC 等。

4.2 电子支付工具

4.2.1 电子支付的工具

随着计算机技术的发展，电子支付的工具越来越多。这些支付工具可以分为三大类：电子货币类，如电子现金、电子钱包等；电子信用卡类，包括智能卡、借记卡、电话卡等；电子支票类，如电子支票、电子汇款(EFT)、电子划款等。 这些方式各有自己的特点和运作模式，适用于不同的交易过程。以下主要介绍电子现金、电子钱包、电子支票和智能卡。

1. 电子现金

电子现金(E-Cash)是一种以数据形式流通的货币。它把现金数值转换成为一系列的加密序列数，通过这些序列数来表示现实中各种金额的市值，用户在开展电子现金业务的银行开设账户并在账户内存钱后，就可以在接受电子现金的商店购物了。

从我国电子商务支付技术来看，腾讯推出的微信支付，其支付模式就属于电子现金类的支付工具。

2. 电子钱包

电子钱包是电子商务活动中网上购物顾客常用的一种支付工具，目前人们经常使用的支付宝钱包、公交卡等就是典型的电子钱包支付工具。

电子钱包一直是全世界各国开展电子商务活动中的热门话题，也是实现全球电子化交易和因特网交易的一种重要工具，全球已有很多国家正在建立电子钱包系统以便取代现金交易的模式，目前，我国也正在开发和研制电子钱包服务系统。使用电子钱包购物，通常需要在电子钱包服务系统中进行。电子商务活动中的电子钱包的软件通常都是免费提供的，可以直接使用与自己银行账号相连接的电子商务系统服务器上的电子钱包软件，也可以从因特网上直接调出来使用，采用各种保密方式利用因特网上的电子钱包软件。目前世界上有 VISA cash 和 Mondex 两大电子钱包服务系统，其他电子钱包服务系统还有 HP 公司的电子支付应用软件(VWALLET)、微软公司的电子钱包 MS Wallet、IBM 公司的 Commerce POINT Wallet 软件、Master Card cash、Euro Pay 的 Clip 和比利时的 Proton 等。

3. 电子支票

电子支票(Electronic Check，E-check 或 E-cheque)是一种借鉴纸张支票转移支付的优点，利用数字传递将钱款从一个账户转移到另一个账户的电子付款形式。这种电子支票的支付是在与商户及银行相连的网络上以密码方式传递的，多数使用公用关键字加密签名或个人身份证号码(PIN)代替手写签名。

用电子支票支付，事务处理费用较低，而且银行也能为参与电子商务的商户提供标准化的资金信息，故而可能是最有效率的支付手段。

4. 智能卡

智能卡是在法国问世的。20 世纪 70 年代中期，法国 Roland Moreno 公司采取在一张信用卡大小的塑料卡片上安装嵌入式存储器芯片的方法，率先开发成功 IC 存储卡。经过 20 多年的发展，真正意义上的智能卡，即在塑料卡上安装嵌入式微型控制器芯片的 IC 卡，已由摩托罗拉和 Bull HN 公司于 1997 年研制成功。

在美国，人们更多地使用 ATM 卡。智能卡与 ATM 卡的区别在于两者分别是通过嵌入式芯片和磁条来储存信息。但由于智能卡存储信息量较大，存储信息的范围较广，安全性也较好，因而逐渐引起人们的重视。2001 年美国智能卡使用占全球的比例增加到 20%。2000 年美国纽约 Jupiter 通信公司公布的一份报告称，美国联网商业的营业额达 73 亿美元，其中几乎有一半的金额是用智能卡、电子现金和电子支票来支付的。

随着信息化建设的开展，中国国家金卡工程取得了令人瞩目的成绩，目前 IC 卡已在金融、电信、社会保障、税务、公安、交通、建设及公用事业、石油石化、组织机构代码管理等许多领域得到广泛应用。例如第二代居民身份证(卡)、社会保障 IC 卡、城市交通 IC 卡、电话 IC 卡、三表(水电气) IC 卡、消费 IC 卡等行业 IC 卡应用已经渗透到百姓生活的方方面面，并取得了较好的社会效益和经济效益，这对提高各行业及地方政府的现代化管理水平，改变人民的生活模式和提高生活质量，推动国民经济和社会信息化进程发挥了重要作用。

4.2.2 第三方支付

1. 第三方支付概述

第三方支付是指具备一定实力和信誉保障的独立机构，采用与各大银行签约的方式，提供与银行支付结算系统接口的交易支持平台的网络支付模式。第三方支付作为目前电子商务交易重要的支付手段和信用中介，实现了网上消费者、网上商家和银行的连接，起到了第三方监管和保障作用。第三方支付平台较好地解决了长期困扰电子商务发展的资金流安全及诚信等问题。对于电子商务消费者来说，应用第三方支付平台可以较有效地保证商品交易和资金支付的安全性。对于电子商务企业来说，应用第三方支付平台可以提升企业的形象和竞争力、提高消费者忠诚度、降低交易风险。应用第三方支付平台已经成为开展电子商务来增强企业竞争力的新趋势。因此，第三方支付正在蓬勃地发展。

第三方支付的经营模式大致分为两种：一种是第三方支付在具备与银行支付结算系统相连功能的同时，充当信用中介，为客户提供账户，进行交易资金代管，由其完成客户与商家的支付后，定期统一与银行结算，如支付宝；另一种是第三方支付与银行或银联合作，实现多家银行数十种银行卡的直通服务，充当客户和商家的第三方的银行支付网关，如中国银联电子支付平台。

目前国际上著名的第三方支付平台，如 PayPal(贝宝)，可在全球 40 多个国家及地区的电子商务交易中使用。国内则涌现出了一批第三方支付平台，如阿里巴巴的支付宝、中国银联电子支付、财付通、安支通、快钱等。图 4-4 所示为快钱支付凭证。

您于2012.01.03通过快钱成功付款55元。以下是您本次交易的支付凭证：

支付凭证

交易号：	500604628	商家订单号：	201201031003278c5ff
网站名称：		订单提交时间：	2012.01.03
商品名称：	课件	支付方式：	银行卡支付
订单金额	55元	支付金额	55元
支付凭证号：	B4F5BF0AFCE987579A35A406D2785C3B		

图 4-4　快钱支付凭证

2. 第三方支付流程

第三方支付是典型的应用支付层架构。在第三方支付模式中，买卖双方都先要在第三方支付平台上开立账户，买方存款后选购商品，再使用第三方平台提供的账户进行货款支付，并由第三方通知卖家货款到账、要求发货；买方收到货物并检验商品进行确认后，通知第三方支付平台付款给卖家，第三方支付平台再将款项转至卖家账户上。

第三方支付平台结算支付模式的资金划拨是在平台内部进行的，此时划拨的是虚拟的资金。真正的实体资金还需要通过实际支付层来完成，如图4-5所示。

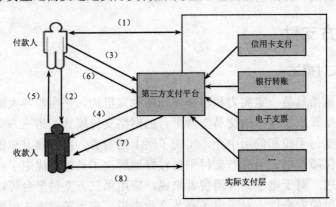

图 4-5　第三方支付平台结算支付流程

第三方支付平台结算支付流程如下。

(1) 付款人将实体资金转移到第三方支付平台的支付账户中。

(2) 付款人购买商品(或服务)。

(3) 付款人发出支付授权，第三方支付平台将付款人账户中相应的资金转移到第三方支付平台的专门账户中临时保管。

(4) 第三方支付平台告知收款人已经收到货款，可以发货。

(5) 收款人完成发货许诺(或完成服务)。

(6) 付款人确认后通知第三方支付平台可以付款。

(7) 第三方支付平台将临时保管的资金划拨到收款人账户中。

(8) 收款人可以将账户中的款项通过第三方支付平台和实际支付层的支付平台兑换成实体货币。

3．第三方支付的优点

第三方支付的优点如下。

(1) 比较安全。信用卡信息或账户信息仅需要告知第三方支付机构，而无须告诉每一个收款人，大大减小了信息失密的风险。

(2) 支付成本较低。第三方支付机构集中了大量的电子小额交易，形成规模效应，因而支付成本较低。

(3) 使用方便。较之 SSL、SET 等支付协议，利用第三方支付平台进行支付操作更加简单且易于接受，对支付者而言，所面对的是友好的界面，不必考虑背后复杂的技术操作过程。

(4) 第三方支付机构的支付"担保"业务可以在很大程度上保障付款人的利益。

(5) 利益中立，商业模式比较开放，能够满足不同企业的商业模式变革，帮助商家创造更多的价值。

(6) 相对于传统交易的资金划拨方式，第三方支付较有效地对交易双方进行约束与监督，为保证公平和安全交易提供了支持。

4．第三方支付的缺点

第三方支付的缺点如下。

(1) 第三方支付是一种虚拟支付层的支付模式，需要其他"实际支付方式"完成实际支付层的操作。

(2) 付款人的银行卡信息将暴露给第三方支付平台，如果第三方支付平台的信用度或者保密手段欠佳，将给付款人带来相关风险。

(3) 第三方支付机构的法律地位尚缺乏规定，一旦该机构终结破产，消费者所购买的"电子货币"可能成为破产债权，无法追回。

(4) 由于有大量资金寄存在支付平台账户内，而第三方支付机构并非金融机构，因此存在资金寄存的风险。

4.3　移 动 支 付

4.3.1　移动支付的概念

移动支付也称为手机支付，就是允许用户使用其移动终端(通常是手机)对所消费的商品或服务进行账务支付的一种服务方式。支付方通过移动设备、互联网或者近距离传感直接或间接向银行金融机构发送支付指令产生货币支付与资金转移行为，从而实现移动支付功能。移动支付将终端设备、互联网、应用提供商以及金融机构相融合，为用户提供货币支付、缴费等金融业务。

移动支付是典型的 OTT 业务，OTT 是"Over The Top"的缩写，是指通过互联网向用户提供各种应用服务。这种应用和目前运营商所提供的通信业务不同，它仅利用运营商的网络，而服务由运营商之外的第三方提供。

移动支付主要分为近场支付和远程支付两种，所谓近场支付，就是用手机刷卡的方式坐车、买东西等，很便利。远程支付是指通过发送支付指令(如网银、电话银行、手机支付等)或借助支付工具(如通过邮寄、汇款)进行的支付方式，如掌中付推出的掌中电商、掌中充值、掌中视频等。目前支付标准不统一给相关的推广工作造成了很多困惑。移动支付标准的制定工作已经持续了三年多，主要是银联和中国移动两大阵营在比赛。数据研究公司IDC 的报告显示，2017 年全球移动支付的金额将突破 1 万亿美元。强大的数据意味着，今后几年全球移动支付业务将呈现持续走强趋势。

4.3.2　移动支付业务的应用

手机钱包和手机支付业务是中国移动面向用户提供的综合性移动支付服务。图 4-6 所示为中国移动手机支付业务界面。

图 4-6　中国移动手机支付业务界面

1. 手机支付

中国移动手机支付是移动集团面向用户提供的一项综合性移动支付服务，在带给用户全新支付体验的同时，还大大提高了交易的安全性和便捷性。

手机支付优势明显，应用前景非常广阔，用户只需开通手机支付业务，系统将为用户开设一个手机支付账户，用户可通过该账户进行远程购物(如互联网购物、缴话费、水费、电费、燃气费及有线电视费等)。开通手机支付业务后，若用户在中国移动营业厅更换一张手机钱包(支持 RFID 功能的专用 SIM 卡)，则还可以使用手机在布放有中国移动专用 POS 机的商家(如便利店、商场、超市、公交站)进行现场刷卡消费。轻松支付，随"机"消费，真正实现"一机在手，走遍神州"。图 4-7 所示为手机支付。

图 4-7 手机支付

(1) 手机支付的基本原理。基本原理是将用户手机 SIM 卡与用户本人的银行卡账号建立一种一一对应的关系，用户通过发送短信的方式，在系统短信指令的引导下完成交易支付请求，操作简单，可以随时随地进行交易。用户还可以通过 WAP 和客户端两种方式进行支付，无须任何绑定，用户在短信引导下完成交易，仅需要输入银行卡号和密码即可，银联结算。

手机支付这项个性化增值服务，可以实现众多支付功能，此项服务强调了移动缴费和消费。当我们在自动售货机前为找不到硬币而着急时，手机支付可以很容易地解决这个问题。当客户身处外地或者是移动运营商的营业厅下班以后，为了缴话费四处找人、四处寻找手机充值卡而耗费精力时，手机支付将真正让手机成为随身携带的电子钱包。

(2) 手机支付的作用。

手机支付的作用如下。

① 从商户的角度来看，手机支付将为自身业务的开展提供没有空间和时间障碍的便捷支付体系，在加速支付效率、减低运营成本的同时也降低了目标用户群的消费门槛，有助于进一步构建多元化的营销模式，进一步提升整体营销效果。

② 从服务提供商角度来看，在完成规模化推广并与传统以及移动互联网相关产业结合后，手机支付所具备的独特优势和广阔的发展前景将为服务提供商带来巨大的经济效益。

③ 从消费者的角度来看，手机支付使得支付资金携带更加方便，消费过程更加便捷简单，消除了支付障碍之后，可以更好地尝试许多新的消费模式，同时如果配以适当的管理机制和技术管控，支付资金的安全性也会得到进一步提高。

(3) 手机支付的技术方案。整个移动支付价值链包括移动运营商、支付服务商(比如银行、银联等)、应用提供商(公交、校园、公共事业等)、设备提供商(终端厂商、卡供应商、芯片提供商等)、系统集成商、商家和终端用户。目前移动支付技术实现方案主要有三种：NFC、e-NFC 和 SIMPASS——单芯片 NFC 移动支付解决方案，其中 SIMPASS 方案是目前在国内应用最多的方案，如图 4-8 所示。

图 4-8 无线 SIMPASS

SIMPASS 是一张双界面的多功能应用智能卡，具有非接触和接触两个界面。接触界面上可以实现 SIM 应用，完成手机卡的通信功能；非接触界面可以同时支持各种非接触应用。

(4) 手机支付的主要功能。通过特殊技术(主要是 NFC 近距离通信技术)实现手机支付的手机，可支持电子支付和数据下载等多种功能。未来手机将集成公交卡、银行卡和钥匙等功能，支付部分日常生活服务，方便市民出行购物，这一技术在日本已经十分成熟。这将大大提高公众的生活质量，使出行更加方便。

手机支付是指通过手机对银行卡账户进行支付操作，包括手机话费查询和缴纳、银行卡余额查询、银行卡账户信息变动通知、公用事业费缴纳、彩票投注等，同时利用二维码技术可实现航空订票、电子折扣券、礼品券等增值服务。

(5) 手机支付的特点(以中国移动手机支付业务为例)。

手机支付具有如下特点。

① 轻松即时结账，现场刷卡消费。无论是网上购物，还是用"手机钱包"在合作商户 POS 机上现场刷"机"消费，手机支付都能为客户轻松解决，随时随地享受手机支付方式的便捷，手机就是客户的"钱包"。

② 移动网点遍布，开通账户方便。移动用户可以足不出户，只要通过手机支付网站 cmpay.10086.cn 或编辑手机短信"KT"发送到"10658888"，即可开通手机支付。移动营业厅及业务网点遍布全国，也可为移动用户进行现场业务受理。

③ 操作简单便捷，多重安全保障。对于小额支付，移动用户只需回复手机短信即可实现消费结账，减少时间成本。采用金融级别的安全机制，并增加手机实时验证，让移动用户使用更放心。

④ 多种方式充值，支付途径丰富。传统的支付充值全部依赖银行，来源单一。手机支付支持现金充值、网银充值、移动话费充值卡充值等多种方式，不仅可以通过互联网、短信、语音、手机上网、手机菜单使用，还可直接在商户现场刷"机"使用。

与此同时，中国移动手机支付为企业客户提供针对性的行业解决方案，与广大商户共享 6 亿移动手机用户资源。

2. 手机钱包

手机钱包业务是中国移动推出的综合性移动支付服务。移动用户开通手机支付业务，并将 SIM 卡更换为手机钱包的 RFID-SIM 卡后，即可利用手机，在与中国移动有合作关系的商场、超市等场所进行 POS 终端刷卡消费，完成消费支付。手机钱包业务适用于全球通用户和神州行用户。手机钱包的特点是用手机能刷卡，支付更便捷；可随时充值，网上查询，清晰账单详细，轻松支付。

移动用户须在中国移动指定 POS 机上才能使用手机钱包进行现场支付。移动用户可以通过 STK 菜单暂停/恢复手机钱包，手机钱包处于暂停状态时，不能进行消费和充值交易。移动用户办理携号转品牌业务时，如新品牌不支持手机钱包业务，则需要先取消手机钱包业务，再办理携号转品牌。移动用户办理转户、合户、分户等业务前，需先取消手机钱包业务。

手机支付是远程购物，手机钱包是现场购物。手机钱包的资金来源于手机支付的现金账户，开通手机钱包业务一定要开通手机支付业务，开通手机支付业务不一定要开通手机钱包业务。手机钱包账户不能提现。

如何使用手机钱包支付？已开通了手机钱包业务的客户，在有手机支付相关业务合作标识的现场合作商家进行消费时，只需使用开通了手机钱包业务的手机在商家 POS 终端上刷卡即可轻松完成消费支付。

手机钱包销户时，里面的余额是要进行处理的。注销前，可以通过消费使余额清零，或将余额从手机钱包转入手机支付账户。一般来说，可以通过以下三种途径进行手机钱包余额查询：

(1) 通过商店、营业厅 POS 终端的查询功能查询。

(2) 通过 STK 菜单实时查询钱包余额。

(3) 登录手机支付网站 www.cmpay.com 查询。

如果手机不慎丢失，手机钱包中的资金无法冻结或找回，这就需要用户妥善保管好自己的手机。但只要用户安全保管了密码，存在手机支付账户里的资金是不会丢失的。移动支付建议客户在手机钱包中存放少量资金便于日常使用，在遇到数额较大的消费时，刷卡前做一次钱包充值然后立刻刷卡消费，并妥善保管自己的密码。

随着中国电子商务的快速发展和移动网络应用的不断成熟，移动支付作为一项便民的增值服务，已成为新兴的最具发展潜力的业务，中国移动作为移动通信的领跑者，正全力打造"移动支付专家"，为推动支付产业的持续发展做出不懈努力。图 4-9 为移动支付平台示意图。

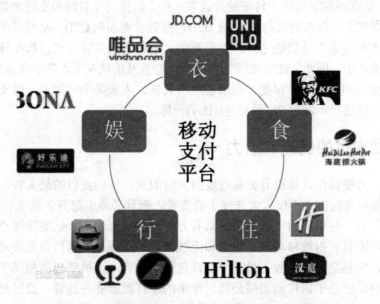

图 4-9 移动支付平台示意图

支持移动支付的银行有招商银行、中国银行、建设银行、交通银行、商业银行、广东发展银行、深圳发展银行、中信银行、福建兴业银行等。网络公司更是积极支持移动支付，在搜狐网站，可用手机点歌；在新浪网站，可用手机购买收费邮箱；在其他商业网站，还可用手机支付网络游戏或视频点播。

4.3.3　二维码支付

近几年推出的二维码移动支付具有良好的用户使用体验。以微信二维码支付为例，微支付在使用方式上具有极大的便利特征，购物的时候，通常情况下扫描二维码，获取信息后输入微支付密码即可完成购物流程。和支付宝钱包不同的产品特征在于，后者更多的是一种 C2C 模式的账户交易，但是微支付则具备了 C2C、B2C 等功能。举个简单的例子，在进行实际的购物交易中，微支付的模式是直接支付购物所需的现金给店主，而支付宝的模式则是将购物所需的钱转账给店主。

传统 PC 时代，支付宝的便利使得贝宝、银联等更传统的支付工具黯然神伤，在安全、操作模式、信任基础建立等设施工作方面，PC 时代是支付宝发展的最好黄金时代。在解决交易需求方面，支付宝完全满足了用户需求，是真正适合 PC 时代交易支付的最好工具，支付宝的出现使得淘宝与 eBay(易趣)的交战有了分水岭。正是由于有了这种基于产品贴近用户模式的传统 PC 时代，支付宝雄霸传统 PC 支付一方，领跑与其他支付工具如财付通等。这正是时代所给予支付宝的幸运。

传统 PC 时代和移动无线时代，是两个截然不同的互联网时代，二者在信息传输、交易方式等方面也有着截然不同的需求和特征，虽然支付宝钱包完美地继承了传统 PC 时代的优点，但对于真正的移动互联网时代而言，这种照搬功能依葫芦画瓢的方式并不适合移动互联网。传统 PC 互联网的支付居于转账的方式多一些，但移动互联网的支付则是真正意义上的支付，二者模式中，前者更偏向 C2C 或 B2B，而后者更偏向 C2B。从目前的微支付功能来看，除了基本的现金交易功能之外，手机充值、电影票购买等方式，都在逐渐渗透用户的日常生活需求之中。因此，在未来微支付概念日趋普及的状况下，基于微信的用户基础，微支付会获得更高的使用频率和更大范围的应用人群。未来某个时间里，微支付完全有可能超越支付宝，就像当年淘宝 PK 掉易趣(eBay)一样。

4.3.4　移动支付的优点和潜力

简化过程、方便操作，是提升交易速度的关键因素，移动支付的最大特色就是它在操作上的便捷。这一支付方式不仅大大方便了消费者，而且必将引起商业领域的深层变革。

移动支付作为一种崭新的支付方式，具有方便、快捷、安全、低廉等优点，具有非常大的商业前景，而且正引领移动电子商务和无线金融的发展。手机付费是移动电子商务发展的一种趋势，它包括手机小额支付和手机钱包两大内容。手机钱包就相当于银行卡，可以满足大额支付，它是中国移动通信公司近年来的主打数据业务品牌，通过把用户银行账户和手机号码进行捆绑，用户就可以通过短信息、语音、GPRS 等多种方式对自己的银行账户进行操作，实现查询、转账、缴费、消费等功能，并可以通过短信等方式得到交易结果通知和账户变化通知。

与传统支付手段相比，移动支付操作简单、方便快捷，其只要用短信把数据传送到各发卡银行，很快就能收到处理结果。有了移动支付，用户再也不用满大街去找 ATM 了，点击键盘即可轻松完成一笔交易。而且，凭借银行卡和手机 SIM 卡的技术关联，用户还可以用无线或有线 POS 打印消费单据，付出多少、结余多少，明明白白，一目了然。根据

Enfodesk 易观智库发布的《中国移动支付市场年度综合报告 2011》显示，随着移动互联网业务的普及和移动电子商务的发展，远程支付市场规模将迅速发展，同时运营商和银联对近距支付推广力度也将不断增强，成为移动支付市场发展的重要驱动力量。2019—2013 年中国移动电子商务规模及增长情况，如图 4-10 所示。

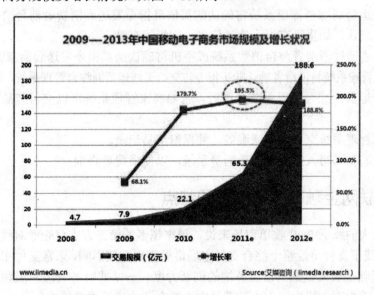

图 4-10　2019—2013 年中国移动电子商务规模及增长情况

(资料来源：Enfodesk 易观智库。)

4.3.5　移动支付的交易过程

从消费者购买行为来看，消费者购物时使用手机支付是符合市场发展规律和现代生活方式的一种趋势。从手机支付工作原理来看，手机支付系统主要涉及消费者、商家和无线运营商 3 个方面。图 4-11 为利用移动支付购买电子客票的流程。

图 4-11　移动支付购买电子客票流程

移动支付一般包括以下流程：

(1) 消费者通过 Internet 进入消费者前台系统选择商品。

(2) 将购买指令发送到商家管理系统。

(3) 商家管理系统将购买指令发送到无线运营商综合管理系统。

(4) 无线运营商综合管理系统将确认购买信息指令发送到消费者前台消费系统或消费者手机上请求确认，如果没有得到确认信息，则拒绝交易。

(5) 消费者通过消费者前台消费系统或手机将确认购买指令发送到商家管理系统。

(6) 商家管理系统将消费者确认购买指令转交给无线运营商综合管理系统，请求缴费操作。

(7) 无线运营商综合管理系统缴费后，告知商家管理系统可以交付产品或服务，并保留交易记录。

(8) 商家管理系统交付产品或服务，并保留交易记录。

(9) 将交易明细写入消费者前台消费系统，以便消费者查询。

4.3.6　互联网金融下移动支付的特点

以规模庞大的线下 POS 收单市场来说，越来越多的第三方支付企业对线下收单市场进行拓展，未来线下支付将给整个综合支付市场格局带来重要影响，乐富支付在原有线下 POS 收单业务的基础上加大金融增值服务端的创新力度。一站式财务管理应用和社会化营销工具的融合，以手机刷卡器为切入点，满足中小微企业的线下收单需求。

互联网金融模式下的支付方式以移动支付为基础。移动支付是依靠移动通信技术和设备的发展，特别是智能手机和 iPad 的普及。

随着 Wi-Fi、4G 等技术发展，互联网和移动通信网络的融合趋势非常明显，有线电话网络和广播电视网络也融合进来。移动支付将与银行卡、网上银行等电子支付方式进一步整合，真正做到随时随地和以任何方式进行支付。随着身份认证技术和数字签名技术等安全防范软件的发展，移动支付不仅能解决日常生活中的小额支付，也能解决企业间的大额支付，替代现金、支票等银行结算支付手段。

尽管移动通信设备的智能化程度提高，但受限于便携性和体积要求，存储能力和计算速度在短期内无法与个人电脑(PC)相比。云计算恰能弥补移动通信设备这一短板。云计算可将存储和计算从移动通信终端转移到云计算的服务器，减少对移动通信设备的信息处理负担。这样，移动通信终端将融合手机和传统 PC 的功能，保障移动支付的效率。

互联网金融模式下，支付系统具有以下根本性特点：

(1) 所有个人和机构都在中央银行的支付中心(超级网银)开账户(存款和证券登记)。

(2) 证券、现金等金融资产的支付和转移通过移动互联网络进行(具体工具是手机和 iPad)。

(3) 支付清算完全电子化，社会中无现钞流通。

(4) 二级商业银行账户体系可能不再存在。

个人和企业的存款账户都在中央银行，将对货币供给和货币政策产生重大影响，同时也会促进货币政策理论和操作的重大变化。当然，这种支付系统不会颠覆人类由中央银行统一发行信用货币的制度。但是，社交网络内已自行发行货币，用于支付网民间数据商品购买，甚至实物商品购买，并建立了内部支付系统。据一项调查显示，在中国，35 岁以下的城市青年，有 60%的人使用网上银行支付，进行网上购物。

4.4 网上银行与电子银行

网上银行是银行业务处理和经营管理信息化、电子化发展的产物，降低了银行的运营成本，扩大了银行业务范围，是电子商务活动必不可少的组成部分。它不仅满足了市场的需求，也扩大了传统银行的义务，对己对彼都十分有利，因而，网上银行得到了迅速发展。

4.4.1 网上银行的概念及特点

随着全球经济一体化进程的加快，传统银行的资金媒介和支付服务功能已不能满足电子商务的要求，传统银行的支付功能优势正在减弱，银行业面临着社会的演变和管理制度的变迁等诸多挑战，正是在这样的背景下，网上银行应运而生。

1．网上银行的概念

网上银行(Network Bank)，又称网络银行(Internet Bank)、在线银行(Online Bank)、电子银行(Electronic Bank)或虚拟银行(Virtual Bank)，是指银行以自身的计算机系统为主体，以单位和个人的计算机为入网操作终端，借助 Internet 技术，通过计算机网络向客户提供实时的银行金融产品与金融服务的无形或虚拟的银行。

网上银行利用网络信息技术，为客户提供综合、统一、安全、实时的银行服务，包括提供对私、对公的各种零售和批发的全方位银行业务，还可以为客户提供跨国的支付与清算等其他贸易、非贸易的银行业务服务。简言之，网上银行就是 Internet 上的虚拟银行柜台，它把传统银行的业务"搬到"网上，在网络上实现银行的业务操作。不过，那些只拥有自己网址和网页的银行算不上真正意义上的网上银行，只有提供网上支票账户、网上支票异地结算、网上货币数据传输、网上互动服务和网上个人信贷等多种服务中至少一种的在线银行才是真正的网上银行。

网上银行由于具有能在任何时间(Anytime)、任何地方(Anywhere)，以任何方式(Anyhow)提供账务管理、查询转账、电子支付、缴纳各类费用等服务的综合功能，因此又被人们称为"三 A 银行"。

2．网上银行的特点

网上银行具有以下特点。
(1) 依托高速发展的计算机技术、网络通信技术和安全技术。
(2) 突破了银行的传统业务模式，改变了银行的服务模式，银行业务和服务直接在 Internet 上推出。
(3) 支持企业用户和个人用户开展电子商务，进行电子支付。
(4) 网上银行服务系统采用了多种先进、可靠的技术以保障网上交易的安全性，维持金融秩序，最大限度地减少经济损失。

互联网技术越来越向便民化、亲民化、利民化方向发展，网上银行必将会拥有下一个迅速发展的浪潮。银行通过支付网关与特约商家的虚拟 POS 系统相连实现网上购物和电子支付功能；通过 WAP 协议与 Java 芯片技术，手机可以以浏览器的方式进行网上购物，与移动通信 GSM 技术相结合实现移动电子交易；网上银行系统可以与客户服务中心有机结合实现无缝的客户联系环境，实现个性化的金融服务等。这些都是网上银行的未来发展趋势。

4.4.2　网上银行的业务与介绍

如今，网上银行的业务发展日趋完善，不仅有很细的业务分类，还有不同的对象服务。按照服务对象的不同，网上银行可以分为个人网上银行和企业网上银行。下面就以中国工商银行的企业网上银行为例，介绍其所包含的业务与服务，如图 4-12 所示。

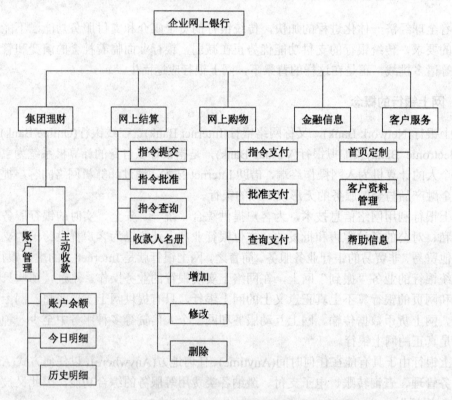

图 4-12　中国工商银行的企业网上银行集团客户服务功能图

中国工商银行的企业网上银行所包含的业务有以下几个方面。

(1) 集团理财：实现随时掌握集团公司在全国范围内各地分公司账户的余额、明细等实时动态情况，另外，特别向集团公司提供主动收款功能，实现在全国范围内主动回笼各地销售资金，提高资金使用效率，达到监控各分公司资金运作情况、整个集团资金统一调度管理的目的。集团理财功能包含账户管理和主动收款两项子功能。

(2) 网上结算：可以使客户改变手工填写纸制凭证送交银行的传统结算模式，采用网上提交更安全高效的电子支付指令，不出办公室即可完成同城转账和异地汇款等大部分日常结算工作。图 4-13 为中国工商银行网上银行电子回单示例。

中国工商银行　网上银行电子回单

电子回单号码：0010-5153-1257-0139

回单类型	网上转账汇款			指令序号	HQH00000000000001492015499	
付款人	户　名	张███		收款人	户　名	陈███
	卡(账)号	6222020███████183			卡(账)号	6222083202███████426
	地　区	呼和浩特			地　区	武汉
	网　点	工行内蒙古呼和浩特业务处理中心			网　点	工行湖北省分行营业部业务处理中心
币　种	人民币			钞汇标志	钞	
金　额	1,300.00元			手续费	6.50元	
合　计	人民币(大写)：壹仟叁佰零陆元伍角零分　¥1,306.50元					
交易时间	2011年08月20日16时16分			时间戳	2011-08-20-16.17.12.000000	
用　途	MSE 609					
中国工商银行 电子回单 专用章	附言：609　　　内蒙古工业大学商学院　　　验证码：bElHOpRw2In1HRuWSGWKiDf4ClY=					
记账网点	工行内蒙古呼和浩特业务处理中心	记账柜员	12		记账日期	2011年08月20日

本回单打印次数：　0　次　　　　　　　　　　　打印日期：2011年8月20日

图 4-13　中国工商银行网上银行电子回单示例

(3) 网上购物：客户在工商银行 B2B 特约网站订货或购买服务并产生订单后，可利用此功能向卖方实时支付货款，从而迅速完成整个网上购物活动。

(4) 客户服务：集团企业总公司可自己在网上定制首页，修改本单位的地址、联系电话、传真、电子邮件、企业名称、法人代表等企业资料并获得在线帮助，包括客户资料的管理、查询和修改。

(5) 金融信息：提供实时证券行情、外汇牌价、基金净值公告、财经动态等国内外金融资讯，方便了解金融信息。

4.4.3　电子银行

1. 电子银行的定义

电子银行指的是商业银行等银行业金融机构利用面向社会公众开放的通信通道或开放型公众网络，以及银行为特定自助服务设施或客户建立的专用网络，向客户提供的银行服务。电子银行业务主要包括利用计算机和互联网开展的网上银行业务，利用电话等声讯设备和电信网络开展的电话银行业务，利用移动电话和无线网络开展的手机银行业务，以及其他利用电子服务设备和网络，由客户通过自助服务方式完成金融交易的业务，如自助终端、ATM、POS 等。电子银行是金融创新与科技创新相结合的产物。

电子银行较网上银行的外延相对广泛，电子银行不单单包括个人网上银行、企业网上银行，还包括手机银行、电话银行、家居银行等。

2. 电子银行形式划分

一种是独立于传统银行、仅为互联网范围服务的电子银行。如 1995 年 10 月 18 日成立的世界首家网络银行——安全第一网络(Security First Network Bank, SFNB)。这类网络银行，一般只有一个具体的办公场所，没有具体的分支机构、营业柜台、营业人员。这类银行的成功主要是靠业务外包及银行联盟，从而减少成本。

另一种是由传统银行发展而来的网络银行。这类银行是传统银行的分支机构，是原有银行利用互联网开设的银行分站。它相当于传统银行新开设的一个网点，但是又超越传统的形式，因为它的地域比原来的更加宽广。许多客户通过互联网就可以办理原来的柜台业务；这类网络银行的比重占网络银行的 95%。

3. 电子银行与传统银行的区别

首先，电子银行挑战传统银行理念，突破了传统银行业务在时间上的限制，实行 7×24 小时全天候运营，使银行更加贴近客户，更加方便顾客。其次，电子银行将改变传统的银行营销方式和经营战略，使得银行服务的成本极大地降低，不仅降低了银行软、硬件开发和维护费用，也在此基础上降低了客户成本。再次，电子银行可以更大范围内实现规模经济，并且可以拥有更广泛的客户群体。最终电子银行将会使传统的银行竞争格局发生变化。

4.5 互联网金融

全球主要经济体每一次重要的体制变革，往往伴随着重大的金融创新。中国的金融改革，正值互联网金融潮流兴起，在传统金融部门和互联网金融的推动下，中国的金融效率、交易结构，甚至整体金融架构都将发生深刻变革。随着信息通信技术和互联网的发展，互联网金融信息对金融市场的影响已经越来越不容忽视。某一个新事件的发生或者是网络上对某只股票的热议都在很大程度上左右着金融实践者们的行为，同时进一步影响着股市变化的趋势。另一方面，在金融市场中，传统的金融市场的影响因素同样发挥着巨大的作用。

据《中国互联网金融行业市场前瞻与投资战略规划分析报告前瞻》分析，在中国，互联网金融的发展主要是由监管套利造成的。一方面，互联网金融公司没有资本的要求，也不需要接受央行的监管，这是本质原因；从技术角度来说，互联网金融虽然具有自身优势，但是要考虑合规和风险管理的问题。

从政府不断出台的金融、财税改革政策中不难看出，惠及扶持中小微企业发展已然成为主旋律，占中国企业总数 98%以上的中小微企业之于中国经济发展的重要性可见一斑。而从互联网金融这种轻应用、碎片化理财的属性来看，相比传统金融机构和渠道而言，则更易受到中小微企业的青睐，也更符合其发展模式和刚性需求。

　　当前，在 POS 创富理财领域，以往不被重视的大量中小微企业的需求，正被拥有大量数据信息和数据分析处理能力的第三方支付机构深度聚焦着。随着快钱、创富理财、乐富支付等先后推出移动支付产品，这种更便携、更智慧、更具针对性的支付体验必将广泛惠及中小微商户。业内专家认为，当以创富理财、快钱、通联支付、乐富支付为代表的支付创新企业将金融支付彻底带入"基层"，也预示着中小微企业将成为互联网金融发展中最大的赢家，这对于中国经济可持续健康稳定发展也将有着重要且深远的意义。

4.5.1　互联网金融的概念

　　互联网金融是指以依托于支付、云计算、社交网络以及搜索引擎等互联网工具，实现资金融通、支付和信息中介等业务的一种新兴金融。

　　互联网金融不是互联网和金融业的简单结合，而是在实现安全、移动等网络技术水平上，被用户熟悉接受后(尤其是对电子商务的接受)，自然而然为适应新的需求而产生的新模式及新业务。互联网金融是传统金融行业与互联网精神相结合的新兴领域。互联网金融与传统金融的区别不仅仅在于金融业务所采用的媒介不同，更重要的还在于金融参与者深谙互联网"开放、平等、协作、分享"的精髓，通过互联网、移动互联网等工具，使得传统金融业务具备透明度更强、参与度更高、协作性更好、中间成本更低、操作上更便捷等一系列特征。理论上任何涉及了广义金融的互联网应用，都应该是互联网金融，包括但是不限于为第三方支付、在线理财产品的销售、信用评价审核、金融中介、金融电子商务等模式。互联网金融的发展经历了网上银行、第三方支付、个人贷款、企业融资等多阶段，并且越来越在融通资金、资金供需双方的匹配等方面深入传统金融业务的核心。

4.5.2　市场价值

　　金融服务实体经济的最基本功能是融通资金，资金供需双方的匹配(包括融资金额、期限和风险收益匹配)可通过两类中介进行：一类是商业银行，对应着间接融资模式；另一类是股票和债券市场，对应着资本市场直接融资模式。这两类融资模式对资源配置和经济增长有重要作用，但交易成本巨大，主要包括金融机构的利润、税收和薪酬。

　　互联网金融正对传统金融模式产生根本影响，从广义上讲，具备互联网精神的金融业态统称为互联网金融。从狭义的金融角度来看，互联网金融则应该定义在跟货币的信用化流通相关层面，也就是资金融通依托互联网来实现的方式方法都可以称之为互联网金融。中国涌现了 P2P 等广义上的互联网金融企业，也出现了清华大学五道口金融学院互联网金融实验室这样的研究机构，同时也可以看到很多狭义上的互联网金融企业悄然出现。

　　通过互联网技术手段，最终可以让金融机构离开资金融通过程中的曾经的主导型地位，因为互联网的分享、公开、透明等理念让资金在各个主体之间游走，会非常的直接、自由且违约率较低，金融中介的作用会不断弱化，从而使得金融机构回归为从属的服务性中介的地位，不再是金融资源调配的核心主导定位。也就是说，互联网金融模式是一种努力尝试摆脱金融中介(金融脱媒)的行为。

当前互联网金融格局，由传统金融机构和非金融机构组成。传统金融机构主要为传统金融业务的互联网创新以及电商化创新等；非金融机构则主要是指利用互联网技术进行金融运作的电商企业、创富贷(P2P)模式的网络借贷平台、众筹模式的网络投资平台、挖财类的手机理财 APP，以及第三方支付平台等。

4.5.3 互联网金融模式

目前来看，互联网金融包括第三方支付、P2P 小额信贷、众筹融资、新型电子货币以及其他网络金融服务平台。当前中国主要互联网金融模式有如下几种。

第一种模式是传统的金融借助互联网渠道为大家提供服务。这种模式就是大家所熟悉的网银。互联网在其中发挥渠道的作用。

第二种模式类似阿里金融，由于它具有电商的平台，为它提供信贷服务创造的优于其他放贷人的条件。互联网在其中发挥的作用是依据大数据收集和分析进而得到信用支持，互联网金融正是阿里巴巴"平台、金融、数据"的三大战略的体现之一。

第三种模式是大家经常谈到的 P2P 模式，这种模式更多地提供了中介服务，这种中介把资金出借方和需求方结合在一起。发展至今，由 P2P 的概念已经衍生出了很多模式。中国网络借贷平台已经超过 2000 家，平台的模式各有不同，归纳起来主要有以下四类：

(1) 担保机构担保交易模式，这也是相对安全的 P2P 模式。此类平台作为中介，平台不吸储、不放贷，只提供金融信息服务，由合作的小贷公司和担保机构提供双重担保。此模式首先在创富贷平台创立，由创富贷与中安信业共同推出产品"机构担保标"。此类平台的交易模式多为"一对多"，即一笔借款需求由多个投资人投资。此种模式的优势是可以保证投资人的资金安全，中安信业、证大速贷、金融联等中国大型担保机构均介入到此模式中。

(2) 大型金融集团推出的互联网服务平台。与其他平台仅仅几百万元的注册资金相比，陆金所 4 个亿的注册资本显得尤其亮眼。此类平台有大集团的背景，且是由传统金融行业向互联网布局，因此在业务模式上金融色彩更浓、更"科班"。就拿风险控制来说，陆金所的 P2P 业务依然采用线下的借款人审核，并与平安集团旗下的担保公司合作进行业务担保，还从境外挖了专业团队来做风控。线下审核、全额担保虽然是最靠谱的手段，但成本并非所有的网贷平台都能负担，无法作为行业标配进行推广。值得一提的是，陆金所采用的是"一对一"模式，1 笔借款只有 1 个投资人，需要投资人自行在网上操作投资，而且投资期限为 1~3 年，所以在刚推出时天天被抱怨买不到，而且流动性不高。但由于一对一模式债权清晰，因此陆金所在 2012 年年底推出了债权转让服务，缓解了供应不足和流动性差的问题。

(3) 以交易参数为基点，结合 O2O(Online to Offline，将线下商务的机会与互联网结合)的综合交易模式。例如阿里小额贷款为电商加入授信审核体系，对贷款信息进行整合处理。这种小贷模式创建的 P2P 小额贷款业务凭借其客户资源、电商交易数据及产品结构占得优势，其线下成立的两家小额贷款公司对其平台客户进行服务。线下商务的机会与互联网结合在了一起，让互联网成为线下交易的前台。

(4) 以 P2P 网贷模式为代表的创新理财方式受到了广泛的关注和认可，与传统金融理财服务相比，P2P 的借款人主体是个人，以信用借款为主，在借款来源一端被严格限制为有着良好实体经营、能提供固定资产抵押的有借款需求的中小微企业。依托搭建的线下多金融担保体系，从结构上彻底解决了 P2P 模式中的固有矛盾，让安全保障更实际且更有力度。

第四种模式，通过交互式营销，充分借助互联网手段，把传统营销渠道和网络营销渠道紧密结合；将金融业实现由"产品中心主义"向"客户中心主义"的转变；调整金融业与其他金融机构的关系，共建开放共享的互联网金融平台。由于此模式发展时间较短，平台的模式各有不同，归纳起来主要有以下三大类：

(1) 专业 P2P(Professional to Professional)模式。在专业的金融服务人员之间建立信息交换和资源共享的平台，在中间从事信息匹配和精准推荐，促进线上信任的建立和交易的欲望。专业 P2P 模式远非市场上泛滥的 P2P 贷款模式可比，其从本质上才是符合金融监管的规则，符合当前金融机构自身发展的需求，也更符合互联网精神与特质。

(2) 金融混业经营模式。通过互联网平台对所有金融机构开放共享资源，为金融产品销售人员发布各种金融理财产品、项目信息，为客户打造和定制金融理财产品。在金融混业经营中使用的互联网平台则定位于服务 500 万金融机构和非金融机构及客户经理，并将囊括房产、汽车、奢侈品销售人员，提供一个开放共享、进行综合开拓交叉销售的平台，悬赏、交易、展示、学习以及管理和服务自己的客户。

(3) 金融交叉销售模式。打破理财行业的机构壁垒，通过平台上各类理财产品的展卖聚拢投资人资源，促进金融产品销售人员产品的销售。金融产品销售人员可以在平台上进行内部的交流沟通和资源置换，在不同产品领域寻找并组建自己的合作团队，达成利益分享规则后，团队内共享投资人资源，为投资人推介团队内部产品进行资产配置，从而实现金融产品销售人员间的交叉销售合作，取得共赢。

以互联网为代表的现代信息科技，特别是移动支付、云计算、社交网络和搜索引擎等，正对传统金融模式产生着根本影响。不久的将来，可能形成一个既不同于商业银行间接融资也不同于资本市场直接融资的第三种金融运行机制，可称之为"互联网直接融资市场"或"互联网金融模式"。

在互联网金融模式下，因为有搜索引擎、大数据、社交网络和云计算，市场信息不对称程度非常低，交易双方在资金期限匹配、风险分担的成本非常低，银行、券商和交易所等中介都不起作用；贷款、股票、债券等的发行和交易以及券款支付直接在网上进行，这个市场充分有效，接近一般均衡定理描述的无金融中介状态。在这种金融模式下，支付便捷，搜索引擎和社交网络降低信息处理成本，资金供需双方直接交易，可达到与资本市场直接融资和银行间接融资一样的资源配置效率，并在促进经济增长的同时大幅减少交易成本。

4.5.4　互联网金融运行方式

互联网金融有三个核心部分：支付方式、信息处理和资源配置。

支付方式方面，以移动支付为基础。个人和机构都可在中央银行的支付中心(超级网银)

开设账户(存款和证券登记)，即不再完全是二级商业银行账户体系；证券、现金等金融资产的支付和转移通过移动网络进行；支付清算电子化以替代现钞流通。

信息处理方面，在云计算的保障下，资金供需双方信息可以通过社交网络揭示和传播，被搜索引擎组织和标准化，最终形成时间连续、动态变化的信息序列。由此可以给出任何资金需求者(机构)的风险定价或动态违约概率，而且成本极低。

资源配置方面，在供需信息几乎完全对称、交易成本极低的条件下，互联网金融模式形成了"充分交易可能性集合"，诸如中小企业融资、民间借贷、个人投资渠道等问题就容易解决。

总之，在互联网金融模式下，支付便捷，市场信息不对称程度非常低，资金供需双方直接交易，不需要经过银行、券商和交易所等金融中介。

4.5.5　互联网金融特点

1. 成本低

互联网金融模式下，资金供求双方可以通过网络平台自行完成信息甄别、匹配、定价和交易，无传统中介、无交易成本、无垄断利润。一方面，金融机构可以避免开设营业网点的资金投入和运营成本；另一方面，消费者可以在开放透明的平台上快速找到适合自己的金融产品，削弱了信息不对称程度，更省时省力。

2. 效率高

互联网金融业务主要由计算机处理，操作流程完全标准化，客户不需要排队等候，业务处理速度更快，用户体验更好。如阿里小贷依托电商积累的信用数据库，经过数据挖掘和分析，引入风险分析和资信调查模型，商户从申请贷款到发放只需要几秒钟，日均可以完成贷款 1 万笔，成为真正的"信贷工厂"。

3. 覆盖广

互联网金融模式下，客户能够突破时间和地域的约束，在互联网上寻找需要的金融资源，金融服务更直接，客户基础更广泛。此外，互联网金融的客户以小微企业为主，覆盖了部分传统金融业的金融服务盲区，有利于提升资源配置效率，促进实体经济发展。

4. 发展快

依托于大数据和电子商务的发展，互联网金融得到了快速增长。以余额宝为例，余额宝上线 18 天，累计用户数达到 250 多万人，累计转入资金达到 66 亿元。据报道，余额宝规模达 500 亿元，成为规模最大的公募基金。

5. 管理弱

一是风控弱。互联网金融还没有接入人民银行征信系统，也不存在信用信息共享机制，不具备类似银行的风控、合规和清收机制，容易发生各类风险问题，已有众贷网、网赢天下等 P2P 网贷平台宣布破产或停止服务。二是监管弱。互联网金融在中国处于起步阶段，还没有监管和法律约束，缺乏准入门槛和行业规范，整个行业面临诸多政策和法律风险。

6. 风险大

一是信用风险大。现阶段中国信用体系尚不完善，互联网金融的相关法律还有待配套，互联网金融违约成本较低，容易诱发恶意骗贷、卷款跑路等风险问题。特别是 P2P 网贷平台由于准入门槛低和缺乏监管，成为不法分子从事非法集资和诈骗等犯罪活动的温床，淘金贷、优易网、安泰卓越等 P2P 网贷平台先后曝出"跑路"事件。二是网络安全风险大。中国互联网安全问题突出，网络金融犯罪问题不容忽视。一旦遭遇黑客攻击，互联网金融的正常运作会受到影响，危及消费者的资金安全和个人信息安全。

复习思考题

1. 电子支付及其流程是什么？
2. 网上支付工具都有哪些？
3. 第三方支付的特点是什么？列举几个知名的第三方支付平台。
4. 移动支付有何特点？移动支付的发展趋势有哪些？
5. 网上银行等同于电子银行吗？为什么？

案例分析

O2O 时代细数支付宝与微信支付的前世今生

在近年的 PC 端互联网时代，阿里集团旗下的支付宝凭借线上(online)实力在第三方支付领域拥有了垄断性优势。在当下移动互联网时代，随着位置服务技术的发展，线上与线下已逐渐融为一体，支付宝与微信支付现已成为 O2O(Online to Offline)两大主力军。

支付宝主要提供支付及理财服务，包括网购担保交易、网络支付、转账、信用卡还款、手机充值、水电煤缴费、个人理财等多个领域。在进入移动支付领域后，为零售百货、电影院线、连锁商超和出租车等多个行业提供服务。另外，支付宝还推出了余额宝等理财服务。

随着 O2O 日益火热的当下，微信支付与支付宝之间的暗战仍在继续。支付宝的覆盖范围越来越广，大有"扫码得天下"之势；而微支付凭借其用户维度之广，为众多新生代提供更为便捷的支付方式。那么，支付宝与微信支付都在哪些领域取得了授权，可以让用户在前往这些商铺时，仅需携带手机即可支付呢？

一、零售百货/餐饮/便利店

在O2O尚未兴起时，不带上现金或信用卡是不能购物的；随着支付宝O2O线上线下业务的努力扩展，已经有众多商家加入支付宝支持：7-11便利店、物美超市、沃尔玛、家乐福、欧尚超市等国内外零售行业均可支持用户使用手机支付。

与此同时，支付宝还与代表性商超企业银泰商业、大悦城、新世界、华联、王府井等达成合作，与华联实践资金流、客流、物流各项技术和运营环节的打通，和银泰实现收银台声波和扫码进行免密支付功能，并为其引导线上用户到线下卖场。支付宝甚至将"触角"伸到了周黑鸭、蔡林记等线下品牌小吃。

支付宝线下支付商家编辑全国，随时随地享受快捷支付体验

| 20,000+ | 25,000+ | 30,000+ | 50,000+ |

餐饮　　　　　购物　　　　　便利店　　　　酒店

肯德基中国将与支付宝达成全面合作，全国近5000家门店将实现支付宝支付。肯德基与支付宝的合作以支付为基础，进行品牌运营、大数据运营等方面更深入的探索。此外，一些大众津津乐道的餐饮品牌也陆续支持支付宝O2O布局：外婆家、85度C、必胜客、满记甜品、DQ冰激凌等。

经济型酒店如家和五星级酒店香格里拉也将加入支付宝O2O大军中来，空中飞人无须携带大量现金即可入住酒店，支付宝O2O就这样悄然渗入各行各业，无形中令生活更便捷。

二、医疗系统

2014年5月，支付宝与广州妇女儿童医疗中心达成合作，并宣布推出"未来医院"计划。根据计划，支付宝会向医疗机构开放自己的平台，包括账户体系、移动支付、支付及金融解决方案、云计算能力、大数据平台等。

具体而言，患者可在家中用手机完成挂号；找不到科室可使用院内导航功能；通过手机可以支付医药费、化验费；化验后不用在化验处等待，通过手机就可以看到化验报告；看病结束后还可以像淘宝那样对医生进行评价。

值得一提的是，与线下挂号相比，支付宝还能通过技术手段和数据分析识别"黄牛"，释放更多医疗资源。

三、旅游一体化

支付宝内嵌"去啊"(阿里集团旅游服务)，整合多家机票代理、航空公司、旅行社等资

源，而支付宝是其主要的交易方式，并为商家提供数据和流量支持。支付宝不仅是阿里旗下产品的支付工具，也成为其他旅游机构和产品的支付工具，并且尝试延伸出新的功能。

2011 年，支付宝宣布推出旅游担保交易解决方案，游客在支持该方案的旅游网站购买旅游产品服务，可以"先玩后付"。为了减轻商家的资金压力，支付宝还计划推出给信誉不错的商家提前打款。

四、互联网+城市服务

2014 年 6 月，支付宝在中国首届城市建设信息技术产品博览会上发布了"未来公交"计划：支付宝联手住建部 IC 卡应用服务中心，发布了该计划的一期产品城市一卡通，该一卡通支持 NFC(近场支付)，用户的手机将成为通行全国 35 个城市的公交卡。

在虚拟交通卡中，支付宝无须与电信运营商合作，只需要与手机厂商协调，在手机中植入支付宝的应用。2015 年 4 月，蚂蚁金融服务集团、阿里巴巴集团与新浪微博，共同启动"互联网+城市服务"战略，联合各地政府，提供"智慧城市"的一站式解决方案。据悉，该项服务已达 40 多项，其中包括交通违章查询、路况及公交查询、水电燃气缴费、医院挂号等。城市服务 2016 年预计将在全国 50 个城市陆续推出，有望惠及 1 亿市民。

(案例来源：中关村在线)

案例思考

1. 相比于商业银行，支付宝、微信支付的优势体现在哪些方面？

2. 当下，传统商业银行也在大力发展互联网金融，根据本案例，请你谈谈商业银行业务未来发展会有哪些变化？

3. 结合支付宝、微信支付的快速发展，本案例带给你哪些思考？

第 5 章

电子商务管理应用

【学习目标】

❖ 掌握 ERP、CRM、SCM、BPR 的主要思想和核心内容

❖ 理解电子商务与 ERP、CRM、SCM 之间的关系

❖ 了解 ERP、CRM、SCM、BPR 的背景和实施步骤

信息技术的迅速发展大大加快了传统企业的现代化与信息化进程。电子商务的发展需要建立在企业信息化的基础上，同时电子商务也加快了企业信息化的建设步伐。本章在企业信息化的基础上着重介绍企业的电子商务管理应用。

5.1 企业资源计划

20世纪90年代初，美国著名的IT分析公司Gartner Group Inc.根据当时计算机信息处理技术IT(Information Technology)的发展和企业对供应链管理的需要，预测了信息时代制造业管理信息系统的发展趋势和即将发生的变革，并提出了企业资源计划(Enterprise Resource Planning，ERP)这个概念。企业资源计划是指建立在信息技术基础上，以系统化的管理思想，为企业决策层及员工提供决策运行手段的管理平台。ERP系统支持离散型、流程型等混合制造环境，应用范围从制造业扩展到了零售业、服务业、银行业、电信业、政府机关和学校等事业部门，通过融合数据库技术、图形用户界面、第四代查询语言、客户服务器结构、计算机辅助开发工具、可移植的开放系统等对企业资源进行了有效的集成。

由此可知，企业资源计划或称企业资源规划(简称 ERP)是由美国著名管理咨询公司Gartner Group Inc.于1990年提出来的，最初被定义为应用软件，但迅速为全世界商业企业所接受，现已经发展成为现代企业管理理论之一。企业资源计划系统，是指建立在资讯技术基础上，以系统化的管理思想，为企业决策层及员工提供决策运行手段的管理平台。企业资源计划也是实施企业流程再造的重要工具之一，是个属于大型制造业所使用的公司资源管理系统。

企业资源计划是 MRP II(企业制造资源计划)下一代的制造业系统和资源计划软件。除了 MRP II 已有的生产资源计划、制造、财务、销售、采购等功能外，还有质量管理，实验室管理，业务流程管理，产品数据管理，存货、分销与运输管理，人力资源管理和定期报告系统。目前，在我国 ERP 所代表的含义已经被扩大，用于企业的各类软件已经统统被纳入 ERP 的范畴。它跳出了传统企业边界，从供应链范围去优化企业的资源，是基于网络经济时代的新一代信息系统。它主要用于改善企业业务流程，以提高企业核心竞争力。

5.1.1 ERP 生产特点

企业资源计划 ERP 系统是一种主要面向制造行业进行物质资源、资金资源和信息资源集成一体化管理的企业管理软件系统。为了完整地了解企业资源计划 ERP 系统这个概念，需要先了解一下企业资源计划 ERP 的生产特点。

ERP 汇合了离散型生产和流程型生产的特点，面向全球市场，包罗了供应链上所有的主导和支持能力，协调企业各管理部门围绕市场导向，更加灵活或"柔性"地开展业务活动，实时地响应市场需求。为此，重新定义供应商、分销商和制造商相互之间的业务关系，重新构建企业的业务和信息流程及组织结构，使企业在市场竞争中具有更大的能动性。

ERP 是一种主要面向制造行业进行物质资源、资金资源和信息资源集成一体化管理的企业信息管理系统。ERP 是一个以管理会计为核心，可以提供跨地区、跨部门甚至跨公司整合实时信息的企业管理软件。ERP 是针对物资资源管理(物流)、人力资源管理(人流)、财务资源管理(财流)、信息资源管理(信息流)集成一体化的企业管理软件。

ERP 的提出与计算机技术的高度发展是分不开的,用户对系统有更大的主动性,作为计算机辅助管理所涉及的功能已远远超过 MRP II 的范围。ERP 的功能除了包括 MRP II(制造、供销、财务)外,还包括多工厂管理、质量管理、实验室管理、设备维修管理、仓库管理、运输管理、过程控制接口、数据采集接口、电子通信、电子邮件、法规与标准、项目管理、金融投资管理、市场信息管理等。它将重新定义各项业务及其相互关系,在管理和组织上采取更加灵活的方式,对供应链上供需关系的变动(包括法规、标准和技术发展造成的变动),同步、敏捷、实时地作出响应;在掌握准确、及时、完整信息的基础上,作出正确决策,能动地采取措施。与 MRP II 相比,ERP 除了扩大管理功能外,同时还采用了计算机技术的最新成就,如扩大用户自定义范围、面向对象技术、客户机/服务器体系结构、多种数据库平台、SQL 结构化查询语言、图形用户界面、4GL/CASE、窗口技术、人工智能、仿真技术等。

5.1.2　企业资源计划的发展阶段

企业资源计划 ERP 是在 MPR II 基础上进一步发展的企业管理系统。信息技术在企业管理学上的应用可分为如下发展阶段:

1. MIS 系统阶段 (Management Information System)

企业的信息管理系统主要是记录大量原始数据,支持查询、汇总等方面的工作。

2. MRP 阶段 (Material Require Planning)

企业的信息管理系统对产品构成进行管理,借助计算机的运算能力及系统对客户订单,在库物料,产品构成的管理能力,实现依据客户订单,按照产品结构清单展开并计算物料需求计划。实现减少库存,优化库存的管理目标。

3. MRP II 阶段 (Manufacture Resource Planning)

在 MRP 管理系统的基础上,系统增加了对企业生产中心、加工工时、生产能力等方面的管理,以实现计算机进行生产排程的功能,同时也将财务的功能囊括进来,在企业中形成以计算机为核心的闭环管理系统,这种管理系统已能动态监察到产、供、销的全部生产过程。

4. ERP 阶段 (Enterprise Resource Planning)

进入 ERP 阶段后,以计算机为核心的企业级的管理系统更为成熟,系统增加了包括财务预测、生产能力、调整资源调度等方面的功能。配合企业实现 JIT 管理全面、质量管理和生产资源调度管理及辅助决策的功能,成为企业进行生产管理及决策的平台工具。

5. 电子商务时代的 ERP

Internet 技术的成熟为企业信息管理系统增加与客户或供应商实现信息共享和直接的数据交换的能力，从而强化了企业间的联系，形成共同发展的生存链，体现企业为达到生存竞争的供应链管理思想。ERP 系统相应实现这方面的功能，使决策者及业务部门实现跨企业的联合作战。

ERP 的应用的确可以有效地促进现有企业管理的现代化、科学化，适应竞争日益激烈的市场要求。它的导入，已经成为大势所趋。

电子商务 ERP 在这几年的电子商务快速发展中，已经成为一个热门词汇。电子商务的迅速发展使得涉及电子商务的企业对电子商务平台上的软件系统产生了新的需求。一位服装电子商务的用户的想法似乎代表了很多电子商务用户的心声：随着品牌的做大，作为卖家越来越需要一种线上的个性化的产品，实现从前端到后端的无缝的数据对接，即从策划、设计、销售到供应商、客户体验以及客户回访的一个完整的数据整合 ERP 系统。通过系统分析产品的市场前景，从而提高客户体验，为企业带来更大效益，让企业更积极参与到电子商务中去。

及时、准确地掌握客户订单信息，经过对数据的加工处理和分析对市场前景和产品需求做出预测，同时，把产品需求结果反馈给生产部门，并及时对收集用户反馈，整合整条生产链的数据，并真正实现零库存，极大减少资金占用，企业参与电子商务热情的高涨势必影响电子商务与 ERP 的融合。

流程化的管理，即利用流程规范去控制人，避免人为不遵守流程而犯错。数据记录详细，便于查询、统计、分析。简单的电子商务 ERP 起到分析基础数据的作用，它把财务、销售、仓储的信息集成在同一个软件里，可以实现数据化管理。

5.1.3 企业资源计划的核心思想

1. 帮助企业实现体制创新

新的管理机制必须能迅速提高工作效率，节约劳动成本。ERP 帮助企业实现体制创新的意义在于，它能够帮助企业建立一种新的管理体制，其特点在于能实现企业内部的相互监督和相互促进，并保证每个员工都自觉发挥最大的潜能去工作，使每个员工的报酬与他的劳动成果紧密相连，管理层也不会出现独裁现象。

ERP 作为一种先进的管理思想和手段，它所改变的不仅仅是某个人的个人行为或表层上的一个组织动作，而是从思想上去剔除管理者的旧观念，注入新观念。从这个意义上讲，不管是国外的 ERP 产品还是本土的 ERP 产品，关键看其管理思想是否新颖实用，并且不脱离现实。必须要指出的是：目前我国企业中的确存在捧着"金饭碗"要饭的情况，即企业花巨资购买并实施了 ERP 系统，但却发挥不出该系统的作用，也就是所谓的买而不用。这样，不要说实现企业体制管理创新，连企业基本的信息化也很难实现。

2. "以人为本"的竞争机制

ERP 的管理思想认为，"以人为本"的前提是，必须在企业内部建立一种竞争机制，仅靠员工的自觉性和职业道德是不够的。因此，应首先在企业内部建立一种竞争机制，在此基础上，给每一个员工制定一个工作评价标准，并以此作为对员工的奖励标准，使每个员工都必须达到这个标准，并不断超越这个标准，而且越远越好。随着标准不断提高，生产效率也必然跟着提高。这样，"以人为本"的管理方法就不会成为空泛的教条。

3. 把组织看作是一个社会系统

ERP 吸收了西方现代管理理论中社会系统学派的创始人巴纳德的管理思想，他把组织看作是一个社会系统，这个系统要求人们之间的合作。在 ERP 的管理思想中，组织是一个协作的系统，应用 ERP 的现代企业管理思想，结合通信技术和网络技术，在组织内部建立起上情下达、下情上达的有效信息交流沟通系统。这一系统既能保证上级及时掌握情况，获得作为决策基础的准确信息，又能保证指令的顺利下达和执行。

这样一种信息交流系统的建立和维护，是一个组织存在与发展的首要条件，其后才谈得上组织的有效性和高效率。另外，在运用这一系统时，还应当注意信息交流系统的完整性。

4. 以"供应链管理"为核心的 ERP 基于 MRPⅡ，又超越了 MRPⅡ

ERP 系统在 MRPⅡ的基础上扩展了管理范围，它把客户需求和企业内部的制造活动以及供应商的制造资源整合在一起，形成一个完整的供应链(SCM)，并对供应链上的所有环节进行有效管理，这样就形成了以供应链为核心的 ERP 管理系统。供应链跨越了部门与企业，形成了以产品或服务为核心的业务流程。以制造业为例，供应链上的主要活动者包括原材料供应商、产品制造商、分销商与零售商和最终用户。

以 SCM 为核心的 ERP 系统，适应了企业在知识经济时代、市场竞争激烈环境中生存与发展的需要，给有关企业带来了显著的利益。SCM 从整个市场竞争与社会需求出发，实现了社会资源与业务的重组，大大改善了社会经济活动中物流与信息流运转的效率和有效性，消除了中间冗余的环节，减少了浪费，避免了延误。

5. 以"客户关系管理"为前台重要支撑

在以客户为中心的市场经济时代，企业关注的焦点逐渐由过去关注产品转移到关注客户上来。由于需要将更多的注意力集中到客户身上，关系营销、服务营销等理念层出不穷。与此同时，信息科技的长足发展从技术上为企业加强客户关系管理提供了强有力的支持。

ERP 系统在以供应链为核心的管理基础上，增加了客户关系管理后，将着重解决企业业务活动的自动化和流程改进，尤其是在销售、市场营销、客户服务和支持等与客户直接打交道的前台领域。客户关系管理(CRM)能帮助企业最大限度地利用以客户为中心的资源(包括人力资源、有形和无形资产)，并将这些资源集中应用于现有客户和潜在客户身上。其目标是通过缩短销售周期和降低销售成本，通过寻求扩展业务所需的新市场和新渠道，并通过改进客户价值、客户满意度、盈利能力以及客户的忠诚度等方面来改善企业的管理。

6. 实现电子商务，全面整合企业内外资源

随着网络技术的飞速发展和电子化企业管理思想的出现，ERP 也进行着不断的调整，以适应电子商务时代的来临。网络时代的 ERP 将使企业适应全球化竞争所引起的管理模式

的变革，它采用最新的信息技术，呈现出数字化、网络化、集成化、智能化、柔性化、行业化和本地化的特点。电子商务时代的 ERP 将围绕如何帮助企业实现管理模式的调整以及如何为企业提供电子商务解决方案来迎接数字化知识经济时代的到来。它支持敏捷化企业的组织形式(动态联盟)、企业管理方式(以团队为核心的扁平化组织结构方式)和工作方式(并行工程和协同工作)，通过计算机网络将企业、用户、供应商及其他商贸活动涉及的职能机构集成起来，完成信息流、物流和价值流的有效转移与优化，包括企业内部运营的网络化、供应链管理、渠道管理和客户关系管理的网络化。

5.1.4 ERP 功能模块

1. 财务管理模块

1) 会计核算

会计核算主要是记录、核算、反映和分析资金在企业经济活动中的变动过程及其结果。它由总账、应收账、应付账、现金、固定资产、多币制等部分构成。

(1) 总账模块。

总账模块的功能是处理记账凭证输入、登记，输出日记账、一般明细账及总分类账，编制主要会计报表。它是整个会计核算的核心，应收账、应付账、固定资产核算、现金管理、工资核算、多币制等各模块都以其为中心来互相信息传递。

(2) 应收账模块。

应收账模块是指企业应收的由于商品赊欠而产生的正常客户欠款账。它包括发票管理、客户管理、付款管理、账龄分析等功能。它和客户订单、发票处理业务相联系，同时将各项事件自动生成记账凭证，导入总账。

(3) 应付账模块。

会计里的应付账是企业应付购货款等账，它包括发票管理、供应商管理、支票管理、账龄分析等。它能够和采购模块、库存模块完全集成，以替代过去烦琐的手工操作。

(4) 现金管理模块。

现金管理模块主要是对现金流入流出的控制以及零用现金及银行存款的核算。它包括对硬币、纸币、支票、汇票和银行存款的管理。在 ERP 中提供了票据维护、票据打印、付款维护、银行清单打印、付款查询、银行查询和支票查询等和现金有关的功能。此外，它还和应收账、应付账、总账等模块集成，自动产生凭证，过入总账。

(5) 固定资产核算模块。

固定资产核算模块即完成对固定资产的增减变动以及折旧有关基金计提和分配的核算工作。它能够帮助管理者对固定资产的现状有所了解，并能通过该模块提供的各种方法来管理资产，以及进行相应的会计处理。它的具体功能有：登录固定资产卡片和明细账，计算折旧，编制报表，以及自动编制转账凭证，并转入总账。它和应付账、成本、总账模块集成。

(6) 多币制模块。

多币制模块是为了适应当今企业的国际化经营，对外币结算业务的要求增多而产生的。多币制将企业整个财务系统的各项功能以各种币制来表示和结算，且客户订单、库存管理及采购管理等也能使用多币制进行交易管理。多币制和应收账、应付账、总账、客户订单、采购等各模块都有接口，可自动生成所需数据。

(7)　工资核算模块。

工资核算模块可以自动进行企业员工的工资结算、分配、核算以及各项相关经费的计提。它能够登录工资、打印工资清单及各类汇总报表，计算计提各项与工资有关的费用，自动做出凭证，导入总账。这一模块是和总账、成本模块集成的。

(8)　成本模块。

成本模块将依据产品结构、工作中心、工序、采购等信息进行产品的各种成本的计算，以便进行成本分析和规划。它还能用标准成本或平均成本法按地点维护成本。

2)　财务管理

财务管理的功能主要是基于会计核算的数据，再加以分析，从而进行相应的预测、管理和控制活动。它侧重于财务计划、控制、分析和预测。

(1)　财务计划：根据前期财务分析做出下期的财务计划、预算等。

(2)　财务分析：提供查询功能和通过用户定义的差异数据的图形显示进行财务绩效评估、账户分析等。

(3)　财务决策：它是财务管理的核心部分，中心内容是做出有关资金的决策，包括资金筹集、投放及资金管理。

2. 生产控制管理模块

(1)　主生产计划。

主生产计划是根据生产计划、预测和客户订单的输入来安排将来的各周期中提供的产品种类和数量，它将生产计划转为产品计划，在平衡了物料和能力的需要后，精确到时间、数量的详细的进度计划。它是企业在一段时期内的总活动的安排，是一个稳定的计划，是以生产计划、实际订单和对历史销售分析得来的预测产生的。

(2)　物料需求计划。

在主生产计划决定生产多少最终产品后，再根据物料清单，把整个企业要生产的产品的数量转变为所需生产的零部件的数量，并对照现有的库存量，可得到还需加工多少、采购多少的最终数量。这才是整个部门真正依照的计划。

(3)　能力需求计划。

能力需求计划是在得出初步的物料需求计划之后，将所有工作中心的总工作负荷，在与工作中心的能力平衡后产生的详细工作计划，用以确定生成的物料需求计划是否是企业生产能力上可行的需求计划。能力需求计划是一种短期的、实际应用的计划。

(4)　车间控制。

车间控制是随时间变化的动态作业计划，是将作业分配到具体各个车间，再进行作业排序、作业管理、作业监控。

(5)　制造标准。

在编制计划中需要许多生产基本信息，这些基本信息就是制造标准，包括零件、产品结构、工序和工作中心，都用唯一的代码在计算机中识别。

①　零件代码，对物料资源的管理，对每种物料给予唯一的代码识别。

② 物料清单，定义产品结构的技术文件，用来编制各种计划。

③ 工序，描述加工步骤及制造和装配产品的操作顺序。它包含加工工序顺序，指明各道工序的加工设备及所需要的额定工时和工资等级等。

④ 工作中心，使用相同或相似工序的设备和劳动力组成的，从事生产进度安排、核算能力、计算成本的基本单位。

3. 物流管理

1) 分销管理

销售的管理是从产品的销售计划开始的，对其销售产品、销售地区、销售客户各种信息的管理和统计，并可对销售数量、金额、利润、绩效、客户服务做出全面的分析。这样，在分销管理模块中大致有三个方面的功能。

(1) 对于客户信息的管理和服务。

它能建立一个客户信息档案，对其进行分类管理，进而对其进行针对性的客户服务，以达到最高效率地保留老客户、争取新客户。在这里，要特别提到的就是新出现的 CRM 软件，即客户关系管理，ERP 与它的结合必将大大增加企业的效益。

(2) 对于销售订单的管理。

销售订单是 ERP 的入口，所有的生产计划都是根据它下达并进行排产的。而销售订单的管理贯穿了产品生产的整个流程。它包括以下几个方面的内容。

① 客户信用审核及查询(客户信用分级，来审核订单交易)。

② 产品库存查询(决定是否要延期交货、分批发货或用代用品发货等)。

③ 产品报价(为客户作不同产品的报价)。

④ 订单输入、变更及跟踪(订单输入后，变更的修正及订单的跟踪分析)。

⑤ 交货期的确认及交货处理(决定交货期和发货事务安排)。

(3) 对于销售的统计与分析。

这时系统根据销售订单的完成情况，依据各种指标做出统计，比如客户分类统计、销售代理分类统计等，再就这些统计结果来对企业实际销售效果进行评价：

① 销售统计(根据销售形式、产品、代理商、地区、销售人员、金额、数量来分别进行统计)。

② 销售分析(包括对比目标、同期比较和订货发货分析，从数量、金额、利润及绩效等方面作相应的分析)。

③ 客户服务(客户投诉纪录，原因分析)。

2) 库存控制

用来控制存储物料的数量，以保证稳定的物流支持正常的生产，但又最小限度地占用资本。它是一种相关的、动态的及真实的库存控制系统。它能够结合、满足相关部门的需求，随时间变化动态地调整库存，精确地反映库存现状。这一系统的功能又涉及以下内容。

(1) 为所有的物料建立库存，决定何时订货采购，同时作为交与采购部门采购、生产部门作生产计划的依据。

(2) 收到订购物料，经过质量检验入库，生产的产品也同样要经过检验入库。

(3) 收发料的日常业务处理工作。

3)　采购管理

确定合理的订货量、优秀的供应商和保持最佳的安全储备。能够随时提供订购、验收的信息，跟踪和催促对外购或委外加工的物料，保证货物及时到达。建立供应商的档案，用最新的成本信息来调整库存的成本。其具体包括以下内容。

(1)　供应商信息查询(查询供应商的能力、信誉等)。

(2)　催货(对外购或委外加工的物料进行跟催)。

(3)　采购与委外加工统计(统计、建立档案，计算成本)。

(4)　价格分析(对原料价格分析，调整库存成本)。

4. 人力资源管理模块

1)　人力资源规划的辅助决策

(1)　对于企业人员、组织结构编制的多种方案，进行模拟比较和运行分析，并辅之以图形的直观评估，辅助管理者做出最终决策。

(2)　制定职务模型，包括职位要求、升迁路径和培训计划，根据担任该职位员工的资格和条件，系统会提出针对本员工的一系列培训建议，一旦机构改组或职位变动，系统会提出一系列的职位变动或升迁建议。

(3)　进行人员成本分析，可以对过去、现在、将来的人员成本做出分析及预测，并通过 ERP 集成环境，为企业成本分析提供依据。

2)　招聘管理

人才是企业最重要的资源。优秀的人才才能保证企业持久的竞争力。招聘系统一般从以下几个方面提供支持：

(1)　进行招聘过程的管理，优化招聘过程，减少业务工作量。

(2)　对招聘的成本进行科学管理，从而降低招聘成本。

(3)　为选择聘用人员的岗位提供辅助信息，并有效地帮助企业进行人才资源的挖掘。

3)　工资核算

(1)　能根据公司跨地区、跨部门、跨工种的不同薪资结构及处理流程制定与之相适应的薪资核算方法。

(2)　与时间管理直接集成，能够及时更新，对员工的薪资核算动态化。

(3)　回算功能。通过和其他模块的集成，自动根据要求调整薪资结构及数据。

4)　工时管理

(1)　根据该国或当地的日历，安排企业的运作时间以及劳动力的作息时间表。

(2)　运用远端考勤系统，可以将员工的实际出勤状况记录到主系统中，并把与员工薪资、奖金有关的时间数据导入薪资系统和成本核算中。

5)　差旅核算

系统能够自动控制从差旅申请、差旅批准到差旅报销整个流程，并且通过集成环境将核算数据导进财务成本核算模块中去。

5.2 客户关系管理

5.2.1 客户关系管理概述

客户关系管理(CRM)是利用信息科学技术，实现市场营销、销售、服务等活动自动化，使企业能更高效地为客户提供满意、周到的服务，以提高客户满意度、忠诚度为目的的一种管理经营方式。客户关系管理既是一种管理理念，又是一种软件技术。以客户为中心的管理理念是 CRM 实施的基础。

在不同场合下，CRM 可能是一个管理学术语，也可能是一个软件系统，而通常所指的 CRM，是指用计算机自动化分析销售、市场营销、客户服务以及应用支持等流程的软件系统。它的目标是缩减销售周期和销售成本，增加收入，寻找扩展业务所需的新的市场和渠道，以及提高客户的价值、满意度、盈利性和忠实度。CRM 是选择和管理有价值客户及其关系的一种商业策略。它要求以客户为中心的企业文化来支持有效的市场营销、销售与服务流程。

1. 客户关系管理产生的背景

客户关系管理的兴起与以下三个方面的因素有着难以割舍的关系。

(1) 需求的拉动。从 20 世纪 80 年代开始，我国很多企业在信息化方面已经做了大量工作，收到了很好的经济效益，然而也有很多企业，销售、营销和服务部门的信息化程度越来越不能适应业务发展的需要，越来越多的企业要求提高销售、营销和服务的日常业务的自动化和科学化。这是客户关系管理应运而生的需求基础。例如，某公司本年度在营销方面花费了 1000 万元，怎样才能知道这 1000 万元的回报率？在产品展览会上收集的几千张名片，营销部门该怎么利用它们？展览会上有针对性地对许多人发放了公司资料，这些人对本公司产品看法怎样？其中有多少人已经与本公司销售人员接触了？应该和哪些真正的潜在购买者多多接触？如何知道谁是真正的潜在购买者？怎么才能知道其他部门的同事和客户的联系情况，以防止重复地给客户发放相同的资料？有越来越多的人访问过公司的站点了，但怎么才能知道这些人是谁？企业产品系列很多，他们究竟想买什么？

(2) 技术的推动。办公自动化程度、员工计算机应用能力、企业信息化水平、企业管理水平的提高都有利于客户关系管理的实现。很难想象，在一个管理水平低下、员工意识落后、信息化水平很低的企业，如何从技术上实现客户关系管理。现在，信息化、网络化的理念在我国很多企业已经深入人心，很多企业有了一定的信息化基础。电子商务正改变着企业经营的方式，通过 Internet，企业可开展营销活动，向客户销售产品，提供售后服务，以很低的成本收集客户信息。客户信息是客户关系管理的基础。数据仓库、商业智能、知识发现等技术的发展，使得收集、整理、加工和利用客户信息的质量大大提高。在这方面，有一个经典的案例。一个大型的仓储式超市对顾客的购买清单信息的分析表明，刮脸刀片和尿布经常同时出现在顾客的购买清单上。原来，很多男士在为自己购买刀片的时候，还要为自己的孩子购买尿布。而在这个超市的货架上，这两种商品离得很远，因此，这个超市重新分布货架，使得购买刀片的男人很容易地看到尿布。

(3) 管理理念的更新。在 Internet 时代，仅凭传统的管理思想已经不够了。Internet 带来的不仅是一种手段，它还触发了企业组织架构、工作流程的重组以及整个管理思想的变革。在引入客户关系管理的理念和技术时，不可避免地要对企业原来的管理方式进行改变，变革、创新的思想将有利于企业员工接受变革，而业务流程重组则提供了具体的思路和方法。当前，一些先进企业的重点正在经历着从以产品为中心向以客户为中心的转移。有人提出了客户联盟的概念，也就是与客户建立共同获胜的关系，达到"双赢"的结果，而不是千方百计地从客户身上谋取自身的利益。

2．客户关系管理的含义

最早提出 CRM 概念的 Gartner Group 公司将客户关系管理定义为：为企业提供全方位的客户视角，赋予企业更完善的客户交流能力和最大化的客户收益率所采取的方法。客户关系管理的目的在于建立一个系统，使企业在客户服务、市场竞争、销售及售后支持等方面形成彼此协调的全新的关系。而 IBM 公司则认为：客户关系管理包括企业识别、挑选、获取、发展和保持客户的整个商业过程。IBM 公司把客户关系管理分为 3 类：关系管理、流程管理和接入管理。从管理科学的角度来考察，客户关系管理源于市场营销理论；从解决方案的角度考察，客户关系管理是将市场营销的科学管理理念通过信息技术的手段集成在软件上面，得以在全球大规模地普及和应用。作为解决方案的客户关系管理，集合了当今最新的信息技术，包括 Internet 和电子商务、多媒体技术、数据仓库和数据挖掘、专家系统和人工智能、呼叫中心等。作为一个应用软件的客户关系管理，凝聚了市场营销的管理理念。市场营销、销售管理、客户关怀、服务和支持构成了 CRM 软件的基石。

综上所述，CRM 是指建立一种使企业在客户服务、市场竞争、销售及服务支持方面彼此协调的关系系统，帮助企业确立长久的竞争优势。它有 3 层含义，即现代经营管理理念、创新的企业管理模式和运营机制，以及企业管理中信息技术、软硬件系统集成的管理方法和应用解决方案的总和。

3．客户关系管理的核心思想

客户关系管理的核心思想是把客户资源作为企业发展最重要的资源之一，全面管理企业与客户发生的各种关系，进一步延伸企业供应链管理。

(1) 把客户资源作为企业发展最重要的资源之一。在企业从"产品"导向时代转变为"客户"导向时代的今天，客户的选择决定着一个企业的命运，而且企业在市场中获胜所需要的要素组合——客户资源是最难以为竞争对手所复制的，所以容易形成竞争优势。因而，客户资源已成为当今企业最重要的资源之一。CRM 系统中对客户信息的整合集中管理体现了将客户作为企业重要资源之一的管理思想。

(2) 全面管理企业与客户发生的各种关系。企业与客户之间发生的关系，不仅包括单纯的销售过程中所发生的业务关系，如合同签订、订单处理、发货、收款等，而且还包括在企业营销及售后服务过程中发生的关系。例如在企业市场活动、市场推广过程中与潜在客户发生的关系；在与目标客户接触过程中，内部销售人员的行为、各项活动及其与客户接触全过程所发生的多对多的关系；售后服务过程中，企业服务人员对客户提供的关怀活动、各种服务活动、服务内容、服务效果的记录等。对企业与客户之间可能发生的各种关系进行全面管理,有助于提升企业的销售能力,降低销售成本,有效控制销售过程中可能导致的各种客户负面行为。

(3) 进一步延伸企业供应链管理。ERP 系统原本是为了满足企业的供应链管理需求,但 ERP 系统的实际应用并没有达到企业供应链管理的目标,这既有 ERP 系统本身功能方面的局限性,也有 IT 技术发展阶段的局限性,最终 ERP 系统又退回到帮助企业实现内部资金流、物流与信息流一体化管理的系统。CRM 技术作为 ERP 系统中销售管理的延伸,借助 Internet 技术,突破了供应链上企业之间的地域边界和不同企业之间信息交流的组织边界,建立起企业自己的 B2B 网络营销模式。CRM 与 ERP 的集成运行真正解决了企业供应链中的下游链管理的问题,将客户、经销商、企业销售全部整合到一起,实现企业对客户个性化需求的快速响应,同时也帮助企业减少营销体系中的中间环节,通过新的扁平化营销体系,缩短响应时间,降低销售成本。

4. 客户关系管理与传统客户服务的区别

与传统客户服务相比,客户关系管理在主动性、对待客户的态度、营销关系等方面都存在较大差异。

(1) 主动性不同。传统客户服务中,客户没有问题,就没有客户服务,最多逢年过节寄张卡片,问候一下;客户关系管理则是主动的,不但要时刻询问跟踪客户对于企业产品的使用情况,积极解决客户关于产品的种种问题,还要主动与客户联络,促使客户再度上门,欢迎客户来提问,问得越多,说明客户对企业产品越感兴趣,就代表有后续的购买行为。客户关系管理认为,主动与被动的差别,就是客户忠诚与疏离的差别,也就是生死存亡的差别。

(2) 对待客户的态度不同。传统客户服务认为,客户打电话来问事情或打电话给客户,都是额外的麻烦,因为客户打电话来,不是产品有问题,就是客户对产品的使用有疑问,要抱怨或解决;打电话给客户,不是客户货款没缴清,就是有事情要主动通知说明。但在客户关系管理观念下,客户的没反应、不联络、不响应,是疏离的表现。这比抱怨还可怕,抱怨代表客户还有意向继续使用企业产品,疏离则代表产品的销路将要堵死,寿命将要终结。客户关系管理强调的是,不但要在客户抱怨阶段就尽力化解客户的不满与失望,更要在不断接触联络的过程中,同时提升客户对新产品的兴趣,创造对新产品的期望值,最终构成客户对新产品的购买行为。

(3) 营销的关系不同。传统客户服务与营销是分开的,营销单靠拥有说服技巧的业务人员,客户服务多依赖于维修工程师或总机。客户关系管理则是将营销与客户服务合为一体,将客户服务视为另一种营销通路,自身也变成了一种行销工具。把新产品推销给老客户或依照老客户的分门别类需求创造新产品,都可以通过客户服务中心处理,因此称为"后端营销"。以客户关系管理观念建立的客户服务中心,通过网络、电话等低成本操作,本身就成为企业的协调中心、新产品的开发中心、试卖点,与前端营销和客户,形成合作无间的三角回路。从以上客户关系管理与传统客户服务的比较来看,以往企业都将客户服务视为一种不必要的负担,但在新时代,客户关系管理已成为另一种获利来源。如今以服务客户为主体的营销环境中,售后客户仍旧上门问问题应被视为一种商机,因此,从传统的客户服务，进步到系统化的客户关系管理，涉及观念、技术、人力、体系上的改变。

5.2.2　客户关系管理的内容

客户关系管理通过对客户价值的量化评估，能够帮助企业找到价值客户，将更多的关注投向价值客户。

1．客户关系管理的核心

按照菲利普·科特勒的定义，提供给客户的价值(Customer Delivery Value)是指整体客户价值与整体客户成本之间的差额部分。客户关系管理的核心是客户价值管理。对企业来讲，客户的价值是不同的。企业 80%的利润来自于 20%的价值客户，已是众所周知的实践真理。在网络时代，所谓整体客户价值是指 Internet 用户在上网过程中期待得到的所有利益，而整体客户成本是指用户在上网过程中必须付出的所有代价。整体客户价值包括信息价值、沟通价值、休闲价值、服务价值、经济价值；整体客户成本包括上网费用、时间成本、机会成本、精神成本。网络时代的客户价值概念为企业经营者提供了一个指导原则，即增加整体客户价值的同时，提高客户忠诚度和保有率，实现缩短销售周期、降低销售成本、增加收入、扩展市场，从而全面提升企业的盈利能力和竞争力；同时降低整体客户成本。只有这样，在提供从市场营销到客户服务与关怀的全程业务管理的同时，对客户购买行为和价值取向进行深入分析，为企业挖掘新的销售机会，并对未来产品发展方向提供科学、量化的指导依据，使企业在快速变化的市场环境中保持持续发展能力。

2．客户关系类型

菲利普·科特勒曾经区分了企业与客户之间的 5 种不同程度的关系水平，如表 5-1 所示。

表 5-1　客户关系类型

名　　称	描　　述
基本型	销售人员把产品销售出去就不再与顾客接触
被动型	销售人员把产品销售出去并鼓励顾客在遇到问题或者有意见的时候和公司联系
责任型	销售人员在产品售出以后联系客户，询问产品是否符合顾客的要求；销售人员同时需要有关产品改进的各种建议，以及任何特殊的缺陷和不足，以帮助公司不断地改进产品，使之更加符合客户需求
能动型	销售人员不断联系客户，提供有关改进产品用途的建议以及新产品的信息
伙伴型	公司不断和客户共同努力，帮助客户解决问题，支持客户的成功，实现共同发展

需要指出的是，这 5 种不同程度的客户关系类型并不是一个简单的从优到劣的顺序，企业所能采用的客户关系的类型一般是由它的产品以及客户决定的。比如宝洁公司生产的洗发水、洗衣粉与客户之间是一种被动型的关系：宝洁公司设立客户抱怨处理机构，处理客户投诉，改进产品；但是宝洁和沃尔玛之间却可以建立互惠互利的伙伴型关系。科特勒根据企业的客户数量以及企业产品的边际利润水平提供了一个表格，帮助企业选择自己合适的客户关系类型，如图 5-1 所示。

	责任型	被动型	基本型
	能动型	责任型	被动型
	伙伴型	能动型	责任型

客户数量

边际利润水平

图 5-1　客户关系类型选择

企业的客户关系类型或者说企业客户关系管理的水平并不是固定不变的，企业客户关系管理应该积极地在横向方向上向左推动。现在已经有越来越多的公司正在这样做，效果十分明显。例如生产塑胶的道化学公司(Dow Chemical Company)，20 世纪 80 年代末在竞争中并不占有优势，道化学公司所作的调查表明，在客户偏好方面道化学公司落后于杜邦和通用橡胶处在第三位；不过，调查还表明，客户对于 3 家的服务均不满意。这个发现促使道化学公司改变其经营策略，不再局限于提供优质产品和按时交货以及服务，道化学公司开始和客户建立更加密切的伙伴型关系，它不仅出售产品和服务，还出售客户"成功"。道化学公司的一位高级经理说过，"不论他们使用道化学公司的塑胶去做安全套还是复杂的飞机设备，我们都要去帮助他们在市场上取得成功"。这种基于"双赢"的伙伴型关系策略很快使道塑胶成为行业的领先者。

建立和维系与客户的关系，其基础是企业提供给客户的价值。价值，是指客户从拥有和使用某种产品、服务中所获得的收益与取得该产品所付出的成本之差。较高价值的体现是多方面的，例如优秀的产品、服务质量，良好的客户满意度和口碑等，这些措施是吸引新顾客的重要手段，同时对于增进老客户的关系也非常有效。

3．客户保持管理

客户被企业所重视由来已久，在关系营销里面客户关系作为核心，其重要性又一次被强调，强调和客户建立长期的稳定关系。关系营销的目的在于和客户结成长期的、相互依存的关系，发展顾客与企业及其产品之间连接交往，以提高品牌种类程度并巩固市场，促进产品的持续销售。因此保持已有的客户关系对一个企业而言非常重要，可是大多数的企业却把绝大部分的精力放在寻找新客户上。相关研究表明：一个企业如果将其客户流失率降低 5%，其利润就能增加 25%～85%。因此客户关系管理首先提倡的是保持现有客户，实现现有客户的重复购买是企业追求的首要目标。其次才是开拓新市场，吸引新客户。美国丹尼尔·查密考尔曾经用漏桶来形象地比喻企业的这种行为：有一只桶，在桶上有许多洞，这些洞的名字是粗鲁、没有存货、劣质服务、未经训练的员工、质量低劣、选择性差等，洞中流出的水犹如顾客，公司为了保住原有的营业额，必须从桶顶不断注入"新顾客"来补充流失的顾客，这是一个昂贵的、没有尽头的过程。越来越多的企业认识到维持现有的顾客的重要性，现有的顾客代表着最佳的利润增长机会。因为堵住漏桶，带来的远不是顾客数量的维持和提高，留下来的顾客同时意味着"顾客质量"的提高。营销学中有一条著名的"二八定律"，也即 80%的业绩来自 20%的经常惠顾的顾客。

图 5-2 为该定律作用下的标准客户金字塔。据某杂志发表的一项研究报告指出：再次光临的顾客能为公司带来 25%～85%的利润，这是因为一方面企业节省了开发新顾客所需的广

告和促销费用，而且随着顾客对企业产品信任度的增加，可以诱发顾客提高相关产品的购买率。而且远不止如此，根据口碑效应，一个满意的顾客会引发 8 笔潜在的生意，一个不满意的顾客会影响 25 个人的购买意愿，因此一个满意的、愿意与企业建立长期稳定关系的顾客为企业带来的利润相当可观。同样的道理，失去一个顾客，给企业带来的远远不止是"一个"顾客的损失。因此，客户保持管理成为关系管理理论和实践的重要内容之一。由倍恩公司的雷切德和哈佛商学院的萨塞尔所做的关于客户保持的研究反映了客户保持率提高对于企业的重要影响。他们计算了在目前的客户保持率情况下客户平均生命周期内给公司带来的利润流量的净现值，计算了在客户保持率降低 5%的情况下平均客户生命周期内给公司带来的利润流量的净现值。两者比较，得出客户保持率对公司利润的影响，如表 5-2 所示。

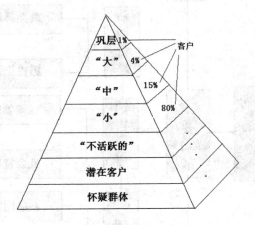

图 5-2　标准客户金字塔

表 5-2　客户保持率对公司利润的影响

行　业	利润增长/%
邮购	20
汽车维修连锁店	30
软件	35
保险经纪	50
信用卡	125

美国联邦快运(Fedex)的做法就是一个很有说服力的例子。在联邦快运看来，虽然公司的一个客户只带来 1000 美元/月的收入，但是如果着眼于长远，假如客户的生命周期是 10 年，那么这个客户可以为公司带来 1000×12×10=120 000 美元的收入。如果考虑到客户忠诚度效应，一个满意的、愿意和公司建立长期稳定关系的客户给公司带来的收益还要更多。

5.2.3　CRM 系统的基本功能

CRM 系统一般包括客户信息管理、营销活动管理、销售管理、服务管理、产品管理和系统管理等子系统。图 5-3 所示为通用 CRM 系统的基本功能模块，不同公司产品在功能模块名称和模块划分上存在一定差异。总体上看，CRM 系统的主要功能表现为以下 12 个方面。

1. 客户联系人管理

客户联系人管理主要包括客户方联系人基本概况的记录、存储和检索；跟踪同客户的联系时间、联系经过与结果描述等，并可以把相关的文件作为附件以备检索；客户方各个职能部门的设置及其关系、客户方各职能部门关键人物在决策中的角色等信息。

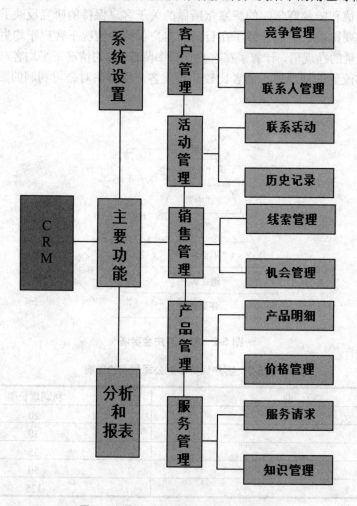

图 5-3 通过 CRM 系统的基本功能模块

2. 销售人员时间管理

销售人员时间管理主要包括日历功能，设计约会和访问活动计划，当这些活动之间有冲突时，系统会自动提示；进行事件安排，如洽谈、拜访、电话、信函、电子邮件和传真；查看客户关系管理团队中其他人的安排，把事件的安排通知相关的人，以免发生冲突。

3. 客户信息管理功能

客户信息管理功能主要包括客户基本信息、交易历史的记录；客户联系人的信息与变更情况；客户订单的输入和跟踪；销售建议书和销售合同的最后生成。

4．潜在客户管理

潜在客户管理主要包括曾有的业务线索(访问、联系、意见征询或接入的咨询电话等)的记录、升级，以及这些业务线索的分配；销售机会的评估、升级和分配；潜在客户的跟踪。

5．客户服务

客户服务的主要功能包括：服务协议和合同；服务项目的快速录入、调度和重新分配；搜索和跟踪与某一业务相关的事件；生成服务事件报告和服务事件的升级；订单管理和跟踪；问题及其解决方法的数据库。

6．电话营销和电话销售

电话营销和电话销售的主要功能包括：生成电话列表，并把它们与客户、联系人和业务建立关联；把电话号码分配到销售员；记录电话细节，并安排回电；电话录音，同时给出书写器，用户可作记录；通话统计和报告；自动拨号。

7．呼叫中心

呼叫中心(Call Center)的主要功能包括：呼入和呼出调度管理和电话处理；Internet 回呼；电话转移和路由选择；报表统计分析；管理分析工具；通过传真、电话、电子邮件、打印机等自动进行资料发送。

8．综合销售管理

综合销售管理意味着综合前述 4 项功能进行全面的管理：主要包括组织和浏览销售信息，如客户概况、业务描述、联系人、交易时间、销售阶段、销售额、可能结束时间等；产生各销售业务的阶段报告，并根据企业所设计的标准评估业务所处阶段、交易成功的可能性、历史销售状况评价等信息，从而对销售业务进行指导；有些销售地域的重新设置和销售权限重新分配，但同时保持对地域信息(省市、邮编、行业、相关客户、联系人等)的维护；根据利润、领域、优先级、时间、状态等标准(这些标准的具体数值由使用系统的企业制定)，制定关于将要进行的销售活动方面的报告；提供类似 BBS 的功能，用户可把销售秘诀贴在系统上，还可以进行某一方面销售技能的查询；销售费用管理；销售佣金管理。

9．整合传播管理

整合传播管理的主要功能包括：提供类似公告板的功能，可张贴、查找、更新营销资料，从而实现营销文件、分析报告等共享；在进行营销活动(如广告、邮件、研讨会、网站、展览会等)时，能获得预先定制的信息支持；把营销活动与业务、客户、联系人建立关联；显示任务完成进度；跟踪特定公关事件，并安排新事件，如研讨会、会议等；关系营销的相关工作，如客户信息储存、信函书写、批量邮件，并将这些信函或邮件与合同、客户、联系人、业务等建立关联。

10. 合作伙伴关系管理

合作伙伴关系管理的主要功能包括：对公司数据库信息设置存取权限，合作伙伴通过标准的 Web 浏览器以密码登录的方式对客户信息、公司数据库、与渠道活动相关的文档进行存取和更新；合作伙伴通过浏览器使用销售管理工具和销售机会管理工具，如销售方法、销售流程等，并使用预定义和自定义的报告；产品和价格浏览。

11. 系统运营信息管理

系统运营信息管理的主要功能包括：在站点上显示个性化信息；把一些文件作为附件贴到联系人、客户、事件概况上；根据要求对竞争对手的 Web 站点进行监测，如果发现变化，会向用户报告；根据用户定义的关键词对 Web 站点的变化进行监视。

12. 智能化图表管理

智能化图表管理的主要功能包括：预定义查询和报告；用户定制查询和报告；以报告或图表形式查看潜在客户和业务可能带来的收入；通过预定义的图表工具进行潜在客户和业务的传递途径分析；将数据转移到第三方的预测和计划工具；系统运行状态显示。

5.3 供应链管理的产生与发展

5.3.1 供应链管理概述

供应链(Supply Chain)是通过对前馈的信息流(需方向供方流动，如订货合同、加工单、采购单等)和反馈的物料流及信息流(供方向需方的物流伴随的供给信息流，如提货单、入库单、完工报告等)，将供应商、制造商、分销商、零售商直至最终用户连成一个整体的模式。它是一个范围更广的企业结构模式，包含了所有加盟的节点企业，从原材料的供应开始，经过链中不同企业的制造加工、组装、分销等过程直至最终用户。图 5-4 为一个供应链的结构示意图，形象地表示了产品从生产到消费的全过程。按照供应链的定义，这个过程是一个非常复杂的网链模式，覆盖了从原材料供应商、零部件供应商、产品制造商、分销商、零售商直至最终用户的整个过程。根据供应链的实际运行情况，在一个供应链系统中，有一个企业处于核心地位。该企业起着对供应链上的信息流、资金流和物流的调度和协调中心的作用。从这个角度出发，供应链系统的结构可以具体地表示为如图 5-5 所示的形状。

供应链的概念在 20 世纪 80 年代末被提出，近年来随着全球制造的出现，供应链在制造业管理中得到普遍应用，成为一种新的管理模式。受到国际市场竞争激烈、经济及用户需求等的不确定性的增加，技术的迅速革新等因素的影响，供应链管理提出的时间虽不长，但已引起人们的广泛关注。表 5-3 列举了几种典型的供应链管理的定义。伊文斯认为，"供应链管理是通过前馈的信息流和反馈的物料流及信息流，将供应商、制造商、分销商、零售商，直至最终用户连成一个整体的管理模式"。菲利浦(Phillip)则认为供应链管理不是供应商管理的别称，而是一种新的管理策略，它把不同企业集成起来以增加整个供应链的效率，注重企业之间的合作。

供应商　　　　　制造商　　　仓库和配送中心　　　客户

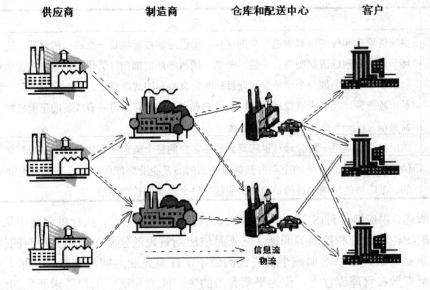

图 5-4　供应链结构示意图

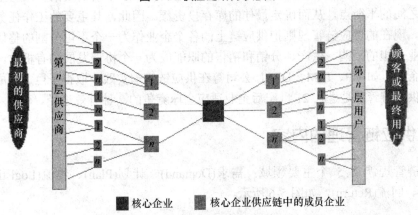

■ 核心企业　　■ 核心企业供应链中的成员企业

图 5-5　供应链系统的分层结构

表 5-3　几种典型的供应链管理的定义

序　号	定　义
1	供应链管理(SCM)要求传统上分离的职能部门的物料汇报到一个负责的经理人员协调整个物流过程，并且还要求与横贯整个流程各个层级上的供应商形成伙伴关系。SCM 是这样一个概念，"它的主要目标是以系统的观点，对多个职能和多层供应商进行整合和管理外购、业务流程和物料控制"
2	供应链战略包括"供应链上的两个或更多企业进入一个长期协定、信任和承诺发展成伙伴关系，需求和销售信息共享的物流活动的整合，提升对物流过程运动轨迹控制的潜力"
3	"管理供应链的目标是使来自供应商的物流与满足客户需求协同运作，以协调高客户服务水平和低库存、低成本的相互冲突的目标"

续表

序 号	定 义
4	供应链管理和传统物料制造控制的区别：①供应链被看成是一个统一的过程。链上的各个环节不能分割成诸如制造、采购、分销、销售等职能部门。②供应链管理强调战略决策；"供应"是链上每一个职能的共同目标并具有特别的战略意义，因为它影响整个链的成本及市场份额。③供应链管理强调以不同的观点看待库存，将其看成新的平衡机制。④一种新系统方法——整合而不是接口连接
5	供应链管理是"一种管理从供应商到最终客户的整个渠道的总体流程的集成哲学"
6	供应链管理是对传统的企业内部各业务部门间及企业之间的职能从整个供应链进行系统的、战略性的协调，目的是提高供应链及每个企业的长期绩效

综上所述，供应链管理(SCM)是一种集成的管理思想和方法，执行供应链中从供应商到最终用户的物流的计划和控制等职能。它不是供应商管理的别称，而是一种新的管理策略，它把不同企业集成起来以增加整个供应链的效率，注重企业之间的合作。最早人们把供应链管理的重点放在管理库存上，作为平衡有限的生产能力和适应用户需求变化的缓冲手段，它通过各种协调手段，寻求把产品迅速、可靠地送到用户手中所需要的费用与生产、库存管理费用之间的平衡点，从而确定最佳的库存投资额。因此，其主要的工作任务是管理库存和运输。现在的供应链管理则把供应链上的各个企业作为一个不可分割的整体，使供应链上各企业分担的采购、生产、分销和销售的职能成为一个协调发展的有机体。国际上一些著名的企业，如 HP、IBM、DELL 公司等在供应链管理实践中取得了巨大的成绩，使人更加坚信供应链管理是进入 21 世纪后企业适应全球竞争的一种有效途径。

5.3.2　供应链管理的内容

供应链管理涉及 5 个主要领域：需求(Demand)、计划(Plan)、物流(Logistics)、供应(Sourcing)、回流(Return)，如图 5-6 所示。

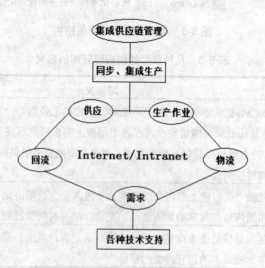

图 5-6　供应链管理涉及的领域

由图 5-6 可见，供应链管理是以同步化、集成化生产计划为指导，以各种技术为支持，尤其以 Internet/Intranet 为依托，围绕供应、生产作业、物流(主要指制造过程)，满足需求来实施的。供应链管理主要包括计划、合作和控制从供应商到用户的物料(零部件和成品等)和信息。供应链管理的目标在于提高用户服务水平和降低总的交易成本，而这两个目标往往有冲突，也就是要在两个目标之间寻求平衡。以这 5 个领域为基础，可以将供应链管理细分为基本职能领域和辅助职能领域。基本职能领域主要包括产品工程、产品技术保证、采购、生产控制、库存控制、仓储管理、分销管理等。而辅助职能领域主要包括客户服务、制造、设计工程、会计核算、人力资源、市场营销等。由此可见，供应链管理关心的并不仅仅是物料实体在供应链中的流动，除了企业内部与企业之间的运输问题和实物分销以外，供应链管理还包括以下主要内容：

(1) 战略性供应商和用户合作伙伴关系管理。

(2) 供应链产品需求预测和计划。

(3) 供应链的设计(全球节点企业、资源、设备等的评价、选择和定位)。

(4) 企业内部与企业之间物料供应与需求管理。

(5) 基于供应链管理的产品设计与制造管理、生产集成化计划、跟踪和控制。

(6) 基于供应链的用户服务和物流(运输、库存、包装等)管理。

(7) 企业之间资金流管理(汇率、成本等问题)。

(8) 基于 Internet/Intranet 的供应链交互信息管理。

供应链管理注重总的物流成本(从原材料到最终产成品的费用)与用户服务水平之间的关系，为此要把供应链各项职能活动有机地结合在一起，从而最大限度地发挥出供应链整体的作用，达到供应链企业群体获益的目的。供应链管理中的业务流程及其构成情况如图 5-7 所示。电子商务环境下的 SCM 的核心功能可以归纳为以下 4 个方面。

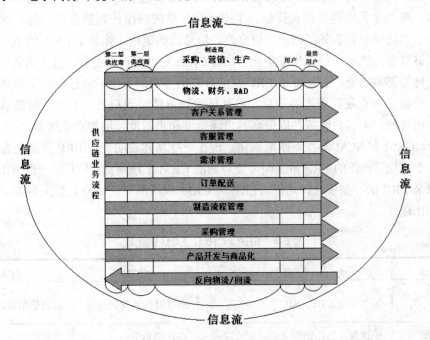

图 5-7　供应链管理流程结构

(1) 动态联盟的系统化管理。

(2) 生产资源的优化管理。

(3) 不确定性需求的信息共享管理。

(4) 生产的敏捷化管理。

5.3.3　ERP、CRM、SCM 之间的关系

目前，在企业加强信息化和电子商务建设的背景下，ERP、CRM 和 SCM 作为企业信息化的主要应用系统，三者之间的关系可以概括为：ERP 系统是企业电子商务建设的应用基础，是企业内部运行管理的基础；SCM 和 CRM 是加强企业间合作及加强与客户之间关系的接口。

SCM 是在企业资源计划(ERP)的基础上发展起来的，它把公司的制造过程、库存系统和供应商产生的数据合并在一起，从一个统一的视角展示产品制造过程中的各种影响因素，把企业活动与合作伙伴整合在一起，成为一个严密的有机体。它能够随着发展和变化不断修正和强化计划的内容，直至计划执行的最后时刻。因此 SCM 也是对 ERP 的补充，它提供进一步的智能决策支持信息，使得企业能够评估供应链中的各个环节、事件和客户需求变化对企业的影响。

无论是 ERP、CRM 还是 SCM，其根本宗旨都是在满足客户需求的前提下，降低库存、加快资金周转、提高企业的管理水平，以提高企业对市场的响应速度，提高企业竞争力。但是，ERP 仍旧是面向企业内部的事务处理系统，无论在计划技术基础或功能方面都不具备协调多个企业之间资源的观念和能力，且计划功能非常弱，可以说 MRP 就是它的核心计划内容，很多内容如运输计划、库存优化、预测等基本是空白。SCM 则覆盖了供应链上的所有环节，将整个供应链的需求计划、生产计划、供应网络计划整合在一起，加强了对供应链上企业的协调和企业外部物流、资金流、信息流的集成，弥补了 ERP 的不足，提高了整个供应链对客户的响应能力和竞争能力。而 CRM 则以客户为中心，包含销售、营销和客户服务支持等基本功能，它弥补了 ERP 在前台营销方面的不足，通过分析销售活动中产生的数据，挖掘出对企业有价值的信息，将其反馈到营销活动和企业的生产制造系统中，调动企业一切资源，为客户服务，以提高客户满意度和忠诚度，增加企业效益。

ERP、CRM 和 SCM 都在不断地演化。现在一些新建设的企业 ERP 产品把客户关系管理作为一个模块。传统的 ERP 系统则需要与新的 CRM 系统集成。同样，一些 CRM 产品也包含了原来 ERP 的一些模块、功能。ERP 与 CRM 应用的交叉成分会越来越多。表 5-4 是对三者的比较。

表 5-4　ERP、CRM、SCM 的比较

比较点	ERP	CRM	SCM
基础理论知识	需求理论、JIT、SP	网络时代的营销理论	波特价值链理论
管理理念	快速的订货、销售	以客户为中心	节约的物流

续表

比较点	ERP	CRM	SCM
核心目标	缩短产品生命周期 降低成本和库存 提高产品质量 实现快速反应	提高客服水平 增强客户满意度 最终提高客户忠诚度	在减少物流成本的基础上，保证物料供应和产品交付
主要侧重点	生产和供应	销售和服务	供应和销售
主要作用	订单、采购、生产、库存、销售、财务	营销、销售、客户、服务、关怀	预算、订单、采购、库存、生产、销售
交叉点	生产计划、采购管理、库存管理、销售管理		

未来的发展趋势将是 ERP、CRM 和 SCM 的完全整合，从客户到供应商完全连通，企业内部流程与外部交易完全一体化。通过 CRM 实现与客户的互动营销，准确把握客户需求，快速响应个性化需求，提供便捷的购买渠道、良好的售后服务与经常性的客户关怀，实现服务快速响应。通过 SCM 可以实现节约交易成本、降低存货水平、降低采购成本的功能，在供应链内的合作伙伴能够像一个整体一样，频繁地交流信息，满足客户的需求，及时对市场变化做出反应；ERP 将企业的传统业务和管理网络化，连接传递到整个供应链，交易和供给几乎同时发生；通过网络，企业内外之间的界限将逐渐模糊，直至消失。

5.4　业务流程再造(BPR)

5.4.1　BPR 的含义和内容

1. BPR 的概念

1990 年，迈克尔·汉默教授在《再造工作不是自动化，而是重新开始》一文中首次提出 BPR 的概念。1993 年 Michael Hammer 和 James Champy 在 Reengineering The Corporation 一书中正式对 BPR 作了如下定义：企业流程再造是对企业的业务流程作根本性的思考和彻底的重建，其目的是在成本、质量、服务和速度等方面取得显著的改善，使得企业能最大限度地适应于顾客(customer)、竞争(competition)、变化(change)为特征的现代企业经营环境。此后，有许多学者对 BPR 作了多方面分析，综合起来可以对业务流程再造进行更全面的定义：业务流程再造是指通过对现有流程的重新分析、改进和设计组织流程，以使这些流程的增值内容最大化，其他非增值内容最小化，从而有效地改善组织绩效，以相对更低的成本实现或增加产品对顾客的价值。BPR 的原理既适用于单独的流程，也适用于整个组织。

2. 组织流程的含义

流程是指一个或一系列跨越时间、占有空间的连续有规律活动。它是由一系列单独的任务组成，开始、结束、输入、输出，输入经过流程后变成输出。

流程可分为核心作业流程和支持作业流程。核心作业流程包括企业的各项作业活动、管理活动和信息系统活动。各项作业活动主要有订单、评估信用、设计产品、采购物料、制作加工、包装发运、结账、产品保修等活动。管理活动是指企业内部的计划、组织、用人、协调、监控、预算和汇报，以确保作业流程以最小的成本及时准确地运行。信息系统活动提供必要的信息技术，以确保作业活动和管理活动的完成。支持作业流程主要包括措施、人员、培训、后勤、资金等，以支持和保证核心流程的正常运作。在传统劳动分工的影响下，流程被分割成各种简单的任务，将精力集中在单个任务效率的提高上，而忽略了最终目标，即满足顾客的需求。实施 BPR，就是要有全局的理想，从整体上确认企业的作业流程，追求全局最优，而不是个别最优。

3. BPR 的原则要点

BPR 的原则如下。

(1) 企业组织应以作业过程而非职能部门为中心。

(2) 组织扁平化，适当授权，决策点置于工作进行之处。

(3) 控制机制建立在作业过程中而非检验完成品。

(4) 所需信息完整地一次性获取，建立集约信息系统。

(5) 创造新的使用信息，革新过程，而非简单地"改善"原有过程。

(6) 将各部门活动并行化，尽量避免向下顺序性运作。

(7) 扩大与供应商及顾客的接触，以顾客需求来引导企业经营方向。

(8) 采用团队方式进行管理。

4. BPR 的目的

企业流程活动基本上可以分为三类：增值的活动、非增值的活动以及无效的活动。

通过对现有流程的重新审视和分析，合理改进和设计组织的流程，使流程增值内容最大化，非增值内容最小化，可以增加产品多顾客的价值。BPR 的最终目的可以表示为以下几点。

(1) 识别企业的核心业务流程，按照最优化的核心物流流程组织这些业务工作，这一核心流程必须最大限度地给企业创造效益。

(2) 简化或合并非增值部分的流程，剔除重复出现和不需要的步骤所带来的浪费。

(3) 全体员工必须以顾客为中心，所有工作必须以满足顾客需求为导向。

5. BPR 的作用

BPR 的作用如下。

(1) 使企业更贴近市场。

(2) 使生产成本大幅度减少。

(3) 使产品质量得到全面提升。

(4) 服务质量提高。

5.4.2　运用 BPR 原理改造企业

1．用 BPR 改造企业的程序

为了实现企业运营状态的数字化的要求，首先必须进行业务流程的再造，即根据各种约束条件规范业务流程；其次是对连续的业务流程进行工程的模拟分析，即使各个环节的功能要求进行岗位职能分析；其次是用一系列的数字组合，即评价指标体系来反映这些模块的运行状态和彼此间的联系；然后将企业的运行状态与设定的标准进行比较分析并得出管理信息；最后是运用电子化手段对企业的运行状态进行调整。

2．企业 BPR 的目标及监控

(1)　提高顾客满意程度是 BPR 改造的基本指导思想。

①　培养以顾客为导向的服务意识。

②　确定适宜的客户服务标准。

(2)　对服务过程进行有效的监测和控制。

监控的过程包括跟踪监测、绩效评价和做出响应，也即收集信息、捕捉偏差、分析后果和协调管理。

5.4.3　BPR 的技术手段

业务流程再造主张根本性地分析、改造和重新设计组织流程，以使流程的增值内容最大化，非增值内容最小化。在实施过程中，BPR 的技术手段主要有流程图的设计与分析、标杆瞄准法。

1．流程图的设计与分析

流程图是指通过图示的方法将流程表示出来，使流程易于阅读和理解。绘制流程图，要意识到对同一工作流程，不同的人会有不同的处理方法。流程图提供了分析的角度，有助于形成工作方式的共识，因而成为 BPR 的一种主要手段。

(1)　流程图的实用性。理解现有流程最有效的办法就是把流程画在图上。图形比文字更能清楚地解释和说明流程，它使企业领导者和业务人员能全面观察和思考业务程序，判断其价值与合理性，从中发现存在的浪费和需要改进的地方，进而改进流程。

(2)　绘制流程图本身的作用。流程图的主要优点体现在制图过程中而不是图本身。在绘制流程图的过程中员工互相合作，积极讨论，最后达成共识，形成新的流程图，这为今后流程的顺利实施打下良好的基础。

2．标杆瞄准法

标杆瞄准法(Benchmarking)也称基准比较、基准评价，是指企业将自己的产品、服务、成本和经营实践，与那些在相应方面表现最优秀最先进的企业(并不局限于同一行为)进行比较，在竞争者与非竞争者之间寻找学习的榜样，进而确定数量化的评定标准，以此为目标

展开系统再造活动，以改进本企业经营业绩和业务表现的这样一个不间断的向领先者看齐的过程。

5.4.4 BPR 的实施步骤

1. BPR 的实施结构

根据 BPR 的思想精髓，我们可以将 BPR 的实施结构设想成一种多层次的立体形式，即整个 BPR 实施体系由观念重建、流程重建和组织重建三个层次构成，其中以流程重建为主导，而每个层次内部又有各自相应的步骤过程，各层次也交织着彼此作用的关联关系。

在流程再造层次，首先要进行全面系统的调研，通过资料分析、流程分析和现场实测结果，得出对流程问题的认识和解决问题的思路，利用模型检验设计的解决方案是否可行，如果效果满意就确定实施；如果效果不满意就重新来做，发现原有分析的缺陷，提出新的解决方案。

2. 流程分析

构成流程的四项基本要素：组成流程的基本活动；活动间的逻辑关系；活动的实现方式；活动的实施步骤。企业流程再造也正是要改善这四项基本要素。

(1) 组成流程的基本活动。活动是一种变换，就是接受某一类型的输入，在某种规则控制下，利用某种资源，经过变换转化为输出。活动的改善包括活动删改、简化、整合，活动删除是指取消那些不增值的业务活动，流程中所有对客户没有价值的步骤都应该尽量清除掉。日本丰田公司总结出 7 种常见的不增值活动：①过量生产；②等待时间；③不必要的运输；④不必要的库存；⑤无效加工处理；⑥无效移动；⑦次品。这些不增值活动都应该努力消除。活动简化是指对复杂的活动进行分解或改得更容易。比如，简化表格、程序、技术、流程等。活动整合就是把分散在不同部门的由不同人员完成的几项活动压缩成一项任务，由一个人完成。活动整合在逻辑上可延伸到由不同专家组成团队，整合顾客、供应商等。

(2) 活动间的逻辑关系。在一项工程(任务、计划)中，工作之间都存在着先后顺序关系，这种关系称为逻辑关系。活动间的逻辑关系从是否容易变动的角度可分为工艺关系(生产性工作之间由工艺技术决定的，非生产性工作由程序决定的先后顺序，是一种不易变动的逻辑关系)和组织关系(工作之间由于组织安排需要或资源调配需要而规定的先后顺序关系，是一种较易变动的逻辑关系)。活动间的逻辑关系从其结构来看可分为串行关系、并行关系和反馈关系。

① 串行关系：如果活动 A、B 是先后发生，即前一个活动的输出是后一个活动的输入，最后一个活动的输出则为流程的输出，则称 A、B 的逻辑关系为串行关系。

② 并行关系：如果活动 A、B 各自独立进行，共同对输出的结果产生影响，并且这两项活动都构成输入输出的关系，则称活动 A、B 的逻辑关系为并行关系。

③ 反馈关系：不论串行关系，还是并行关系，都只是一种单向关系，即从 A 到 B 再到 R，或从 A、B 到 R，后面(或并行)的活动对前面(或并行)的活动没有影响。反馈关系表示后面(或并行)的活动是前面(或并行)活动的输入。

活动间的逻辑关系改善，最常见的是把串行关系改为并行关系。例如，传统的开发设计程序，首先由市场部门进行研究，然后交由设计部门设计，再由管理部门、财务部门评价，最后交给制造部门加工制造，如果在哪个环节发现问题，设计部门要重新修改设计，然后再按照顺序行动，如此循环，拉长了设计开发时间。

采用并行方式就是组建任务小组，小组成员分别来自市场部、财务部、生产部、研发部等部门，这样能及时发现问题并进行处理，大大缩短了开发时间。例如，柯达公司对新产品开发采用并行处理，结果把 35mm 焦距的相机开发时间缩短了 50%，从原来的 38 周降低到 19 周。

在订货过程中，在一些环节上往往涉及票据处理，如开发货单、运货单等。然后根据发货单、运货单拣选运输等。但也可以采用自动化技术，如自动仓库技术把票据处理和实物处理并行化，这样可缩短订货配送周期。

票据处理过程本身并行化也可缩短订货配送周期。将一批任务分成几个小批量，然后交叉完成，将会缩短这批任务的总时间。

(3) 活动的实现方式。活动的实现方式是指完成活动的技术或工艺。例如，订货信息传输，可以通过邮寄传输，也可以通过传真传输，还可以通过网络传输。这三种传输方式都能完成订单传输这项活动，但由于完成活动方式的不同，其所需的时间和费用也不同。

活动实现方式改善就是利用信息技术、计算机辅助技术、网络技术等让脏活、难活、险活自动化，让乏味的工作自动化，自动实施数据采集、数据传送及数据分析。

(4) 活动的实施步骤。信息技术在业务流程再造中起着核心作用，多数分析家认为，信息技术与流程再造唇齿相依。举例来说，如果沃尔玛离开了信息技术，就无法实现其大量市场零售货物的采购和分发流程的再造。福特公司通过 BPR 与 IT 应用的结合，成功减少了其采购部 75%的人员。

据估计，超过 70%的公司已经进行或正在进行业务流程再造。通过重新审视当前流程并对这些流程进行重新设计，可以提高公司效率和效益。随着越来越多的 BPR 工程启动，一个显著的问题摆在人们面前：在一个高度自动化的工作环境中对业务流程进行彻底改变，通常需要全面修改现有的信息系统，以支持新的流程。许多信息技术部门在从事业务流程再造时遭遇了巨大挑战，为了能够更有效地实施 BPR 项目，信息技术部门必须在整个流程再造的工程中扮演更为积极的角色。它必须做到：①增加在 BPR 项目所有相关领域的参与程度；②为业务分析提供有关自动化流程的关键信息；③建立符合短期和长期改造需求的转型战略；④增强对目标系统的业务流程的整合；⑤在目标应用中保持现有的业务规范和相关内容。

一个 BPR 项目的驱动因素包括改善客户服务、简化程序、降低成本以及在其他相互影响的方面提高效率。

除了以上诱因，对于信息技术部门而言，创建一个支持 BPR 项目的可执行的改造计划，是必需的。为了选择系统改造的战略，信息技术与业务之间的关系必须提前确定。这种关系需要支持从分析到实施 BPR 项目的全过程。尤为重要的是，对于现有系统的分析有助于阐明现有业务模式，同时重新设计的业务模式会对现有的信息体系结构产生影响。在这种关系确定之后，IT 部门才能决定如何去升级、重新设计或替换现有系统，以实施业务流程的重新设计。改造策略的关键步骤包括：①确定策略，选择建模方法及创建流程再造项目计划；②基于策略方向，对于受影响的业务领域，明确其现有的业务模式；③对现有系统所支持的所有流程进行提炼和进一步扩展；④在现有系统功能及其组成的基础上，整合现有流程的定义；⑤确定符合 BPR 项目目标的功能和技术方面的体系结构；⑥选择适当的改造策略，重新开发、购买、组网或卸载应用程序；⑦保持业务需求和改造的应用程序之间的完整性和一致性；⑧在目标应用系统中重复使用仍然适用的组件，如规则、界面和数据等；⑨通过对重新设计的流程进行模拟，评估改造后的系统是否符合需求。

确定恰当的改造策略，要求 BPR 项目组中的成员要了解信息技术体系结构方面的知识。IT 人员的早期介入对于项目执行的各个方面都是有利的。

企业需要构建一个有机的商业蓝图，使所有成员对于企业的运作过程能够达到普遍的共识。这包括确定的组织结构、流程、资源以及它们之间的相互作用和影响。构建的办法可以采用 Jacobson Ivar 的 Use Case 技术，其能够确定一个组织内的各种利害关系。

Jacobson 对 Use Case 模型下了最早的定义：在不展现一个系统或子系统内部结构的情况下，对系统或子系统的某个连贯的功能单元的定义和描述。Use Case 是与面向对象技术相结合的，它能够弥补战略性的业务模型与具体的系统流程之间的差距。这种差距来源于原始系统的设计无法支持到现在的 BPR 的需求。为此，一些厂商采用自动化的 Use Case 模型来支持各种技术，如支持建立面向对象的方法。

传统的业务流程建模技术完全没有面向对象技术那么强大，因为面向对象技术可以逐层分解复杂的信息系统。传统模式也不具备面向对象技术的那种灵活性、可再利用性和直观性。利用传统的业务流程再造技术可能会导致建立冗余和僵化的模式。这是在进行商业模式界定和跨功能子系统设计时应该考虑的问题。

最后，应该注意的是，虽然信息技术是关键手段，但是实现效益才是实施 BPR 项目的真正目的。要重点研究如何发挥信息技术在业务流程中的作用。

 复习思考题

1. 什么是 ERP？它有哪些管理思想？
2. CRM 有哪些内容？其基本功能是什么？
3. 什么是 SCM？ERP、CRM、SCM 有何区别与联系？
4. BPR 的含义是什么？
5. 简述 BPR 的技术手段及实施步骤。

 案例分析

万里牛

现在大家都在谈企业云服务，其中又以电商圈的朋友走在最前列。尤其是快到了每年双十一的这个节骨眼儿上，卖家们都希望有一套安全稳定的云系统可以帮助自己顺利度过双十一。那么为什么会有越来越多的卖家选择云服务呢？这个问题，就得找云服务高手来回答了。

一、万里牛是什么？

万里牛是国内领先的电子商务云 ERP 软件，致力于为企业提供"敏捷、移动、安全"的 ERP 解决方案，产品从 2012 年年初上线以来，先获得当年淘宝应用创新大赛十强，后又连续 5 届获得淘宝金牌淘拍档、京东优秀服务商等荣誉，目前已服务 10 000 多家企业级用户。

万里牛创始人陈耀辉曾在 2014 年的阿里云开发者大会上作为典型用户发言表示，"万里牛虽然比管易、e 店宝等大的 ERP 服务商晚一步进入市场，但是万里牛的架构是基于云端的 SaaS 模式，大大减少了软件的实施成本，用户不再需要自己购买服务器安装系统，只需要上网打开浏览器即可使用。软件可以做到 '5 分钟在线开通、2 小时远程培训、1 天内顺畅运行' 的程度，用户的试错成本相当低"。

这也让万里牛成为第一批可以直接通过淘宝后台进行推广的 ERP 系统。而且，由于陈耀辉将整个万里牛的主机架设在开放的电商云工作平台聚石塔中，不需要担心双十一大流量的冲击，网络安全能够得到保障。这使得万里牛在市场中大卖家被先行者瓜分的情况下，能从中小卖家着手，迅速积累起一定的用户量。

二、和靠谱的人做靠谱的事情

万里牛的创始团队来自阿里巴巴、支付宝、信雅达等互联网、金融 IT 和 ERP 公司。"公司最初只有 9 个人，在湖畔花园租个房子就闭关做产品。一是沾点马云的福气(湖畔花园亦是阿里巴巴的创立圣地)，二是湖畔花园刚好位于我们 9 个人居住地址的中间位置，三是那里有很多互联网的公司。"陈耀辉解释选址此处的原因，"在湖畔花园租住了一年，认识了不少同行，大部分都是在小区里散步时认识的，增长了很多经验。"

"2011 年 12 月，产品有了，淘宝大赛还没有举行，我们也没什么名气，依靠寥寥几个用户，员工每个月只能拿到 300～400 元，但是大家都没有什么怨言，一心只想着做好产品。"

后来，随着公司在当年淘宝创新应用大赛中进入"十强"一举成名，每个月的进账从几千元飙升到 50 万元，员工也从 9 人升到了 40 多人。"我们有一个很厉害的团队，40 来个人要服务上万家商户，我们的业绩是依靠所有人的努力换来的。"陈耀辉说。

三、用互联网服务

眼下，越来越多的传统品牌商企业向电商领域转型。由于品牌商体量大、业务复杂，他们在转型过程中会遇到诸如海内外多平台销售、线上线下渠道一体化管理、多个第三方系统对接等复杂的问题。阿里聚石塔团队也在这个时候推出了"奇门"系统，为品牌商提供全渠道解决方案。

这也恰好符合万里牛线上线下一体化的发展方向，所以今后万里牛会与阿里聚石塔更加紧密合作，为商家带来更多更优质的软件服务。"企业 ERP 和人力资源软件，都能提升企业运营效率，进而可以带动中国经济发展。做好这样的软件，不仅是我们公司立下的'用互联网服务推动企业创新'的使命，也是我个人的梦想。"陈耀辉说。

(案例来源：天下网商，2015-09-24)

案例思考

1. 电子商务云 ERP 软件包含哪些功能？结合本案例和本章所学知识谈谈你的见解。
2. 试以乳制品行业为例，以管理的角度分析并给出相应的解决方案。
3. ERP 在传统行业中的应用能否对企业管理中的一些问题起到实质性的改变？

第6章

网络营销

【学习目标】

❖ 掌握网络营销策略

❖ 理解网络营销的相关理论

❖ 了解网络市场调查方法和特点

　　随着现代电子信息技术和网络通信技术的发展，为了适应市场的变革、市场竞争，一种转变传统营销观念的新兴学科诞生了，它就是网络营销。这是一种新型的商业营销模式，相对于传统的市场营销，在许多方面存在明显的优势，并带来了一场营销观念的革命，更重要的是它对企业改善销售环境、提高产品竞争能力和市场占有率具有非常重要的现实意义。

6.1　网络营销概述

6.1.1　网络营销的概念和特点

1. 网络营销的概念

　　网络营销环境在近几年内迅速地发展变化，使得各种网络营销模式不断出现。正因如此，网络营销不论是从学科领域方面，还是从知识背景与结构方面或者研究方法和研究内容方面上都存在着较多的争议。我们单从网络营销英文写法上就可以看得出来：Internet Marketing，Online Marketing，Web Marketing，Electronic Marketing，Network Marketing，Cyber Marketing 等，这些都是网络营销。那么网络营销将如何定义呢？中国电子商务协会网络营销专业委员会(PCEM)给出了相应的回答：网络营销是指为实现企业总体经营目标所进行的，以 Internet 为基本手段创造和实现网上经营环境的各种活动。

　　网络营销同其他学术名词一样，对其定义也有着不同的说法。那么笔者试从"营销"这一角度出发，将网络营销定义为：网络营销是以 Internet 为基础，并以现代市场营销理论为指导，借助于联机网络、通信技术和数字交互式媒体的力量来实现一定营销目标的经营过程，也是企业整体营销战略的一个重要组成部分。

2. 网络营销的特点

　　随着 Internet 技术发展的成熟和入网成本的降低，Internet 将企业、团体、组织及个人跨越时空联结在一起，使得他们之间信息的交换变得简单和高效。市场营销中最重要也最本质的是组织和个人之间进行信息传播和交换。正因为如此，Internet 具有营销所要求的某些特性，使得网络营销呈现出以下特点。

　　(1) 跨时空。由于 Internet 技术发展的成熟和联网成本的降低以及 Internet 超越时间约束和空间限制进行信息交换的特性，使得遍布全球的各种企业、团体、组织及个人能够通过 Internet 跨时空地联结在一起，并能让企业有了更多时间和更大空间进行营销，可每周 7 天、每天 24 小时提供全球性营销服务。

　　(2) 互动式。Internet 为产品联合设计、商品信息发布及各项技术服务提供最佳工具。Internet 的互动性特征使企业能够通过多种方式与消费者进行信息沟通，还可以进行产品测试与消费者满意度调查等活动；企业还可以为用户提供丰富翔实的产品信息，收集消费者的意见和建议。而消费者也有机会主动地查询自己喜欢的产品和企业的信息，并对企业的产品设计、营销组合和服务等提出意见和建议。这种双向互动的沟通方式提高了消费者的参与性和积极性，也使企业的营销决策更加有的放矢，从根本上提高了消费者满意度。

(3) 个性化。网络客户受教育程度和文化知识水平的普遍提高，使得其购买需求和购买行为更加个性化。而 Internet 上一对一的、理性的、消费者主导的、非强迫性的、循序渐进式的促销方式正满足了客户的需求。在网络环境下，消费者不再是被动地接受不需要的信息和产品，而是转变为根据自己的个性特点和需求在全球范围内寻找合适的消费品，甚至开始要求厂商为自己定制产品。网络营销真正奉行以客户为导向的营销观念，通过进入感兴趣的虚拟商店，消费者不但可以获取与产品相关的信息，而且可以量身定制产品，使购物更显个性。

(4) 成长性。Internet 使用者数量快速成长并遍及全球，使用者多属年轻、中产阶级、高教育水准，由于这部分群体购买力强而且具有很强市场影响力，因此是一项极具开发潜力的市场渠道。

(5) 整合性。第一，技术整合，网络营销是建立在高技术作为支撑的 Internet 基础上的，企业实施网络营销必须有一定的技术投入和技术支持，在改变传统的组织形态基础之上进行整合，提升信息管理部门的功能。第二，渠道流程整合，Internet 上的营销可由商品信息至收款、售后服务一气呵成，因此形成一种全程的营销渠道。第三，多媒体整合，它不再是以往的单一营销方式，而是综合了多种媒体的信息，如文字、声音、图像等信息，不仅很好地满足了消费者，还充分发挥了营销人员的创造性和能动性。

(6) 超前性。Internet 是一种功能强大的营销工具，它同时兼具渠道、促销、电子交易、互动客户服务及市场信息分析与提供多种功能。它所具备的一对一营销能力，正是符合定制营销与直复营销的未来趋势。

(7) 高效性。消费者购物所花费的时间、精力等也是购物成本的一个组成部分，并且消费者越来越重视这一成本的降低。信息社会的快节奏工作与生活使网络营销作为高效率的营销方式，可以简化购物环节，节约消费者的时间和精力，提高购物效率，必然会受到许多消费者的欢迎。

(8) 经济性。传统营销方式需租用店面并雇用大量营业人员，为之付出高昂的费用；而网络营销只需投入极少的服务器硬件费用或网络服务器空间费用，大大节约了经营成本。此外，网络营销还可以使企业凭借 Internet 的优势降低市场调研和促销费用，减少流通过程中诸多环节带来的成本增加，减少库存商品资金占用，降低因经营规模扩大而增加的投入。

6.1.2 网络直复营销理论

1. 直复营销的概念

美国直复营销协会(AMDA)为直复营销下的定义是：直复营销(Direct Response Marketing)是一种为了在任何地方产生可度量的反应和(或)达成交易，而使用一种或多种媒体相互作用的市场营销系统。麦当劳就是典型的例子。快餐业的顾客流失是非常快的，因而麦当劳就要时时刻刻地增加新的消费者。麦当劳在世界杯期间在中国有一个非常有创意的举动，它利用手机短信，并结合了世界杯的最新消息，来吸引消费者。它在合适的时间把手机短信发送到消费者手中，虽然短信的回应率只有 12%，但这比用传统的直接促销手段的 1%～5% 有了很大的提高。这是麦当劳做过的最为有效、最为成功的一个营销活动之一，为麦当劳获得了更多新的消费者。

2. 直复营销的主要特征

直复营销具有如下特征。

(1) 系统营销。它是一种有效的营销系统，其目的在于成功地将产品由生产者转移至客户。

(2) 一对一沟通。企业营销活动不通过中间商，借助各种媒体(如报纸、信函、电话、网络等)和客户直接进行一对一沟通。

(3) 互动性。营销者和顾客之间可以进行双向的沟通，营销者通过某些或特定的媒介向目标顾客或准顾客传递产品或者服务信息，顾客通过邮件、电话、在线等方式对企业的发盘进行回应。

(4) 效果可测性。它要求营销的结果可以通过客户的回应测量出来。如可以直接通过点击率、计数器、邮件回复、营销数据库等得到回应。

(5) 地点不限。直复营销活动可以发生在任何地点。只要是直复营销者所选择的沟通媒介可以到达的地方都可以展开直复营销。如客户可以在家里、火车上、办公室、旅途中发出订单、支付款项等。

直复营销不同于直接销售(Direct Selling)，它秉承了以客户需求为中心的市场营销观念。但它更强调比竞争对手更及时、以更有效的方式传递客户所期待的商品或服务，以更好地满足客户的需求。网络作为一种典型的交互式的可以双向沟通的渠道和媒体，可以很方便地在企业与客户之间架起桥梁，客户可以直接通过网络订货和付款，企业可以通过网络接收订单，安排生产，直接将产品送到客户手中。

3. 网络营销的直复营销属性

(1) 网络营销的最大优势是交互沟通。直复营销作为一种相互作用的体系，特别强调企业与目标客户之间的"双向信息交流"，它克服了以往网下营销中营销者与客户之间"单向信息交流"方式无法交互沟通的致命弱点。Internet 作为开放、自由的双向式的信息沟通渠道，企业与客户之间可以实现直接的"一对一"的信息交流和沟通。一方面，客户可以通过网络，向企业直接表达自己需求的状况；另一方面，企业也可以通过网络直接了解客户的需求，并以此为根据进行生产和营销决策，可以大大提高营销决策的效率和效果，在最大限度地满足客户需求的同时，可以实现自己盈利的需要。

(2) 网络营销可以实现快捷回应。直复营销活动的关键是为每个目标客户提供直接向营销人员反映的渠道，企业可以凭借客户反应找出不足，调整自己的营销活动。Internet 信息沟通方便、快捷的特点使得客户可以方便地通过 Internet 直接向企业提出建议和购买需求，也可以直接通过 Internet 获取售后服务。企业也可以通过网络营销获得客户的意见反馈、合理建议、服务要求及需求盲区等信息，发现企业营销活动的不足，按照客户的需求制定营销决策，使营销活动更具针对性，从而大幅度减少营销费用。

(3) 网络营销可以实现随处可得的营销服务。直复营销强调在任何时间、任何地点都可以实现企业与客户的"信息双向交流"，提供随处可得的营销服务，创造随处可得的营销机会。Internet 覆盖全球的特点和 24 小时持续运行的特性，使得客户可以根据自己的情况任意安排上网获取信息的时间，并且可以在任何时间、任何地点直接向企业发出需求信息和做出购买回应。企业也可以利用 Internet 自动地全天候提供网上信息沟通的特点，与客户利用 Internet 实现跨越空间和突破时间限制的双向沟通与交流。

（4）网络营销的效果易于测量。直复营销活动最重要的特性是营销活动的效果是可以数量化测定的。Internet 作为最直接的沟通工具，为企业与客户进行交易提供了方便的沟通工具和交易实现平台。例如，通过数据库技术和网络控制技术，企业可以以非常低廉的沟通费用和信息处理成本很方便地处理每一个客户发来的订单和发出的需求信息，而不必考虑客户的规模大小、购买量的多少。企业可以获得更全面的、比较精确的客户需求信息，从而使营销决策更具科学性。

总之，网络营销的特性和优势说明它是一种有效的直复营销工具，利用网络营销这一特性，可以大大改进营销决策的效率和营销活动的效益。

6.1.3　网络软营销理论

传统营销活动中最能体现强势营销特征的有两种促销手段：传统广告和人员推销。在传统广告中，消费者常常是被迫地被动地接收广告信息的"轰炸"。在互联网上，由于信息交流是自由、平等、开放和交互的，强调的是相互尊重和沟通，网上使用者比较注重个人体验和隐私保护。因此，企业采用传统的强势营销手段在互联网上展开营销活动势必适得其反。正因为这样，网络软营销应运而生了。

1．网络软营销的概念

网络软营销是指在网络营销环境下，企业向顾客传送的信息及采用的促销手段更具理性化，更易于被顾客接受，进而实现信息共享与营销整合，是针对"强势营销"而提出的新理念。

网络软营销与传统强势营销的根本区别在于，软营销的主动方是消费者，强势营销的主动方是企业。

2．网络软营销的相关概念

（1）网络社区：它是具有相同兴趣和目的、经常相互交流和互利互惠、能给每个成员以安全感和身份意识等特征的互联网上的单位或个人团体。其主要特征表现为：共同讨论感兴趣的话题，成员之间隐匿身份、互利互惠、解决难题。

（2）网络礼仪：它是互联网自诞生以来所逐步形成与不断完善的一套良好、不成文的网络行为规范，是网上一切行为都必须遵守的准则。

网络软营销正是通过各个网络社区的营销人员，向潜在的客户提供一种网上服务，并在遵守网络礼仪的同时，通过对网络礼仪的巧妙运用，从而获得一种微妙的营销效果。

3．网络软营销的本质

为了更好地了解网络软营销的本质，先以网络软营销的实例来说明。

【案例6-1】史玉柱的网络软营销

《征途》上线时，史玉柱的公关团队以十分专业的软文抢占了各大媒体的醒目位置，凭借"终身免费"和"发工资"的噱头，"以网络游戏革命"的主题进行疯狂的宣传和炒作。尽管《征途》所谓的发工资只是在游戏中发送虚拟货币，所谓的"免费游戏"也是靠道具收更多的费用，但是不得不承认，"发工资的概念"被史玉柱运用到了极致。他不但在理论上大张旗鼓地宣扬《征途》"革命性的模式"，也让玩家知道了玩游戏的"好处"，虽然这个好处也许只是个甜蜜的陷阱。在网络软营销上，史玉柱给业界人士做了个好榜样。

阅读了案例 6-1，网络软营销的本质似乎就清晰可见了，可以概括为以下几点。

(1) 本质是广告：追求低成本和高效回报，不回避商业的本性。

(2) 伪装形式是新闻资讯、管理思想，企业文化，技术、技巧文档，评论、包含文字元素的游戏等一切文字资源，使受众"眼软"。

(3) 宗旨是制造信任使受众"心软"。

(4) 关键要求是把产品卖点说得明白透彻，使受众"脑软"。

(5) 着力点是兴趣和利益，使受众"嘴软"。

(6) 重要特性是口碑传播性，使受众"耳软"。

6.1.4　网络关系营销理论

所谓关系营销，就是把营销活动看成是一个企业与消费者、供应商、分销商、竞争者、政府机构及其他公众发生互动作用的过程，其核心是建立和发展与这些公众的良好关系。但是网络关系营销并不是网络与传统的关系营销的简单叠加。

1. 网络关系营销的概念

网络关系营销是指企业借助联机网络、电脑通信和数字交互式媒体的威力来实现营销目标。它是一种以消费者为导向、强调个性化的营销方式，适应了定制化时代的要求；它具有极强的互动性，是实现企业全程营销的理想工具；它还能极大地简化顾客的购买程序，节约顾客的交易成本，提高顾客的购物效率。并且，网络化营销更多地强调企业应借助于电子信息网络，在全球范围内拓展客源，为企业走向世界提供基础。现代企业应充分发挥"互联网络"的互动优势，灵活开展网络营销，促进企业的持续发展。图 6-1 为网络关系营销基础环境。

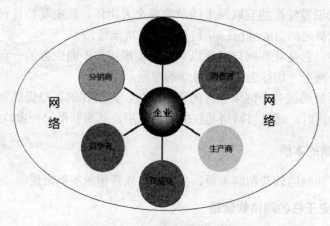

图 6-1　网络关系营销基础环境

2．网络关系营销的作用

网络营销活动中，Internet 作为一种有效的双向沟通渠道，企业与客户之间可以实现低成本、高效率的沟通和交流，它为企业与客户建立长期关系提供了有效的技术保障。

（1）客户可以通过 Internet 直接提出自己的个性化需求，企业可以利用 Internet 直接接收客户的订单、了解客户的需求，企业根据客户的个性化需求，借助柔性生产技术，从而最大限度地满足客户需求，为客户消费产品和服务创造更多的价值。企业也可以从客户的需求中了解市场、细分市场和选定目标市场，最大限度地降低营销费用，提高对市场的反应速度。

（2）Internet 不受时间和空间限制的特性使得企业能最大限度地与客户进行沟通，企业利用 Internet 可以更好地为客户提供产品或服务并与客户有效保持联系。而且，通过 Internet 企业还可以实现对从产品设计、产品生产、产品配送到消费者需求满足等营销活动全过程质量的控制，客户也可以借助 Internet 在最短时间内以最简便、快捷的方式获得企业的产品或服务。

（3）Internet 能以低廉的沟通成本帮助企业与供应商、分销商等在市场竞争中建立合作发展的战略联盟关系，从而实现关系各方双赢或多赢的发展。

在网络化信息时代，新的市场环境导致企业与客户的关系发生本质性的变化，抢占市场的关键已从管理营销组合转变为企业与客户的互动关系管理。现代市场营销的发展趋势表现为从交易营销转向关系营销，不仅强调赢得客户，而且强调长期地拥有客户；从着眼于短期利益转向重视长期利益；从单一销售转向建立友好合作关系；从以产品性能为核心转向以产品或服务给客户带来的利益为核心；从不重视客户服务转向高度承诺。这就要求网络营销方案的策划，必须围绕处理好与客户的关系这个核心来展开，把服务、质量和营销有机地结合起来，通过与客户建立长期、稳定的关系，实现长期拥有客户的目标。

6.1.5　网络整合营销理论

20 世纪 90 年代后期兴起的整合营销是把企业营销战略的重心由 4P 转向了 4C，体现了现代整合营销理论强调客户、注重沟通的思想。整合营销的基本思想是把客户从需求产生到需求满足都整合到整个营销过程中来，而且在整个营销过程中不断地与客户交互沟通，企业做出的每个营销决策都从消费者需求与欲望的角度出发，而不是像传统营销理论那样主要从企业自身获取利润的角度出发。

1．网络整合营销的概念

网络整合营销是一种对各种营销工具和手段的系统化结合，根据环境进行即时性的动态修正，以使交换双方在交互中实现价值增值的营销理念与方法。它以市场为条件方式，以价值为联系方式，以互动为行动方式，是现代企业面对动态复杂环境的有效选择，整合营销强调将营销中的各种要素组合，使各种作用力统一方向，形成合力，共同为企业的销售目标服务。

2．网络整合营销的含义

网络整合营销基于信息网络之上，其主要有两个方面的含义：一方面是传播资讯的统一性：企业用一个声音说话，各种营销职能如推销人员、广告、产品管理、营销调研等必须彼此协调，且消费者无论从哪种媒体所获得的信息都是统一的。另一方面是互动性：营销必须使公司其他部门接受思考顾客的观念。营销并非是一个部门的工作，而是整个公司的导向问题。而且还要与消费者之间展开富有意义的交流，能够迅速、准确、个性化地获得信息和反馈信息。

3．网络整合营销的相关理论

(1) 4P 理论：即产品(Product)、价格(Price)、渠道(Place)、促销(Promotion)。它注重产品开发的功能，把产品的功能诉求放在第一位，再根据不同的市场定位，制定不同的价格策略，进行分销和促销。

(2) 4C 理论：即消费者(Consumer)、成本(Cost)、便利(Convenience)和沟通(Communication)。它强调企业首先应该把追求顾客满意放在第一位，其次是努力降低顾客的购买成本，然后要充分注意到顾客购买过程中的便利性，而不是从企业的角度来决定销售渠道策略，最后还应以消费者为中心实施有效的营销沟通。

无论是 4P 理论还是 4C 理论，都没有将其放到与企业的利润同等重要的地位上来。而网络的互动性使得顾客能够真正参与整个营销过程，而且其参与的主动性和选择的主动性都得到加强。这就决定了网络营销首先要求把顾客整合到整个营销过程中来，从他们的需求出发开始整个营销过程。据此就提出了网络整合营销 4I 原则。

4．网络整合营销的 4I 原则

网络整合营销的 4I 原则即趣味原则(Interesting)、利益原则(Interests)、互动原则(Interaction)、个性原则(Individuality)，集中体现了顾客的需求，同时也彰显了网络整合营销的精髓。

(1) 不要卖你所能制造的产品，而是卖那些顾客想购买的产品，真正重视消费者。

(2) 暂不考虑定价策略，而去了解消费者要满足其需要与欲求所愿付出的成本。

(3) 暂不考虑通路策略，应当思考如何给消费者方便以购得商品。

(4) 暂不考虑怎样促销，而应当考虑怎样沟通。

6.2　网络营销策略

网络营销的模式从消费者的需求出发，营销决策的 4P 是在满足 4C 要求的前提条件下实现企业的利润最大化，最终实现消费者需求的满足和企业利润最大化。在网络营销模式下，企业与客户关系变得非常紧密，从以前的一对多形式转变为一对一的营销模式，继而也出现了新的营销策略——网络营销策略。

6.2.1　网络营销的产品策略

在网络中的概念会发生变化，它不再是传统意义上的一种物理的概念，即实实在在的东西。而是从"物质"的概念转变为一个综合服务和满足需求的概念。也就是说，企业售出的不光是一些物质性的产品，更是一种综合服务的理念。

1．网络营销产品的层次

在网络营销中，产品的整体概念可以分为以下 5 个层次。

(1) 核心利益层次。它是指产品能够提供给消费者真正想要购买的基本效用或益处。

(2) 有形产品层次。它是产品在市场上出现时的具体物质形态，可以表现在：品质、特征、式样、商标、包装等方面，是核心利益的物质载体。

(3) 期望产品层次。正因为在网络营销中，顾客作为主导地位，使用产品的设计和开发必须满足顾客这种个性化消费需求。

(4) 延伸产品层次。它是指由产品的生产者或经营者提供的购买者有需求的产品层次，主要是帮助用户更好使用核心利益和服务。

(5) 潜在产品层次。它是在延伸产品层次之外，由企业提供能满足顾客潜在需求的产品层次。它主要是产品的一种增值服务。它与延伸产品的主要区别是顾客没有潜在产品层次仍然可以很好使用顾客需要的产品的核心利益和服务。

从图 6-2 中，我们可以看出网络营销产品层次与传统营销产品层次的区别。

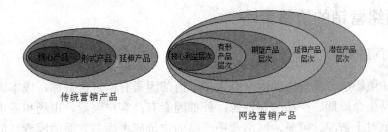

图 6-2　网络营销产品层次与传统营销产品层次示意图

2．网络营销的产品策略选择

知道网络营销产品的层次后，就要知道什么样的产品适合在网上销售，那就要从以下几个方面考虑。

(1) 产品的消费对象是否与网民结构一致？现在，上网人口主要是年轻的高收入男性、专业人士和学生。从这个角度讲，计算机软硬件、通信产品、旅游、书籍、音乐、鲜花和教育等产品比较适合网上销售。当然，网民的结构也在随时变化，现在，越来越多的女性开始上网，而且网络也日渐平民化，以前似乎不适合上网销售的一些产品如服饰等也开始在网上热卖。

(2) 产品的质量标准是否比较单一，消费者是否无须近距离接触就能比较清楚地了解其质量？从这个角度讲，名牌的家电和书籍等可能比较适合网上销售，而过于个性的服装则不适合。

(3) 你的产品以传统方式购买是否特别费事？或很难找到？这里，网络就可以发挥其信息收集与检索的优势了。比如，网上的二手货买卖，互联网能轻易地把众多的买主与卖主集合在一起交易，能让买方通过检索方便地发现自己所需的产品。

(4) 考虑到配送成本，你的产品在目标市场与别的商店，包括网下的商店比是否还具有价格优势？从这个角度讲，各种"软"产品，如教育、咨询、证券交易、软件和音乐等特别适合网上交易，一些体积小、价值高或与目标市场差价特别大的产品，如手工艺术品等也适合在网上销售。

表 6-1 所示为网络营销的产品策略。

表 6-1　网络营销的产品策略

商品形态	营销方式	销售品种
实体商品	在线浏览购物	日用品、工业品、农产品
	选择送货上门	
软体商品	提供咨询	资料库检索、电子新闻、电子图书、电子报刊、研究报、论文
	软件销售	电子游戏、套装软件
在线服务	情报服务	法律查询、医药咨询、股市行情分析、银行、金融咨询服务
	互动式服务	网络交友、电脑游戏、远程医疗、法律救助
	网络预约服务	航空、火车订票，饭店、餐馆预约，电影票，音乐会、体育赛事入场券预订，旅游预约服务，医院预约挂号

6.2.2　网络营销的价格策略

1. 影响网络营销定价的因素

大家都知道影响产品价格的因素有很多，内部因素有：定价目标、成本因素、营销组合战略、产品生命周期、产品的属性等；外部因素有：客户因素、市场和需求的状况、竞争环境和竞争对手情况。可见，网络营销产品的定价应考虑多方面的因素，但是影响网络营销定价策略的独特因素主要包括以下几点。

(1) 对价格的敏感度。

(2) 独特的价值效应。

(3) 客户参与的主动性。

(4) 回归一对一谈判。

2. 网络营销定价目标

网络营销活动中，企业的定价目标一般有以下几个方面。

(1) 以维持企业的生存为目标：主要是保本价或低价。

(2) 以获取当前最高利润为目标：实现企业的利润最大化。

(3) 以市场占有率最大化为目标：制定尽可能低的价格来追求高市场占有率的领先地位。

(4) 以应付和防止竞争为目标：以较低的价格为市场形成进入壁垒，减少竞争。

3．网络营销定价的特点

网络营销定价的特点如下。

(1) 从价格水平分析，网络营销的价格相对较低，价格趋低化。

(2) 从价格弹性分析，价格竞争对销售影响不大。

(3) 从标价成本分析，价格变动次数远大于传统商家，但幅度很小。

(4) 从价格差异分析，商家知名度、品牌、信任度等的不同，具有不确定性。

4．网络营销的定价策略选择

网络营销的定价策略有许多，下面仅介绍具有代表性的几种策略。

(1) 低价渗透策略：企业把产品以较低的价格投放网上市场，以吸引网上顾客，抢占网上市场份额，提高网上市场占有率，以增强网上市场竞争优势。低价能使企业取得最大网上市场销售量，并且能够有效阻碍竞争者的跟进与加入。如低价折扣策略，为吸引更多的人到网上购买，一般对于公开定价商品多采用折扣策略。

(2) 客户主导定价策略：网络环境下，一般企业的定价策略更多地由按成本定价转变为按客户理解的产品价值定价。如拍卖竞价，消费者通过互联网轮流公开竞价，在规定时间内价高者赢得。

(3) 动态定价策略：在差异定价法基础上发展而来，通过客户跟踪系统经常关注客户的需求，时刻注意潜在客户的需求变化，保持网站向客户需要的方向发展。在此前提下，企业连续、及时更新产品价格数据库，数据库里的价格信息随时间和用户因素的不同而即时变化。

(4) 个性化定价策略：要求企业保持与客户的直接接触，理解客户的特殊要求；还要求企业能够及时根据市场需要组织原材料，以最快的速度生产客户所需要的产品。基于上述几点自行定价。

6.2.3　网络营销的促销策略

1．网络促销的概念

网络促销是指利用计算机及网络技术向虚拟市场传递有关商品和劳务的信息，以引发消费者需求，唤起购买欲望和促成购买行为的各种活动。

2．网络促销的特点

网络促销具有如下特点。

(1) 网络促销活动是通过网络传递有关信息。从事网络促销的营销者不仅要熟悉传统营销知识和技巧，而且需要相应的计算机网络技术知识。

(2) 网络促销活动是在虚拟市场上进行的。从事网上促销的人员必须分清虚拟市场和实体市场的区别，跳出实体市场的局限性。

网络促销与传统促销相比，不仅在时空观念上发生了变化，同时也在沟通方式、消费行为上发生了变化。企业的促销人员必须认识到这种时空观念的变化，调整自己的促销策略和具体实施方案。上网购物者直接参与生产和商业流通的循环,并且要快速吸收来自方方面面的媒体信息,还要普遍进行大范围的选择和理性的购买。

3. 网络营销的促销策略选择

传统营销的促销策略主要有四种:广告、销售促进、宣传推广和人员推销。网络营销是在网上市场开展的促销活动,相应策略也有四种,分别是网络广告、站点推广、销售促进和关系营销。其中网络广告和站点促销是主要的网络营销促销策略。根据艾瑞报告显示,2011 年度中国网络广告市场规模达到 511.9 亿,较去年增长 57.3%。互联网广告的市场规模增长到一个新的量级,同时相对于报纸广告 453.6 亿元高出了 58.3 亿元。网络广告已经形成了一个很有影响力的产业市场,因此企业的首选促销形式就是网络广告。图 6-3 为2001—2011 年中国网络广告市场规模。

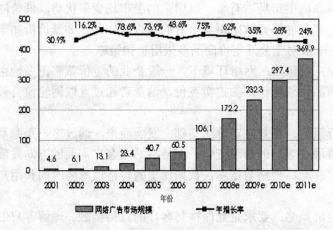

图 6-3　2001—2011 年中国网络广告市场规模

注:网络广告市场规模包括品牌图形广告、搜索引擎广告、固定文字链、分类广告、富媒体广告和电子邮件等网络广告运营商收入,不包括渠道代理商收入。

(1) 网络广告。网络广告类型很多,根据形式不同可以分为旗帜广告、电子邮件广告、电子杂志广告、新闻组广告、公告栏广告等。网络广告主要是借助网上知名站点(如 ISP 或者 ICP)、免费电子邮件和一些免费公开的交互站点(如新闻组、公告栏)发布企业的产品信息,对企业和产品进行宣传推广。网络广告作为有效而可控制的促销手段,被许多企业用于在网上促销,但花费的费用也不少。

(2) 站点推广。网络营销站点推广就是利用网络营销策略扩大站点的知名度,吸引上网者访问网站,起到宣传和推广企业以及企业产品的效果。站点推广主要有两大类方法:一类是通过改进网站内容和服务,吸引用户访问,起到推广效果;另一类是通过网络广告宣传推广站点。前一类方法费用较低,而且容易稳定顾客访问流量,但推广速度比较慢;后一类方法可以在短时间内扩大站点知名度,但费用不菲。

(3) 销售促进。销售促进就是企业利用可以直接销售的网络营销站点,采用一些销售促进方法如价格折扣、有奖销售、拍卖销售等方式,宣传和推广产品。

(4) 关系营销。关系营销是通过借助互联网的交互功能吸引用户与企业保持密切关系,培养顾客忠诚度，提高企业收益率。

6.2.4　网络营销的渠道策略

1．网络营销渠道概念

网络营销渠道是指借助互联网的销售平台向消费者提供商品的信息和服务，以促成商品的价值转移和信息的双向沟通，从而辅助企业实现营销目标的一套相互依存的中间环节。

与传统营销渠道一样，以互联网作为支撑的网络营销渠道也应具备传统营销渠道的功能。营销渠道是指与提供产品或服务以供使用或消费这一过程有关的一整套相互依存的机构，它涉及信息沟通、资金转移和事物转移等。一个完善的网上销售渠道应有三大功能：订货功能、结算功能和配送功能。它突破了传统渠道的地域限制，简化了传统渠道的多层次结构，集售前、售中、售后服务于一体，是新型的网络中介。

2．网络营销渠道分类

(1) 网上直销。网上直销与传统直接分销渠道一样，都没有营销中间商。网上直销渠道一样也要具有上述营销渠道中的订货功能、支付功能和配送功能。网上直销与传统直接分销渠道不同的是，生产企业可以通过建设网络营销站点，让顾客直接从网站进行订货。通过与一些电子商务服务机构如网上银行合作，可以通过网站直接提供支付结算功能，简化了过去资金流转的问题。对于配送方面，网上直销渠道可以利用互联网技术来构造有效的物流系统，也可以通过互联网与一些专业物流公司进行合作，建立有效的物流体系。

(2) 网络时代的新型中间商。由于网络的信息资源丰富、信息处理速度快，基于网络的服务可以便于搜索产品，但在产品(信息、软件产品除外)实体分销方面却难以胜任。目前出现许多基于网络的提供信息服务中介功能的新型中间商，可称之为电子中间商。

3．网络营销的渠道策略

(1) 增值策略。它包括产品信息增值和客户信息增值，体现在产品信息的发布、组织和展示方面。

(2) 延伸策略。主动营销(联合促销、定期推荐商品)实现信息传播的延伸；在线交易实现营销手段的延伸；中间商介入实现营销范围的延伸：除充分利用自身网络销售平台外，还要充分利用电子中间商实现营销范围扩大。

(3) 整合策略。主要有上上整合(企业内网、外网和因特网线上整合)和上下整合(网络渠道与传统渠道的完美结合)。

(4) 双管策略。一方面是线上与线下的双管，网上营销与离线营销相结合。另一方面是直销与中介的双管，直销渠道与中介渠道相结合。

6.3 网络市场调查

6.3.1 网络市场调查概述

网络市场调查是一股新生的力量，相对于传统的市场调查具有许多优势，会渐渐取代入户调查、随机访问等传统调查方式，慢慢地成为调查主流。

1．网络市场调查的含义

网络市场调查是利用互联网对特定营销环境进行的市场调查，相应也有直接或间接营销两种方式。它的目的是为了摸清企业目标市场和营销环境，为经营者细分市场、识别消费者需求和确定营销目标提供相对准确的决策依据，提高企业网络营销的效用和效率。

2．网络市场调查的特点

网络市场调查的实施可以充分利用 Internet 作为信息沟通渠道的开放性、自由性、平等性、广泛性和直接性的特性，使得网络市场调查具有传统市场调查手段和方法所不具备的一些独特的特点和优势。

(1) 及时共享性。网络调查是开放的，任何网民都可以进行投票和查看结果，而且在投票信息经过统计分析软件初步自动处理后，可以马上查看到阶段性的调查结果。

(2) 便捷低耗性。实施网络调查节省了传统调查中耗费的大量人力和物力，并可以快速便捷地提供优质服务。

(3) 充分交互性。网络的最大好处是交互性，因此在网络调查时，被调查对象可以即时就问卷相关问题提出自己更多看法和建议，可减少因问卷设计不合理导致的调查结论偏差。

(4) 客观可靠性。实施网络调查，被调查者是在完全自愿的原则下参与调查，调查的针对性更强，因此问卷填写信息可靠、调查结论客观。

(5) 超越时空性。网络市场调查是 24 小时全天候的调查，这就与受区域制约和时间制约的传统调研方式有很大不同。

(6) 可检可控性。利用 Internet 进行网络调查收集信息，可以有效地对采集信息的质量实施系统的检验和控制。

3．网络市场调查与传统市场调查的区别

与传统调查方式比较，网络调查在组织实施、信息采集、信息处理、调查效果等方面具有明显的优势，这些优势正是网络调查方式会产生、运用、发展并最终将取代传统调查方式的内在原因。表 6-2 详细说明了网络市场调查与传统市场调查的区别。

表 6-2　网络市场调查与传统市场调查的区别

比较项目	网络市场调查	传统市场调查
调查费用	费用低廉(以设计费、数据处理费为主)	费用昂贵(纸张、印发、回收、人员等)
调查范围	样本容量大，调查范围广泛	由于成本限制，样本数量和调查范围有限
运作速度	速度快，基于网络平台和数据库，结论几天之内就能给出	速度较慢，2～6 个月才能得出结论
调查时效性	调查可 24 小时全天候执行	不可全天进行调查
调查便利性	受调查者不受时间、空间限制	受空间位置、天气等因素影响
调查可信性	相对真实可信	一般对问卷进行审核，可信度较高
适用性	适合于大样本调查和得出结论较为迅速的情况	适用于进行面对面访谈

6.3.2　网络市场调查方法

传统市场调查有两种方式，一种是直接收集一手资料，如问卷调查、专家访谈、电话调查等；另一种是间接收集二手资料，如报纸、杂志、电台、调查报告等现成资料。而利用互联网进行市场调查即网络市场调查相应也有两种方式：一种是利用互联网直接进行问卷调查等方式收集一手资料，如上面案例中介绍的"我国 Internet 现状与发展"调查就是在网上利用问卷直接进行调查，这种方式不妨称为网络直接调查；另一种方式，是利用互联网的媒体功能，从互联网收集二手资料。由于越来越多的传统报纸、杂志、电台等媒体，还有政府机构、企业等也纷纷上网，因此网络成为信息海洋，信息蕴藏量极其丰富，关键是如何发现和挖掘有价值信息，而不再是过去苦于找不到信息，对于第二种方式一般称为网上间接调查。

1. 网络直接市场调查

(1) 根据调查的方法进行分类，可以分为：网络问卷调查法、网络观察法、专题讨论法。其中以网络问卷调查法最为流行。图 6-4 为中国移动手机支付用户满意度网上调查页面。

(2) 根据调查者组织调查样本的行为不同，可分为主动调查法和被动调查法。主动调查法，即调查者主动组织调查样本，完成统计调查的方法。被动调查法，即调查者被动地等待调查样本来访，完成统计调查的方法。被动调查法的出现是统计调查的一种新情况。

(3) 根据管理网上调查采用的技术不同，可分为站点法、电子邮件法、随机 IP 法和视讯会议法等。站点法，即将调查问卷设计成网页形式，附加到一个或几个网站的 Web 页上，由浏览这些站点的用户在线回答调查问题的方法。站点法属于被动调查法，是目前网络调查的基本方法，也将成为未来网络调查的主要方法。电子邮件法，即以较为完整的 E-mail 地址清单作为样本框，使用随机抽样的方法通过电子邮件发放问卷，并请调查对象以电子邮件反馈答卷。随机 IP 法，即以产生一批随机 IP 地址作为抽样样本的调查方法。视讯会议法，即基于 Web 的计算机辅助访问，将分散在不同地域的被调查者通过互联网视讯会议功能虚拟地组织起来，在主持人的引导下讨论调查问题的调查方法。该方法适合于对关键问题的调查研究，属于主动调查法。

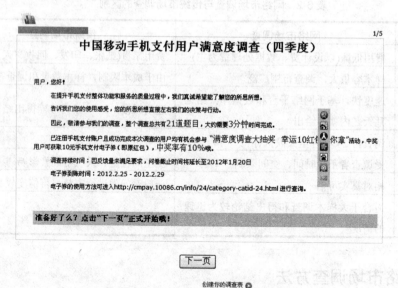

图 6-4　中国移动手机支付用户满意度网上调查

2. 网络间接市场调查

(1) 利用搜索引擎收集资料。目前网上 80%的信息都是英文的，中文网站经过几年的发展，网上的中文信息也开始丰富起来，中文网站数目急剧增加，特别是 1999 年的"政府上网年"，越来越多的经济政策信息纷纷上网，我国台湾、香港等中文网站的中文资源已小有规模。因此，选择搜索引擎时最好区分一下是查中文信息还是外文信息，如果是中文信息，使用较多的中文搜索引擎是：搜狐、新浪、网易、中文雅虎；如果是外文信息，使用较多的搜索引擎是：Yahoo!、Excite、Lycos、Infoseek 和 AltaVista。

(2) 利用公告栏收集资料。公告栏(BBS)就是在网上提供一个公开"场地"，任何人都可以在上面进行留言回答问题或发表意见和问题，也可以查看其他人的留言，好比在一个公共场所进行讨论一样，你可以随意参加，也可以随意离开。目前许多 ICP 都提供有免费的公告栏，只需要申请使用即可。公告栏软件系统有两大类，一类是基于 Telnet 方式的文本方式，查看阅览不是很方便，在早期用得非常多；另一类是现在居多的基于 WWW 方式，它是通过 Web 页加上程序(如 JavaScript)实现，这种方式界面友好，受欢迎，使用方法如同浏览 WWW 网页。利用 BBS 收集资料主要是到主题相关的 BBS 网站上去了解情况。

(3) 利用新闻组收集资料。新闻组就是一个基于网络的计算机组合，这些计算机可以交换以一个或多个可识别标签标识的文章(或称之为消息)，一般称作 Usenet 或 Newsgroup。由于新闻组使用方便、内容广泛，并且可以精确地对使用者进行分类(按兴趣爱好及类别)，其中包含的各种不同类别的主题已经涵盖了人类社会所能涉及的所有内容，如科学技术、人文社会、地理历史、休闲娱乐等。使用新闻组的人主要是为了从中获得免费的信息或相互交换免费的信息。

(4) 利用 E-mail 收集资料。E-mail 是 Internet 使用最广的通信方式，它不但费用低廉，而且使用方便快捷，最受用户欢迎，许多用户上网主要是为收发 E-mail 信件。目前许多 ICP

和传统媒体以及一些企业都利用 E-mail 发布信息。一些传统的媒体公司和企业，为保持与用户的沟通，也定期给公司用户发送 E-mail，发布公司的最新动态和有关产品服务信息。因此，通过 E-mail 收集信息是最快捷有效的渠道，收集资料时只需要到有关网站进行注册，以后等着接收 E-mail 就可以了。

 复习思考题

1. 网络营销需要哪些特定的环境？
2. 网络营销有哪些基本理论？请分别简述之。
3. 网络营销有哪些策略？请分别就其特点谈谈其典型应用。
4. 什么是网络市场调查？它有哪些方法？

 案例分析

滴滴打车早期投资人王刚：三年前投了七十万元，现在赚了几千倍

王刚此前在阿里巴巴任职超过十年，曾主管 B2B 北京大区、支付宝商户事业部和集团的组织发展，花名"老聘"。滴滴是他在 2012 年离开阿里巴巴后孵化投资的第一个项目，此项目也让他获得了数千倍收益。(滴滴并未上市，所以这是账面估值。)

除了滴滴，王刚还孵化、投资了四十多家中国创业公司和十多家美国创业公司，以独特的眼光和深刻的商业逻辑协助创业者，成功孵化多个估值过亿美元的创业项目。

他还发起并建立了"胜利者同盟"俱乐部，供创业公司 CEO 之间碰撞想法、资源利益共享并互助成长。

这名投资人为人低调，极少在公众场合露面，此次是他首次接受媒体专访，从投资人视角讲述滴滴发展背后的故事。

以下为根据采访整理的王刚口述：滴滴创始人程维和我在阿里巴巴 B2B、支付宝商户事业部期间一起共事多年。2012 年我们先后离开阿里，准备创业。最开始我们很天真，曾想一起做一个集团公司。

因操作难度太大、融资也不顺利，我就转变了思路，决定支持每个我曾经带过的兄弟做 CEO，因为他们能力并不互补，我们可以赌更多商业机会。

我出钱和他们一起想点子和打磨商业模式，一起面对所有困难和未来，从第一天开始我就退居第二合伙人的位置，做 N+1 的 1。

滴滴属于我们孵化的第一个项目，做一个打车软件的想法也是我和程维一起碰撞并决定的。原因有三，在中国打车难，这是大众主流的刚性需求；国外有类似的模式，英国打车应用 Hailo 刚刚拿到了融资，方向貌似可行，但不能完全复制；移动互联网的到来，手机定位距离的属性变得越来越重要。最终决定创业后我出资七十万元，程维出资十万元，他从杭州回到北京，在 2012 年 5 月开始创业。我们都没有创业经验，仅仅做出了一个演示和勉强上线的产品，我和他就一起去融资，要融 500 万美元。主流 VC 找遍了，但都没有结果。这不能怪投资人没眼光，主要是我们融资经验不足，要的价格跟公司阶段不匹配。之后，尽管程维绞尽脑汁压缩成本，还是花完了我们当时的出资。我记得他给我打过一个电话，请求资金上的帮助，我的回应也很坚定："这是我们孵化的第一个项目，宁可后面不投其他公司，也会扛下去。"后来我就又借了公司几十万元。

直到几个月后，此前我们并不认识的金沙江创投合伙人朱啸虎通过微信找上门来，一拍即合，几乎答应了我们所有条件，滴滴这才完成 A 轮融资。这应该是朱啸虎投资史上最有价值的项目，从那以后，朱啸虎也像合伙人一样一路给滴滴不少有价值的提醒和建议。如果是犀利的意见，他也会通过我，侧面提醒程维。他的确是程维和我见过的最棒的 VC 合伙人之一。滴滴起步时并不顺利。最初的产品是花 8 万元钱外包开发的，但总达不到上线标准，推出时间一拖再拖。

上线后产品问题非常严重，数据包太大，BUG 有三十多个，不仅耗电，还耗大量流量。出租车司机使用我们的产品后都很气愤，甚至怀疑我们："难怪你们不收钱，你们和运营商是一伙的，专来骗流量的。在产品上曾走了弯路，也与早期选择技术合伙人不够慎重有关。因为我和程维都不懂技术，所以拉了一个技术就创业了。四个月后，程维果断地让这个技术合伙人离开了公司，在公司账上并没有多少现金的情况下，我们付出了数百万元人民币的代价。当然，到今天我还是很感激这名合伙人，如果没有他的加盟我们就不会启动这个项目，他对滴滴是有历史价值的。团队没有懂技术的人，我们痛苦了很长一段时间，直到 2012 年年底，程维请来了百度的研发经理张博，才彻底补齐了技术的短板。当时程维手中有三个 CTO 候选人，张博的特点是风格和我们很像，简单、正直、愿意付代价、好沟通，和其他候选人相比经验不算特别资深，但和滴滴是很匹配的。

事实证明选择张博是非常明智和正确的，用程维的话形容，"张博是上帝送给滴滴最好的礼物"。技术合伙人到位后，第一场硬仗就是要拿下北京市场。在这里我们不是起步最早的，当时有一家直接的竞争对手摇摇招车。

我们没有简单复制他们，而是独立思考我们的业务模式。滴滴有着阿里的基因，如何做一个平台我们是有些经验的。针对对手，在早期我们坚持了四不做：不做黑车、不做加价、不做账户、不做硬件。"四不做"出于这几点考量：不做黑车。毫无疑问，我们不能做政策风险太大的事情。不做加价。因为不想让产品变得太复杂，所以让对手先做，试水了市场接受度后，我们才考虑是否跟进。另外，加价会被认为变相地改变了价格体系，当时有强烈的反对声浪，我们担心政策风险过大。还曾有投资人建议做竞价，但平台最忌讳把产品设计得太复杂，司机、乘客都搞不懂，这样不利于大规模扩张。不做账户。对于乘客，付钱难不是痛点，打车难是痛点，绑卡很复杂，在早期如果我们给司机带来的收入不够多，他们不会有意愿配合，所以为了不影响扩张速度，我们暂时没有做账户。不做硬件。当时还有创业公司给司机送 iPad，我的看法是平台公司不能用硬件做壁垒，规模是平台的唯一壁垒。能否给司机带来优质订单是核心，硬件不是核心——如果没有订单，司机会在你的设备上安装别人的 APP 抢单；有订单，司机就会买最好的设备来装你的 APP 抢单。

创业早期滴滴抵制住了很多非本质业务的诱惑，做了很多减法，目的只有一个：跑得最快。我们知道区域性打车软件根本活不下来，跑到全国第一覆盖率是最重要的，相比覆盖率，核心重点城市的优先级更高。滴滴第一天就选择在北京创业，也是歪打正着，尽管城市越大，匹配难度就越大，但是先占领了这个战略要地对我们有非同小可的价值。当然首先要面对的就是要和摇摇招车的正面竞争。这家公司产品推出比我们早，融资比我们顺利。它和我们的早期目标一样，是要让更多的出租车司机安装上自己的软件，因此地推团队都摆个桌子，在火车站、机场等出租车聚集点推广产品。起步后，我们迅速占领了除首都机场 T3 航站楼以外的所有重要据点，摇摇则跟一家机场第三方公司签了协议，把控了三号航站楼。T3 这个地点很特殊，每天的出租车吞吐量超过两万辆，相当于北京其他聚集点车辆数量相加一起的总量。这是一个至关重要的阵地，没有占领这里是最让程维睡不着觉的。

我们商量再三，没有采用跟摇摇一样的方式去找第三方合作，因为担心这种合作有不确定性风险。后来，机场管理部门接到了投诉，摇摇的这个推广点被取消了。当它再去疯狂地寻找其他入口时，我们守住了自己的阵地。之后在北京的数据，我们逐渐超过了摇摇。利用了逆袭摇摇的这次机会，我们开始了 B 轮融资，并做出了我们最纠结的融资决定——接受腾讯的投资。此时滴滴受到了很多 VC 的追捧，当然也包括腾讯。因为我们不想在 B 轮的时候就站队，所以我们一开始没有想过接受腾讯的投资。

在腾讯副总裁、腾讯产业共赢基金董事总经理彭志坚的努力和撮合之下，程维和我有了一次跟马化腾面谈的机会。进门之前我们达成默契，就是不给腾讯领投的机会。在现场我们分析了移动出行的各种可能发展情况、滴滴对于腾讯的价值，另外就是我们对公司控制权的在乎。马化腾大气地基本答应了我们的所有条件，包括不干涉公司业务的独立发展和不谋求控制权，只有一条，他希望能占有更多的股份。通过几次和腾讯的人打交道，他们给程维和我留下了正直、简单和友好的印象，所以我们并不排斥和他们合作。但是对于我们从阿里离开的人来讲，是要过心里这道坎的。如果不拿腾讯的钱，我们最大的担心是，快的已经拿了阿里的投资，如果腾讯等不及，转身去投资了摇摇，滴滴将会非常被动。

此外，我们的优势在线下，如果如日中天的微信的强大入口不为我们所用，滴滴就失去了一个最好的战略资源；同时公司也需要一个强大的伙伴去一起面对政策的不确定性，活下去是最重要的。程维和我在一个足浴店里进行了最后的讨论，我倾向腾讯跟投，他倾向腾讯领投。结果是我妥协了。因为他是 CEO，我是投资人，我必须站在他的角度支持他才能赢。但是我也告诉了他，我们的这个决定是要付出代价的，只能扛了。刚刚做完了融资决定，第二天是周日，程维就率领他的核心骨干奔赴上海，因为快的已经进入上海两周了。我则从北京回到了杭州，心情是忐忑的。将融资决定反馈给阿里后，几经周折，得到了默认，我也就释然了。但是两家公司的业务，也只能市场上见了。快的总部在杭州，几乎和滴滴同期创立，是长三角当时最大的打车公司。快的进入上海后，我们判断，如果上海和杭州形成联动，滴滴将会很被动，所以对这个战略要地，我们必须不惜代价地拿下。程维及团队的目标很简单：交易量不追上快的，就不回北京。

在上海，滴滴和快的开始了正面交锋。当团队综合运用多种方法，在上海追平了快的之后，我们又迅速进入了快的的大本营——杭州。因为资源倾斜向杭州，让杭州的数据好看了，但上海的团队和资源也随之被削弱，这时候，2013 年上半年，上海市场异军突起了除滴滴和快的之外的第三家公司——大黄蜂。这家公司我们很关注，他们以一百人的团队，专攻上海一个城市，我们以一百多人的队伍，同时进军五到六个核心城市。大黄蜂单点突破的方式，收效很大。我有一次去上海，司机说："你看，这不是滴滴的联络点吗？"我仔细一看，大黄蜂的联络点就跟滴滴并排在一起，但对方的人员比我们的团队更敬业和认真。

在现场我拍了一张照片发给程维，跟他说："上海你可能要丢掉了，这座城市一旦丢掉，你就给了对手一个很好的融资的理由，他们会告诉投资人：只要给我钱，我就可以逆袭滴滴。这将后患无穷。"程维回答说："你给我一周时间，我会马上再来上海。"

大黄蜂的打法让滴滴伤透脑筋，因为我们打的是一条线，而它只打一个点，比我们要容易。另一方面，快的在拼命拉长战线，大举进军二线城市。面对夹攻，我们的战略非常清楚：要把核心城市要地牢牢抓在手里；核心城市一个不能丢，必须把大黄蜂按住。资源都是有限的，由于我们的资金储备比对方多，滴滴采取了一块魔术布的策略，即大黄蜂打哪里我就哪里强，它不打的地方我不打。为了把大黄蜂剿灭，公司为上海市场单独做了预算，比如北京市场放 50 万美元，上海市场可能加码到 300 万美元。什么是战略？这就是战略，不平均用力，重点突出，单个矛盾，单个解决。重新把力量集结到上海后，我们逐渐追平了大黄蜂，这时候滴滴、快的、大黄蜂三家公司占有率相差不大。恰在这时，我们听闻大黄蜂在找百度融资。在当时，快的已经拿到了阿里的投资，如果百度再入主大黄蜂，打车软件市场将变成 BAT 三家各投一家，这将是程维和我最不愿看到的局面。我们主动约见了百度战略投资部的负责人，程维问他："你是要投第三名去搏命，还是要投第一？我们的天使可以卖老股争取你们进来。"滴滴的目标很清楚：只要争取一个月的谈判时间。只要我们在一个月的时间里把大黄蜂在上海的数据砸下去，百度就不会投它。此后我们又得知大黄蜂决定卖掉公司，快的找到大黄蜂正谈收购。看到市场二三名可能合并，我们也不想放弃机会，也加入竞购大黄蜂。这时候滴滴的处境是很尴尬的：C 轮融资因为 VC 的恐慌，并非想象的那么顺利；Uber 已经准备进入中国市场；传统出租车公司对打车软件充满敌意；区域性政策风险仍不可小觑。大黄蜂则利用两边的竞争态势，拼命提高收购条件。这严重地触动了我们的神经。一次在谈判桌上，我突然想起了八个字，"鹬蚌相争，渔翁得利"。眼看收购价格越来越高，我提出，与其第一名或第二名去争抢第三名，不如一二合并，重新奠定新的市场格局。经过跟程维和滴滴的其他董事商量，我主动找到了阿里。尽管信任的重塑是需要时间的，但因为情感基础和理性的战略利益都还在，所以双方都启动了谈判。金沙江的代表、腾讯的代表、阿里的代表、滴滴和快的的代表都出面了。当时还在高盛的柳青就是在这时候了解了滴滴，了解了程维。在谈判时，她因为跟两边的高层都能对上话，所以扮演了中间人的角色。经过几轮的反复沟通，虽然双方都是有意愿的，但因为在股份比例和管理权等问题上有分歧，一直无法达成共识。最终在 2013 年下半年，快的并购了大黄蜂。滴滴的 C 轮融资也获得了突破，得到了中信产业基金的支持，使得滴滴再次拥有了独立发展的机会，和快的的谈判也就暂时搁置了。

和快的的这次合并谈判，一定程度上修复了我们和阿里的关系。但谈判搁置后，随后就和它开始补贴大战则有一定的偶然性。在 2014 年年初接入微信支付后，程维想做一次促销推广，他最初找腾讯要几百万元的预算，腾讯回复说：你们的预算太少。最终给了滴滴几千万元。结果补贴让滴滴的成交量暴涨，一个礼拜里补贴已经过亿元。数据的暴涨给了对方不小的压力，在我们即将停止补贴的前一天，快的和支付宝也加入战局，开始对乘客和司机进行补贴。同时因为我们的补贴取消，形势迅速逆转，滴滴的交易数据开始大幅下滑。对方的补贴跟进后，一天，程维在董事会上告诉我们："两周以后，快的的数据可能开始超越我们。"这是我们第一次听到滴滴将被对方超越。此时我人在国外休假，听到这消息，所有的董事都惊了。我们再次面临一个重大的抉择：是否马上跟进补贴。所有投资人包括我，本能的反应都是极不愿意烧钱的，没有人希望看到我刚投资你，很快钱就被烧光的局面。这时候，程维正在开发"红包"产品，更成熟、性价比更高，他的想法是在一个月之后再进行新型的红包补贴。在董事的电话会议中，我和朱啸虎提出，尽管是我们发动的补贴大战，但是务必立即有力反击，如果等一个月后再反击，市场份额可能变成 7:3，主动权将拱手让予对方，滴滴有可能在市场上消失。我们做了一个推演：我们发起补贴时，如果快的不是六天而是一个月后才反应过来，市场数据对比将是 7:3 甚至 8:2。一旦这种局面出现，网络效应会产生，乘客觉得呼叫没有司机应答，司机觉得平台里没有乘客使用，将会产生强者愈强，弱者愈弱的结果。这时候对手再用十倍的代价，也未必能追上我们，它的结局是很难拿到融资并最终出局，反之亦然。很快大家就达成了一致，一定要让腾讯继续参与补贴。此前的补贴全是腾讯埋单，我们后来达成的方案是腾讯和滴滴各拿 50%。腾讯高层很爽快地表态：不论是一个月后补贴还是下周一补贴，CEO 做决定。程维则当机立断：下周一开始补贴！接下来的局面大家都很熟悉了：对方补贴十元，我们十一元；我们补贴十一元，对方十二元的局面。当补贴提高到十二元时，马化腾以多年运营游戏的经验，出了另一个主意：每单补贴随机，十元到二十元不等。这样对方就完全无法跟进了。程维采纳了这个方案。之后价格战越打越凶，根本停不下来。直到 2014 年 2 月底，马云在来往写了文章，说打车软件让家人打不到车。滴滴立即把握时机做出了积极的回应，使得补贴大战暂时告一段落。我要强调的是，滴滴有一个强大的 CEO 程维，同时有一个非常团结的董事会，滴滴的很多重要决策都是集体作出的。程维不但把他的几个 VP 激发得不错，董事会成员的热情他也调动得很好。不夸张地说，滴滴的团队没有一天是平静的，滴滴的董事会没有超过一个礼拜是平静的——不是竞争出状况，政策有风险，就是开打价格战，两三年来没消停过。用我们的话形容是"来不及喘气，天天都是高潮"。

滴滴成立后我们只开过一次正式的董事会，但其实天天都在碰头，随时都可能开会。移动互联网的创业如履薄冰，要求的反应速度比我想象的还要快。如何评价打车软件行业这场轰轰烈烈的补贴大战？必须承认，打车软件渗透率大幅提升源于补贴，腾讯和阿里两家公司的移动支付推动起来也大大受益于此。移动支付极大地优化了出租车领域的效率，司机和乘客都很受益。补贴对于引导和教育市场是绝对有价值的，但在市场教育完之后，还继续进行巨额补贴，这是不理性的，很多时候是由于囚徒困境导致很难停下来。

补贴大战进行的同时，有一天，程维打电话告诉我，他想要挖柳青过来。我当时狠狠地吃了一惊。这两三年来，我对我投资或者孵化的 CEO 们讲得最多的一段话就是："一定要持续的找更牛的人，最初你们都是带一帮一线人员打仗，很快你带的将是经理、总监、副总裁。看你的领导力水平最核心的是看你能领导谁，谁愿意跟你混。"虽然我也觉得程维是个没有给自己设限的 CEO，但敢挖柳青，还是超出我的预料，程维太敢想了。他们密切接触了十来天，如同热恋一般，不夸张地说每天超过 16 个小时在交流，柳青和程维的家人、同事聊天，把滴滴翻了个底朝天。程维告诉我，柳青赌的不是钱，是把整个人赌进来了，她做的背景调查绝对超过所有的投资机构。柳青的这个决定肯定让所有人都大跌眼镜，我所知道的是，她的家人对于她加入滴滴心情矛盾，出于理性和尊重的支持与出于情感的心疼都兼而有之。柳青决定加盟之前给我打过一个电话，聊了一次，我说："你那么多年的投行经历，好比一个空心萝卜，因为你没有实操经验；如果加盟滴滴，空心萝卜会变成实心萝卜。"在我看来，她和程维商量站在一起的时候，肯定是要打造一个数百亿美元的公司，否则对不起他们的代价。要我评价，柳青和程维在业务上就是一对绝配。什么是绝配？价值观相同、能力互补，就是绝配，就像马云和蔡崇信是绝配、马化腾和刘炽平也是绝配一样。程维、柳青两个人都极为聪明，有正气，做事都拼命。程维草根出身，从底层的销售一步步成长，他对市场的敏锐度、深入一线的执行能力是柳青所需要的；柳青出身名门，有大家风范，她的人脉资源、国际视野、在资本市场里呼风唤雨的能力，又是程维所需要的，因此他们这个组合很快出现了化学反应和叠加效应。柳青为滴滴付出很多，我讲一个例子：她的孩子以前是读寄宿学校，周末回家。但公司周末要开会，见不到孩子，她就把孩子从寄宿学校转学到公立学校，每天晚上可以回家看到孩子。但没想到，滴滴每天晚上开会也开到很晚，经常到十一二点。滴滴团队后来竟想出来这样一个"变态"的方案：每天晚上先让柳青九点下班，回去哄孩子睡觉，十一点再在她家楼下开会。这就是滴滴团队拼的程度，这就是滴滴能赢的原因。不仅是她，整个团队都很拼命。如补贴大战的时候，因为服务器宕机，技术团队曾经五天五夜不下楼，大家形容当时 CTO 张博的状态"整个人都是恍惚的"，还有一名工程师家里老婆生小孩了都没有来得及去医院陪护。柳青加盟后，给公司带来了直接的变化。记得去年我们 D 轮融资拿到 DST 一亿美元之后，DST 联合创始人兼总裁尤里·米尔纳(Yuri Milner)曾经来到滴滴，说了三句话："第一，Uber 要灭了你们；第二，如果要活命，只有一个办法，和快的合并；第三，合并后我可以再给你们十亿美元。"在现场，我感觉这个家伙是个有大智慧的人，但同时我们也传递了顾虑，因为此前两家公司曾试图合并，但失败了，这时候公司上下没人相信合并是可行的。我们担心他低估了合并的难度，因此做好了继续打大仗的准备，计划融一大笔钱。柳青的优势通过这次融资充分发挥出来了。她在和程维的配合下主导了滴滴 F 轮的近 7 亿美元的融资，这也是中国移动互联网史上最大一笔融资之一。快的也不示弱，2015 年年底融了跟我们相同数量的钱。融资后，形势起了些微妙的变化。是继续火拼，还是握手言和，共同面对其他的竞争者，双方开始认真进行更有诚意的沟通。

阿里和腾讯的态度也都变得更加开放，尽管战略诉求不同，但是开放的姿态和心态使得合并有可能发生。双方的管理团队有了更加默契的分工，财务投资人当然都乐见其成。大家不约而同地选择了中国互联网界最棒的"红娘"、华兴资本创始人包凡做中间人，开始了不间断的正式谈判。在一个基本框架下，战略股东的协调难度肯定是最大的，中间有过几次反复，柳青承担了很重要的斡旋角色，两个 CEO 也一起喝了不少酒。可想而知，几乎所有人都做出了让步，才有了今天的谈判结果。至于董事席位，因为财务投资的股份也占非常大的比重，财务投资人的董事席位没有谁是仅仅代表自己，应该是代表了所有财务股东。滴滴和快的合并后的公司，是个更加独立发展的公司，所有的股东，包括战略股东也都对新公司寄予很高的期望和祝福。市场竞争远远没有结束，我们因为共同的敌人走到了一起，Uber、易到仍是活跃的竞争者，新的传统租车巨头也会挤进这个领域，移动出行是个非常广泛的领域，"美好出行"的征途才刚刚起步。关于更多的合并细节和未来业务梳理等，我知道的信息不多，也不便透露，但有一点是确定无疑的：交通出行是个大市场，还有很多的创新点和机会，滴滴和快的合并后的新公司将是这个市场里最重要的参与者之一。至于滴滴和程维能有今天，我觉得最根本的还是得益于他学习能力强，进步速度快。你的想法告诉他，下一次他能说得比你更好、更透。高瓴资本的管理合伙人张磊曾经这样侧面评价过程维："每一个季度见他，他的进步都非常之大，这样的人，你说不投还能怎么办，必须得投啊。"我和程维一起相处了 8 年，除了学习能力强，他的特点还有聪明、执行力一流、口才出众。他对团队的领导和掌控能力也很强，A 轮融资前，因为资金紧张，公司招聘员工的时候不管之前工资是一万元还是两万元，当时加入，工资只能给五千元。如果你是冲着高薪水来，不相信移动改变出行的梦想，那就不要加入。即使是这样的条件，他还是能稳得住军心，这是很考验卖梦想的能力的。

滴滴在经历几轮补贴大战以后，尽管补贴出去了大把的钱，但是用于团队和公司本身，比如采购桌椅这样的事情，还是能省则省。滴滴今天的手笔比以前大，队伍扩张也更快，对于内部可能的腐败，程维仍保持着高度的警惕。三年的时间，他已经迅速地从一个 BD 经理成长为眼光独到、能纳贤用人、能应对复杂局面的年轻 CEO。不但能驱动庞大的团队，还能协调各大股东的关系，把董事团结在他的周围，让大家都愿意为公司出力。走到今天，他仍能保持冷静独立思考，还时不时地自我调侃："我们是被催熟的，样子有点胖，可能是水肿。"随着公司的壮大，我们的角色分工有了少许的变化。如果滴滴是一辆车，我以前和其他执行董事是坐在副驾驶的位置上，现在把位置交给柳青，但我们仍在后座。公司持续有新的董事加入进来，给予程维帮助，越来越多的牛人包括极有名望的人加入董事会，对滴滴是最大的幸运。早期，金沙江的朱啸虎、腾讯产业基金的彭志坚以及中信产业基金的吴敬阳对公司有很大的贡献，直到今天也一如既往地出谋划策。此后柳青来了，程维的副驾驶多了一个可以实时在现场对话的人，效率更高。 今天的董事会里除了 Dexter(快的 CEO 吕传伟)和 David Su(经纬管理合伙人徐传陞)，又出现了彭蕾和刘炽平这样的人物，无疑会有助于把公司的业务和管理提升到前所未有的高度。但这辆车的驾驶员始终是程维和 Dexter，最后的方向仍由他们掌握。我们自始至终能做的就是提醒，碰到了危险，嗓门会大一点。他们愿意听，自然会调整。如果我们喊的声音再大，他们却没听进去，那也只能认了，因为这就是游戏规则。"坐到后座"，我的心情是什么？这就是一个天使投资人必须要面对的事情。早期投资人都将面对一开始对公司影响力很大，到后期对公司价值逐步下降的事实。做天使投资就像放风筝，你曾经紧紧攥着手中的线，渐渐风筝越飞越高，让你越来越看不懂，这是好事。如果它一直在你眼前，甚至就在脚底下，反而是失败，说明公司没做大，CEO 成长得太慢。

要我形容和滴滴一路走来的这个过程就是互相依托、相互成全。三年前局外人会评价，程维遇到我是他的运气；但在今天我必须得承认，能遇到他，是我的福气。三年时间，竟增值了几千倍。这是一笔必须载入风投史册的投资。

(案例来源：福布斯中文网)

案例思考：

1. 现今滴滴发展局面如何？
2. "网约车行业洗牌"具体表现在哪些方面？
3. 据此案例分析，你认为传统出租车行业要获得生存并发展应当采取什么策略？

第7章

电子商务物流

【学习目标】

❖ 掌握第三方物流、第四方物流和物流业务外包

❖ 理解电子商务物流的内容

❖ 认识电子商务物流的解决方案

❖ 了解电子商务物流的产生背景和发展

2014 年 11 月 12 日，国家邮政局发布的最新监测数据显示，"双 11"当天全国邮政、快递企业揽收快递包裹 8860 万件，仅天猫就产生两亿个包裹，预计全行业处理的快件将达到 5.86 亿件，比去年同期增长近 70%。多家快递公司预计，"双 11"的包裹需要 10 天左右才能消化完，如图 7-1 所示。由此可见，如果没有一个高效的、合理的、畅通的、与网上营销配套的物流系统，电子商务所具有的优势就难以得到有效的发挥。而电子商务物流是现代生产方式、现代管理手段、电子信息技术相结合在物流领域中的体现，是电子商务的重要组成部分。本章将从电子商务物流的概念出发，介绍电子商务物流的特点及各种物流解决方案的实现。

图 7-1　2014 年 11 月 11 日晚，在中通快递北京中转中心，包裹盒已经堆成了小山

7.1　电子商务物流概述

7.1.1　电子商务物流的产生背景

随着经济全球化和贸易自由化的逐步形成，特别是信息技术的飞速发展，跨国公司在国际贸易中的作用日益增大。这些跨国公司引入的现代物流不仅利用了新的技术，而且带来了新的管理理念和新的组织方式。

1. 现代物流产生的社会背景

对产品需求的多样化和市场的一体化使得过去规模化大批量的生产与运输转变为小批量多样化。如何在激烈的竞争中占据优势，生产企业必须对自己的供销业务做出决策——要么合作，要么外包。特别是在国与国之间区域市场的形成使竞争趋向国际化，传统物流已远不能适应现代市场运作方式的背景下。

2. 现代物流产生的技术背景

企业信息化建设速度加快以及信息产业的形成与壮大，使物流业设备的智能化水平迅速提高，条码技术、POS 机、读码器的使用，使实物得以快速流通，减少排队现象。许多大的跨国公司，其原材料和部件分散在世界各地，在上市销售之前，其运输的费用和时间成本很高。而 IT 公司使信息技术在对市场的快速反应和运送能力的提高上做出了突出的贡献，立体仓库的出现使一些大型企业在生产中零库存的目标得以实现。Dell 公司就是一个典型的代表，该公司在多个口岸城市的进口货物可以直接从保税区运上生产线。

3．电子商务物流

与传统商务过程一样，电子商务中的任何一笔交易，都包含着四种基本的"流"，即信息流、商流、资金流和物流。过去，人们对电子商务过程的认识往往只局限于信息流、商流和资金流的电子化、网络化，而忽视了物流的电子化过程，认为对于大多数商品和服务来说，物流仍然可以经由传统的经销渠道实现。但随着电子商务的应用领域不断扩大，物流的重要性和对电子商务活动的影响日益明显。如何建立一个高效率、低成本运行的物流体系来保证电子商务的通畅发展，已成为人们关注的焦点。与此同时，为顺应电子商务的发展，传统的物流行业在运作方式、技术、管理水平上也发生了巨大变化。

电子商务的物流配送是根据电子商务的特点对整个物流配送体系实行统一的信息管理和调度。这种物流配送定位在为电子商务的客户提供服务，按照用户订货要求，在物流基地进行理货工作，并将配好的货物送交收货人。这一先进的、优化的流通方式对流通企业提高服务质量、降低物流成本、优化社会库存配置，从而提高企业的经济效益及社会效益具有重要意义。配送制作为现代物流的一种有效的组织方式，代表了物流业发展的主流方向，而以网络为基础的电子商务催生着传统物流配送的革命，它将使物流配送体系效率更高。毫无疑问，物流效率影响着电子商务的发展，电子商务也将改变物流，而物流体系的完善将会进一步推动电子商务的发展，如此的良性循环推动着电子物流(E-logistics)概念应运而生。

7.1.2　电子商务物流的概念

电子商务物流就是利用电子化的手段，尤其是利用互联网技术来完成物流全过程的协调、控制和管理，实现从网络前端到最终客户端的所有中间过程服务，最显著的特点是各种软件技术与物流服务的融合应用。

1．从电子商务的定义看物流

由电子商务发源地——美国的 IT 界提出的电子商务定义多把电子商务定位于"无纸贸易"。在这类电子商务的定义中，电子化工具主要是指计算机和网络通信技术；而电子化的对象主要是针对信息流、商流和资金流，并没有提到物流。我们必须注意到这样一个事实：美国的物流管理技术自 1915 年发展至今已有近 100 年的历史，通过利用各种机械化、自动化工具及计算机和网络通信设备，已日臻完善。同时，美国作为一个发达国家，其技术创新的本源是需求，即所谓的需求拉动技术创新。作为电子商务前身的电子数据交换技术(EDI)的产生是为了简化烦琐、耗时的订单处理过程，以加快物流的速度，提高物资的利用率。电子商务的提出最终是为了解决信息流、商流和资金流处理上的烦琐对现代的物流过程的延缓，进一步提高现代化的物流速度。可见，美国在定义电子商务概念之初，就有强大的现代化物流作为支持，只需将电子商务与其进行对接即可，而并非电子商务过程不需要物流的电子化。我国作为一个发展中国家，物流企业起步晚且水平低，在引进电子商务时，并不具备能够支持电子商务活动的现代化物流水平，所以，在引进时，一定要注意配备相应的支持技术——现代化的物流模式，否则电子商务活动就难以推广。因此，有些专家在定义电子商务时，就注意将国外的定义与中国的现状相结合，扩大了美国原始电子商务定义的范围，提出了包括物流电子化过程的电子商务概念：

(1) 电子商务是实施整个贸易活动的电子化。

(2) 电子商务是一组电子工具在商务活动中的应用。

(3) 电子商务是电子化的购物市场。

(4) 电子商务是从售前到售后的各个环节实现电子化、自动化。

在这类电子商务定义中，电子化的对象是整个交易过程，不仅包括信息流、商流、资金流，而且包括物流；电子化的工具也不仅仅是指计算机和网络通信技术，还包括叉车、自动导向车、机械手臂等自动化工具。可见，从根本上来说，物流电子化应是电子商务概念的组成部分，缺少了现代化的物流过程，电子商务过程就不完整。

2. 从电子商务概念模型看物流

电子商务概念模型是对现实世界中电子商务活动的一般抽象描述，它由电子商务实体、电子市场、交易事务和信息流、商流、资金流、物流等基本要素构成。在电子商务概念模型中，电子商务实体是指能够从事电子商务的客观对象，它可以是企业、银行、商店、政府机构和个人等。电子市场是指电子商务实体从事商品和服务交换的场所，它由各种各样的商务活动参与者，利用各种通信装置，通过网络联结成一个统一的整体。交易事务是指电子商务实体之间所从事的具体的商务活动的内容，如询价、报价、转账支付、广告宣传、商品运输等。电子商务中的任何一笔交易都包含着几种基本的"流"，即信息流、商流、资金流、物流。其中，信息流既包括商品信息的提供、促销行销、技术支持、售后服务等内容，也包括诸如询价单、报价单、付款通知单、转账通知单等商业贸易单证，还包括交易方的支持能力、支付信誉等；商流是指商品在购、销之间进行交易和商品所有权转移的运动过程，具体是指商品交易的一系列活动；资金流主要是指资金的转移过程，如付款、转账等过程。在电子商务下，以上三种流的处理都可以通过计算机和网络通信设备实现。物流，作为四流中最为特殊的一种，是指物质实体(商品或服务)的流动过程，具体指运输、储存、配送、装卸、保管、物流信息管理等各种活动。对于少数商品和服务来说，可以直接通过网络传输的方式进行配送，如各种电子出版物、信息咨询服务、有价信息软件等。对于大多数商品和服务来说，物流仍要经由物理方式传输。而一系列机械化、自动化工具的应用，准确及时的物流信息对物流过程的监控，将使物流的流动速度加快、准确率提高，能有效地减少库存，缩短生产周期。因此，在电子商务概念的建立过程中有必要强调信息流、商流、资金流和物流的整合。人们把基于网络技术和信息系统的现代电子商务物流简称为电子物流。

从图7-2中可以看出，"送货、产品接收"是实现电子商务的重要环节和基本保证。

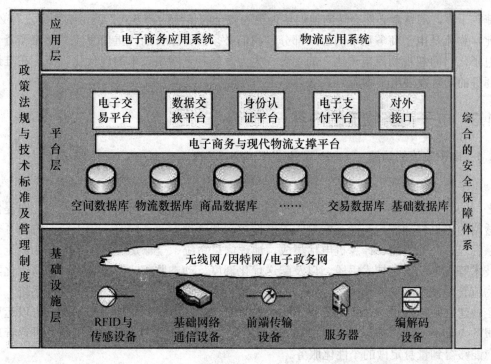

1.发现产品信息 ── 2.贸易磋商 ── 3.订购 ── 4.付款 ── 5.送货、产品接收 ── 6.服务与支持

图 7-2　电子商务的一般流程

3. 电子商务中物流的作用

(1) 物流保障生产。无论是传统的贸易方式，还是电子商务，生产都是商品流通之本，而生产的顺利进行需要各类物流活动的支持。生产的全过程从原材料的采购开始，便要求有相应的供应物流活动，使所采购的材料到位，否则，生产就难以进行；在生产的各工艺流程之间，也有原材料、半成品的物流过程，即所谓的生产物流，以实现生产的流动性；部分余料、可重复利用的物资的回收，就需要所谓的回收物流；废弃物的处理则需要废弃物物流。可见，整个生产过程实际上就是系列化的物流活动。合理化、现代化的物流，通过降低费用从而降低成本，优化库存结构，减少资金占压，缩短生产周期，保障了现代化生产的高效进行。相反，缺少了现代化的物流，生产将难以顺利进行，电子商务也就成了无米之炊。

(2) 物流服务于商流。在商流活动中，商品所有权从购销合同签订的那一刻起，便由供方转移到需方，而商品实体并没有因此而移动。在传统的交易过程中，除了非实物交割的期货交易，一般的商流都必须伴随相应的物流活动，即按照需方(购方)的需求将商品实体由供方(卖方)以适当的方式、途径向需方(购方)转移。而在电子商务下，消费者通过上网点击购物，完成了商品所有权的交割过程，即商流过程，但电子商务的活动并未结束，只有商品和服务真正转移到消费者手中，电子商务活动才告终结。在整个电子商务的交易过程中，物流实际上是以商流的后续者和服务者的姿态出现的。没有现代化的物流，任何轻松的商流活动都会变成一纸空文。缺少了现代化的物流技术，电子商务给消费者带来的购物便捷等于零,消费者必然会转向他们认为更为安全的传统购物方式,网上购物便没有必要。因此,物流是电子商务重要的组成部分。我们必须摒弃原有的"重信息流、商流和资金流的电子化,而忽视物流电子化"的观念,大力发展基于网络技术的现代化物流,在推进电子商务的同时发展电子物流。

7.1.3 电子商务物流的内容

1．电子物流的功能

电子物流的功能十分强大,它能够实现系统之间、企业之间以及资金流、物流、信息流之间的"无缝连接",而且这种连接同时还具备预见功能,可以在上下游企业间提供一种透明的可见性功能,帮助企业最大限度地控制和管理库存。同时,由于全面应用了客户关系管理、商业智能、计算机电话集成、地理信息系统、全球定位系统、Internet、无线互联技术等先进的信息技术手段,以及配送优化调度、动态监控、智能交通、仓储优化配置等物流管理技术和物流模式,电子物流提供了一套先进的、集成化的物流管理系统,从而为企业建立敏捷的供应链系统提供了强大的技术支持。电子物流业务使得客户可以运用外部服务力量来实现内部经营目标的增长,整个过程由第三方物流服务提供商来进行管理。客户能够得到量身定做的个性化服务。

2．电子物流的服务

电子物流的服务是前端服务与后端服务的集成。目前许多经销商都面临着如何将前端的顾客订单管理、客户管理与后端的库存管理、仓储管理、运输管理相结合的问题。那么将这两方面进行集成的重要性是什么呢?从以下的两个例子中可以得到一些启示:一个例子是,当顾客通过互联网下订单,需要物流系统能够迅速查询库存清单、查看存货状况,而这些信息又需要实时地反馈给顾客。在整个过程中,订单管理系统需要同仓储系统、库存管理系统密切地协同工作。另一个例子是,当顾客的订单中包含多种物品时,物流系统应该将此订单作为一个订单处理,同时将这些物品一起包装,而不是将此订单视为多项订单需求,并将物品分别包装。这些看似简单的工作却需要前端、后端各系统的集成协同工作。而实现各系统间密切的协作需要巨大的工作投入,电子物流服务则能够为客户提供系统集成服务解决方案,使客户的前端服务与后端的各项业务紧密地结合起来。为了实现后端服务以及与其平行的服务功能,电子物流的前端服务是至关重要的。前端服务包括咨询服务(确认客户需求)、网络设计/管理、客户集成方案实施等。这部分功能是用户经常接触的,在此不再赘述。而电子物流的后端服务则包括六类主要的业务:订单管理、仓储与分拣、运输与交付、退货管理、客户服务以及数据管理与分析等(见图 7-3)。下面分别描述各项业务。

(1) 订单管理。此项业务包括接收订单、整理数据、订单确认、交易处理(包括信用卡结算以及赊欠业务处理)等。在电子物流的订单管理业务活动中需要通过复杂的软件应用来处理繁杂的业务环节,为了得到较高的效率,订单管理业务需要做以下工作。

① 识别订单来源。当电子物流服务提供商接收到一份订单时,电子物流系统会自动识别该订单的来源以及下订单的方式,统计顾客是通过何种方式(电话、传真、电子邮件等)

完成的订单。当这一切工作结束后，系统还会自动根据库存清单检索订单上的货物目前是否有存货。

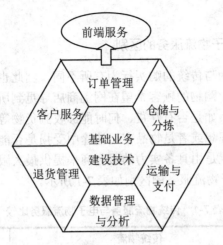

图 7-3　电子物流服务结构

②　支付处理。在顾客提交订单后，还需要输入有关的支付信息，电子物流系统会自动处理信用卡支付业务以及赊欠业务。如果顾客填写的支付信息有误，系统将会及时通知顾客进行更改，或者选择其他合适的支付方式。

③　订单确认与处理。当顾客的支付信息被处理后，电子物流系统会为顾客发送订单确认信息。在这一切工作就绪之后，电子物流系统会对顾客的订单进行格式化，并将订单发送到离顾客最近的仓储中心。

(2)　仓储与分拣。仓储中心接收到订单后，就会根据订单内容承担起分拣、包装以及运输的工作。在这个阶段，有的电子物流服务提供商还会提供一些增值服务，如根据顾客的特殊需求对物品进行包装等。仓储与分拣中心同时负责存货清单管理以及存货的补给工作，并由电子物流服务系统进行监测。这种服务将会为制造商提供有效的库存管理信息，使制造商或经销商保持合理的库存。

(3)　运输与支付。运输与支付包括了对运输的全程管理，具体包括处理运输需求、设计运输路线、运输的实施等。这个过程同时还包括向客户提供通过互联网对货物运输状态进行的实时跟踪服务。电子物流服务提供商在提供运输与交付业务时也会选择将该项业务向具有运输服务力量的第三方运输公司(如 UPS、FedEx 等)进行外包。

(4)　退货管理。退货管理业务承担货物的修复、重新包装等任务，这个过程需要进行处理退货授权认证、分拣可修复货物、处理受损货物等工作。

(5)　客户服务。客户关系管理服务包括售前和售后服务，同时还包括对顾客的电话、传真、电子邮件的回复等工作，处理的内容包括存货信息、货物到达时间、退货信息以及顾客意见。客户关系管理不是一个孤立的业务步骤，这项工作与订单管理、仓储与分拣、运输、退货管理等环节有密切联系，需要相互支持。目前许多电子物流服务提供商通过内部或者外部的呼叫中心向顾客提供"24×365"的客户关系管理服务。

(6)　数据管理与分析。对于顾客提交的订单，电子物流系统有能力对相关数据进行分析，产生一些深度分析报告。这些经过分析的信息可以帮助制造商以及经销商及时了解市场信息，以便随时调整目前的市场推广策略。这项服务同时也是电子物流服务提供商向客户提供的一项增值服务。

3. 传统物流服务与电子物流服务的区别

顾客在网上的购买行为与传统的购买行为有所不同，因此也就决定了电子物流服务形式、手段的特殊性。在网上购物的顾客希望在网上商店寻觅到所需的特定物品，并且希望能够得到实时的信息反馈，如是否有存货、何时能够收到货物等信息，同时也十分关注如果在网上选购的物品不甚理想或者是物品在运输途中受损是否能够及时、便利地办理退货等。新兴的电子物流服务就是由具备实力的服务商来提供最大限度地满足顾客需求的外包服务。传统物流服务与电子物流服务的区别如表 7-1 所示。

表 7-1　传统物流服务与电子物流服务比较

比较项目	传统物流	电子物流
业务推动力	物质财富	IT 技术
服务服务	单项服务——运输、仓储、配送……	综合服务，广泛服务
通信手段	电话、传真	依靠互联网通信技术
仓储	集中式分布	更加分散，接近顾客
包装	大批量包装	个别或小批量包装
运输频率	低	高
支付速度	慢	快
IT 技术应用	少	多
订单	少	多

从目前的电子物流服务市场来看，主要有四类市场参与者，分别是传统的物流服务提供商、软件供应商、集成商以及物流服务方案供应商(见图 7-4)。从表面看来，这些市场参与者分别从事特定的服务，但是在电子物流服务市场领域，大多数市场参与者向客户提供的是一种综合性的物流服务。目前还没有任何一个电子物流服务供应商能够提供全部的电子物流服务，大部分厂商是通过利用自身的力量或者寻找业务合作伙伴来向客户提供端到端的电子物流服务解决方案。

图 7-4　电子物流市场的参与者

7.2　电子商务物流的发展

7.2.1　电子商务对物流的影响

电子商务是物流发展的催化剂，电子商务对物流的影响可以从物流的理念、系统结构、客户服务，以及材料采购、存库和运输等各方面推动现代物流的电子化和信息化。

1．对物流理念的影响

把电子商务作为商业竞争环境时，它对物流理念的影响可以从以下几个方面来理解。

(1)　物流系统中的信息变成了整个供应链运营的环境基础。网络是平台，供应链是主体，电子商务是手段。信息环境对供应链的一体化起着控制和主导的作用。

(2)　企业的市场竞争将更多地表现为以外联网所代表的企业联盟的竞争。换句话说，网上竞争的直接参与者将逐步减少。更多的企业将以其商品或服务的专业化优势，参加到以核心企业——或有品牌优势，或有知识管理优势——为龙头的分工协作的物流体系中去，在更大的范围内建成一体化的供应链，并作为核心企业组织机构虚拟化的实体支持系统。供应链体系纵向和横向的无限扩张的可能性，将对企业提出要么是更广泛的联盟化，要么是更深度的专业化。显然，在电子商务的框架内，联盟化和专业化是互为表里并统一在物流一体化的体系之中的。

(3)　市场竞争的优势将不再是企业拥有的物质资源有多少，而在于它能调动、协调，最后能整合多少社会资源来增强自己的市场竞争力。因此，企业的竞争将是以物流系统为依托的信息联盟或知识联盟的竞争。物流系统的管理也从对有形资产存货的管理转为对无形资产信息或知识的管理。

(4)　物流系统面临的基本技术经济问题，是如何在供应链成员企业之间有效地分配信息资源，使得全系统的客户服务水平最高，即在追求物流总成本最低的同时为客户提供个性化的服务。

(5)　物流系统由供给推动变为需求拉动，当物流系统内的所有方面都得到网络技术的支持时，客户对产品的可得性将极大地提高。同时，将在物流系统的各个功能环节上极大地降低成本，如降低采购成本、减少库存成本、缩短产品开发周期、为客户提供有效的服务、降低销售和营销成本以及增加销售的机会等。

2．对物流系统结构的影响

电子商务对物流系统结构的影响主要表现在以下几个方面。

(1)　由于网上客户可以直接面对制造商并可获得个性化服务，故传统物流渠道中的批发商和零售商等中介将逐步淡出，但是区域销售代理将受制造商委托逐步加强其在渠道和地区性市场中的地位，作为制造商产品营销和服务功能的直接延伸。

(2)　由于网上时空的"零距离"特点与现实世界的反差增大，客户对产品的可得性的心理预期加大，以致企业交货速度的压力变大。因此，物流系统中的港、站、库、配送中心、运输线路等设施的布局、结构和任务将面临较大的调整。在企业保留若干地区性仓库以后，更多的仓库将改造为配送中心。由于存货的控制能力变强，物流系统中仓库的总数将减少。随着运管政策的逐步放宽，更多的独立承运人将为企业提供更加专业的配送服务，配送的服务半径也将加大。

(3) 由于信息共享的即时性，使制造商在全球范围内进行资源配置成为可能，故其组织结构将趋于分散并逐步虚拟化。当然，这主要是那些拥有品牌的、产品在技术上已经实现功能模块化和质量标准化的企业。

(4) 大规模的电信基础设施建设，将使那些能够在网上直接传输的有形产品的物流系统隐形化。这类产品主要包括书报、音乐、软件等，即已经数字化的产品的物流系统将逐步与网络系统重合，并最终被网络系统取代。

3．对客户服务的影响

(1) 要求在客户咨询服务的界面上，能保证企业与客户间的即时互动。网站主页的设计不仅要宣传企业和介绍产品，而且要能够与客户一起就产品的设计、质量、包装、交付条件、售后服务等进行一对一的交流，帮助客户拟订产品的可得性解决方案，帮助客户下订单。这就要求得到物流系统中每一个功能环节的即时的信息支持。

(2) 要求客户服务的个性化。只有当企业对客户需求的响应实现了某种程度的个性化对称时，企业才能获得更多的商机。

① 企业网站的主页设计个性化。除了视觉、感官的个性化特点外，最主要的是网站主页的结构设计应当是针对特定客户群的。这里要把握一个原则，即"并不是把所有的新衣服都穿上身就一定漂亮"。所以，传统市场营销学中对客户和市场进行细分的一般性原则和方法仍然是企业设计和变换网站主页的基本依据。

② 企业经营的产品或服务的个性化。专业化经营仍然是企业在网络经济环境下竞争发展的第一要义。企业只有专业化经营，方能突出其资源配置的比较优势所在，为向客户提供更细致、更全面、更为个性化的服务保证。同样，按照供应链增值服务的一般性原则，把物流服务分成基本的和增值的两类，并根据客户需求的变化进行不同的服务营销组合将是适用的。

③ 企业对客户追踪服务的个性化。网络时代客户需求的个性化增大了市场预测的离散度，故发现客户个性化服务需求的统计特征将主要依赖对客户资料的收集、统计、分析和追踪。虽然从技术层面讲这并没有什么困难，但是要涉及文化的、心理的、法律的等诸多方面，因此建立客户档案并追踪服务本身，就是一项极富挑战性的工作。

4．对物料采购的影响

企业在网上寻找合适的供应商，从理论上讲具有无限的选择性。这种无限选择的可能性将导致市场竞争加剧，并带来供货价格降低。但是，频繁地更换供应商将增加资质认证的成本支出，且面临较大的采购风险。所以，从供应商的立场来看，应对竞争的必然对策是积极地寻求与制造商建成稳定的业务关系，并在技术管理或服务等方面与制造商结成更深度的战略联盟。同时，制造商也会从物流的理念出发来寻求与合格的供应商建立一体化供应链。作为利益交换条件，制造商和供应商之间将在更大的范围内和更深的层次上实现信息资源共享。事实上，电子商务对物料采购成本的降低，主要体现在如缩短订货周期、减少文案和单证、减少差错和降低价格等方面。因此，虚拟空间的无限选择性将被现实市场的有限物流系统——一体化供应链所覆盖。

5．对存货的影响

一般认为，由于电子商务增加了物流系统各环节对市场变化反应的灵敏度，可以减少库存、节约成本。但从物流的观点来看，这实际是借助于信息分配对存货在供应链中进行了重新安排。存货在供应链中的总量是减少的，但结构上将沿供应链向上游企业移动，即经销商的库存向制造商转移，制造商的库存向供应商转移，成品的库存变成零部件的库存，而零部件的库存将变成原材料的库存等。因存货的价值沿供应链向上游企业是逐步递减的，所以将引发一个新的问题：下游企业由于减少存货而带来的相对较大的经济利益如何与上游企业一起来分享？供应链的一体化不仅要分享信息，而且要分享利益。比如，著名的虚拟企业耐克公司，用 EDI 方式与其供应商联系，直接将成衣的款式、颜色和数量等条件以 EDI 方式下单，并将交货期缩短至 3～4 个月。它同时要求供应布料的织布厂先到美国总公司上报新开发的布样，由设计师选择合适的布料设计好成衣款式后，再下单给成衣厂商生产，而且成衣厂商所使用的布料也必须是耐克公司认可的织布厂生产的。这样一来，织布厂必须提早规划新产品供耐克公司选购。但由于布料是买主指定，买主给予成衣厂商订布的时间缩短，成衣厂商的交货期也就越来越短，从以往的 180 天缩短为 120 天甚至 90 天。显然，耐克公司的库存压力减轻了，但成衣厂商为了提高产品的可得性就必须对织布厂提出快速交货的要求。这时织布厂商将面临要么增加基本原材料的存货，要么投资扩大其新产品的开发能力。这时的供应链就必须考虑到上下游企业利益的分享问题。

6．对运输的影响

在电子商务条件下，速度已上升为最主要的竞争手段。物流系统要提高客户对产品的可得性水平，在仓库等设施布局确定的情况下，运输将是决定性的因素。为了加速信息传递，就要促进信息共享。由于运输活动的复杂性，运输信息共享的基本要求就是运输单证的格式标准化和传输电子化。基本的 EDI 标准难以适应各种不同的运输服务要求，所以在物流体系内必须发展专用的 EDI 系统才能获取整合的战略优势。专用的 EDI 系统实际上是要在供应链的基础上发展增值网(VAN)，相当于在供应链内部使用的标准密码，通过管理交易、翻译通信标准和减少通信联结数目来使供应链增值，从而在物流联盟企业之间建立稳定的协作关系。为了实现运输单证，主要是货运提单、运费清单和货运清单的 EDI 一票通，实现货运全程的跟踪监控和回程货运的统筹安排，将要求物流系统在相关通信设施和信息处理系统方面进行先期的开发投资，如电子通关、条形码技术、在线货运信息系统、卫星跟踪系统等。

7.2.2 电子商务物流业的发展趋势

电子商务时代，由于企业的销售方式及最终消费购买方式的转变，送货上门等业务成为一项极为重要的服务业务，促进了现代物流行业的兴起。现代物流行业是能够完整地提供现代物流技能服务，以及运输配送、仓储保管、分装包装、流通加工等收取报酬的行业，主要包括仓储、运输、装卸搬运、配送、流通加工等企业。信息化、全球化、多功能化和一流的服务水平，已成为电子商务环境下现代物流企业追求的目标。

1．多功能化——物流业发展的方向

在电子商务时代，物流发展到集约化阶段，一体化的配送中心不仅提供仓储和运输服务，还必须开展配货、配送和各种提高附加值的流通加工服务项目，也可按客户的需要提供其他服务。现代供应链管理，即通过从供应者到消费者供应链的综合运作，使物流达到最优化。企业追求的是全面系统的综合效果。作为一种战略概念，供应链也是一种产品，而且是可增值的产品，其目的不仅是降低成本，更重要的是提供用户期望以外的增值服务，以产生和保持竞争优势。从某种意义上讲，供应链是物流系统的充分延伸，是产品与信息从原料到最终消费者之间的增值服务。在经营形式上，采取合同型物流。这种配送中心与公司配送中心不同，它是通过签订合同，为一家或数家企业(客户)提供长期服务，而不是为所有客户服务。这种配送中心有由公用配送中心来进行管理的，也有自行管理的，但主要是提供服务；也有可能所有权属于生产厂家，交给专门的物流公司进行管理。供应链系统物流完全适应了流通业经营理念的全面更新。因为，以往商品经由制造、批发、仓储、零售各环节间的多层复杂途径，最终到消费者手里。而现代流通业已简化为由制造环节经配送中心而送到各零售点。它使未来的产业分工更加精细，产销分工日趋专业化，大大提高了社会的整体生产力和经济效益，使流通业成为整个国民经济活动的中心。

2．一流的服务——物流企业的追求

在电子商务下，物流业是介于供货方和购货方的第三方，以服务作为第一宗旨。从当前物流的现状来看，物流企业不仅要为本地区服务，而且要进行长距离的服务。因为客户不但希望得到良好的服务，而且希望服务点不是一处，而是多处。因此，如何提供高质量的服务便成了物流企业管理的中心课题。美、日等国物流企业成功的要诀，就在于他们都十分重视客户服务的研究。首先，在概念上变革，由"推"到"拉"。配送中心应更多地考虑"客户要我提供哪些服务"，从这层意义讲，它是"拉"，而不是仅仅考虑"我能为客户提供哪些服务"，即"推"。如有的配送中心起初提供的是区域性的物流服务，而且能提供越来越多的服务项目。又如配送中心派人到生产厂家"驻点"，直接为客户发货。越来越多的生产厂家把所有物流工作全部委托配货中心去干，从根本意义上讲，配送中心的工作已延伸到生产厂里去了。至于如何满足客户的需要把货物送到客户手中，就要看配送中心的作业水平了。配送中心不仅与生产厂家保持紧密的伙伴关系，而且直接与客户联系，能及时了解客户的需求信息，并沟通厂商和客户双方，起着桥梁作用。企业不仅为货主提供优质的服务，而且要具备运输、仓储、进出口贸易等一系列知识，深入研究货主企业的生产经营发展流程设计和全方位系统服务。优质的系统服务使物流企业与货主企业结成战略伙伴关系，一方面有助于货主企业的产品迅速进入市场，提高竞争力；另一方面则使物流企业有稳定的资源，对物流企业而言，服务质量和服务水平正逐渐成为比价格更为重要的选择因素。

3．信息化——现代物流业的必由之路

在电子商务时代，要提供最佳的服务，物流系统一定要有良好的信息处理和传输系统。美国洛杉矶西海报关公司与码头、机场、海关信息联网，当货物从世界各地起运时，客户便可以从该公司获得到达的时间及到泊(岸)的准确位置，使收货人与各仓储运输公司等做好准备，让商品在几乎不停留的情况下快速流动，直达目的地。良好的信息系统能提供极好的信息服务，以赢得客户的信赖。世界上最大的快递承运商与包裹递送公司 UPS 和专门提供全球性运输、电子商贸及供应链管理服务的 FedEx，以及中国的邮政快递 EMS 等国内外许多快递公司均提供网上货单查询系统，客户根据运单号可以进行货物自发送地到目的地的全程跟踪。电子商务要求商品与生产要素在全球范围内快速自由流动。EDI 与 Internet 的应用，使物流效率的提高更多地取决于信息管理技术，电子计算机的普遍应用提供了更多的需求和库存信息，提高了信息管理科学化水平，使产品流动更加容易和迅速。物流信息化，包括商品代码和数据库的建立、运输网络合理化、销售网络系统化建设等，目前还有很多工作有待实施。可以说，没有现代化的信息管理，就没有现代化的物流。

4．全球化——物流企业竞争的趋势

20 世纪 90 年代早期电子商务的出现，加速了全球经济的一体化，使物流企业的发展达到了多国化。它从许多不同的国家收集所需要的资源，再加工后向各国出口。全球化的物流模式，使企业面临着新的问题。例如，当北美自由贸易区协议达成后，其物流配送系统已不是仅仅从东部到西部的问题，还有从北部到南部的问题，这里面有仓库建设问题，也有运输问题。另外还有一个困难是较难找到素质好、水平较高的管理人员，因为有大量的涉及贸易合作伙伴的问题需要解决。例如，日本在美国开设了很多分公司，而两国存在着不小的差异，势必会碰到如何管理的问题。同时还存在一个信息共享问题，很多企业有不少企业内部的秘密，物流企业很难与之打交道，因此，如何建立信息处理系统以及时获得必要的信息，对物流企业来说是个难题。并且，在将来的物流系统中，能否做到尽快将货物送到客户手里，是提供优质服务的关键之一，客户往往要求发出订单后第二天就能得到货物，而不只是口头上的承诺；同时，客户还在考虑"所花费用与所得到的服务是否相称，是否合适"。全球化战略的趋势，使物流企业和生产企业更紧密地联系在一起，形成了社会大分工。生产厂集中精力制造产品、降低成本、创造价值；物流企业则花费大量时间、精力从事物流服务，其业务范围不断扩大。例如，在配送中心，对进口商品一般要提供代理报关、暂时储存、搬运和配送，以及必要的流通加工服务，使商品从进口到送交消费者手中实现一条龙服务。

7.2.3 新型物流配送中心的运作与发展

1．物流配送中心运作类型

物流配送是流通部门联结生产和消费，使时间和场所产生效益的设施，提高物流配送的运作效率是降低流通成本的关键所在。物流配送又是一项复杂的科学系统工程，涉及生产、批发、电子商务、配送和消费者的整体结构，运作类型也形形色色。物流配送中心运

营主体的类型大致有以下四种。

(1) 以制造商为主体的配送中心。这种配送中心里的商品100%是由自己生产制造的，用以降低流通费用、提高售后服务质量和及时地将预先配齐的成组元器件运送到规定的加工和装配工位。从商品制造到生产出来后条码和包装的配合等多方面都较易控制，所以按照现代化、自动化的配送中心设计比较容易，但不具备社会化的要求。

(2) 以批发商为主体的配送中心。商品从制造者到消费者手中之间的传统流通有一个环节叫作批发。一般是按部门或商品类别的不同，把每个制造厂的商品集中起来，然后以单一品种或搭配向消费地的零售商进行配送。这种配送中心的商品来自各个制造商，它所进行的一项重要的活动便是对商品进行汇总和再销售，而它的全部进货和出货都是社会配送的，社会化程度高。

(3) 以零售业为主体的配送中心。零售商发展到一定规模后，就可以考虑建立自己的配送中心，为专业商品零售店、超级市场、百货商店、建材商场、粮油食品商店、宾馆饭店等服务。社会化程度介于前两者之间。

(4) 以仓储运输业为主体的配送中心。这种配送中心最强的是运输配送能力，地理位置优越，如港湾、铁路和公路枢纽，可迅速将到达的货物配送给用户。它提供仓储位给制造商或供应商，而配送中心的货物仍属于制造商或供应商所有，配送中心只是提供仓储管理和运输配送服务。这种配送中心的现代化程度往往较高。

2. 物流配送模式的主要类型

物流配送模式主要有以下几种类型。

(1) 集货型配送模式。这种模式主要针对上家的采购物流过程进行创新而形成。其上家生产具有相互关联性，下家互相独立，上家对配送中心的储存度明显大于下家，上家相对集中，而下家分散且具有相当的需求。同时，这类配送中心也强调其加工功能，适于成品或半成品物资的推销，如汽车配送中心。

(2) 散货型配送模式。这种模式主要是对下家的供货物流进行优化而形成。上家对配送中心的依存度小于下家，而且配送中心的下家相对集中或有利益共享(如连锁业)。采用此类配送模式的流通企业，其上家竞争激烈，下家需求以多品种、小批量为主要特征，适于原材料或半成品物资配送，如机电产品配送中心。

(3) 混合型配送模式。这种模式综合了上述两种配送模式的优点，并对商品的流通全过程进行有效控制，有效克服了传统物流的弊端。采用这种配送模式的流通企业，规模较大，具有相当的设备投资，如区域性物流配送中心。在实际流通中，多采取多样化经营，降低了经营风险。这种运作模式比较符合新型物流配送的要求(特别是电子商务下的物流配送)。

3. 新型物流配送中心的特征

电子商务下的物流配送，就是信息化、现代化、社会化的物流配送。它是指物流配送企业采用网络化的计算机技术和现代化的硬件设备、软件系统及先进的管理手段，针对社会需求，严格地、守信用地按用户的订货要求，进行一系列分类、编配、整理、分工、配货等工作，定时、定点、定量地交给没有地域范围限制的各类用户，满足其对商品的需求。

可以看出，这种新型物流配送能使商品流通较传统的物流配送方式更容易实现信息化、自动化、网络化、柔性化和智能化，使货畅其流、物尽其用。它既减少了生产企业库存，加速了资金周转，提高了物流效率，降低了物流成本，又刺激了社会需求，有利于整个社会的宏观调控，也提高了整个社会的经济效益，促进了市场经济的健康发展，更有力地推动了电子商务的发展。

(1) 信息化。物流系统中的信息系统是指企业从订货到发货的信息处理体系结构。物流信息化是电子商务的必然要求。物流信息化表现为物流信息的商品化、物流信息收集的数据库化和代码化、物流信息处理的电子化和计算机化、物流信息传递的标准化和实时化、物流信息存储的数字化等。因此，条码技术(BarCode)、数据库技术(Database)、电子订货系统(EOS)、电子数据交换技术(EDI)、快速反应(QR)、有效的客户反映(ECR)和企业资源计划(ERP)等技术与观念在物流业中得到了普遍的应用。而在此，信息化是一切的基础，没有物流的信息化，任何先进的技术设备都不可能应用于物流领域，信息技术及计算机技术在物流中的应用将会彻底改变世界物流业的面貌。

(2) 自动化。企业在传统的运输、装卸、配送、保管、包装等物流过程中，引进了各种机械化、自动化的技术，而自动化的基础是信息化，其核心是机电一体化，自动化的外在表现是无人化，自动化的效果是省力化。另外，自动化还可以扩大物流作业能力、提高劳动生产率、减少物流作业的差错等。物流自动化的设施非常多，如条码/语音/射频自动识别系统、自动分拣系统、自动存取系统、自动导向车、货物自动跟踪系统等。在运输等方面，由于运用托盘、集装箱而发展起来的单位载荷制，提高了货物分拣机械化水平；在保管方面，由高层货架仓库发展为自动化仓库，大大提高了保管的效率。

(3) 网络化。物流领域网络化的基础也是信息。这里的网络化有以下两层含义。

① 物流配送系统的计算机通信网络，包括物流配送中心与供应商或制造商及下一环节顾客之间的联系要通过计算机网络。比如，物流配送中心向供应商提出订单这个过程，就可以使用计算机通信方式，求助于增值网(VNA)上的电子订货系统(EOS)和电子数据交换技术(EDI)来自动实现，物流配送中心通过计算机网络收集下游客户订单的过程也可以自动完成。

② 产销一体网。比如，戴尔的"直接商业"模式，就是由戴尔公司建立的一套与客户联系的渠道，由客户直接向戴尔发订单，订单中可以详细列出所需的配置，然后戴尔公司按照客户要求通过它分布在全球各地的供应商将这些零部件、元器件和芯片发往离客户最近的戴尔计算机制造中心进行组装，由该物流配送中心将组装的电脑迅速发给客户。这个直接的商业模式消除了中间商，减少了不必要的成本和时间，可以更好地理解客户的需要。这种直接模式允许戴尔公司能以富有竞争性的价位，为每一位消费者定制并提供具有个性化配置的计算机。物流的网络化是物流信息化的必然，是电子商务下物流活动的主要特征之一。当今世界 Internet 等全球网络资源的可用性及网络技术的普及为物流的网络化提供了良好的外部环境。

(4) 柔性化。柔性化本来是为实现"以顾客为中心"理念而在生产领域提出的，但要真正做到柔性化，即真正地能根据消费者需求的变化来灵活调节生产工艺，没有配套的、柔性化物流系统是不可能实现的。20 世纪 90 年代，国际生产领域纷纷推出柔性制造系统(FMS)、计算机集成制造系统(CIMS)、企业资源计划(ERP)以及供应链管理(SCM)的概念和技术，这些概念和技术的实质是要将生产、流通进行集成，根据需求组织生产，安排物流活动。因此，柔性化的物流正是适应生产、流通与消费的需求而发展起来的一种新型物流模式，要求物流配送中心根据消费需求"多品种、小批量、多批次、短周期"的特色，灵活组织和实施物流作业。

(5) 智能化。智能化是物流自动化、信息化的一种高层次应用，物流作业过程中大量的运筹和决策，如库存水平的确定、运输(搬运)路径的选择、自动导向车的运行轨迹和作业控制、自动分拣机的运行、物流配送中心经营管理的决策支持等问题都需要借助于大量的知识才能解决。在物流自动化的进程中，物流智能化是不可回避的技术难题。目前，专家系统、机器人等相关技术在国际上已经有比较成熟的研究成果。为了提高物流现代化的水平，物流的智能化已成为电子商务下物流发展的一个新趋势。

4．新型物流配送中心对传统物流配送的影响

(1) 给传统的物流配送观念带来深刻的革命。传统的物流配送企业需要置备大面积的仓库，而电子商务系统网络化的虚拟企业将散置在各地的分属不同所有者的仓库通过网络系统连接起来，使之成为"虚拟仓库"，进行统一管理和调配使用，服务半径和货物集散空间被放大了。这样的企业在组织资源的速度、规模、效率和资源的合理配置方面都是传统的物流配送所不可比拟的，相应的物流观念也必须是全新的。

(2) 网络对物流配送的实施控制代替了传统的物流配送管理程序。一个先进系统的使用，会给一个企业带来全新的管理方法。传统的物流配送过程是由多个业务流程组成的，受人为因素和时间的影响很大。网络的应用可以实现整个过程的实时监控和实时决策。新型的物流配送业务流程都由网络系统连接，当系统的任何一个神经末端收到一个需求信息的时候，该系统都可以在极短的时间内做出反应，并可以拟订详细的配送计划，通过各环节开始工作。这一切工作都是由计算机根据人们事先设计好的程序自动完成的。

(3) 物流配送的持续时间在网络环境下会大大缩短，对物流配送速度提出了更高的要求。在传统的物流配送管理中，由于信息交流的限制，完成一个配送过程的时间比较长。但这个时间随着网络系统的介入会变得越来越短，任何一个有关配送的信息和资源都会通过网络在几秒钟内传到有关环节。

(4) 网络系统的介入，简化了物流配送过程。传统物流配送整个环节极为烦琐，在网络化的新型物流配送中心里可以大大缩短这一过程。在网络支持下的成组技术可以在网络环境下更加淋漓尽致地被使用，物流配送周期会缩短，其组织方式也会发生变化；计算机系统管理可以使整个物流配送管理过程变得简单和容易；网络上的营业推广可以使用户购物和交易过程变得更有效率、费用更低；可以提高物流配送企业的竞争力；随着物流配送业的普及和发展，行业竞争的范围和残酷性大大增加。信息的掌握、信息的有效传播和其易得性，使得用传统的方法获得超额利润的时间和数量会越来越少；网络的介入，使人们的潜能得到充分发挥，自我实现的需求成为多数员工的工作动力。在传统的物流配送企业中，大量的人从事简单的重复劳动，人是机器、数字和报表的"奴隶"，劳动的辛苦是普遍存在的。在网络化管理的新型物流配送企业里，这些机械的工作都会交给计算机和网络，而留给人们的是能够给人以激励、挑战的工作，人类的自我实现的需求得到了充分的满足。综上所述，推行信息化配送制，发展信息化、自动化、现代化的新型物流配送业是我国发展和完善电子商务服务的一项重要内容，势在必行。

7.3　物流业务外包

业务外包就是将企业的资源集中在核心竞争力上，而将那些不属于核心的或企业不擅长的业务外包出去，利用他人的资源，包括利用他人的技术、知识、时间和资金，以获取更大的投资回报和竞争优势。

7.3.1　物流业务外包的发展

物流业务外包的主要目的是通过将物流业务外包来获得高水平的服务和实现高质量的物流运作，同时减少成本，避免在物流设施建设中投入大量资金。Internet 和电子商务的出现为物流业务外包提供了更好的业务交流和沟通的手段。当企业利用网上商店作为新的销售渠道时，需要投入大量的人力、物力去管理，既要为客户提供"24×365"的服务，又要兼顾信息技术支持，当然还必不可少地涉及后台物流的一系列服务。当面临如此纷繁复杂的问题时，企业考虑得更多的是应当依靠自身力量来提供这项服务还是应当借助外包力量来完成。IDC 观察到，目前全球范围内的趋势是越来越多的传统企业以及从事电子商务的公司认识到了物流业务外包的重要性，因为利用外包的物流服务既能够使自己的主要精力放在生产、经营上，还可以充分享受外包服务商所提供的低成本、高效率的便利服务。按照供应链理论，将非核心业务外包给从事该业务的专业公司去完成，这样从原材料供应到生产，再到产品的销售等各个环节的各种职能，都是由在该领域内具有专长或核心竞争力的专业公司互相协调和配合来完成的，这样所形成的供应链才具有最大的竞争力，如图 7-5 所示。

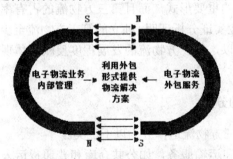

图 7-5　外包力量实现企业经营目标

物流界的权威调查表明，美国、日本和韩国等在欧洲的配送中心业务中有 2/3 是由第三方物流公司管理的；在英国，早在 1997 年，配送中心与商店间的配送业务就有近 47% 是由外包实现的。企业由于业务外包而改进了对物流的控制。近年来，在物流业务外包的运作中不断涌现出新型的业务方式和管理模式。

7.3.2　第三方物流

1. 第三方物流的概念

第三方物流(Third Party Logistics，TPL 或 3PL)是物流服务供给方在特定的时间段内按特定的价格向需求方提供个性化系列物流服务的交易方式，这种物流服务是建立在现代电子信息技术基础上的。物流活动和配送工作由专业的物流公司或储运公司来完成，由于它们不参与商品的买卖，只提供专门的物流服务，因此是独立于买方和卖方的第三方，故称为第三方物流。第三方物流提供者部分或全部利用需求方的资源，通过合约向需求方提供物流服务，它是业务外包在物流中的具体表现。生产商、销售商或消费者将其物流业务委托给专业物流公司运作，而自己集中精力发展新业务。第三方物流又称为"契约物流"或"代理物流"。第三方物流供应商为客户提供所有的或一部分供应链物流服务，以获取一定的利润。第三方物流公司提供的服务范围很广：它可以简单到只是帮助客户安排一批货物的运输，也可以复杂到设计、实施和运作一个公司的整个分销和物流系统。第三方物流公司和典型的运输或其他供应链服务公司的关键区别在于：第三方物流的最大附加值是基于信息和知识，而不是只提供最低价格的一般性的无差异的服务。常用于支撑第三方物流的信息技术有：实现信息快速交换的 EDI 技术、实现信息快速输入的条形码技术和实现网上交易的电子商务技术等。

2．第三方物流的发展

从对外委托的形式来看，第一种方式是企业自己从事物流系统设计、库存管理和物流信息管理，而将运输及保管等具体物流活动委托给外部的物流企业；第二种方式是物流企业将其开发设计的物流系统提供给货主企业，由它承担物流作业；第三种方式是由专业企业站在货主企业角度，代替其从事客户化的物流系统设计，并对系统运营承担责任。许多人认为第三种方式才是真正意义上的第三方物流。在国外，它已被企业，特别是一些物流业务较多的集团企业普遍采用，并形成了一定的规模。第三方物流是物流业发展到一定阶段的产物，是物流专业化的重要形式，而且第三方物流的占有率与物流企业的发展水平密切相关。西方国家的物流业实证分析证明，独立的第三方物流至少占到社会物流总额的50%时物流产业才能形成。所以，第三方物流的发展程度反映和体现着一个国家物流业发展的整体水平。

3．第三方物流运作的分类

一般来说，可以把第三方物流运作分为以下三类。

(1) 提供基本的仓储和运输服务，如公共仓库和普通货运公司。它以资产密集和标准化服务为基本特征。

(2) 提供仓储和货运管理等增值服务。对仓储物流来说，可为客户提供集货物配送、分拣包装、配套装配、条码生成等业务服务；对货运物流而言，可为客户选择承运人、协议价格、安排货运计划、优选货运路线和货运系统监测等业务服务。

(3) 提供一体化物流管理服务。这类第三方物流除了提供普通物流服务外，还能为客户提供市场需求预测、自动订单处理、存货控制和逆向物流支持等。它的基本特征是高技术和高素质。

4．国内外第三方物流

(1) 国外第三方物流的发展。据资料显示，在欧洲，第三方物流约占物流服务市场的

1/4，其中德国 99%的运输业务和 50%以上的仓储业务已交给第三方物流，在商业领域已从货物配送发展到店内物流，即零售店将从开门到关门，从清扫店堂到补货上架等原先由商店营业员负责的一系列服务工作，全部交给第三方物流商完成。在美国，大型制造企业使用第三方物流的比例占到 70%以上，美国第三方物流业的收入以每年 15%~20%的速度持续递增。

(2) 我国第三方物流现状。我国目前提供第三方物流服务的企业主要是一些原来的国有大型仓储运输企业和中外合资、独资企业等。它们的营业范围都在不同程度上涉及全国配送、国际物流、多式联运等服务，并在不同程度上进行了综合物流代理运作模式的探索与实践。尤其是一些与外方合资或合作的物流企业还充分发挥国外公司在物流管理经验、人才、技术、观念和理论上的优势，率先进行综合物流代理运作。另外，随着物流市场的对外开放，邮件快递业务由中国邮政一统天下的时代已经过去。目前的国内物流行业处于内、外资企业群雄崛起的局面，这种多方竞争的格局，为国内的消费者和商家择优选择第三方物流单位创造了有利条件。众多的物流企业采取送货上门的递送方式，提供了低价位、高质量的物流服务，受益的是广大消费者，也有力地支持了电子商务的顺利实施。另一方面，我国越来越多的企业也开始将物流业务外包出去。例如，上海通用汽车公司将全部物流外包给第三方，而自身集中于汽车的设计、生产和制造。第三方物流公司负责上千种零件的包装转换，按照通用公司发出的指令向公司零部件中转地交货，甚至在通用公司生产现场设置办公室，解决现场物流问题，使通用汽车公司的物流系统高效有序地运转，能更加集中精力于核心业务。

目前我国大约有 1.6 万个物流服务行业公司，随着经济的持续增长以及全球化程度的提高，2005 年我国第三方物流市场规模超过 1 000 亿元，比 2004 年增长 30%左右。与此同时，由于石油价格的上涨和在设施、设备和技术上投入的增加，物流企业的运营成本大幅提高；另一方面，行业竞争加剧又导致物流服务收费普遍降低，因此 2005 年第三方物流市场的利润率普遍下降。但是，我国企业对第三方物流的市场需求潜力巨大。中国巨大的物流市场已经吸引了国际上各大货运集团的目光；外国物流企业纷纷进军中国市场，预测未来几年中国物流业将保持快速增长态势，第三方物流市场发展前景广阔。

7.3.3　第四方物流

第四方物流(Fourth Party Logistics，FPL 或 4PL)是 1998 年美国埃森哲咨询公司率先提出的，专门为第一方、第二方和第三方提供物流规划、咨询、物流信息系统、供应链管理等活动，并不实际承担具体的物流运作活动。

1．第四方物流的概念

第四方物流是一个供应链的集成商，一般情况下政府为促进地区物流产业发展领头搭建第四方物流平台，提供共享及发布信息服务，是供需双方及第三方物流的领导力量。它不是物流的利益方，而是通过拥有的信息技术、整合能力以及其他资源提供一套完整的供应链解决方案，以此获取一定的利润。它是帮助企业实现降低成本和有效整合资源，并且依靠优秀的第三方物流供应商、技术供应商、管理咨询以及其他增值服务商，为客户提供独特的和广泛的供应链解决方案。第四方物流的运作如图 7-6 所示。

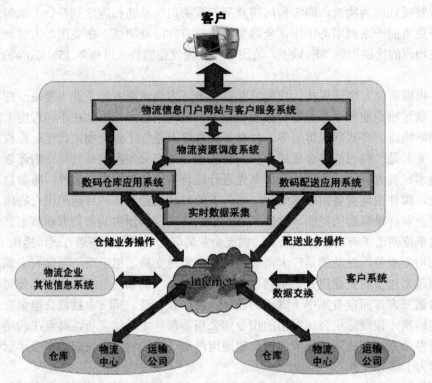

图 7-6　第四方物流运作示意图

　　第四方物流正日益成为一种帮助企业实现持续运作成本降低和区别于传统的外包业务的真正的资产转移。它依靠业内最优秀的第三方物流供应商、技术供应商、管理咨询顾问和其他增值服务商，为客户提供独特的和广泛的供应链解决方案。一般情况下，供方将物资提供给需方即完成了物流服务，而第三方物流是指物流服务的供方、需方之外的第三方去完成物流服务为特征的物流运作方式。以航运或航空运输、铁路或公路运输为依托的企业，目前所发展的就是这种第三方物流。而第四方物流负责第三方物流安排之外的功能整合，因为全球性供应链管理单靠第三方物流来组织、整合，不可能做到包罗万象，除了要保持速度及有效运作，它还必须围绕本身性质和重整来经营，采用合作而不是直接控制的方法来获得能力。为此，需将单个组织以外的知识与资源纳入第四方物流。

2．第四方物流的特点

　　与第三方物流注重实际操作相比，第四方物流更多地关注整个供应链的物流活动，形成第四方物流独有的特点——提供一整套完善的供应链解决方案。

　　第四方物流有能力提供一整套完善的供应链解决方案，是集成管理咨询和第三方物流服务的集成商。与第三方物流不同，第四方物流不是简单地为企业客户的物流活动提供管理服务，而是通过对企业客户所处供应链的整个系统或行业物流的整个系统进行详细分析后提出具有客观指导意义的解决方案。第四方物流服务供应商本身并不能单独地完成这个方案，而是要通过物流公司、技术公司等多类公司的协助才能使方案得以实施。

第三方物流服务供应商能够为企业客户提供相对于企业的全局最优，却不能提供相对于行业或供应链的全局最优，因此第四方物流服务供应商就需要先对现有资源和物流运作流程进行整合和再造，从而达到解决方案所预期的目标。第四方物流服务供应商整个管理过程大概设计四个层次，即再造、创新、实施和执行，其特征也体现这四个层次上。

(1) 再造。再造是指供应链过程协作和供应链过程的再设计。第四方物流最高层次的方案就是再造。供应链过程中真正的显著改善要么是通过各个环节计划和运作的协调一致来实现，要么是通过各个参与方的通力协作来实现。再造过程就是基于传统的供应链管理咨询技巧，使得公司的业务策略和供应链策略协调一致，同时，技术在这一过程中又起到了催化剂的作用，整合和优化了供应链内部和与之交叉的供应链的运作。

(2) 创新。创新是指通过新技术实现各个供应链职能的加强。变革的努力集中在改善某一具体的供应链职能，包括销售和运作计划、分销管理、采购策略和客户支持。在这一层次上，供应链管理技术对方案的成败变得至关重要。领先和高明的技术，加上战略思维、流程再造和卓越的组织变革管理，共同组成最佳方案，对供应链活动和流程进行整合和改善。

(3) 实施。实施是指流程一体化、系统集成和运作交接。一个第四方物流服务商帮助客户实施新的业务方案，包括业务流程优化，客户公司和服务供应商之间的系统集成以及将业务运作转交给第四方物流的项目运作小组。项目实施过程中应该对组织变革多加小心，因为"人"的因素往往是把业务转给第四方物流管理的成败的关键。最大的目标应是避免把一个设计得非常好的策略和流程实施得非常无效，由此局限方案的有效性，影响项目的预期成果。

(4) 执行。执行是指承担多个供应链职能和流程的运作。第四方物流开始承接多个供应链职能和流程的运作责任。其工作范围远远超越了传统的第三方物流的运输管理和仓库管理的运作，包括制造、采购、库存管理、供应链信息技术、需求预测、网络管理、客户服务管理和行政管理。尽管一家公司可以把所有的供应链活动外包给第四方物流，但通常的第四方物流只是从事供应链功能和流程的一些关键部分。第四方物流通过其对整个供应链产生影响的能力来增加价值，其充分利用了一批服务提供商的能力，包括第三方物流、信息技术供应商、合同物流供应商、呼叫中心、电信增值服务商等，再加上客户的能力和第四方物流自身的能力。总之，第四方物流通过提供一个全方位的供应链解决方案来满足今天的公司所面临的广泛而又复杂的需求。这个方案关注供应链管理的各个方面，既提供持续更新和优化的技术方案，又能满足客户的独特需求。预测表明，作为能与客户的制造、市场及分销数据进行全面、在线连接的一个战略伙伴，第四方物流与第三方物流一样，可以在可预见的将来得到广泛的应用。可以说，在社会分工上，第四方物流是第三方物流的管理和集成者，但是二者在服务上更多地应该是互补和合作，只有这样，才能做到物流成本的最小化。

3. 第四方物流运作模式

第四方物流结合自身的特点可以有以下三种运作模式来进行选择，虽然它们之间略有差别，但是都突出了第四方物流的特点。

(1) 协同运作模型。该运作模式下，第四方物流只与第三方物流有内部合作关系，即第四方物流服务供应商不直接与企业客户接触，而是通过第三方物流服务供应商对其提出的供应链解决方案、再造的物流运作流程等进行实施。这就意味着，第四方物流与第三方物流共同开发市场，在开发的过程中第四方物流向第三方物流提供技术支持、供应链管理决策、市场准入能力以及项目管理能力等，它们之间的合作关系可以采用合同方式绑定或采用战略联盟方式形成。

(2) 方案集成商模式。该运作模式下，第四方物流作为企业客户与第三方物流的纽带，将企业客户与第三方物流连接起来，这样企业客户就不需要与众多第三方物流服务供应商进行接触，而是直接通过第四方物流服务供应商来实现复杂的物流运作的管理。在这种模式下，第四方物流作为方案集成商除了提出供应链管理的可行性解决方案外，还要对第三方物流资源进行整合，统一规划为企业客户服务。

(3) 行业创新者模式。行业创新者模式与方案集成商模式有相似之处：都是作为第三方物流和客户沟通的桥梁，将物流运作的两个端点连接起来。两者的不同之处在于：行业创新者模式的客户是同一行业的多个企业，而方案集成商模式只针对一个企业客户进行物流管理。这种模式下，第四方物流提供行业整体物流的解决方案，从而使第四方物流运作的规模更大限度地得到扩大，使整个行业在物流运作上获得收益。

第四方物流无论采取哪一种模式，都突破了单纯发展第三方物流的局限性，能真正的低成本运作，实现最大范围的资源整合。因为第三方物流缺乏跨越整个供应链运作以及真正整合供应链流程所需的战略专业技术，第四方物流则可以不受约束地将每一个领域的最佳物流提供商组合起来，为客户提供最佳物流服务，进而形成最优的物流方案或供应链管理方案。而第三方物流要么独自、要么通过与自己有密切关系的转包商来为客户提供服务，它不太可能提供技术、仓储与运输服务的最佳结合。

4．中国第四方物流公司概况

据专家分析，第四方物流的利润要比第三方物流更加丰厚，因为他们拥有专业化的咨询服务。尽管这一块服务目前规模尚小，但在整个竞争激烈的中国物流市场上将是一个快速增长的部分。

中国的第四方物流公司通常被称为物流咨询公司(第四方物流是埃森哲的专用名词)，虽然名称有别，但所提供的服务都是第四方物流的服务范围。

中国第四方物流发展较晚，2009 年 3 月以前，中国物流咨询公司在网络搜索中可见者寥寥，但在 2009 年 3 月以后，各种冠以物流咨询公司的企业如雨后春笋般涌现出来。出现这种状况的原因主要在于国家出台的十大产业振兴规划，其中物流产业振兴规划作为唯一的服务业规划被提上日程。随后，全国各地的物流园区规划和设计风起云涌，因此，各个物流咨询公司都有做物流园区规划的业务范围。

目前，在国内做第四方物流的公司，也被称作物流咨询的公司主要有：埃森哲咨询、上海天睿、法布劳格咨询、亿博物流咨询、上海欧麟咨询、杭州通创咨询、青岛海尔咨询、大连智丰咨询、香港威裕咨询、大库咨询和时代连商等。

7.4 电子商务物流解决方案

7.4.1 国外电子商务物流模式

1．美国的物流中央化

物流中央化的美国物流模式，强调"整体化的物流管理系统"，是一种以整体利益为重，冲破按部门分管的体制，从整体进行统一规划管理的管理方式。美国物流管理模式，在市场营销方面，包括分配计划、运输、仓储、市场研究、为用户服务五个过程；在流通和服务方面，包括需求预测、订货过程、原材料购买、加工过程四个方面，即从原材料购买直至送达顾客的全部物资流通过程。

2．日本的离散配送中心

日本人认为物流过程是"生产—流通—消费—还原"(废物的再利用及生产资料的补足和再生产)的过程。在日本，物流是非独立领域，受多种因素制约。物流(少库存多批发)与销售(多库存少批发)相互对立，必须利用统筹来获得整体成本最小的效果，物流的前提是企业的销售政策、商业管理、交易条件。销售订货时，交货条件、订货条件、库存量条件对物流的结果影响巨大。流通中的物流问题已转向研究供应、生产、销售中的物流问题。

3．适应电子商务的物流代理

物流代理即前面介绍的第三方物流、第四方物流。从广义的角度以及物流运行的角度看，物流代理包括一切物流活动，以及发货人可以从专业物流代理商处得到的其他一些价值增值服务。提供这一服务是以发货人和物流代理商之间的正式合同为条件的，这一合同明确规定了服务费用、期限及相互责任等事项。

狭义的物流代理专指本身没有固定资产但仍承接物流业务，借助外界力量，负责代替发货人完成整个物流过程的一种物流管理方式。物流代理公司承接了仓储、运输代理后，为减少费用的支出，同时又要使生产企业觉得有利可图，就必须在整体上尽可能地加以统筹规划，使物流合理化。

4．美国的物流配送业

美国的物流配送业发展起步早，经验成熟，尤其是信息化管理程度高，对我国物流发展有很大的借鉴意义。

(1) 美国配送中心的类型。从 20 世纪 60 年代起，商品配送合理化就在发达国家普遍得到重视。为了向流通领域要效益，美国企业采取了以下措施：一是将老式的仓库改为配送中心；二是引进计算机管理网络，对装卸、搬运、保管实行标准化操作，提高作业效率；三是连锁店共同组建配送中心，促进连锁店效益的增长。美国连锁店的配送中心有很多种，主要有批发型、零售型和仓储型三种。

① 批发型。美国加州食品配送中心是全美第二大批发配送中心，建于 1982 年，建筑

面积 10 万平方米，工作人员 2 000 人左右，共有全封闭型温控运输车 600 多辆。经营的商品均为食品，有 43 000 多个品种，其中有 98%的商品由该公司组织进货，另有 2%的商品是该中心开发加工的商品，主要是牛奶、面包、冰激凌等新鲜食品。该中心实行会员制，各会员超市因店铺的规模大小不同、所需商品配送量的不同，而向中心交纳不同的会员费。会员店在日常交易中与其他店一样，不享受任何特殊的待遇，但可以参加配送中心定期的利润处理。该配送中心本身不是盈利单位，可以不交营业税。所以，当配送中心获得利润时，采取分红的形式，将部分利润分给会员店。会员店分得红利的多少，将视其在配送中心的送货量和交易额的多少而定，多者多分红。该配送中心主要靠计算机管理。业务部通过计算机获取会员店的订货信息，及时向生产厂家和储运部发出要货指示单；厂家和储运部再根据要货指示单的先后缓急安排配送的先后顺序，将分配好的货物放在待配送口等待发运。配送中心 24 小时运转，配送半径一般为 50 公里。该配送中心与制造商、超市协商制定商品的价格，主要依据有三个：一是商品数量与质量；二是付款时间，如在 10 天内付款可以享受 2%的价格优惠；三是配送中心对各大超市配送商品的加价率，根据商品的品种、档次不同以及进货量的多少而定，一般为 2.9%～8.5%。

②　零售型。美国沃尔玛商品公司的配送中心是典型的零售型配送中心。截至 2006 年年末，沃尔玛全球商店数有 6 689 个。沃尔玛在美国本土已建立 62 个配送中心，各中心 24 小时运转，每天为分布在全美各地的沃尔玛公司的 3 944 家连锁店按时配送商品，确保各店稳定经营。沃尔玛完整的物流系统号称"第二方物流"，相对独立运作，不仅包括配送中心，还有更为复杂的资料输入采购系统、自动补货系统等。沃尔玛全球 4 500 多个店铺的销售、订货、库存情况可以随时调出查询。公司的 5 500 辆运输卡车全部装备了卫星定位系统，每辆车在什么位置、装载什么货物、目的地是什么地方，总部一目了然，可以合理安排运量和路程，最大限度地发挥运输潜力，避免浪费、降低成本、提高效率。沃尔玛正是通过信息流对物流、资金流的整合、优化和及时处理，实现了有效的物流成本控制。将从采购原材料开始到制成最终产品，最后由销售网络把产品送到消费者手中的过程都变得高效有序，实现了商业活动的标准化、专业化、统一化、单纯化，从而达到了实现规模效益的目的。2004 年，沃尔玛公司要求其前 100 家供应商在 2005 年 1 月之前向其配送中心发送货盘和包装箱时使用无线射频识别(RFID)技术，2006 年 1 月前在单件商品中投入使用，沃尔玛供应商每年使用约 50 亿张电子标签，而为此沃尔玛公司每年可节省 83.5 亿美元。

③　仓储型。美国福来明公司的食品配送中心是典型的仓储式配送中心，它的主要任务是接受美国独立杂货商联盟加州总部的业务委托，为该联盟在该地区的 350 家加盟店负责商品配送。该配送中心的建筑面积为 7 万平方米，经营 8.9 万个品种，其中有 1 200 个品种是美国独立杂货商联盟开发的，必须集中配送。在服务对象店经营的商品中，有 70%左右的商品由该中心集中配送，一般鲜活商品和怕碰撞的商品，如牛奶、面包、炸土豆片、瓶装饮料和啤酒等，从当地厂家直接送货到店，蔬菜等商品从当地的批发市场直接进货配送。

(2)　美国配送中心的运作流程。美国配送中心的库内布局及管理井井有条，使繁忙的业务互不影响。其主要经验如下：

①　库内货架间设有 27 条通道，19 个进货口。

②　以托盘为主，4 组集装箱为一货架。

③　商品的堆放分为储存的商品和配送的商品，一般根据商品的生产日期、进货日期和保质期，采取先进库的商品先出库的原则，在存货架的上层是后进的储存商品，在货架下层的储存商品是待出库的配送商品。

④　品种配货是数量多的整箱货，所以用叉车配货；店配货是细分货(如小到几双一包的袜子)，所以利用传送带配货。

⑤　量轻、体积大的商品(如卫生纸等)，用叉车配货；重量大、体积小的商品用传送带配货。

⑥　特殊商品单独存放。如少量高价值的药品、滋补品等，为防止丢失，用铁丝网圈起，标明无关人员不得入内。

7.4.2　电子商务环境下的综合物流代理

综合物流代理，是第三方物流的模式之一，即由一家在物流综合管理经验、人才、技术、理念上均有一定优势的企业，对电子商务交易中供求双方的所有物流活动进行全权代理的业务活动。通过利用计算机和网络通信技术，该代理系统在 Internet 上建立了一个多对多的虚拟市场，根据物流一体化的原则，有效地对供应链上下游企业进行管理。

1．综合物流代理系统的特点

在我国电子商务环境下，经营综合物流代理的主要思路是：低成本经营和入市原则；将主要的物流服务工作委托他人处理，注重建立自己的客户营销队伍、物流管理网络和物流信息系统，提高自身的物流综合管理素质；实行特许代理制，将协作单位视为自己的战略伙伴，进一步可将其纳入自己的经营轨道；公司经营的核心就是综合物流代理业务的协调、组织、控制等管理工作，并且注重业务流程再造和组织创新。从图 7-7 中可以看出，基于 Internet 的综合物流代理系统就是一个通过互联网建立起来的综合物流代理的管理体系。

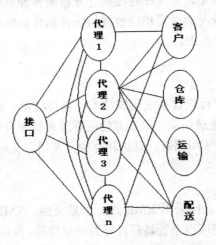

图 7-7　基于 Internet 的综合物流代理系统

该系统建立了一个基于互联网的电子市场。在这个虚拟市场中，主要产品是物流服务。客户(电子商务的交易双方)与物流代理商以多对多的方式进行物流服务的交易活动。物流代理商作为系统中供应链的重要一环，根据物流一体化原则，对客户、运输企业、配送中心、仓储企业等进行统一的调配管理。

2. 综合物流代理系统设计目标

首先，将原有传统的物流业务过程，通过计算机和网络技术进行业务重组，删除冗余流程，有效地控制物的流向、提高物流过程的效率、降低物流成本。其次，真正实现以顾客为中心的服务理念。

(1) 提供个性化服务，即为客户群所提供的服务具有其他网站所不具备的特色，并能为客户所接受和喜欢，达到吸引客户的目的。

(2) 在设计中通过一系列的算法，在能实施物流服务的业务范围、经济地理上网点布局是否与电子商务相应的要求相适应，在客户需求的反应速度、送货频率、送货可靠性、相关物流文档质量、物流费用、网点分布、管理制度、货物跟踪等方面提供完整的物流信息和完善的决策支持，并通过系统评估来判断这些服务是否能够满足客户服务的要求。

(3) 建立网络化物流系统平台可以减少很多生产和流通中不必要的部门和环节，从而达到降低成本的目的；也可以减少物流企业组织仓储、运输环节的成本和麻烦，甩掉沉重的物流包袱，简化传统物流配送流程，方便客户使用。

3. 系统平台的主要特征

系统平台的主要特征如下。

(1) 设计与开发的开放性和标准化。为保证各供应商产品的协同运作，同时考虑到投资者的长远利益，系统平台具有很好的开放性，并结合了相关的国际标准与工业标准。

(2) 满足 B2B 电子商务中对物流管理的需求。采用 B/S 系统构架，为客户提供基于 Internet 方式的网上下单、货物状态查询等全面的物流服务。

(3) 决策与管理的智能化。表现在通过第三方物流管理系统平台，用户企业的管理者可实时了解各部门的运行情况，调集相应数据的统计和分析报表，为决策分析提供参考依据，为业务规模的拓展奠定基础。

4. 构建技术

第三方物流管理系统平台包含系统集成技术、窗口技术、打包技术、组件技术，包含 CRM、GIS、GPS 和 BI 等先进功能；第三方物流管理系统平台采用通用标准，管理系统与货主、配送、运输、仓储等应用系统，既可相互独立使用，又可联合使用。

5. XML 技术

系统平台与其他各系统之间采用 XML 进行信息交换，XML 交换标准同时兼容现有的行业 XML 标准，因而与其他应用系统具有良好的接口性能，保证系统的扩展性和可维护性。

6. 组件技术

第三方物流管理系统平台中的每个应用系统由一个组件包提供，具有与平台无关的特性，开发商通过 API 调用相应组件，实现组件提供的商务功能。

7．硬件/软件的独立性

第三方物流管理系统平台采用的开发模型继承了多层、分布式的结构特点(见图 7-8)，并可以跨平台应用，将 Java 的"一次编译，随处运行"的特点体现在系统中，具备操作系统独立性和数据库独立性。

图 7-8　第三方物流管理系统平台结构图

电子商务环境下实现网络化物流的目标就是把电子化的物流网络和实体化的物流网络融为一体，形成真正的物流网络。

7.5 物 联 网

物联网是新一代信息技术的重要组成部分，其英文名称是："The Internet of things"。顾名思义，物联网就是物物相连的互联网。它有两层意思：其一，物联网的核心和基础仍然是互联网，是在互联网基础上延伸和扩展的网络；其二，其用户端延伸和扩展到了任何物品与物品之间，进行信息交换和通信，也就是物物相息。物联网通过智能感知、识别技术与普适计算、广泛应用于网络的融合中，也因此被称为继计算机、互联网之后世界信息产业发展的第三次浪潮。物联网是互联网的应用拓展，与其说物联网是网络，不如说物联网是业务和应用。因此，应用创新是物联网发展的核心，以用户体验为核心的创新 2.0 是物联网发展的灵魂。

7.5.1 物联网的概念

中国早在 1999 年就提出了物联网这个概念。当时叫传感网，其定义是：通过射频识别(RFID)、红外感应器、全球定位系统、激光扫描器等信息传感设备，按约定的协议，把任何物品与互联网相连接，进行信息交换和通信，以实现智能化识别、定位、跟踪、监控和管理的一种网络概念。

"物联网概念"是在"互联网概念"的基础上，将其用户端延伸和扩展到任何物品与物品之间，进行信息交换和通信的一种网络概念。

物联网(Internet of Things)，国内外普遍公认的是 MIT Auto-ID 中心 Ashton 教授 1999 年

在研究 RFID 时最早提出来的。在 2005 年国际电信联盟(ITU)发布的同名报告中，物联网的定义和范围已经发生了变化，覆盖范围有了较大的拓展，不再只是指基于 RFID 技术的物联网。

自 2009 年 8 月温家宝总理提出"感知中国"以来，物联网被正式列为国家五大新兴战略性产业之一，写入"政府工作报告"，物联网在中国受到了全社会极大的关注，其受关注程度是在美国、欧盟以及其他各国不可比拟的。

物联网的概念与其说是一个外来概念，不如说它已经是一个"中国制造"的概念，它的覆盖范围与时俱进，已经超越了 1999 年 Ashton 教授和 2005 年 ITU 报告所指的范围，物联网已被贴上"中国式"标签，如图 7-9 所示。

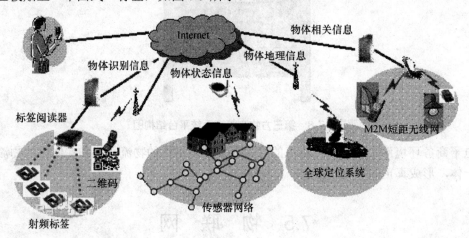

图 7-9　物联网

7.5.2　物联网在中国的发展

"中国式"物联网最简洁明了的定义：物联网是一个基于互联网、传统电信网等信息承载体，让所有能够被独立寻址的普通物理对象实现互联互通的网络。它具有普通对象设备化、自治终端互联化和普适服务智能化 3 个重要特征。

其他的定义：物联网指的是将无处不在(Ubiquitous)的末端设备(Devices)和设施(Facilities)，包括具备"内在智能"的传感器、移动终端、工业系统、楼控系统、家庭智能设施、视频监控系统等，以及"外在使能"(Enabled)的，如贴上 RFID 的各种资产(Assets)、携带无线终端的个人与车辆等"智能化物件或动物"或"智能尘埃"(Mote)，通过各种无线和(或)有线的长距离和(或)短距离通信网络实现互联互通(M2M)、应用大集成(Grand Integration)，以及基于云计算的 SaaS 营运等模式，在内网(Intranet)、专网(Extranet)和(或)互联网(Internet)环境下，采用适当的信息安全保障机制，提供安全可控乃至个性化的实时在线监测、定位追溯、报警联动、调度指挥、预案管理、远程控制、安全防范、远程维保、在线升级、统计报表、决策支持、领导桌面(集中展示的 Cockpit Dashboard)等管理和服务功能，实现对"万物"的"高效、节能、安全、环保"的"管、控、营"一体化。

业内对物联网的界定还有一种说法，即活点定义：利用局部网络或互联网等通信技术把传感器、控制器、机器、人员和物等通过新的方式连在一起，形成人与物、物与物相连，实现信息化、远程管理控制和智能化的网络。物联网是互联网的延伸，它包括互联网及互联网上所有的资源，兼容互联网所有的应用，但物联网中所有的元素(所有的设备、资源及通信等)都是个性化和私有化的。

如果用一句话来概括并理解物联网，那就是：把所有物品通过信息传感设备与互联网连接起来，进行信息交换，即物物相息，以实现智能化识别和管理。

7.5.3 物联网的产业实践主要方向

全球范围内物联网的产业实践主要集中于三大方向。

第一个实践方向被称作"智慧尘埃"，主张实现各类传感器设备的互联互通，形成智能化功能的网络。

第二个实践方向即是广为人知的基于 RFID 技术的物流网，该方向主张通过物品物件的标识，强化物流及物流信息的管理，同时通过信息整合，形成智能信息挖掘。

第三个实践方向被称作数据"泛在聚合"意义上的物联网，认为互联网造就了庞大的数据海洋，应通过对其中每个数据进行属性的精确标识，全面实现数据的资源化，这既是互联网深入发展的必然要求，也是物联网的使命所在。

比较而言，"智慧尘埃"意义上的物联网属于工业总线的泛化。这样的产业实践自从机电一体化和工业信息化以来，实际上在工业生产中从未停止过，只是那时不叫物联网，而是叫工业总线。这种意义上的物联网将因传感技术、各类局域网通信技术的发展，依据其内在的科学技术规律，坚实而稳步地向前行进，并不会因为人为的一场运动而加快发展速度。

RFID 意义上的物联网，所依据的 EPCglobal 标准在推出时，即被定义为未来物联网的核心标准，但是该标准及其唯一的方法手段 RFID 电子标签所固有的局限性，使它难以真正指向物联网所提倡的智慧星球。原因在于，物和物之间的联系所能告知人们的信息是非常有限的，而物的状态与状态之间的联系，才能使人们真正挖掘事物之间普遍存在的各种联系，从而获取新的认知，获取新的智慧。

"泛在聚合"即是要实现互联网所造就的无所不在的浩瀚数据海洋，实现彼此相识意义上的聚合。这些数据既代表物，也代表物的状态，甚至代表人工定义的各类概念。数据的"泛在聚合"，将能使人们极为方便地任意检索所需的各类数据，在各种数学分析模型的帮助下，不断挖掘这些数据所代表的事物之间普遍存在的复杂联系，从而实现人类对周边世界认知能力的革命性飞跃。

7.5.4 目前物联网的应用领域

物联网是以计算机科学为基础，包括网络、电子、射频、感应、无线、人工智能、条码、云计算、自动化、嵌入式等技术为一体的综合性技术及应用，它要让孤立的物品(冰箱、汽车、设备、家具、货品等)接入网络世界，让它们之间能相互交流，通过软件系统操纵 himer，让 himer 鲜活起来。科技创新改变生活，物联网以及延伸的人工智能必将为未来带来自便利的美好生活。人类总是在追求自便利的美好生活，物联网很有前瞻性。业界普遍认为：下一波的 IT 浪潮就是云计算、物联网、人工智能、生物技术。

目前，已经开发十一项物联网应用产品，涵盖了物联网的主要应用领域。

1. 智能家居

智能家居产品融合自动化控制系统、计算机网络系统和网络通信技术于一体，将各种家庭设备(如音视频设备、照明系统、窗帘控制、空调控制、安防系统、数字影院系统、网络家电等)通过智能家庭网络联网实现自动化，通过中国电信的宽带、固话和3G无线网络，可以实现对家庭设备的远程操控。与普通家居相比，智能家居不仅提供舒适宜人且高品位的家庭生活空间，实现更智能的家庭安防系统；还将家居环境由原来的被动静止结构转变为具有能动智慧的工具，提供全方位的信息交互功能。

2. 智能医疗

智能医疗系统借助简易实用的家庭医疗传感设备，对家中病人或老人的生理指标进行自测，并将生成的生理指标数据通过中国电信的固定网络或3G无线网络传送到护理人或有关医疗单位。根据客户需求，中国电信还提供相关增值业务，如紧急呼叫救助服务、专家咨询服务、终生健康档案管理服务等。智能医疗系统真正解决了现代社会子女们因工作忙碌无暇照顾家中老人的无奈，可以随时表达孝子情怀。

3. 智能城市

智能城市产品包括对城市的数字化管理和城市安全的统一监控。前者利用"数字城市"理论，基于3S(地理信息系统GIS、全球定位系统GPS、遥感系统RS)等关键技术，深入开发和应用空间信息资源，建设服务于城市规划、城市建设和管理，服务于政府、企业、公众，服务于人口、资源环境、经济社会的可持续发展的信息基础设施和信息系统。后者基于宽带互联网的实时远程监控、传输、存储、管理的业务，利用中国电信无处不达的宽带和3G网络，将分散、独立的图像采集点进行联网，实现对城市安全的统一监控、统一存储和统一管理、为城市管理和建设者提供一种全新、直观、视听觉范围延伸的管理工具。

4. 智能环保

智能环保产品通过对实施地表水水质的自动监测，可以实现水质的实时连续监测和远程监控，及时掌握主要流域重点断面水体的水质状况，预警预报重大或流域性水质污染事故，解决跨行政区域的水污染事故纠纷，监督总量控制制度落实情况。太湖环境监控项目，通过安装在环太湖地区的各个监控的环保和监控传感器，将太湖的水文、水质等环境状态提供给环保部门，实时监控太湖流域水质等情况，并通过互联网将监测点的数据报送至相关管理部门。

5. 智能交通

智能交通系统包括公交行业无线视频监控平台、智能公交站台、电子票务、车管专家和公交手机一卡通五种业务。公交行业无线视频监控平台利用车载设备的无线视频监控和GPS定位功能，对公交运行状态进行实时监控。智能公交站台通过媒体发布中心与电子站牌的数据交互，实现公交调度信息数据的发布和多媒体数据的发布功能，还可以利用电子站牌实现广告发布等功能。 电子门票是二维码应用于手机凭证业务的典型应用，从技术实现的角度，手机凭证业务就是手机 凭证，是以手机为平台、以手机身后的移动网络为媒介，通过特定的技术实现完成凭证功能。 车管专家利用全球卫星定位技术(GPS)、无线通信技术(CDMA)、地理信息系统技术(GIS)、中国电信 3G 等高新技术，将车辆的位置与速度，车内外的图像、视频等各类媒体信息及其他车辆参数等进行实时管理，有效满足用户对车辆管理的各类需求。 公交手机一卡通将手机终端作为城市公交翼卡通的介质，除完成公交刷卡功能外，还可以实现小额支付、空中充值等功能。 测速 E 通通过将车辆测速系统、高清电子警察系统的车辆信息实时接入车辆管控平台，同时结合交警业务需求，基于 GIS 地理信息系统通过 3G 无线通信模块实现报警信息的智能、无线发布，从而快速处置违法、违规车辆。

6. 智能司法

智能司法是一个集监控、管理、定位、矫正于一身的管理系统。能够帮助各地各级司法机构降低刑罚成本、提高刑罚效率。目前，中国电信已实现通过 CDMA 独具优势的 GPSONE 手机定位技术对矫正对象进行位置监管，同时具备完善的矫正对象电子档案、查询统计功能，并包含对矫正对象的管理考核，给矫正工作人员的日常工作带来信息化、智能化的高效管理平台。

7. 智能农业

智能农业产品通过实时采集温室内温度、湿度信号以及光照、土壤温度、CO_2 浓度、叶面湿度、露点温度等环境参数，自动开启或者关闭指定设备。可以根据用户需求，随时进行处理，为设施农业综合生态信息自动监测、对环境进行自动控制和智能化管理提供科学依据。通过模块采集温度传感器等信号，经由无线信号收发模块传输数据，实现对大棚温湿度的远程控制。智能农业产品还包括智能粮库系统，该系统通过将粮库内温湿度变化的感知与计算机或手机的连接进行实时观察，记录现场情况以保证量粮库内的温湿度平衡。

8. 智能物流

智能物流打造了集信息展现、电子商务、物流配载、仓储管理、金融质押、园区安保、海关保税等功能为一体的物流园区综合信息服务平台。信息服务平台以功能集成、效能综合为主要开发理念，以电子商务、网上交易为主要交易形式，建设了高标准、高品位的综合信息服务平台，并为金融质押、园区安保、海关保税等功能预留了接口，可以为园区客户及管理人员提供一站式综合信息服务。

9. 智能校园

中国电信的校园手机一卡通和金色校园业务，促进了校园的信息化和智能化。 校园手机一卡通主要实现功能包括：电子钱包、身份识别和银行圈存。电子钱包即通过手机刷卡实现主要校内消费；身份识别包括门禁、考勤、图书借阅、会议签到等，银行圈存即实现银行卡到手机的转账充值、余额查询。目前校园手机一卡通的建设，除了满足普通一卡通功能外，还实现了借助手机终端实现空中圈存、短信互动等应用。 中国电信实施的"金色校园"方案，帮助中小学行业用户实现学生管理电子化，老师排课办公无纸化和学校管理的系统化，使学生、家长、学校三方可以时刻保持沟通，方便家长及时了解学生学习和生活情况，通过一张薄薄的"学籍卡"，真正达到了对未成年人日常行为的精细管理，最终达到学生开心，家长放心，学校省心的效果。

10. 智能文博

智能文博系统是基于 RFID 和中国电信的无线网络，运行在移动终端的导览系统。该系统在服务器端建立相关导览场景的文字、图片、语音以及视频介绍数据库，以网站形式提供专门面向移动设备的访问服务。移动设备终端通过其附带的 RFID 读写器，得到相关展品的 EPC 编码后，可以根据用户需要，访问服务器网站并得到该展品的文字、图片语音或者视频介绍等相关数据。该产品主要应用于文博行业，实现智能导览及呼叫中心等应用拓展。

11. M2M 平台[①]

中国电信 M2M 平台是物联网应用的基础支撑设施平台。秉承发展壮大民族产业的理念与责任，凭借对通信、传感、网络技术发展的深刻理解与长期的运营经验，中国电信 M2M 协议规范引领着 M2M 终端、中间件和应用接口的标准统一，为跨越传感网络和承载网络的物联信息交互提供表达和交流规范。在电信级 M2M 平台上驱动着遍布各行各业的物联网应用逻辑，倡导基于物联网络的泛在网络时空，让广大消费者尽情享受物联网带来的个性化、智慧化、创新化的信息新生活。

7.5.5 物联网关键技术

在物联网应用中有三项关键技术及应用领域。

(1) 传感器技术：这也是计算机应用中的关键技术。大家都知道，到目前为止绝大部分计算机处理的都是数字信号。自从有计算机以来就需要传感器把模拟信号转换成数字信号计算机才能处理。

(2) RFID 标签技术：也是一种传感器技术，RFID 技术是融合了无线射频技术和嵌入式技术为一体的综合技术，RFID 在自动识别、物品物流管理有着广阔的应用前景。

(3) 嵌入式系统技术：是综合了计算机软硬件、传感器技术、集成电路技术、电子应用技术为一体的复杂技术。经过几十年的演变，以嵌入式系统为特征的智能终端产品随处可见；小到人们身边的 MP3，大到航天航空的卫星系统。嵌入式系统正在改变着人们的生活，推动着工业生产以及国防工业的发展。如果把物联网用人体做一个简单比喻，传感器相当于人的眼睛、鼻子、皮肤等感官，网络就是神经系统用来传递信息，嵌入式系统则是人的大脑，在接收到信息后要进行分类处理。这个例子很形象地描述了传感器、嵌入式系统在物联网中的位置与作用。

---

① M2M 是机器对机器（Machine-To-Machine）通信的简称。目前，M2M 重点在于机器对机器的无线通信，存在以下三种方式：机器对机器，机器对移动电话（如用户远程监视），移动电话对机器（如用户远程控制）。

物联网有 4 大关键领域，即 RFID、传感网、M2M 和两化融合(即工业化与信息化融合)，如图 7-10 所示。

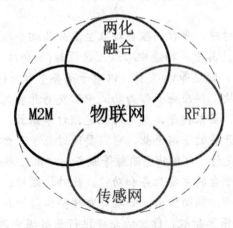

图 7-10　物联网的 4 大关键领域

物联网的应用模式根据其实质用途可以归结为两种基本应用模式：

(1) 对象的智能标签。通过 NFC、二维码、RFID 等技术标识特定的对象，用于区分对象个体，例如在生活中我们使用的各种智能卡，条码标签的基本用途就是用来获得对象的识别信息；此外通过智能标签还可以用于获得对象物品所包含的扩展信息，例如智能卡上的金额余额，二维码中所包含的网址和名称等。

(2) 对象的智能控制。物联网基于云计算平台和智能网络，可以依据传感器网络用获取的数据进行决策，改变对象的行为进行控制和反馈。例如根据光线的强弱调整路灯的亮度，根据车辆的流量自动调整红绿灯间隔等。

 复习思考题

1. 简述电子商务物流的概念及其内容。
2. 电子商务物流的发展趋势是什么？
3. 什么是第三方物流？其特点是什么？
4. 第四方物流的特点是什么？其发展趋势是什么？
5. 具有代表性的电子商务物流的解决方案有哪些？

 案例分析

实战：物流中心的电子商务平台如何构建？

对于一些特殊类型的物资(尤其是大宗物资)来说，销售在流通环节进行的比例很大，使得相关的流通物流中心必须同时具备交易功能。为了实现信息对称、提高交易的效率和质量并较少管理成本，构建电子商务平台成为必需。

一、构建电子商务平台的首要任务是确定物流中心电子商务平台(以下简称平台)的总体业务。

与物流中心的业务相对应，平台的服务对象主要分为四个板块，即供应企业、采购企业、物流中心和其他机构。其中，物流中心以园区设施(如仓库、卸载系统、传输系统等)为基础，以物流服务(加工、配送等)为支撑，以电子商务平台为核心构建其整体运作系统，是平台业务开展的核心板块；供应企业作为物流中心交易开展的上游企业，它需要通过电子平台实现销售信息发布、买家搜寻、交易与配送、订单结算、订单状态跟踪等服务；采购企业则是物流中心交易开展的下游企业，它需要通过电子平台实现采购信息发布、货源搜寻、交易与配送、订单支付、订单状态跟踪等服务。"供应企业—物流中心—采购企业"作为交易的核心，决定了平台的主要业务和功能。此外，政府、银行、行业协会等其他机构为整个平台的运作起协调、辅助作用。如政府发挥整体监管和宏观调控作用，银行以提供金融服务的形式为交易保驾护航，行业协会提供行业数据资源以完善平台的支撑数据。

以上四个服务对象决定了平台的整体构架，但平台构建的基础也不容忽视。首先是政府的宏观政策、方针及经济环境，它们构成了平台运作的宏观背景，也从一定程度上决定了平台整体业务开展的基础；其次是产业提升、技术革新、科学发展等构成的动力源泉，它们决定了平台业务发展的方向和服务水平。

二、信息流和数据库是电子商务平台运行的关键。

信息流即信息的流动和传输。对于电子商务平台来说，任何一个环节的服务都是以信息流为基础的。以信息的流动为前提，物资与资金的流动变得简洁、高效，电子商务平台的优势才得以体现。

数据库即大量信息形成的数据支撑。相对传统的交易方式，电子商务平台最大的优势在于它可以通过海量信息的搜集和处理实现买卖双方的信息对称，从而达到平衡供需、稳定市场的目的，进而实现资源的优化配置。因此，是否有足够的真实可靠的信息来源并对这些信息进行有效的分析和处理，形成支撑电子商务平台的数据库，是电子商务平台成功与否的关键。

通常来讲，电子商务平台的信息来源主要有两个方面，一是使用对象提供的直接数据，如供应商提供的产品信息、销售数据、企业资质与信用等，采购商提供的采购信息、订单信息，政府下达的文件指令等，这些数据是平台服务开展的基础；二是适用对象在平台上的进行交易或其他活动产生的操作数据，如交易种类、交易数量、交易时效、交易对象的相互评价等，通过对这些第一手数据进行处理和分析，可以进行预测市场变化和价格波动、评估使用对象信誉状态等工作，并指导平台业务的发展和调整。

三、通过分期建设、功能逐步拓展可降低运营成本和风险。

由于电子商务平台业务的开展需要以大量的数据为支撑，在平台的起步阶段不一定具备足够的数据资源基础。而作为相对不够成熟的市场形式，电子商务的变化节奏又非常快。物流行业属于资源密集型行业，其多样化的服务需要以大量的基础设施投入为基础。通过分期建设逐步实现功能拓展，在运行过程中进行数据收集，并逐步实现与相关机构或平台的数据共享和交换，在配合必要的基础设施建设，可有效降低平台初期的运营成本。同时，分期建设还有利于根据市场变化调整业务发展方向，减少自我完善过程中可能造成的成本浪费。

分期建设的原则是先开展核心的、基础的业务，从自身最熟悉的领域入手，然后再向外扩展功能，以求得更多的支撑和更大的把握。因此，对于具有不同物流基础的物流中心来说，其业务开展的顺序需要灵活决定。例如，对于具有行业协会或行业联盟为支撑的物流中心来说，可以首先建设信息咨询平台、供应链采购平台；而对于以雄厚物流基础设施为支撑的物流中心，可以首先建设仓储加工平台、物流配送平台。

四、健全的盈利机制是电子商务平台亟待解决的核心问题。

尽管电子商务市场呈现一片火热的景象，但对于物流中心来说，如何通过电子商务平台完成利润的增长仍然需要探索。

就现在来讲，通过构建电子商务平台，物流中心可以通过以下渠道盈利：

一是平台的运营收入，即交易手续费、佣金、广告费用等。该盈利方式需要平台提供良好的交易环境并承担一定的风险，因此需要构建诚信体系，以严格的信誉审核机制为保障，并制定成熟的违约赔付机制。

二是通过与银行合作，通过电子支付产生的资金流动获得一定的利息收入。

三是构建自己的交易主体，通过物资交易获得经营利润。

四是通过平台开展融资、信息咨询、培训、教育等服务，通过提供多样化服务获得收入。

五是将专业物流服务作为平台的支撑，通过业务发展实现规模扩展，并创造良好的发展市场，从而实现收入增加。

总的来说，构建电子商务平台通过为相关企业提供优质、专业的服务，并以信息匹配资源整合为基础达到优化产业供应链，促进产业的整体提升的目的，是物流中心实现其价值的核心方式。值得一提的是，当物流中心以交易主体的方式在平台中进行交易时，必须确保交易主体与平台管理主体的分离，以防其破坏电子交易平台的公平性。

(案例来源：中智投资咨询)

实战：电子商务物流创新与优化

电商物流理念创新把电商物流提高到战略层面。数据显示，电商的顾客投诉中超过 15% 都是物流问题，诸如丢缺件、货品损坏、理赔标准、派件延误、无法门到门、态度恶劣等，需要在战略上对电商物流配送进行创新和优化。从"快"转向"准"，建立高效物流的新理念。

国内传统电商物流的竞争，都集中在以快为目的的客户体验上，但这并不符合顾客的真实需求模式，应该转向个性化的"准"，即在快速响应的基础上，提供偏好选择，实现"精准"。以特定时间点为标准，系统后台在根据顾客下单结算的时间和地址计算出时间标准，并提供几种精准物流配送方式备选，合理引导顾客预期，以提高顾客满意。终端社区配送模式创新终端社区配送即"最后一公里"，是顾客能够直接感知和参与的物流环节，也是 B2C 电商客户满意提升关键一环。

近年来，国内电商尝试了多种模式，包括京东商城校园营业厅、淘宝网阿里小邮局、天猫社区服务站、苏果与 DHL 的便利店快递、圆通与万科的物业快递代办点、部分高校的快递超市、放置在社区或便利店或地铁的自提柜等。

解决电商物流和社区服务整合的创新，可以大致分为五种模式：

一是快递与社区物业合作模式，难点在于解决利润分配模式才能持续。

二是快递与便利店合作模式，难点在于存储空间和利润分配。

三是电商与社区物业合作模式，难点在于谈判和执行的困难。

四是电商与便利店合作模式，难点在于成本和收益分担问题。

五是电商或物流，与区域第三方合作模式，第三方可能是地方政府(或社区、学校)设立的平台公司，难点是费用与分成问题。

逆向(退货)物流模式创新在线购物自身特点导致电商商品退换货比重较高，处理程序复杂，有较大不确定性，造成逆向物流预测和规划困难，顾客投诉和不满上升。电商逆向物流一般包括退货物流和回收物流两类，涉及退货申请、检验、分类、维修、更换、退款，或者回收、再利用、残次品处理等系列问题。

其主要模式包括：

(1) 自主经营模式，即电商企业自主经营物流公司或回收业务，完成商品的收集处理、再利用和废弃处理，如常见的出版社和图书馆模式，同时，B2C 电商中常见的还有制造商模式和在线商家模式。

(2) 外包第三方模式，即电商将退货与回收物流委托第三方物流公司来处理的模式。

(3) 协作经营模式，既可以是电商的部分自营与部分外包的协作结合，也可以是电商或第三方物流与区域或城市的专业逆向物流平台企业合作，共享信息或委托业务操作的模式。电商物流体系优化要落实精准和高效物流的理念，提升竞争能力，实现顾客承诺，必须做到了解消费者行为、高效处理订单、完善物流信息系统、优化仓库拣选、运输无缝对接、专业终端配送与优质售后等，所有这些都离不开电商物流体系的持续优化。首先是物流组织的优化，包括网络各节点企业优化，即提升物流能力、市场能力、信息能力和管理能力等能力体系建设。

其次是物流基础设施网络优化，包括：

(1) 物流节点的优化，即运用先进的选址模型优化物流中心和配送中心选址决策。

(2) 物流线路优化，即以实现最小运输成本目标的商品物流配送路径模型设计及其优化求解。

(3) 物流配送方式优化，既要实现具有规模经济的物流运输，又要兼顾多样化的物流产品分拨。然后是物流信息网络的优化，包括电商门户网站、运营与物流信息的动态集成、物流业务流程的监控与管理，优化方向是接口系统的设计与优化、订单系统的高效化和 GIS 地理信息系统的完善优化。

最后，电商物流数据挖掘是关键，如基于大数据的消费分析、库存控制技术等，通过合理的算法和模型来分析预测未来的潜在需求，避免或降低牛鞭效应的影响。电商仓储作业优化在电商物流背景下，仓储超越传统保管功能，具备重要的生产作业功能，是电商生产运营和竞争优势创造的基础作业活动。

(案例来源：新浪财经)

案例思考：

1. 如何进行电子商务物流创新与优化？(从物流发展、技术、团队等方面分析)
2. 根据案例和所学知识谈一谈物流中心的电子商务平台是如何构建的。
3. 电商物流和社区服务整合的创新，可以大致分为哪几种模式？

第 8 章

电子商务安全技术

【学习目标】

- ❖ 理解电子商务安全体系的概念
- ❖ 了解电子商务面临的安全问题
- ❖ 了解电子商务安全的基本要求
- ❖ 掌握网络安全的一些常用技术
- ❖ 掌握信息加密技术
- ❖ 掌握电子商务安全交易的常用技术
- ❖ 掌握电子安全交易协议

(12306 这样的政府部门运营的网站也是银样枪头，可见我们的网络安全防线是何等脆弱)

2014 年网络安全重要事件：

1 月 21 日，中国互联网发生大面积 DNS 解析故障，腾讯、百度、京东、优酷等大批网站无法正常访问。国内 2/3 的 DNS 处于瘫痪状态；3 月 22 日，携程网被曝出其支付系统存在技术漏洞，可导致用户个人信息、银行卡信息等泄露；12 月 25 日，12306 网站出现用户数据泄露漏洞，十多万用户的账号、密码、身份证、邮箱等在网上流传。从"大数据"到大规模用户信息的数字化(Datafication)，任何一个用户的隐私在网络世界中已经是无处遁形。2014 年从苹果的 iCloud 艳照门风波，再到年末的索尼影业网站遭受黑客攻击，再一次说明：当我们越来越依赖于网络时，它就会表现得越来越脆弱。可更令人啼笑皆非的是，许多商业网站安全意识淡漠得可怕。

电子商务每天都在进行数以百万次计的各类交易。由于互联网的高度开放性与电子商务所要求的保密性是矛盾的，而互联网本身又没有完整的网络安全体制，因此基于互联网的电子商务安全无疑会受到严重威胁。在电子商务的发展过程中，各产业对网络已经出现了高度的依赖性。一旦计算机网络受到攻击而不能正常运作，整个社会就会陷入危机的泥沼，所以这种高度的依赖性使社会经济变得十分"脆弱"。本章将对电子商务的技术基础、电子商务安全、安全对策和安全技术等方面进行详细介绍。

8.1　电子商务安全体系

8.1.1　电子商务安全体系概述

由于电子商务是在开放的网上进行的贸易，大量的商务信息计算机上存储、传输，从而形成信息传输风险、交易信用风险、管理方面的风险、法律方面的风险等各种风险，为了对付这种风险，从而形成了电子商务安全体系。

1. 电子商务安全体系的概念

电子商务安全体系是为安全地进行电子商务而建立的电子商务安全系统的整体。

2．电子商务安全体系的重要性

构建电子商务安全体系，保证电子商务信息的安全是实现电子商务的关键。

3．电子商务安全体系的相关因素

电子商务安全体系涵盖很多因素，这些因素既与计算机网络系统有关，还与电子商务的应用环境、人员素质和社会因素有关。值得一提的是，社会因素包含诸如政治环境、经济政策、法律法规、人文氛围、宗教传统等诸多因素。

4．电子商务安全体系组成

电子商务安全体系由以下几部分组成。
(1) 电子商务系统硬件安全。
(2) 电子商务系统软件安全。
(3) 电子商务系统运行安全。
(4) 电子商务的信息安全。
(5) 电子商务安全立法。
(6) 电子商务管理安全。

8.1.2　电子商务系统面临的安全问题

电子商务系统面临的安全问题较为复杂，一般有如下具体表现。

1．系统瘫痪

系统瘫痪是指网络故障、操作错误、应用程序错误、硬件故障、系统软件错误、黑客攻击、病毒等导致系统不能正常工作。

2．信息泄露

信息泄露表现为商业机密的泄露，交易的内容被第三方窃取，文件被第三方非法使用。

3．信息篡改

信息篡改是指信息的真实完整性被修改、删除、恶意破坏和传输不可靠。

4．抵赖行为

抵赖行为表现为交易的一方不承认已发送或接收到某信息，或对已签订的合同、契约、单据等进行否认以及第三方假冒。

8.1.3　Internet 的安全隐患

Internet 的安全隐患表现在以下几个方面。
(1) 开放性形成的互访。

(2) 传输协议的完全公开。

(3) 软件系统有漏洞或"后门"。

(4) 电子信息缺乏可信度。

8.1.4 电子商务的安全要求

1. 信息传输的保密性

信息在传输或存储过程中不被他人窃取。

2. 交易文件的完整性

防止非法修改，确保收到与发送的信息完全一样。

3. 信息的不可否认性

发送(接受)方不能否认已发送(接受)的信息。

4. 交易者身份真实性

交易者身份真实性是指交易双方确实是存在的，而非假冒。

5. 访问可控

能限制和控制通过通信链路对主机系统和应用的访问。

6. 有效性

对网络故障、操作错误、应用程序错误、硬件故障、系统软件错误及病毒产生的威胁进行控制和预防。

8.1.5 电子商务安全的主要措施

电子商务安全的主要措施包括以下几个方面。

(1) 信息加密。

(2) 防火墙。

(3) 信息校验。

(4) 数字签名。

(5) 身份认证。

(6) 反病毒技术。

(7) 口令。

8.1.6 电子商务安全体系与层次

电子商务安全体系与层次如图 8-1 所示。

图 8-1　电子商务安全体系与层次

8.2　电子商务安全技术

与实现商务不同，参与电子商务的各方不需要面对面来进行商务活动，信息流和资金流都可以通过 Internet 来传输。技术上的缺陷和用户使用中的不良习惯，使得电子商务中的信息流和资金流在通过 Internet 传输时存在以下安全隐患，即电子商务的安全问题。

8.2.1　电子商务的安全威胁

电子商务发展的核心和关键问题是交易的安全性。电子商务交易是在网上进行的，因而电子商务的首要威胁就是计算机网络系统的安全威胁，其次是来自交易双方的安全因素。

1. 网络系统的安全威胁

一般认为，计算机网络系统的安全威胁主要来自黑客攻击、计算机病毒和拒绝服务三个方面。

(1) 黑客攻击。黑客攻击是指黑客非法进入网络，非法使用网络资源。可以通过口令攻击、服务攻击和 IP 地址欺骗等方式进行。口令攻击是指攻击者攻击目标时常常把破译用户的口令作为攻击的开始。只要攻击者能猜测或者确定用户的口令，他就能获得机器或者网络的访问权，并能访问到用户能访问到的任何资源；服务攻击是指黑客采用使目标主机建立大量的连接，向远程主机发送大量的数据包或利用即时消息功能、网络软件的协议漏洞的服务攻击手段使网络资源耗尽，或造成目标主机瘫痪。IP 地址欺骗是适用于 TCP/IP 环境的一种复杂的技术攻击，它伪造他人的源地址，让一台计算机来扮演另一台计算机，借以达到蒙混过关的目的。

黑客通过以上方法可以非法监听网络获取传输的数据，用户的账号和密码；还可以通过隐蔽通道、突破防火墙等进行非法活动。目前黑客正在朝系统化和组织化方向发展，许多政府机构、情报部门秘密组建特工黑客对其他的政党、其他国家进行幕后攻击。黑客不仅限于政界，企业、集团、金融界也高薪聘请黑客进行商业间谍幕后战。所以，从事网络交易的计算机用户，非常有必要了解有关黑客入侵的常用手段，以预防黑客的侵入。

(2) 计算机病毒。计算机病毒是指编制或者在计算机程序中插入的破坏计算机功能或者毁坏数据，影响计算机使用，并能自我复制的一组计算机指令或者程序代码。计算机病毒是通过非法侵入来扩散的，计算机病毒程序把自己附着在其他程序上，当这些程序运行时，病毒就进入到系统中，进而大面积扩散。一台计算机感染上病毒后，轻则系统运行效率下降，部分文件丢失，重则造成系统死机、计算机硬件烧毁。当前，计算机活性病毒达数千种。传统的计算机病毒依靠软盘传播，而网络条件下，计算机病毒大部分通过网络或电子邮件传播，侵入网络的计算机病毒破坏网络资源，使网络不能正常工作，甚至造成网络瘫痪。

(3) 拒绝服务。用数百条消息填塞某人的电子邮箱也是一种在线袭扰的方法。典型的如"电子邮件炸弹"(E-mail Bomb)，当用户受到它的攻击后，就会在很短的时间内收到大量无用的电子邮件，使得用户系统的正常业务不能开展，系统功能丧失，严重时会使系统关机，甚至使整个网络瘫痪。还有一种方法是邮件直接夹带或在附件中夹带破坏性执行程序，用户不小心点击了这类邮件或附件，就会自动启动有害程序，带来不可预测的严重后果。

2. 交易双方的安全威胁

(1) 商家面临的安全威胁。

① 入侵者假冒合法用户来改变用户数据(商品送达地址)、解除用户订单或生成虚假订单。

② 竞争者检索商品递送状况。恶意竞争者以他人的名义来订购商品，从而了解有关商品的递送状况和货物的库存情况。

③ 客户资料被竞争者获悉，获取他人的机密数据。

④ 被他人假冒而损害公司的信誉。

⑤ 虚假订单或消费者提交订单后不付款。

(2) 消费者面临的安全威胁。

① 虚假订单。

② 付款后不能收到商品。

③ 机密性丧失。

④ 拒绝服务。

8.2.2 电子商务安全现状

1. 平台的自然物理威胁

由于电子商务通过网络传输进行，因此如电磁辐射干扰以及网络设备老化带来的传输缓慢甚至中断等自然威胁难以预测，而这些威胁将直接影响信息安全。人为破坏商务系统硬件、篡改删除信息内容等行为，也会给企业造成损失。

此外，通过电磁辐射、搭线以及串音等手段都可以让恶意攻击者通过接收装置来截取企业的信息，或者通过分析文件代码，获取账户密码等私密信息，以企业身份进行消费或发言，这对于企业的损失更是难以估计的。

2. 商务软件本身存在的漏洞

任何一种商务软件的程序都具有复杂性和编程多样性，而对于程序而言，越复杂意味着漏洞出现的可能性越大。这样的漏洞加上操作系统本身存在的漏洞，再加上 TCP/IP 通信协议的先天安全缺陷，商务信息安全就像是一扇扇可打开的门，遭遇威胁的可能性随着计算机网络技术的不断普及而越来越大。

3. 黑客入侵

在诸多威胁中，病毒是最不可控制的，其主要作用是损坏计算机文件，且具有繁殖功能。随着越来越便捷的网络环境的发展，计算机病毒的破坏力与日俱增。

而目前黑客所惯用的木马程序则更有目的性，本地计算机所记录的登录信息都会被木马程序篡改，从而造成信息之外的文件和资金遭窃。

4. 安全环境恶化

由于在计算机及网络技术方面发展较为迟缓，我国在很多硬件核心设备方面依然以进口采购为主要渠道，不能自主生产也意味着不能自主控制。除了生产技术、维护技术，也相应依靠国外引进，这就让国内的电子商务无法看到眼前的威胁以及自身软件的应付能力。

8.2.3　电子商务安全对策

1. 加强教育和宣传，提高公众电子商务的安全意识、信息安全意识

具体可采取以下措施：一是通过大众媒体，普及电子商务的安全知识，提高用户的认识；二是积极组织研讨会和培训课程，培养电子商务网络营销安全管理人才。

2. 采用多种网络技术，确保网络信息安全

目前，常用的电子商务安全技术主要包括：防火墙、物理隔离和 VPN(虚拟专用网)。防火墙是实现内部网与外部网安全代理和入侵隔离的常规技术，使用防火墙可以抵御来自外界的攻击，因此电子商务内、外网与互联网之间要设置防火墙，同时网管人员要经常到有关网站上下载最新的补丁程序，经常扫描整个内部网络，以便做到有备无患。

3. 运用密码技术，强化通信安全

围绕数字证书应用，为电子政府信息网络中各种业务应用提供信息的真实性、完整性、机密性和不可否认性保证。目前要加强身份认证、数据完整性、数据加密、数字签名等工作，以防止攻击者窃取电子商务信息交换中的各种信息。必须通过身份认证来确认其合法性，应采用基于 PKI 技术，借助第三方(CA)颁发的数字证书、数字签名来确认彼此的身份。

4. 健全法律，严格执法

目前我国在电子商务法律法规方面还有很多缺失，不能有效地保护公众的合法权益，让一些犯罪分子有了可乘之机。我国立法部门应加快立法进程，吸取和借鉴国外网络信息安全立法的先进经验，尽快制定和颁布相关法律，使电子商务安全管理走上法制化轨道，并发挥职能部门的监管作用，通过建立电子商务安全法规体系，规范和维持网络的正常运行。

8.3 防火墙技术

8.3.1 防火墙技术

1. 防火墙的概念

(1) 防火墙的定义。

防火墙是在内部网和互联网之间构筑的一道屏障，是在内外有别及在需要区分处设置有条件的隔离设备，用以保护内部网中的信息、资源等不受来自互联网中非法用户的侵犯。具体来说，防火墙是一类硬件及软件。它控制内部网与互联网之间的所有数据流量，控制和防止内部网中的有价值数据流入互联网，也控制和防止来自互联网的无用垃圾和有害数据流入内部网。简单地说，防火墙是一个进入内部网的信息都必须经过的限制点，它只允许授权信息通过，而其本身不能被渗透。

(2) 防火墙的工作原理。

防火墙的工作原理是：在内部网和互联网之间建立起一条隔离墙，检查进入内部网络的信息是否合法，或者是否允许用户的服务请求，从而阻止对内部网络的非法访问和非授权用户的进入，同时防火墙也可以禁止特定的协议通过相应的网络。

2. 防火墙的体系结构与功能

(1) 防火墙的体系结构。

防火墙系统的构成。防火墙主要包括安全操作系统、过滤器、网关、域名服务和电子邮件处理五部分。防火墙常常被安装在受保护的内部网络连接到互联网的节点上。防火墙的主要目的是控制组，只允许合法的数据流通过，过滤器则执行由防火墙管理机构制定的规则，检验各数据组决定是否允许放行。有的防火墙可能在网关两侧设置两个内、外过滤器，外过滤器保护网关不受攻击，网关提供中继服务，辅助过滤器控制业务流，而内过滤器在网关被攻破后提供对内部网络的保护。

防火墙的安全控制基本准则。

① 一切未被允许的都是禁止的。基于该准则，防火墙应封锁所有信息流，然后对希望提供的服务逐项开放。这是一种非常实用的方法，可以营造一种十分安全的环境，因为只有经过仔细挑选的服务才被允许使用。其弊端是，安全性高于用户使用的方便性，用户所能使用的服务范围受到限制。

②　一切未被禁止的都是允许的。基于该准则，防火墙应转发所有信息流，然后逐项屏蔽可能有害的服务。这种方法构成了一种更为灵活的应用环境，可为用户提供更多的服务。其弊病是，在日益增多的网络服务面前，网络管理人员疲于奔命，特别是受保护的网络范围增大时，很难提供可靠的安全防护。如果网络中某成员绕过防火墙向外提供已被防火墙所禁止的服务，网络管理员就很难发现。因此，采取第二种模型的防火墙不仅要防止外部人员的攻击，而且要防止内部成员不管是有益还是无益的"攻击"。

总之，从安全性的角度考虑，第一种准则更可取一些；而从灵活和使用方便性的角度考虑，第二种准则更适合。

(2)　防火墙的功能。

①　保护易受攻击的服务，防火墙能过滤那些不安全的服务。只有预先被允许的服务才能通过防火墙，强化身份识别体系，防止用户的非法访问和非法用户的访问。

②　控制对特殊站点的访问，防火墙能控制对特殊站点的访问，隐藏网络架构。如有些主机能被外部网络访问，而有些则要被保护起来，防止不必要的访问。在内部网中只有电子邮件服务器、FTP 服务器和 WWW 服务器能被外部网访问，而其他访问则被防火墙禁止。

③　集中化的安全管理，对于一个企业而言，使用防火墙比不使用防火墙可能更加经济一些。这是因为如果使用了防火墙，就可以将所有修改过的软件和附加的安全软件都放在防火墙上集中管理。

④　检测外来黑客攻击的行动，集成了入侵检测功能，提供了监视互联网安全和预警的方便端点。

⑤　对网络访问进行日志记录和统计，如果所有对互联网的访问都经过防火墙，那么防火墙就能记录下这些访问，并能提供网络使用情况的统计数据。当发生可疑操作时，防火墙能够报警并提供网络是否受到监测和攻击的详细信息。

⑥　提供报警服务，当有潜在的威胁的访问或请求经过防火墙时，防火墙不仅应该记录其动作，还应及时向系统管理员报警。

3. 防火墙的分类

防火墙根据不同的标准有不同的分类。比如根据其实现的形式，可以分为软件防火墙和硬件防火墙；根据其防护的规模，可以分为个人级防火墙和企业级防火墙；根据其实现的网络层次，又可以分为数据包过滤、应用级网关和复合型防火墙三种类型。

(1)　数据包过滤。

数据包过滤(Packet Filtering)技术是在网络层对数据包进行选择，选择的依据是系统内设置的过滤逻辑，被称为访问控制表(Access Control Table)。通过检查数据流中每个数据包的源地址、目的地址、所用的端口号、协议状态等因素或它们的组合来确定是否允许该数据包通过。数据包过滤防火墙逻辑简单、价格便宜、易于安装和使用，网络性能和透明性好，传输性能、可扩展能力强。

(2)　应用级网关。

应用级网关(Application Level Gateways)也常常称为代理服务器，主要采用协议代理服务(Proxy Services)，就是在运行防火墙软件的堡垒主机上运行代理服务程序。应用型防火墙不允许网络间的直接业务联系，而是以堡垒主机作为数据转发的中转站。堡垒主机是一个具有两个网络界面的主机，每一个网络界面与它所对应的网络进行通信。既能作为服务器接收外来请求，又能作为客户转发请求。如果认为信息是安全的，那么代理就会将信息转发到相应的主机上，用户只能使用代理服务器支持的服务。在业务进行时，堡垒主机监控全过程并完成详细的日志(log)和审计(audit)，这就大大地提高了网络的安全性。应用级防火墙易于建立和维护，造价较低，比数据包过滤防火墙更安全，但缺少透明性，效率相对较低。

(3) 复合型防火墙。

数据包过滤防火墙虽有较好的透明性，但无法有效地区分同一 IP 地址的不同用户；应用型防火墙可以提供详细的日志及身份验证，但又缺少透明性。因此，在实际应用中，往往将两种防火墙技术结合起来，取长补短，从而形成复合型防火墙。

4. 防火墙的局限性

尽管防火墙有许多防范功能，但由于互联网的开放性，它也有一些力不能及的地方，主要表现在以下三个方面。

(1) 防火墙不能防范不经由防火墙(绕过防火墙)或者来自内部的攻击。

(2) 防火墙不能防止感染了病毒的软件或文件的传输。

(3) 防火墙不能防止数据驱动式攻击。当有些表面看来无害的数据被邮寄或复制到互联网主机上并被执行而发起攻击时，就会发生数据驱动攻击。

8.3.2 入侵检测

入侵检测系统(Intrusion Detection System，IDS)可以被定义为对计算机和网络资源的恶意使用行为进行识别和相应处理的系统，包括系统外部的入侵和内部用户的非授权行为。它是为保证计算机系统的安全而设计与配置的一种能够及时发现并报告系统中未授权或异常现象的技术，是一种用于检测计算机网络中违反安全策略行为的技术。进行入侵检测的软件与硬件的组合便是入侵检测系统。

1. 入侵检测的种类

按照技术划分为异常检测模型和误用检测模型。

(1) 异常检测模型，即检测与可接受行为之间的偏差。如果可以定义每项可接受的行为，那么每项不可按受的行为就应该是入侵。首先总结正常操作应该具有的特征(用户轮廓)，当用户活动与正常行为有重大偏离时即被认为是入侵。这种检测模型漏报率低、误报率高。因为不需要对每种入侵行为进行定义，所以能有效检测未知的入侵。

(2) 误用检测模型，即检测与已知的不可接受行为之间的匹配程度。如果可以定义所有的不可接受行为，那么每种能够与之匹配的行为都会引起警告。收集非正常操作的行为特征，建立相关的特征库，当监测的用户或系统行为与库中的记录相匹配时，系统就认为这种行为是入侵。这种检测模型误报率低、漏报率高。对于已知的攻击，它可以详细、准确地报告出攻击类型，但是对未知攻击却效果有限，而且特征库必须不断更新。

2. 入侵检测过程

入侵检测的过程分为 3 部分，即信息收集、信息分析和结果处理。

(1) 信息收集。入侵检测的第一步是信息收集，收集内容包括系统、网络、数据及用户活动的状态和行为。由放置在不同网段的传感器生成不同主机的代理来收集信息，包括系统和网络日志文件、网络流量、非正常的目录和文件改变、非正常的程序执行。

(2) 信息分析。收集到的有关系统、网络、数据及用户活动的状态和行为等信息，被送到检测引擎，检测引擎驻留在传感器中，一般通过 3 种技术手段进行分析，即模式匹配、统计分析和完整性分析。当检测到某种误用模式时，产生一个告警并发送给控制台。

(3) 结果处理。控制台按照告警产生预先定义的响应采取相应措施，可以是重新配置路由器或防火墙、终止进程、切断连接和改变文件属性，也可以只是简单的告警。

8.4　数据加密技术

8.4.1　加密技术概述

加密包含两个元素：加密算法和密钥。加密算法就是用基于数学计算方法与一串数字(密钥)对普通的文本(信息)进行编码，产生不可理解的密文的一系列步骤。密钥是用来对文本进行编码和解码的数字。将这些文字(称为明文)转成密文的程序称作加密程序。发送方将消息在发送到公共网络或互联网之前进行加密，接收方收到消息后对其解码或解密，所用的程序称为解密程序。

加密技术是电子商务采取的主要安全保密措施，是最常用的安全保密手段，利用技术手段把重要的数据变为乱码(加密)传送，到达目的地后再用相同或不同的手段还原(解密)，目的是为了防止合法接收者之外的人获取机密信息。

按密钥和相关加密程序类型通常把加密分为两类，即对称加密和非对称加密。

1. 对称加密技术

对称加密技术，用且只用一个密钥对信息进行加密和解密，由于加密和解密用的是同一密钥，所以发送者和接收者都必须知道密钥。

由于对称式加密就是加密和解密使用同一个密钥，通常称为 Session Key。这种加密技术目前被广泛采用，如美国政府所采用的 DES 加密标准就是一种典型的对称加密法，它的 Session Key 长度为 56Bits。

对称加密方法对信息编码和解码的速度很快，效率也很高，但需要细心保存密钥。如果密钥泄露，以前的所有信息都失去了保密性，致使以后发送者和接收者进行通信时必须使用新的密钥。将新密钥发给授权双方是很困难的，关键是传输新密码的信息必须进行加密，这又要求有另一个新密钥。对称加密的另一个问题是其规模无法适应互联网这类大环境的要求。想用互联网交换保密信息的每对用户都需要一个密钥，这时密钥组合就会是一个天文数字。因为密钥必须安全地分发给通信各方，所以对称加密的主要问题就出在密钥的分发上，包括密钥的生成、传输和存放。

(1) 常用的对称加密算法一般有如下两种。

① DES 加密算法。DES(Data Encryption Standard，数据加密标准)是一种数据分组的加密算法，由美国 IBM 公司在 20 世纪 70 年代发展起来，并经过政府的加密标准筛选后，于 1997 年被美国政府定为联邦信息标准。它将数据分成长度为 64 位的数据块，其中 8 位作为奇偶校验，有效的密码长度为 56 位。DES 使用 56 位密钥对 64 位的数据块进行加密，并对 64 位的数据块进行 16 轮迭代，最后进行逆初始化变换而得到密文。

② IDEA(International Data Encryption Algorithm)算法。IDEA 是一种国际信息加密算法，它于 1992 年正式公开，是一个分组大小为 64 位、密钥为 128 位、迭代轮数为 8 轮的迭代型密码体制。此算法使用长达 128 位的密钥，有效地消除了任何试图破解密钥的可能性。

(2) 对称式密钥加密技术的特点。

① 加密速度快、保密度高等优点。

② 多人通信时密钥的组合的数量会出现爆炸性的膨胀。

③ 通信双方必须统一密钥，才能发送保密的信息。

④ 难以解决电子商务系统中的数字签名认证问题。

2. 非对称加密技术

非对称加密，也叫公开密钥加密，它用两个数学相关的密钥对信息进行编码。1977 年麻省理工学院的三位教授(Rivest、Shamirh 和 Adleman)发明了 RSA 公开密钥密码系统，RSA 的取名来自三位开发者的名字。他们的发明为敏感信息的交换方式带来了新的途径。在此系统中有一对密码，给别人用的就叫公钥，给自己用的就叫私钥。这两个可以互相并且只有为对方加密或解密，用公钥加密后的密文，只有私钥能解。

RSA 是目前最有影响力的公钥加密算法，它能够抵抗到目前为止已知的所有密码攻击，已被 ISO 推荐为公钥数据加密标准。RSA 算法基于一个十分简单的数论事实：将两个大素数相乘十分容易，但那时想要对其乘积进行因式分解却极其困难，因此可以将乘积公开作为加密密钥。

(1) 信息保密原理。公钥与私钥是互补的，即用公钥加密的密文可以用私钥解密，而用私钥加密的密文可以用公钥解密。在加密应用时，接收者总是将一个密钥公开，为发送一份保密报文，发送者必须使用接收者的公共密钥对数据进行加密。一旦加密，只有接收方用其私人密钥才能加以解密。假设甲和乙互相知道对方的公钥，甲向乙发送信息时用乙的公钥加密，乙收到后就用自己的私钥解密出甲的原文。由于没有别人知道乙的私钥，从而解决了信息的保密问题。

(2) 签名认证原理。由于具有数字凭证身份的人员的公共密钥可在网上查到，因此，任何人都可能知道乙的公钥、都能给乙发送信息，乙要确认是甲发送的信息，就产生了认证的问题，于是要用到数字签名。数字签名是发送方用自己的私钥加密，而接收方用发送方的公钥解密。RSA 公钥体系的特点使它非常适合用来满足两个要求：保密性和认证性。

(3) 非对称式密钥加密技术的特点。

① 在多人之间进行保密信息传输所需的密钥组合数量很小。

② 公钥的发布不成问题，它没有特殊的发布要求，可以在网上公开。

③ 非对称加密可实现电子签名。

3. 混合加密算法

电子商务的安全加密系统，倾向于组合应用对称密码算法和非对称密码算法。对称密码算法用于信息加密，非对称密码算法用于密码分发、数字签名以及身份的鉴别等。对文件加密传输的实际过程包括以下 4 个步骤。

第一步，由文件发送方产生一个对称密钥，并且将此密钥用文件接收方的公钥加密后，通过网络传送给接收方。

第二步，文件发送方用对称密钥将需要传输的文件加密后，再通过网络传送给接收方。

第三步，接收方用自己的私钥将收到的经过加密的对称密钥进行解密，得到发送方的对称密钥。

第四步，接收方用得到的对称密钥对收到的、经过加密的文件进行解密，从而得到文件的原文。此类加密算法扬长避短，克服了对称加密算法中密钥分发困难和非对称加密算法中加密时间长的问题。

8.4.2 数字摘要

数字摘要也称安全 Hash 编码法。它是由 Ron Rivest 设计的。数字摘要是一个唯一对应一个信息的值，它由单向 Hash 加密算法对一个信息作用生成，有固定的长度(一般是 160 位字节或 128 位字节)。所谓"单向"是指不能被解密。不同的信息其摘要不同，相同的信息其摘要相同，因此"摘要"称为信息的"指纹"，用以验证消息是否是原文。发送端将信息和摘要一同发送，接收端收到后，用 Hash 函数对收到的信息产生一个摘要，与收到的摘要对比，若相同，则说明收到的信息是完整的，在传输过程中没有被修改；否则，就是被修改过，不是原信息。数字摘要方法解决了信息的完整性问题。数字摘要的过程如图 8-2 所示。

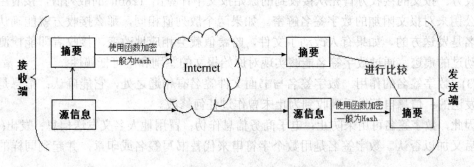

图 8-2 数字摘要的过程

用于数字摘要的 Hash 函数应该满足以下条件。

(1) 对同一数据使用同一 Hash 函数，其运算结果应该是一样的，即对同一文件采用同样的"全息处理"过程，形成的"全息照片"应该是一样的。

(2) Hash 函数应具有运算结果不可预见性，即从源文件的变化不能推导出缩影结果的变化，对源文件的微小改变可能会导致"全息照片"的巨大变化。

(3) Hash 函数具有不可逆性，即不能通过文件缩影反算出源文件的内容。由此可以看出，通过 Hash 函数计算出的"信息文摘"可以被看作源文件的缩影。由于它是整个源文件经过 Hash 函数处理的结果，所以该"缩影"的完整性可以代替源文件的完整性。通过 Hash 函数可以将变长文件缩为定长信息，避免对全文加密的时间消耗(加密算法的实现需要大量的数学计算)。目前常用的 Hash 算法有安全散列算法(SHA-l)、MD5 等。

8.5　电子商务的认证技术

8.5.1　基本认证技术

1. 数字签名

(1) 数字签名的概念。数字签名是将摘要用发送者的私钥加密，与原文一起传送给接收者，接收者只有用发送者的公钥才能解密被加密的摘要。在电子商务安全保密系统中，电子签名技术有着特别重要的地位，在电子商务安全服务中的源鉴别、完整性服务、不可否认服务中都要用到电子签名技术。电子商务中，完善的电子签名应具备签字方不能抵赖、他人不能伪造、在公证人面前能够验证真伪的能力。目前的电子签名建立在公钥加密体制基础上，是非对称加密技术的另一类应用。

(2) 数字签名的方法。数字签名主要有三种应用广泛的方法：RSA 签名、DSS 签名和 Hash 签名。Hash 签名是最主要的数字签名方法，也称为数字摘要法(Digital Digest)，它是将数字签名与要发送的信息捆绑在一起，所以比较适合电子商务。其主要方式是，报文的发送方从明文文件中生成一个 128bit 的散列值(数字摘要)。在数字摘要算法中，文件数据作为单向散列运算的输入，这个输入通过 Hash 函数产生一个哈希值。发送方用自己的私钥对这个散列值进行加密来形成发送方的数字签名。然后该数字签名将作为附件和报文一起发送给接收方。报文的接收方首先从接收到的原始报文中计算出 128bit 的散列值，接着用发送方的公钥来对报文附加的数字签名解密。如果两个散列值相同，那么接收方就能确认该数字签名是发送方的。如果有人改动了文件，哈希值就会相应地改变，接收者即能检测到这种改动过的痕迹。通过数字签名能够实现对原始报文的鉴别和不可抵赖性。

(3) 数字签名的作用。数字签名与书面文件签名有相通之处，它能确认：信息是由签名者发送的；信息自签发后到收到为止未曾作过任何修改。

因此，数字签名可用来防止：电子商务信息作伪；冒用他人名义发送信息；发出(收到)信件后又加以否认。数字签名是用数个字符串来代替书写签名或印章，并起到同样的法律效用。

2. 数字信封

(1) 数字信封的概念。数字信封是结合了对称密钥加密技术和非对称加密技术优点的一种加密技术，它克服了对称加密中密钥分发困难和非对称加密中加密时间长的问题，使用两个层次的加密来获得公开密钥技术的灵活性和对称密钥技术的高效性。

(2) 数字信封的工作原理。数字信封技术的工作原理是使用对称密钥来加密数据，然后将此对称密钥用接收者的公钥加密，称为加密数据的"数字信封"，将其和加密数据一起发送给接收者。接收者接收后先用自己的私钥解密数字信封，得到对称密钥，然后使用对称密钥解密数据。

数字信封具体工作过程如下。

首先，发送方发送文件时，先用通信密钥对文件原文进行加密，再将加密后的文件传送到接收方。

其次，发送方用接收方的公开密钥对通信密钥进行加密，生成数字信封，然后通过网络传送到接收方。

再次，接收方收到发送方传来的加密通信密钥后，用自己的私钥对其解密，从而得到发送方的通信密钥。

最后，接收方再用发送方的通信密钥对加密文件解密，得到文件的原文。

3．数字时间戳

(1)　数字时间戳的概念。对于成功的电子商务应用，要求参与交易各方不能否认其行为。这其中需要在经过数字签名的交易上打上一个可信赖的时间戳，从而解决一系列的实际和法律问题。由于用户桌面时间很容易改变，由该时间产生的时间戳不可信赖，因此需要一个权威第三方来提供可信赖的且不可抵赖的时间戳服务。

(2)　数字时间戳的组成。数字时间戳服务(DTS)是网上安全服务项目，由专门的机构提供。时间戳(time-stamp)是一个经加密后形成的凭证文档，它包括以下三个部分。

①　需加时间戳的文件的摘要(digest)。

②　DTS 收到文件的日期和时间。

③　DTS 的数字签名。

(3)　数字时间戳的产生过程。用户首先将需要加时间戳的文件用 HASH 编码加密形成摘要，然后将该摘要发送到 DTS，DTS 在加入了收到文件摘要的日期和时间信息后再对该文件加密(数字签名)，然后送回用户。由 Bellcore 创造的 DTS 采用如下的过程：加密时将摘要信息归并到二叉树的数据结构；再将二叉树的根值发表在报纸上，这样更有效地为文件发表时间提供了佐证。需要注意的是，书面签署文件的时间是由签署人自己写上的，而数字时间戳则不然，它是由认证单位 DTS 来加的，以 DTS 收到文件的时间为依据。因此，时间戳也可作为科学家的科学发明文献的时间认证。

4．数字证书

(1)　数字证书的概念。数字证书是互联网通信中标志通信各方身份信息的一系列数据，它提供了一种在 Internet 上验证身份的方式，其作用类似于司机的驾驶执照或日常生活中的身份证。它是由一个由权威机构——CA 机构，又称为证书授权(Certificate Authority)中心发行的，人们可以在网上用它来识别对方的身份。数字证书是一个经证书授权中心数字签名的、包含公开密钥拥有者信息以及公开密钥的文件。最简单的证书包含一个公开密钥、名称以及证书授权中心的数字签名。

(2)　数字证书的类型。

①　个人证书(Personal Digital ID)。仅为某一个用户提供凭证，以帮助其个人在网上进

行安全交易操作。个人身份的数字证书通常是安装在客户端的浏览器内的，并通过安全的电子邮件来进行交易操作。

② 企业(服务器)证书(Server ID)。通常为网上的某个 Web 服务器提供凭证，拥有 Web 服务器的企业就可以用具有证书的万维网站点(WebSite)来进行安全电子交易。有证书的 Web 服务器会自动地将其与客户端 Web 浏览器通信的信息加密。

③ 另外一些专门的安全技术协议和整体解决方案，也会根据各自的标准向交易的各方颁发相应的数字证书，如 SSL 数字证书和 SET 数字证书等。

(3) 数字证书的工作原理。数字证书里存有很多数字和英文，当使用数字证书进行身份认证时，它将随机生成 128 位的身份码，每份数字证书都能生成相应但每次都不可能相同的数码，从而保证数据传输的保密性，即相当于生成一个复杂的密码。

数字证书绑定了公钥及其持有者的真实身份，它类似于现实生活中的居民身份证，所不同的是数字证书不再是纸质的证照，而是一段含有证书持有者身份信息并经过认证中心审核签发的电子数据，可以更加方便灵活地运用在电子商务和电子政务中。

8.5.2 认证中心与认证体系

1. 认证中心

(1) 认证中心(Certificate Authority，CA)的概念。在电子商务交易中，无论是数字时间戳服务(DTS)还是数字证书(Digital ID)的发放，都不是靠交易的双方自己能完成的，而需要有一个具有权威性和公正性的第三方来完成。CA 就是承担网上安全电子交易的认证服务、能签发数字证书并能确认用户身份的服务机构。CA 通常是一个服务性机构，主要任务是受理数字证书的申请、签发及管理数字证书。

(2) 认证中心的职能。认证中心具有下列四大职能。

① 证书发放。可以有多种方法向申请者发放证书，可以发放给最终用户签名的或加密的证书。向持卡人只能发放签名的证书，向商户和支付网关可以发放签名并加密的证书。

② 证书更新。持卡人证书、商户和支付网关证书应定期更新，更新过程与证书发放过程是一样的。

③ 证书撤销。证书的撤销可以有许多理由，如私钥被泄密、身份信息的更新或终止使用等。

④ 证书验证。在进行交易时，通过出示由某个 CA 签发的证书来证明自己的身份，如果对签发证书的 CA 本身不信任，可逐级验证 CA 的身份，一直到公认的权威 CA 处，就可确信证书的有效性。认证证书是通过信任分级体系来验证的，每一种证书与签发它的单位相联系，沿着该信任树直接到一个认可信赖的组织，就可以确定证书的有效性。

2. 认证体系的结构

认证体系呈树型结构，根据功能的不同，认证中心划分成不同的等级，不同等级的认证中心负责发放不同的证书。持卡人证书、商户证书、支付网关证书分别由持卡人认证中心、商户认证中心、支付网关认证中心颁发，而持卡人认证中心证书、商户认证中心证书和支付网关认证中心证书则由品牌认证中心或区域性认证中心颁发。品牌认证中心或区域性认证中心的证书由根认证中心颁发。图 8-3 为 CA 体系示意图。

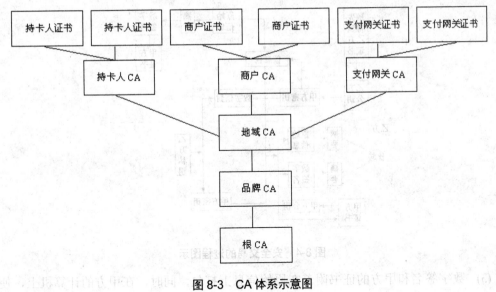

图 8-3 CA 体系示意图

3．CA 认证体系

CA 认证体系由以下几个部门组成。

(1) CA，负责产生和确定用户实体的数字证书。

(2) RA 审核授权部门，它负责对证书的申请者进行资格审查，并决定是否同意给申请者发放证书。同时，承担因审核错误而引起的、为不满足资格的人发放了证书而引起的一切后果。它应由能够承担这些责任的机构担任。

(3) CP 证书操作部门，为已被授权的申请者制作、发放和管理证书，并承担因操作运营错误所产生的一切后果，包括失密和为没有获得授权的人发放了证书等。它可由 RA 自己担任，也可委托给第三方担任。

(4) KM 密钥管理部门，负责产生实体的加密钥对，并对其解密私钥提供托管服务。

(5) DIR 证书存储地，包括网上所有的证书目录。

CA 安全认证体系的功能包括：签发数字证书、管理下级审核注册机构、接受下级审核注册机构的业务申请、维护和管理所有证书目录服务、向密钥管理中心申请密钥、实体鉴别密钥器的管理等。

8.5.3 安全交易的过程

全电子商务使用的文件传输系统大都带有数字签名和数字证书。我们假设发送者是甲方，接收者是乙方，安全交易的过程如图 8-4 所示。

(1) 在甲方，要发送的信息通过 Hash 函数变换成预先设定长度的报文数字摘要。

(2) 数字摘要用甲方的私钥通过 RSA 算法加密，其结果是一个数字签名。

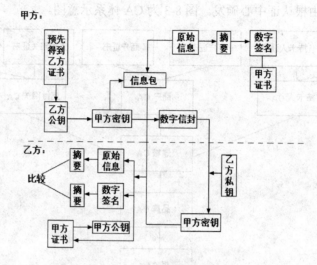

图 8-4　安全交易的过程图示

(3) 数字签名和甲方的证书附着在原始信息上打包，同时，在甲方的计算机上，使用 DES 算法生成对称密钥给这个信息包加密。

(4) 甲方预先收取乙方的证书，并通过其中的公钥为甲方的对称密钥加密，形成一个数字信封。

(5) 加密的信息和数字信封通过互联网传输给乙方的计算机。

(6) 乙方用自己的私钥解密数字信封，得到甲方的对称密钥。

(7) 通过这个密钥，从甲方收到的加密的信息被解密成原始信息、数字签名和甲方的数字证书。

(8) 用甲方的公钥(包含在甲方的证书中)解密数字签名，得到报文摘要。

(9) 将收到的原始信息通过哈希函数变换成报文摘要。

(10) 将第(8)步和第(9)步所产生的报文摘要进行比较，以确定在传输过程中是否有什么改变，从而确定信息的完整性。

8.6　电子商务安全技术

8.6.1　SSL 安全协议

安全套接层协议(Secure Sockets Layer，SSL)，是由网景公司设计开发的，主要用于提高应用程序之间的数据安全系数，实现兼容浏览器和服务器(通常是 WWW 服务器)之间安全通信的协议。SSL 是支持两台计算机间的安全连接，它处于互联网多层协议集的传输层。

1. 安全套接层协议的概念

SSL 协议是一个保证任何安装了安全套接层的客户和服务器间事务安全的协议。该协议向基于 TCP/IP 的客户/服务器应用程序提供了客户端和服务器的鉴别、数据完整性及信息机密性等安全措施，目的是为用户提供互联网和企业内联网的安全通信服务。

2．安全套接层协议的组成

SSL 协议位于 TCP/IP 与各种应用层协议之间，为数据通信提供安全支持。SSL 协议可以分为两个子协议：SSL 记录协议和 SSL 握手协议。

(1) SSL 记录协议。SSL 的记录协议定义了传输的格式。SSL 的记录层在 TCP 层之上，在这层中，信息根据 SSL 记录的负载，将信息加以分割或合并，随后将所有记录层信息用对称密钥加密，再通过基于 TCP/IP 的连接将信息发送出去。

(2) SSL 握手协议。握手协议建立在 SSL 记录协议之上，用于数据传输之前，通信双方进行身份认证、协商加密算法、交换加密密钥等。它可以进行服务器与客户之间的身份鉴别，同时通过服务器与客户协商，决定采用的协议版本、加密算法，并确定加密数据所需的对称密钥，随后采用公钥加密技术产生共享机密，用于传送对称密钥等的机密信息。每次连接时，握手协议都要建立一个会话(Session)，会话中包含了一套可在多次会话中使用的加密安全参数，从而减轻每次建立会话的负担。需要指出的是，在 SSL 中的每次连接所产生的对称密钥都是独特的，这种每次更换密钥的方法显然在更大程度上确保了系统的不易被攻破性。

3．SSL 协议提供的服务

SSL 协议可以提供以下服务。

(1) 认证用户和服务器，确保数据发送到正确的客户机和服务器。

(2) 加密数据以防止数据中途被窃取。

(3) 维护数据的完整性，确保数据在传输过程中不被改变。

4．SSL 协议的工作原理

SSL 需要认证服务器，并对两台计算机之间所有的传输进行加密。客户机的浏览器在登录服务器的安全网站时，服务器将招呼要求发给浏览器(客户机)，浏览器以客户机招呼来响应。这些握手交换使两台计算机确定它们支持的压缩和加密标准。接着浏览器要求服务器提供数字证书，作为响应，服务器发给浏览器一个认证中心签名的证书。浏览器检查服务器证书的电子签名与所存储的认证中心的公开密钥是否一致。一旦认证中心的公开密钥得到验证，签名也就证实了，此动作完成了对商务服务器的认证。由于客户机和服务器需要在互联网上传输信用卡号、发票和验证代码等，所以双方都同意对所交换的信息进行安全保护。

SSL 协议的工作流程大概可以分为服务器认证和用户认证两个阶段。

(1) 服务器认证阶段。

① 客户端向服务器发送一个开始信息"Hello"以便开始一个新的会话连接。

② 服务器根据客户的信息确定是否需要生成新的主密钥，如需要则服务器在响应客户的"Hello"信息时将包含生成主密钥所需的信息。

③ 客户根据收到的服务器响应信息，产生一个主密钥，并用服务器的公开密钥加密后传给服务器。

④ 服务器恢复该主密钥，并返回给客户一个用主密钥认证的信息，以此让客户认证服务器。

(2) 用户认证阶段。在此之前，服务器已经通过了客户认证，这一阶段主要完成对客户的认证。经认证的服务器发送一个提问给客户，客户则返回(数字)签名后的提问和其公开密钥，从而向服务器提供认证。

从 SSL 协议所提供的服务及其工作流程可以看出，SSL 协议运行的基础是商家对消费者信息保密的承诺，这就有利于商家而不利于消费者。在电子商务初级阶段，由于运作电子商务的企业大多是信誉较高的公司，因此这类问题还没有充分暴露出来。但随着电子商务的发展，各中小型公司也参与进来，这样在电子支付过程中单一认证的问题就越来越突出。虽然在 SSL3.0 中通过数字签名和数字证书可实现浏览器和 Web 服务器双方的身份验证，但是 SSL 协议仍存在一些问题，如：只能提供交易中客户与服务器间的双方认证，在涉及多方的电子交易中，SSL 协议并不能协调各方间的安全传输和信任关系。在这种情况下，Visa 和 MasterCard 两大信用卡组织制定了 SET 协议，为网上信用卡支付提供了全球性的标准。

8.6.2 安全电子交易协议

1. 安全电子交易协议的概念

安全电子交易协议(Secure Electronic Transaction，SET)是美国 Visa 和 MasterCard 两大信用卡组织等联合于 1997 年 5 月 31 日推出的用于电子商务的行业规范。其实质是一种应用在 Internet 上、以信用卡为基础的电子付款系统规范，目的是为了保证网络交易的安全。SET 妥善地解决了信用卡在电子商务交易中的交易协议、信息保密、资料完整以及身份认证等问题。SET 已获得 IETF 标准的认可，是电子商务的发展方向。

2. SET 支付系统的组成

SET 支付系统主要由持卡人(Card Holder)、商家(Merchant)、发卡行(Issuing Bank)、收单行(Acquiring Bank)、支付网关(Payment Gateway)、认证中心(Certificate Authority)六部分组成。对应地，基于 SET 协议的网上购物系统至少包括电子钱包软件、商家软件、支付网关软件和签发证书软件。

3. 安全电子交易协议的工作原理

(1) 消费者利用自己的 PC 通过 Internet 选定所要购买的物品，并在计算机上输入订货单，订货单上需包括在线商店、购买物品名称及数量、交货时间及地点等相关信息。

(2) 通过电子商务服务器与有关在线商店联系，在线商店作出应答，告诉消费者所填订货单的货物单价、应付款数、交货方式等信息是否准确，是否有变化。

(3) 消费者选择付款方式，确认订单签发付款指令。此时 SET 开始介入。

(4) 在 SET 中，消费者必须对订单和付款指令进行数字签名，同时利用双重签名技术保证商家看不到消费者的账号信息。

(5) 在线商店接受订单后，向消费者所在银行请求支付认可。信息通过支付网关到收单银行，再到电子货币发行公司确认。批准交易后，返回确认信息给在线商店。

(6) 在线商店发送订单确认信息给消费者。消费者端软件可记录交易日志，以备将来查询。

(7) 在线商店发送货物或提供服务并通知收单银行将钱从消费者的账号转移到商店账号，或通知发卡银行请求支付。

8.6.3　SSL 协议与 SET 协议的比较

1．在认证要求方面

早期的 SSL 并没有提供商家身份认证机制，虽然在 SSL3.0 中可以通过数字签名和数字证书实现浏览器和 Web 服务器双方的身份验证，但仍不能实现多方认证；相比之下，SET 的安全要求较高，所有参与 SET 交易的成员(持卡人、商家、发卡行、收单行和支付网关)都必须申请数字证书进行身份识别。

2．在安全性方面

SET 协议规范了整个商务活动的流程，从持卡人到商家，到支付网关，到认证中心以及信用卡结算中心之间的信息流走向和必须采用的加密、认证都制定了严密的标准，从而最大限度地保证了商务性、服务性、协调性和集成性。而 SSL 只对持卡人与商店端的信息交换进行加密保护，可以看作用于传输的那部分的技术规范。从电子商务特性来看，它并不具备商务性、服务性、协调性和集成性。因此 SET 的安全性比 SSL 高。

3．在网络层协议位置方面

SSL 是基于传输层的通用安全协议；而 SET 位于应用层，对网络上其他各层也有涉及。

4．在应用领域方面

SSL 主要是和 Web 应用一起工作；而 SET 是为信用卡交易提供安全，因此如果电子商务应用只是通过 Web 或是电子邮件，则可以不要 SET。但如果电子商务应用是一个涉及多方交易的过程，则使用 SET 更安全、更通用些。

8.6.4　安全超文本传输协议

安全超文本传输协议(Secure Hypertext Transfer Protocol，HTTPS)，是由 Netscape 开发并内置于其浏览器中，用于对数据进行压缩和解压操作，并返回网络上传送回的结果。HTTPS 实际上应用了 Netscape 的完全套接字层(SSL)作为 HTTP 应用层的子层。HTTPS 使用端口 443，而不是像 HTTP 那样使用端口 80 来和 TCP/IP 进行通信。SSL 使用 40 位关键字作为 RC4 流加密算法，这对于商业信息的加密是合适的。HTTPS 和 SSL 支持使用 X.509 数字认证，如果需要的话用户可以确认发送者是谁。

HTTPS 是以安全为目标的 HTTP 通道，简单地讲是 HTTP 的安全版，即 HTTP 下加入 SSL 层，HTTPS 的安全基础是 SSL，因此加密的详细内容请看 SSL。

HTTPS 是一个 URI scheme(抽象标识符体系)，句法类同 HTTP:体系。用于安全的 HTTP

数据传输。HTTPS:URL 表明它使用了 HTTP，但 HTTPS 存在不同于 HTTP 的默认端口及一个加密/身份验证层(在 HTTP 与 TCP 之间)。这个系统的最初研发由网景公司进行，提供了身份验证与加密通信方法，现在它被广泛用于万维网上安全敏感的通信。例如交易支付方面及网上银行，用户一经由购物网站转入支付流程或登录网上银行，即由 HTTP 转入 HTTPS。它的安全保护依赖浏览器的正确实现以及服务器软件、实际加密算法的支持。

一种常见的误解是银行用户在线使用 HTTPS: 就能充分彻底保障他们的银行卡号不被偷窃。实际上，与服务器的加密连接中能保护银行卡号的部分，只有用户到服务器之间的连接及服务器自身，并不能绝对确保服务器自己是安全的，这点甚至已被攻击者利用，常见例子是模仿银行域名的钓鱼攻击。少数罕见攻击在网站传输客户数据时发生，攻击者尝试窃听数据于传输中。

人们期望商业网站迅速、尽早引入新的特殊处理程序到金融网关，仅保留传输码 (transaction number)。不过他们常常存储银行卡号在同一个数据库里。那些数据库和服务器在少数情况下有可能被未授权用户攻击和损害。

复习思考题

1. 网络安全包含哪几个方面技术？
2. TCP/IP 是什么？其包含哪些协议？
3. 试理解并画出 OSI/RM 参考模型与 TCP/IP 参考模型的对照图。
4. 电子商务安全面临哪些威胁？
5. 防火墙技术有哪些具体应用？
6. 数字签名的原理是什么？
7. 电子商务认证技术包含哪些？

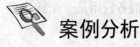

案例分析

阿里巴巴月饼事件是规则问题，与价值观没有关系

技术人员利用技术特权为自己做事的情况是相当普遍的，普遍到很多技术人员并不认为这是件错事。制度上的缺陷用正确的价值观来进行解释，是成本最低也最廉价的一种掩盖方式，在我们这个还未发展成熟的社会文化环境中，这样精致的粉饰还是越少越好。

中秋节，各个公司纷纷给员工发月饼送去节日的问候，本来是件挺开心的事情，可是阿里巴巴有 4 名员工却因为月饼遭到劝退。

12 日下午 2 时，阿里巴巴开放员工抢购月饼，根据内部员工爆料，有 4 名员工利用系统漏洞，用 js 脚本抢购月饼，多刷了 124 盒，虽然没有付款，但最终在当天晚间被劝退。

阿里巴巴 4 个技术人员在内网刷月饼被开除，因何能在舆论中引起观点分化，几方观点各执一词难舍难分，本身就是件颇为值得细思量的事情。当事人认为自己只是为了买到一盒月饼而动用了技术手段，刷出后并没有付款，且在此过程中也并没有不当获利，言外之意处罚过重。有些舆论，尤其是来自技术界的言论也认为，对这件事做出这样严重的决定并无必要，这是小题大做，也是上纲上线。

阿里巴巴员工"抢月饼"事件蹿红！"一块月饼"引发"炒鱿鱼"

大家普遍较少讨论的一件事是，安全技术人员使用了 js 脚本这类的技术手段去刷月饼，在多数人并不了解何为 js 脚本的情况下，此类细节被忽略了。js 脚本其实就是个批处理文件，可以代替人在计算机上实现一系列操作，例如持续自动点击某个链接。

这意味着，当你坐在电脑前准备秒杀一件商品时，人力是永远跑不过脚本程序的，例如网上出现 1 元秒杀汽车的活动时，或是抢购某款紧俏手机时。js 脚本对于技术人员尤其是安全技术人员来说，简直是小菜一碟，但对于大多数不懂技术的用户来说，却相当于远隔千山万水。不懂技术的人永远秒杀不到 1 元汽车，这个问题的答案相当明显，但并不是人人都能清楚。

中国文化中，长期存在着一种"靠山吃山，靠水吃水"的社会文化现象，拥有某项便利和特权的一群人，会尽情使用手中权力为自身牟利。例如封建社会京城大官家的门子，即便是封疆大吏求见，也是不得不掏出银子来打点的，这是体制赋予门子们的身份特权，即便上下心知肚明，也对此毫无办法。

这种文化在神话传说中也有体现，例如唐僧师徒四人在历经磨难后取得真经，搬经书时却遭遇阿难和迦叶两位尊者索要人事，最终唐僧不得已奉出紫金钵盂方才如愿以偿。而这件事被告到佛祖那里去时，佛祖不但没有责罚自己的索贿弟子，却反而讲了个故事来证明两位尊者索要人事的正当性。中国文化中，对这类事情的宽容程度超乎想象。

在普遍认知中，利用特权和职权为自己谋利，似乎从来不是件要紧的事，有特权有职权却不去做，那才真叫食古不化。经济困难时期，城市中大街小巷的供销社和国营商店，就是个典型的现代例子。那时候食品供应不丰富，鱼肉蛋奶油凭票供应，老百姓买肉时的购买偏好是买的这一斤肉最好肥的多一些瘦肉少一些，因为肥肉拿回家可以炼出油脂用来炒菜，多吃几天荤腥，而瘦肉则除了几顿吃完就没别的用处了。

售货员有这个权力对一块肉的肥瘦程度做出安排，在大家都是一斤肉的情况下，给领导、同事和自己先各自割出肥肥的几块，然后是照顾亲戚朋友，仨亲俩好，剩下没有多少肥肉的大块瘦肉则用来向老百姓进行出售。有些会来事儿的顾客多说几句好话，自然是可以多得一些肥肉的，不会来事儿的就只能割一块偏瘦的肉，甚至碰上小孩代家长前去卖肉，割一块全瘦的拿回家导致大人骂孩子哭也有可能。大家都不觉得这有什么问题，把他们放在售货员那个位置上，那些买到瘦肉的受害者也会这么做的，没准还变本加厉。

别以为社会真的发展到什么高级阶段，在技术力量崛起之后，利用技术身份为自己谋利，与之前利用职业身份和职权身份为自己谋利的那些人，并无本质区别，而人们对此事的看法，也并没有发生多少改变，有权不用过期作废是被普遍接受的真理。所谓身怀利器，杀心自起，没有多少人能锻造出至高境界，对自己拥有的那点小权力采取克制的态度，更多时候，权力资源都能得到有利于己的良好转化，悄无声息，水波不惊。

阿里巴巴那几位技术人员所犯的错误从表面来看并不严重，无非是想在有限的月饼资源中得到自己那一份，也并没有贪心要多买几盒，在发现多多刷出来几盒之后也并没有付款，甚至还主动找到行政部门要求取消。可这件事的性质，却远非看上去那么简单。月饼可以算是一种资源，这种资源也可以是汽车，可以是房子，更可以是现金，在10万人都有资格去抢购的情况下，抢购环境的公平性则有很重要的意义，这是公共福利的一部分，用技术手段去人为更改结果，等于是对公平环境的一种践踏。

如果每个会技术的人都用技术手段抢到属于自己的一份，这种行为本身无疑是对其他大多数人权利的损害。如果这不是月饼而是房子，是汽车，是上海汽车牌照，那事情的严重程度还会上升，好在这还只是月饼，但从性质上看与利用技术手段抢房子、抢汽车的行为没有区别。标的物价值不在大小，而在于事情的性质。谁也不能担保那几个能随手写个程序去抢月饼的技术人员，未来不会用技术手段去抢自家东家发放给用户的红包、汽车和房子。

对这几个技术人员做出的处罚，只能遗憾地让人看清楚一件事，那就是技术人员利用技术特权为自己做事的情况是相当普遍的，普遍到很多技术人员并不认为这是件错事。其实从人文角度很容易对这件事得出与技术界不同的看法，技术人员刷月饼事件完全错误，错到根本没有可辩解的空间，他们只是倒霉，要为一种流行于互联网行业的普遍的滥用技术特权现象担负起所有的后果，但其实这一后果并不需他们来一力承担，未来还会有越来越多的人跳出来担着。

过去20年在互联网行业出现的很多怪现象，远比一盒月饼更严重。有网站编辑偷偷把流量导入自己私开的网站而大发其财的，也有人通过技术手段大量秒杀自家促销商品而赚到盆满钵满的，更有利用公司各种看得见、看不见的资源为自己谋利的。这些行为大量存在，且并不容易被发觉，互联网公司的内部监督机制大多形同虚设甚至根本没有，技术人员也普遍缺乏对公平这一普世价值基本的敬畏，他们更习惯于充分运用自己的技术特权。

刷月饼事件其实根本不是什么价值观的问题，而是一个关乎于规则的问题，因为价值观的形成不能脱离历史和现实，其特征也并非飘忽不定，更不受客观因素所左右，是特定阶层对特定问题的某种看法。但规则与此不同，规则的形成是为了保证运行机制的顺畅、秩序的稳定，在某个特定位置或拥有某项权力的人，该做什么不该做什么，都是由规则所约束的，这与你秉承什么样的价值观根本没多大关系，即便海盗团体的正常运转也是高度依赖规则的，虽然他们并没有什么正确的价值观。

可以高喊出来让人们知道的价值观，往往是规则完善到一定程度的产物，只有在一个团体内所有人都明白，用技术手段刷月饼哪怕只有一盒也是错误的，是破坏公平环境的，是损害他人利益的，价值观才有可能形成。制度上的缺陷用正确的价值观来进行解释，是成本最低也最廉价的一种掩盖方式，在我们这个还未发展成熟的社会文化环境中，这样精致的粉饰还是越少越好。

2016 年 9 月 19 日消息，由于阿里"月饼"事件受到高度关注，今日阿里巴巴集团 CEO 张勇回应称，安全部门职员的职责是用技术去保卫亿万用户的安全，而不是用这个技能去抢几个月饼。

在 9 月 19 日下午举行的网络安全技术高峰论坛上，阿里 CEO 张勇回应称，月饼事件引起广泛关注，在阿里内部也引起巨大讨论，"这是一个安全问题"。张勇表示，阿里月饼事件涉及员工属于安全部门，他们的职责是用技术去保卫亿万用户的安全，而不是用这个技能去抢几个月饼，所以在这个事情上采取"零容忍"。

此前阿里月饼事件是由 4 名员工在内网"秒杀月饼"活动中采用脚本等技术手段"作弊"，抢得多件月饼，但并没有付款，随后被阿里 HR 谈话并解雇，原因是不符合阿里文化和价值观，涉及诚信问题。此前阿里巴巴董事局主席马云亲自批示，将阿里巴巴月饼事件 4 名员工全部劝退。

案例思考：

1. 根据以上案例，你认为电子商务安全面临哪些威胁，并举例说明。
2. 电子商务安全涉及哪些相关技术，试列举。
3. 保障电子商务安全任重道远，时下面临哪些紧要工作？

第 9 章

跨境电子商务

【学习目标】

❖ 掌握跨境电子商务的概念

❖ 掌握跨境电子商务的交易模式

❖ 了解跨境电子商务的主要交易平台

❖ 理解跨境电子商务的行业特征

近年来，我国跨境电子商务快速发展，已经形成了一定的产业集群和交易规模。支持跨境电子商务发展，有利于用"互联网＋外贸"实现优进优出，发挥我国制造业大国优势，扩大海外营销渠道，合理增加进口，扩大国内消费，促进企业和外贸转型升级；有利于增加就业，推进大众创业、万众创新，打造新的经济增长点；有利于加快实施共建"一带一路"等国家战略，推动开放型经济发展升级。

中国仍然是全球最大的生产制造基地，而中小企业正是中国制造最重要的群体。据国家工信部统计的数据，全国规模以上的中小工业企业已经达到44.9万家，占全国规模以上工业企业总数的99.3%。"十二五"期间，电子商务被列入到战略性新兴产业的重要组成部分，电子商务将是下一阶段信息化建设的重心。相应地，中小企业的发展问题也得到了更多的关注，面对如此利好条件，在线外贸已然是大势所趋。

据中国"互联网+产业"智库、国内知名电子商务研究机构——中国电子商务研究中心发布的《2015—2016年中国出口跨境电子商务发展报告》显示，2015年，中国跨境电商交易规模5.4万亿元，同比增长28.6%。其中，出口跨境电商交易规模为4.5万亿元，同比增长26%。

9.1　跨境电子商务的概念

跨境电子商务是指分属不同关境的交易主体，通过电子商务平台达成交易、进行支付结算，并通过跨境物流送达商品、完成交易的一种国际商业活动。

跨境电子商务需要利用现有产业平台与资源优势，制定跨境电子商务综合服务体系。跨境电子商务进出口涉及在线通关、检验检疫、退税、结汇等基础信息标准和接口规范，以实现海关、国检、国税、外管等部门与电子商务企业、物流配套企业之间的标准化信息流通。

9.2　中国跨境电商行业发展环境

出口跨境电商企业可进行如下分类，如B2B信息服务类包括：阿里巴巴国际站、中国化工网英文版、环球资源、中国制造网、MFG.com、聚贸等。B2B交易服务类包括：易唐网、大龙网、敦煌网等。B2C平台服务类包括：全球速卖通、eBay、亚马逊、Wish等，B2C自营服务类包括：兰亭集势、DX、米兰网、环球易购、百事泰、傲基国际、执御、小笨鸟等。除以上，还包括像一达通、易单网、四海商周等第三方服务企业。

跨境电商交易规模：2015年，中国跨境电商交易规模5.4万亿元，同比增长28.6%。其中跨境出口交易规模达4.49万亿元，跨境进口交易规模达9072亿元。

出口跨境电商市场规模：2015年，中国出口跨境电商交易规模4.5万亿元，同比增长26%。

出口跨境B2B规模：2015年，中国出口跨境电商B2B市场交易规模3.78万亿元，同比增长25%。

出口网络零售规模：2015 年，中国出口跨境网络零售市场交易规模 7200 亿元，同比增长 33.3%。

出口跨境 B2B 与网络零售模式占比：2015 年，中国出口跨境电商 B2B 与网上零售占比情况 B2B 占 83.2%，网上零售占 16.8%。

卖家地域分布：2015 年，中国出口跨境电商卖家主要集中：广东 24.7%、浙江 16.5%、江苏 12.4%、福建 9.4%、上海 7.1%、北京 5.2%、湖北 4.1%、山东 3.3%、其他：17.3%。

卖家品类分布：2015 年，中国出口跨境电商卖家品类主要分布在：3C 电子产品 37.7%、服装服饰 10.2%，户外用品 7.5%，健康与美容 7.4%，珠宝首饰 6%，家居园艺 4.7%，鞋帽箱包 4.5%，母婴玩具 3.6%，汽车配件 3.1%，灯光照明 2.8%，安全监控 2.2%，其他 10.3%。

出口国家分布：2015 年，中国出口跨境电商主要国家分布：美国 16.5%、欧盟 15.8%、东盟 11.4%、日本 6.6%、俄罗斯 4.2%、韩国 3.5%、巴西 2.2%、印度 1.4%，其他 38.4%。

9.2.1 政策环境

1. 跨境电商成 "一带一路" 重要落脚点，打开 "供给侧改革" 新通道

2016 年两会，供给侧改革和 "一带一路" 成为关键词。跨境电商是互联网时代的产物，是 "互联网+外贸" 的具体体现。跨境电商新供给创造外贸新需求，提高发展的质量和效益，对接 "一带一路" 助力 "中国制造" 向外拓展，并将搭建一条 "网上丝绸之路"，成为建设 "丝绸之路经济带" 新起点的重要支撑。跨境电商已经成 "一带一路" 重要的落脚点，成为连接一带一路的纽带，以渠道和供给的增加引领贸易和投资的发展，促进国家间的生产分工协作，实现 "一带一路" 国家的资源共享、产品共享。并成为打开供给侧结构性改革的新通道。

2. 多项优惠政策落地，扫清跨境电商发展障碍

2013 年以来政府密集出台支持发展跨境电商政策，主要涉及跨境电商出口退税、清关检疫、跨境支付等多项环节，政策具备很强的实操性，积极促进跨境电商行业规范及完善。政策的制定及实施是跨境电商快速发展的基础，对推动行业发展、保护商家和消费者权益，推动全行业快速、健康发展起着重要作用。详见表 9-1。

表 9-1　2012—2015 年中国出口跨境电商主要政策

发文机构	政策名称	发布时间
发改委高新技术司	《关于促进电子商务健康快速发展有关工作的通知》	2012/2
国务院	《关于实施支持跨境电子商务零售出口有关政策的意见》	2013/8
商务部	《关于促进电子商务零售出口有关政策的意见》	2013/10
质检总局	《国家质检总局关于支持跨境电子商务发展的意见》	2013/11
财政部、税务总局	《关于跨境电子商务零售出口税收政策的通知》	2013/12
税务总局	《关于外贸综合服务企业出口货物退(免)税有关问题的公告》	2014/2
国务院	《关于支持外贸稳定增长的若干意见》	2014/5
国家外汇管理局	《支付机构跨境外汇支付业为试点指导意见》	2015/1

续表

发文机构	政策名称	发布时间
国务院	《关于加快培育外贸竞争新优势的若干意见》	2015/2
国务院	《关于加大力发展电子商务加快培育经济新动力的意见》	2015/5
质检总局	《关于进一步发挥检验检疫职能作用促进跨境电商发展的意见》	2015/5
国务院	《国务院关于积极推进"互联网+"行动的指导意见》	2015/7

9.2.2 行业环境

1. 国内传统企业纷纷布局出口跨境电商

近年来,国内传统企业纷纷布局出口跨境电商市场,2016 年 3 月,卓尔集团宣布收购兰亭集势 30%股权,布局跨境电商业务。2015 年,跨境通(原百圆裤业)斥巨资收购环球易购、前海帕拓逊、广州百伦、通拓科技出口跨境电商公司股权,持续加强板块布局。在国内经济不景气的现状下,相较于传统外贸模式,出口跨境电商将国产优势商品直接对接国外消费者,缩短了贸易中间环节、减少了商品流转成本。

2. 新兴国家崛起跨境电商市场发展潜力巨大

全球贸易正逐渐向线上化发展的趋势明显,特别是像俄罗斯等新兴国家电商市场的快速发展,广阔的市场发展空间,给外贸企业带来更多的市场机遇。政策的刺激以及传统贸易发展的不景气,给跨境电商市场带来巨大的潜在机会。

9.2.3 资本环境

近年来跨境电商发展势头迅猛,各路资本蜂拥而至,行业发展如火如荼。热潮引发各路资本仍竞相追逐,如生意宝投资万事通、跨境通投资通拓科技、前海帕拓逊等。2015 年中国出口跨境电商企业融资金额规模超 10 亿元。随着更多企业的纷纷入局,跨境电商平台的竞争将从单一的商品竞争逐渐向供应链与整体服务转移,竞争方式将逐步升级。资本对跨境电商的看好与行业的良好走势有关,整个行业处于蓬勃发展的阶段。未来跨境电商平台竞争将不仅限于商品品类,更多的是拼供应链与整体服务能力。对于出口跨境电商而言,更多的商品品类、海外仓、良好的售后服务都将是竞争要素。

9.2.4 用户环境

1. 新兴市场国家的不断崛起,带来更多的用户规模

近年来,随着新兴市场包括俄罗斯、巴西、以色列、阿根廷等国家和地区的电子商务发展迅猛,给中国卖家带来了更大用户规模,目标人群不断壮大。新兴市场国家电商的发展,人们对电商观念改变以及当地商品供应的不足等给企业带来机遇。新兴市场国家有着更为广阔的人群及购买力,对出口跨境电商企业来说存在较大的市场机遇,重点在通过何种方式影响到目标客户。

2. 欧美等发达国家用户消费升级，由低价向品质延伸

欧美等发达国家的消费者正逐渐呈现出对商品的需求从最初的低价向品质延伸，这是用户消费的升级。同时，中国卖家也逐步通过品牌化的打造输出更多有品牌附加值、高质量的商品。任何国家的消费者都有消费升级的阶段，中国出口跨境电商从低价开始，逐步向品牌化延伸，除竞争加剧外，这也是欧美等发达国家消费升级的结果。

9.3 跨境电商的模式结构

我国跨境电子商务主要分为企业对企业(即 B2B)和企业对消费者(即 B2C)的贸易模式。B2B 模式下，企业运用电子商务以广告和信息发布为主，成交和通关流程基本在线下完成，本质上仍属传统贸易，已纳入海关一般贸易统计。B2C 模式下，我国企业直接面对国外消费者，以销售个人消费品为主，物流方面主要采用航空小包、邮寄、快递等方式，其报关主体是邮政或快递公司，目前大多未纳入海关登记。

跨境电子商务从进出口方向分为：出口跨境电子商务和进口跨境电子商务。从交易模式分为 B2B 跨境电子商务和 B2C 跨境电子商务。2013 年 E 贸易的提出将跨境电子商务分为：一般跨境电子商务和 E 贸易跨境电子商务

9.3.1 出口跨境电商 B2B 规模表明出口 B2B 仍为主流模式

据中国电子商务研究中心(100EC.CN)监测数据显示，2015 年，中国出口跨境电商中B2B 市场交易规模为 3.78 万亿元，同比增长 25%。据图 9-1 可进行数据解读。

图 9-1 2011—2016 年中国出口跨境电商市场交易规模

(1) 出口 B2B 电商模式是传统出口贸易流程的电商化，目前乃至未来仍将是主流。

(2) B2B 信息服务模式瓶颈凸显，价值提升空间有限。近年以来欧美经济低迷、外币

贬值等因素导致出口增速不断放缓，以收取会员费及竞价排名费为主的信息服务型电商成长瓶颈已经凸显。

(3) 纯信息服务模式升级为一站式综合贸易服务是必然，综合贸易服务类变现率高于纯信息服务。

9.3.2 出口跨境电商网络零售规模占比小，短期难为主流

据中国电子商务研究中心(100EC.CN)监测数据显示，2015 年，中国出口跨境电商网络零售市场交易规模为 7200 亿元，同比增长 33.3%。据图 9-2 可进行数据解读。

图 9-2　2011—2016 年中国出口跨境电商网络零售市场交易规模

(1) 出口 B2C 电商受客群和体验限制占比小，该类模式面向海外低端客群，以 3C、服饰品类为主，增速趋于平稳。行业面临竞争及成本瓶颈，短期内难为主流。

(2) 海外竞争激烈，品牌化之路漫长。出口 B2C 的主要市场美国/欧洲等本土零售市场高度发达，沃尔玛/亚马逊等行业巨头商品供应链效率已臻极致，散小的出口 B2C 欠缺抗衡实力。

(3) 低质低价难以持续，营销成本持续高企。出口 B2C 依托中国制造成本优势面向海外低端客群销售廉价商品，但商品同质化、低质倾销带来激烈的价格战与高企的营销成本。

9.3.3 出口 B2B 与网络零售占比情况

据中国电子商务研究中心(100EC.CN)监测数据显示，2015 年，中国出口跨境电商 B2B 与网上零售占比情况为 B2B 占 83.2%，网上零售占 16.8%。据图 9-3 可进行数据解读。

(1) 出口 B2B 电商的代表为阿里巴巴国际站、环球资源、环球市场、中国制造网等，均诞生于 20 世纪 90 年代，直接搭建起国内生产商与国外大批量采购者进行交易的平台，为双方提供增值服务。

(2) 出口 B2C 电商起步于最初中小卖家通过 ebay、亚马逊向国外消费者销售具有低价优势的"中国制造"产品，凭借中国制造红利和初期低流量成本，在跨境电商市场中一路

高歌。2008 年金融危机爆发，行业面临需求不振、成本提升的双重危机遭遇第一次洗牌，经营效率高、用户体验好的企业顺利度过危机，开始探索差异化的产品策略。

图 9-3 2011—2016 年中国出口跨境电商 B2B 和网络零售占比

9.3.4 出口跨境电商卖家主要地域分布

据中国电子商务研究中心(100EC.CN)监测数据显示，2015 年，中国出口跨境电商卖家主要集中在广东(24.7%)、浙江(16.5%)、江苏(12.4%)、福建(9.4%)、上海(7.1%)、北京(5.2%)、湖北(4.1%)、山东(3.3%)等地，其中，广东、浙江、江苏占据前三位，同时，中西部地区正在快速发展，出口跨境电商向中西部转移是未来趋势。据图 9-4 进行数据解读。

图 9-4 2015 年中国出口跨境电商卖家地域分布

(1) 广东庞大的经济基础、高度集中的生产制造基地、丰富的外贸人才储备成为出口跨境电商卖家集聚地，品类丰富及完善的产业链是其显著特征。

(2) 长三角拥有发达的轻工业基础，从而服饰、鞋帽和家居类为销售领先，同时产业集群效应在长三角表现突出。

9.3.5　出口跨境电商卖家品类分布情况

据中国电子商务研究中心(100EC.CN)监测数据显示，2015 年，中国出口跨境电商卖家品类主要分布在：3C 电子产品(37.7%)、服装服饰(10.2%)、户外用品(7.5%)、健康与美容(7.4%)、珠宝首饰(6%)、家居园艺(4.7%)、鞋帽箱包(4.5%)、母婴玩具(3.6%)、汽车配件(3.1%)、灯光照明(2.8%)、安全监控(2.2%)、其他 10.3%。

(1)　中国出口跨境电商品类以成本优势强、标准化程度高的 3C 电子/服饰/户外用品等为主，以标准品为主的出口产品结构符合跨境电商的发展特征，标准品因其品类的统一性而天然地适合利于互联网进行推广和销售。

(2)　相对于传统的出口贸易，出口跨境电商产品品类更加丰富、出口地区更加分散。跨境电商的出口区域结构更加分散，东盟、韩国、俄罗斯、印度等新兴市场不断崛起。

9.3.6　出口跨境电商国家分布：集中在欧美等发达国家

据中国电子商务研究中心(100EC.CN)监测数据显示，2015 年，中国出口跨境电商的主要目的国，美国(16.5%)、欧盟(15.8%)、东盟(11.4%)、日本(6.6%)、俄罗斯(4.2%)、韩国(3.5%)、巴西(2.2%)、印度(1.4%)、其他 38.4%。据图 9-5 可进行数据解读。

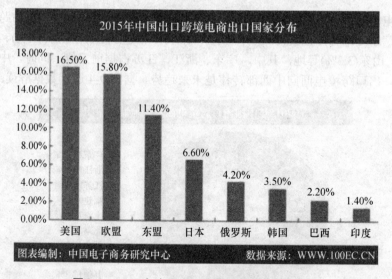

图 9-5　2015 年中国出口跨境电商出口国家分布

(1)　目前出口跨境电商主要面向美国、欧美、东盟、日本等发达市场的中低端客群，同时俄罗斯、巴西、印度等新兴市场呈高速增长趋势。

(2)　欧美日等发达经济体受益于量化宽松等刺激政策经济增速企稳回升，新兴经济体经济增速放缓。中国制造性价比优势在未来仍将保持，同时海外消费市场为国内过剩产能提供输出通道。

9.4 我国跨境电子商务主要商业模式

我国跨境电子商务主要商业模式如图 9-6 所示。

中国出口跨境电商行业主要模式			
商业模式	平台分类	模式关键词	典型企业
B2B模式	信息服务平台	交易撮合服务、会员服务、增值服务 竞价排名、点击付费、展位推广	Alibaba Toocle.com Made-in-China.com global sources
	交易服务平台	佣金制、展示费用、按效果付费 交易数据、线上支付、佣金比例	DHgate.com AliExpress OSELL大龙网 TRADETANG
B2C模式	平放平台	开放平台、生态系统、数据共享 平台对接、仓储物流、营销推广	ebay amazon wl.cm wish
	自营平台	统一采购、在线交易、品牌化 物流配送、全流程、售后保障	LightInthebox.com 环球易购 Milanoo DX
图表编制：中国电子商务研究中心			数据来源：WWW.100EC.CN

图 9-6　中国出口跨境电商行业主要模式

9.4.1 B2B 模式(信息服务平台、交易服务平台)

1. 信息服务平台

模式介绍：通过第三方跨境电商平台进行信息发布或信息搜索完成交易撮合的服务，其主要盈利模式包括会员服务和增值服务。

会员服务即卖方每年缴纳一定的会员费用后享受平台提供的各种服务，会员费是平台的主要收入来源，目前该种盈利模式市场趋向饱和。

增值服务即买卖双方免费成为平台会员后，平台为买卖双方提供增值服务，主要包括竞价排名、点击付费及展位推广服务，竞价排名是信息服务平台进行增值服务最为成熟的盈利模式。

代表企业：

2. 交易服务平台

模式介绍：能够实现买卖供需双方之间的网上交易和在线电子支付的一种商业模式，其主要盈利模式包括收取佣金费以及展示费用。

佣金制是在成交以后按比例收取一定的佣金，根据不同行业不同量度，通过真实交易数据可以帮助买家准确地了解卖家状况。

展示费是上传产品时收取的费用，在不区分展位大小的同时，只要展示产品信息便收取费用，直接线上支付展示费用。

代表企业：

9.4.2 B2C 模式(开放平台、自营平台)

1. 开放平台

模式介绍：开放平台开放的内容涉及出口电商的各个环节，除了开放买家和卖家数据外，还包括开放商品、店铺、交易、物流、评价、仓储、营销推广等各环节和流程的业务，实现应用和平台系统化对接，建立自己开放的生态系统。开放平台更多的作为管理运营平台商存在，通过整合平台服务资源同时共享数据，为买卖双方服务。

代表企业：

2. 自营平台

模式介绍：平台对其经营的产品进行统一生产或采购、产品展示、在线交易，并通过物流配送将产品投放到最终消费者群体的行为。

自营平台通过量身定做符合自我品牌诉求和消费者需要的采购标准，来引入、管理和销售各类品牌的商品，以可靠品牌为支撑点凸显出自身品牌的可靠性。

自营平台在商品的引入、分类、展示、交易、物流配送、售后保障等整个交易流程各个重点环节管理均发力布局，通过互联网 IT 系统管理、建设大型仓储物流体系实现对全交易流程的实时管理。

代表企业：

LightInthebox.com　　环球易购 Globalegrow E-Commerce　　llanoo PASSION FOR FASHION　　DX

9.4.3 主要企业优劣势分析

1. 阿里巴巴速卖通

优势：为消费者提供丰富的产品品类选项，涵盖服装配饰、鞋包、手机及通信工具、美妆及健康、计算机网络、珠宝及手表、家居、玩具、户外用品等；用户流量较大，在部分新兴国家排名前列；拥有阿里巴巴、天猫、淘宝的卖家资源。

劣势：产品质量难以保证，物流/售后/退换货等客户体验方面一般，因此最初的目标市场欧美地区(服务要求较高)占比逐渐下降，新兴国家占比上升。

2. ebay

优势：品牌认同度高，买家资源丰富，在全球范围内拥有近 3 亿用户、1.2 亿的活跃用户，流量大，质量较好；品类丰富；支付系统强大，PayPal 拥有超过 1.32 亿活跃用户，支持 26 种货币；为吸引中国卖家入驻，成立专业团队提供一站式外贸解决方案，并提供跨境交易认证、业务咨询、专场培训、洽谈物流优惠等服务。

劣势：对产品掌控能力较弱，售后服务质量一般。

3. 亚马逊

优势：品类丰富，可选品种超过 500 万；品牌认同度高，用户流量大，质量较好；对入驻卖家要求较高，品质相对优于其他平台；自建物流中心，在全球有超过 80 个物流中心，除自营商品外，也为第三方卖家提供物流服务，物流体验较好。

劣势：尽管对卖家要求较高，但依然无法 100%保证平台类商品的质量，若第三方卖家不选用亚马逊物流，物流体验也无法保证。

4. 兰亭集势

兰亭集势是中国整合了供应链服务的在线 B2C(内部叫作 L2C，LightInTheBox 2 Customer)，该公司拥有一系列的供应商，并拥有自己的数据仓库和长期的物流合作伙伴，数据显示，2010 年兰亭集势是中国跨境电子商务平台的领头羊。2010 年 6 月，兰亭集势完成对 3C 电子商务欧酷网的收购。

优势：供应链管理能力较强，在婚纱和礼服类产品为消费者提供个性化定制；拥有两个海外采购中心，快递服务商包括 FedEx、UPS、DHL、TNT 以及中、美邮政，消费者可以针对个人需求选择；客户服务和市场营销方面均由母语国家的员工执行，物流/售后用户体验较好。

劣势：流量成本较高，质量一般，运营成本较高；核心品类不够突出。

9.5　跨境电商行业特征

跨境电子商务是基于网络发展起来的，网络空间相对于物理空间来说是一个新空间，是一个由网址和密码组成的虚拟但客观存在的世界。网络空间独特的价值标准和行为模式深刻地影响着跨境电子商务，使其不同于传统的交易方式而呈现出自己的特点。

跨国电子商务具有如下特征(基于网络空间的分析)。

1. 全球性(Global Forum)

网络是一个没有边界的媒介体，具有全球性和非中心化的特征。依附于网络发生的跨境电子商务也因此具有了全球性和非中心化的特性。电子商务与传统的交易方式相比，其一个重要特点在于电子商务是一种无边界交易，丧失了传统交易所具有的地理因素。互联网用户不需要考虑跨越国界就可以把产品尤其是高附加值产品和服务提交到市场。网络的全球性特征带来的积极影响是信息的最大程度的共享，消极影响是用户必须面临因文化、政治和法律的不同而产生的风险。任何人只要具备了一定的技术手段，在任何时候、任何地方都可以让信息进入网络，相互联系进行交易。美国财政部在其财政报告中指出，对基于全球化的网络建立起来的电子商务活动进行课税是困难重重的，因为电子商务是基于虚拟的电脑空间展开的，丧失了传统交易方式下的地理因素；电子商务中的制造商容易隐匿其住所，而消费者对制造商的住所是漠不关心的。比如，一家很小的爱尔兰在线公司，通过一个可供世界各地的消费者点击观看的网页，就可以通过互联网销售其产品和服务，只要消费者接入了互联网。很难界定这一交易究竟是在哪个国家内发生的。

这种远程交易的发展，给税收当局制造了许多困难。税收权力只能严格地在一国范围内实施，网络的这种特性为税务机关对超越一国的在线交易行使税收管辖权带来了困难。而且互联网有时扮演了代理中介的角色。在传统交易模式下往往需要一个有形的销售网点的存在，例如，通过书店将书卖给读者，而在线书店可以代替书店这个销售网点直接完成整个交易。而问题是，税务当局往往要依靠这些销售网点获取税收所需要的基本信息，代扣代缴所得税等。没有这些销售网点的存在税收权力的行使也会发生困难。

2. 无形性(Intangible)

网络的发展使数字化产品和服务的传输盛行。而数字化传输是通过不同类型的媒介，如数据、声音和图像在全球化网络环境中集中而进行的，这些媒介在网络中是以计算机数据代码的形式出现的，因而是无形的。以一个 E-mail 信息的传输为例，这一信息首先要被服务器分解为数以百万计的数据包，然后按照 TCP/IP 协议通过不同的网络路径传输到一个目的地服务器并重新组织转发给接收人，整个过程都是在网络中瞬间完成的。电子商务是数字化传输活动的一种特殊形式，其无形性的特性使得税务机关很难控制和检查销售商的交易活动，税务机关面对的交易记录都是体现为数据代码的形式，使得税务核查员无法准确地计算销售所得和利润所得，从而给税收带来困难。

数字化产品和服务基于数字传输活动的特性也必然具有无形性，传统交易以实物交易为主，而在电子商务中，无形产品却可以替代实物成为交易的对象。以书籍为例，传统的纸质书籍，其排版、印刷、销售和购买被看作是产品的生产、销售。然而在电子商务交易中，消费者只要购买网上的数据权便可以使用书中的知识和信息。而如何界定该交易的性质、如何监督、如何征税等一系列的问题给税务和法律部门带来了新的课题。

3. 匿名性(Anonymous)

由于跨境电子商务的非中心化和全球性的特性，因此很难识别电子商务用户的身份和其所处的地理位置。在线交易的消费者往往不显示自己的真实身份和自己的地理位置，重要的是这丝毫不影响交易的进行，网络的匿名性也允许消费者这样做。在虚拟社会里，隐匿身份的便利迅即导致自由与责任的不对称。人们在这里可以享受最大的自由，却只承担最小的责任，甚至干脆逃避责任。这显然给税务机关制造了麻烦，税务机关无法查明应当纳税的在线交易人的身份和地理位置，也就无法获知纳税人的交易情况和应纳税额，更不要说去审计核实。该部分交易和纳税人在税务机关的视野中隐身了，这对税务机关是致命的。以 eBay 为例，eBay 是美国的一家网上拍卖公司，允许个人和商家拍卖任何物品，到目前为止 eBay 已经拥有 3000 万用户，每天拍卖数以万计的物品，总计营业额超过 50 亿美元。但是 eBay 的大多数用户都没有准确地向税务机关报告他们的所得，存在大量的逃税现象，因为他们知道由于网络的匿名性，美国国内收入服务处(IRS)没有办法识别他们。

电子商务交易的匿名性导致了逃税避税现象的恶化，网络的发展，降低了避税成本，使电子商务避税更轻松易行。电子商务交易的匿名性使得应纳税人利用避税地联机金融机构规避税收监管成为可能。电子货币的广泛使用，以及国际互联网所提供的某些避税地联机银行对客户的"完全税收保护"，使纳税人可将其源于世界各国的投资所得直接汇入避税地联机银行，规避了应纳所得税。美国国内收入服务处(IRS)在其规模最大的一次审计调查中发现大量的居民纳税人通过离岸避税地的金融机构隐藏了大量的应税收入。而美国政府估计大约三万亿美元的资金因受避税地联机银行的"完全税收保护"而被藏匿在避税地。

4. 即时性(Instantaneously)

对于网络而言，传输的速度和地理距离无关。传统交易模式，信息交流方式如信函、电报、传真等，在信息的发送与接收间，存在着长短不同的时间差。而电子商务中的信息交流，无论实际距离远近，一方发送信息与另一方接收信息几乎是同时的，就如同生活中面对面交谈。某些数字化产品(如音像制品、软件等)的交易，还可以即时清结，订货、付款、交货都可以在瞬间完成。

电子商务交易的即时性提高了人们交往和交易的效率，免去了传统交易中的中介环节，但也隐藏了法律危机。在税收领域表现为：电子商务交易的即时性往往会导致交易活动的随意性，电子商务主体的交易活动可能随时开始、随时终止、随时变动，这就使得税务机关难以掌握交易双方的具体交易情况，不仅使得税收的源泉扣缴的控管手段失灵，而且客观上促成了纳税人不遵从税法的随意性，加之税收领域现代化征管技术的严重滞后作用，都使依法治税变得苍白无力。

5. 无纸化(Paperless)

电子商务主要采取无纸化操作的方式，这是以电子商务形式进行交易的主要特征。在电子商务中，电子计算机通信记录取代了一系列的纸面交易文件。用户发送或接收电子信息。由于电子信息以比特的形式存在和传送，整个信息发送和接收过程实现了无纸化。无纸化带来的积极影响是使信息传递摆脱了纸张的限制，但由于传统法律的许多规范是以规范"有纸交易"为出发点的，因此，无纸化带来了一定程度上法律的混乱。

电子商务以数字合同、数字时间截取了传统贸易中的书面合同、结算票据，削弱了税务当局获取跨国纳税人经营状况和财务信息的能力，且电子商务所采用的其他保密措施也将增加税务机关掌握纳税人财务信息的难度。在某些交易无据可查的情形下，跨国纳税人的申报额将会大大降低，应纳税所得额和所征税款都将少于实际所达到的数量，从而引起征税国国际税收流失。例如，世界各国普遍开征的传统税种之一的印花税，其课税对象是交易各方提供的书面凭证，课税环节为各种法律合同、凭证的书立或领受，而在网络交易无纸化的情况下，物质形态的合同、凭证形式已不复存在，因而印花税的合同、凭证贴花(即完成印花税的缴纳行为)便无从下手。

6. 快速演进(Rapidly Evolving)

互联网是一个新生事物，现阶段它尚处在幼年时期，网络设施和相应的软件协议在未来发展具有很大的不确定性。但税法制定者必须考虑的问题是网络，像其他的新生儿一样，必将以前所未有的速度和无法预知的方式不断演进。基于互联网的电子商务活动也处在瞬息万变的过程中，短短的几十年中电子交易经历了从 EDI 到电子商务零售业兴起的过程，而数字化产品和服务更是花样出新，不断地改变着人类的生活。

而一般情况下，各国为维护社会的稳定，都会注意保持法律的持续性与稳定性，税收法律也不例外。这就会引起网络的超速发展与税收法律规范相对滞后的矛盾。如何将分秒都处在发展与变化中的网络交易纳入税法的规范，是税收领域的一个难题。网络的发展不断给税务机关带来新的挑战，税务政策的制定者和税法立法机关应当密切注意网络的发展，在制定税务政策和税法规范时充分考虑这一因素。

跨国电子商务具有不同于传统贸易方式的诸多特点，而传统的税法制度却是在传统的贸易方式下产生的，必然会在电子商务贸易中漏洞百出。网络深刻地影响着人类社会，也给税收法律规范带来了前所未有的冲击与挑战。

复习思考题

1. 我国跨境电子商务的发展趋势。
2. 简述跨境电子商务的概念。
3. 简述几大知名跨境电商企业的优劣势。
4. 跨境电子商务的特征有哪些？
5. 举出几个你身边跨境电商运营的例子，说明跨境电子商务是如何影响人们生活的。
6. 结合本章内容，列举跨境电商 B2C、B2B 知名电子商务网站，认识各种类型的跨境电子商务网站。

案例分析

海外代购的 4 个时代：跨境草根如何蝶变

在跨境电商巨大的身影下，藏着一个"草根"世界，这个圈子被称为"海外代购"。曾几何时，伴随着留学大潮兴起的代购大军，似乎一直生存在关税政策和邮政体系的"灰色地带"，然而在那么一个时期，这个"产业"发展得又是那么迅猛，甚至严重影响到关税收入。跨境电商横空出世后，"草根"们又经历了一场大考验，纷纷转型，追求"蝶变"。

代购 1.0："散户时代"欢乐的留学生

"五岁那年，父亲托公派出国的同事从日本买回一台柯尼卡相机。据说过海关时，要把拆开包装的东西小心地夹在宽大的风衣里，才能有机会侥幸带回来。"留学生小李对亿邦动力网如是说。目前，小李已留日多年，并在课余时间做代购贴补日常开销。据小李介绍，日本代购的热门产品主要是奶粉、纸尿裤、化妆品等。

代购，就是生活在国外的人，去买外国的东西，卖给国内的人。近些年，伴随着留学的热潮，这个不算是行业的"行业"也悄然而生，而且动静越来越大。7 月，亿邦动力网发布了一篇名为"深度调研海外代购：宝宝心里苦 但一定要说"的文章，文中援引澳洲电视节目给出的一组数据：全球代购的市场规模大概为150亿澳元(约750多亿人民币)，而在澳大利亚本地从事代购的人数约为20万，其中中国代购占大多数。

代购最普遍的形式，就是一个字：买。要随时买、连夜排队买、亲自买、发动朋友买，去商场买、去便利店买、去药妆店买，打折的要买、不打折也要买，热销的要买、限量的更要买，名牌要买、不是名牌也要买，买爆款、买小众、买日常、买轻奢……所以，基于这种形式，从事代购的主要人群就是时间相对比较自由的留学生。

根据中国教育在线与教育优选联合发布的《2015年出国留学发展状况调查报告》显示，留学目的国排名前十的国家(美英德法澳加俄日西中)当中，有六个国家中国学生占比第一，中国已成为世界上第一大留学生输出国。

生活在海外的留学生们利用业余时间通过各种渠道，买到海外商品，寄给国内的买者。其主要"营销"方式，是基于亲友圈子的口碑宣传。随着民间的口口相传，一些在传统进口贸易环节中不常出现的品牌，开始渐渐为人所熟知。而代购市场，就是这样形成的。

于是，越来越多的留学生，以及其他海外生活的人，开始加入到代购的大军中。其中有些人，在积累了一定量的"客户资源"后，支起了各种"网店""微店"，乃至在各种社交圈广泛宣传自己的产品。

代购2.0：跨境电商元年来了，散户急了

从2014年下半年开始，各路电商玩家纷纷入局海购，零售电商大佬如天猫、京东、网易等，都将海购板块提升至重要战略地位。创业公司也纷纷加紧融资步伐，如蜜芽、洋码头等，就连后起之秀，如小红书都已相继走到C轮千万美元级融资阶段。海外电商，如日本乐天、亚马逊等逐步试水国内市场，上线海外购板块，利用国际化优势试图也来分一杯羹。

随着政策对跨境电商的倾斜，大量资本也注入这个领域。平台纷纷推出的爆款特价、正品保证等服务，一定程度上，使得"散户"代购开始渐渐变成了"假货"的代名词。一名不愿具名的留法学生告诉亿邦动力网，他的淘宝店所经营的名牌包屡屡遭到投诉，他不得不随时整理提交各种自己在海外正规门店购买商品的证据，每天疲于向淘宝客服申诉。

"前几年一直好好的，而且我这几年的生活费和部分学费，都是通过代购赚来的。最近不知道为什么，总是遭到投诉，可能是被什么人盯上了吧。"这位学生这样说道，随后亿邦动力网也联系了其他一些以留学生身份兼职代购的同学，大多数人都表示，不仅时常被指为"售假",通过邮政寄到国内的货,被海关扣罚或退回的概率也增加了,这几年越来越难做了。

受到资金雄厚、管理体系完备的跨境电商平台冲击的代购者,失落之处不仅是频频被指为"售假",更多的,还是在价格和物流效率上难以获得竞争优势,当年那种"靠代购赚学费"的成就感可能不会再有了。代购的所谓运营模式,基本上就是"我发照片,你说要啥,然后我去店里买了寄给你",而对于手握各种供货商、品牌商的跨境平台来说,这些都是信手拈来的事。

不过跨境平台恐怕也为代购者提供了一个"转型"的机会。

大家都知道国内有个"双 11",近些年,随着跨境电商的兴起,"黑五"也渐入国人的视野,越来越多的中国消费者被卷入这个美国"剁手节",代购者们自然不能闲着。一部分敏感的代购者们发现了商机,同时平台也发现了商机,这样看来,好像可以愉快地一起玩耍了,于是"职业买手"横空出世。

以往,每到国外各种零售商搞活动时,代购者们就开始了各种通宵排队扫货,在"3.0时代",这种代购者被称为普通买手,他们提前通过社交渠道,了解亲朋好友的消费需求,然后加入排队大军。不过,很多商品在促销当天会限购,普通买手往往都会因为限购而焦头烂额。

但职业买手似乎就没有这种麻烦了,他们往往是一个专业团队在运作,平均规模是 10～20 人不等。这个团队在国内有专门的客服、推广等职能部门,在海外则有专门的采购和打包团队。几乎是提前一个月,这个团队就开始规划运作,收集分配情报、团队分工抢货、打包发货等。

2015 年的"黑五",曾有媒体报道,许多商家提前一周做预售时,职业买手的团队成员便分开去找各大商家订货,他们会和销售员打好关系,基本货源有限的品牌折扣商品都能提前 1～2 天知道款式和数量,甚至提前拿货,避开限购。这样的工作效率,恐怕只有"买手制"跨境电商平台才能实现。

据一位职业买手透露,如果正常日子去商场扫货,光洋码头这样的平台,一个月的流水都在几百万元人民币,而像"黑五"这样的大促期间,至少上千万元。不过,对于职业买手而言,排队、扫货、补货的过程,往往要在"黑五"这一周内无限循环,睡眠时间也仅限每日 3 小时,但大多认为这些付出都是值得的。有的团队单在"黑五"期间获得的利润,就足以养活团队半年。

就这样,曾经一些有经验的散户,带着自己的天然优势,如外语能力、熟悉海外商家等,加盟了平台,有了自己的团队,成了职业买手。亿邦动力网曾联系到一名"重操旧业"的职业买手 W,她表示在韩国留学时,就经常代购一些化妆品。毕业回国工作了一段时间后,对工作不是很满意,去年开始成为韩国线的职业买手,又做起了"老本行"。

职业买手多了,自然也有竞争。很快,电商行业也开始从卖货,渐渐倾向内容生产。职业买手是否具备生产内容的能力?

代购 3.0：职业买手是"新代购"的生财之道？

直播，其实并不是什么新鲜玩意儿，只不过近些年，电商玩家开始把目光落在了"大IP"的传播力上。于是，买手们似乎又获得了一次"转型"的契机。

尽管走出国门已经不是一个难如登天的事，海外信息的获取更加不是什么瓶颈，但大多数消费者，对于海外购物的实际情况，仍然是既好奇又不乏担忧的心态。对于消费者来说，一方面外语有着天然的文化门槛，另一方面流通环节相对烦琐也会让人疑惑。

基于此，某跨境平台经营者表示，跨境交易要解决的根本问题，是信任问题，对卖家的信任和对品牌的信任。那么，直播这种形式，就不单单是满足"通过生产内容来售卖产品"这种需求，另一方面，也是卖家对自己信誉的"背书"。

买手直播，往往标榜着"产地直采"这类主题。跨境商家借助直播平台，选择内容属性比较强的买手，以比较直观的方式，向消费者表态。到这个阶段，当年的代购者、跨境电商视野内的"草根"，似乎得到了一个像"网红""名人"蜕变的机会，甚至成为业界KOL(关键意见领袖)。

曾经代购的"散户时代"依赖社交渠道、口碑宣传的这种传播方式，此时对于平台来说，或许更容易和消费者拉近心理距离。生活在扫货"前线"国家和地区，对当地情况十分了解的职业买手们，不仅仅是一个小卖家，更多地变成了内容的生产者。

难道说，"草根"的势力正在崛起？

代购 4.0："我美我直播"买手也能当网红？

247

结语：彻底转型，走出灰色地带？"跨境草根"何去何从？

传统的一般进口贸易中，品类十分有限，而品牌传播的效率也不高。代购者恐怕不经意地解决了这类问题，诚然，近些年为大众所熟知的许多海外品牌，都是通过代购圈得以广泛传播的。就这点来说，"代购"看起来似乎为跨境电商打了冲锋。

但是，"未获授权""渠道合法性""涉嫌售假"这类负面标签，仿佛一直都伴随着代购圈。有的人干脆选择退出，有的人则寻求新的发展渠道，也有人借势加入了"职业买手"的行列……

代购者"带来"了什么，又"带走"了什么，跨境电商的"草根"又将何去何从？

(案例来源：跨境电商头条，2016-09-28)

案例思考：

1. 根据以上案例，你认为海外代购的发展趋势是什么？
2. 海外代购对国内电子商务有何影响？
3. 海外代购的表现形态有哪些？

第 10 章

电子商务法律

【学习目标】

❖ 了解电子商务法律的现状

❖ 掌握电子商务知识产权和隐私权保护

❖ 了解国内国外电子商务法律与法规

❖ 了解电子商务税收问题

电子商务作为新型的商业文明，代表着 21 世纪贸易的发展方向，但是，对于电子商务这种新型的商业文明，目前很多有关社会和法律方面的规章制度与之不相适应，甚至存在着空白领域。为更好地规范电子商务领域的行为，促进电子商务的发展，不断完善电子商务法律及规章已成为当务之急。

10.1 电子商务法律概述

10.1.1 电子商务的发展对法律法规的新要求

随着电子商务的飞速发展，产生了诸如网络著作权、网络隐私权、网络信息发布和保密等许多新的法律问题，以往的法律法规无法完全适应全球化的网络环境。一方面，电子商务所具有的无界性、虚拟性等特点使传统的民事权利在网络上具有了新的特点，应建立新的电子商务法律机制，来保护公民在网络上的合法权益不受侵犯；另一方面，快速发展的 IT 技术，使法律适时调整的速度与电子商务的发展速度有很大的滞后性，给立法和司法者提出了新的挑战，加速政策法规的完善成为在数字化时代的新任务。

与传统产业一样，推动电子商务互联网相关产业健康有序发展同样需要创造一个良好的法制环境，然而互联网及电子商务的法制建设是一项非常复杂的系统工程，它包括立法、司法和行政多个方面，涉及合同法与商法在电子商务及互联网领域的调整和适用，涵盖了行业市场准入、信息安全与认证、隐私权、知识产权、关税和税收、电子支付、电子签名、互联网内容管理、管辖权、消费者权益保护等诸多法律问题。

电子商务的法律法规建设直接决定了电子商务能否健康稳定发展。我国正处于社会主义初级阶段，市场经济条件不完善，传统商业模式下的法制建设尚需进一步发展完善，在电子商务及网络方面的立法可以说起步较晚，起点较低。从 20 世纪 90 年代初中国开始了计算机网络方面的立法尝试，到现在虽然已经制定了数十个与计算机网络及电子商务相关的法规条例，但相对于互联网与电子商务的飞速发展仍然滞后很多。目前，电子商务领域尚无专门法律文件，不能满足电子商务快速发展的要求。2005 年国务院办公厅颁布的《关于加快电子商务发展的若干意见》就"完善政策法规环境，规范电子商务发展"，明确指出要"加强统筹规划和协调配合，推动电子商务法律法规建设，研究制定鼓励电子商务发展的财税政策，完善电子商务投融资机制"。可以说，电子商务法律体系建立和完善的过程，将会是法律体系全面深刻变革的过程。

10.1.2 电子商务法律的基本概念

电子商务通常是买卖双方在虚拟市场上通过订立电子合同来达成的，在电子商务的具体交易中，完成交易的各方都是通过无纸化的电子票据来进行支付和结算，而信息是通过网络进行传输的。在这样的开放环境里，如不及时制定有关的法律法规，电子商务的交易安全就无法得到保障。

联合国国际贸易法委员会 1996 年 6 月提出了《电子商务示范法》蓝本，为各国电子商务立法提供了一个范本。

1．电子商务法律的概念与特征

电子商务法律，是指调整以电子交易和电子服务为核心的电子商务活动所发生的各种社会关系的法律规范的统称。

电子商务法律具有以下两个基本特征：其一，它以商人的行业惯例为其规范标准；其二，它具有跨越国界和地域及全球化的天然特性。而这两点恰恰是商法的特征所在。电子商务法律作为商事法律的一个新兴领域，除了具有上述特征之外，与其他商事法律制度相比较，还存在一些具体的特点，大致有以下几方面。

(1) 程式性。电子商务法律作为交易形式法，它是实体法中的程式性规范，主要解决交易的形式问题，一般不直接涉及交易的具体内容。电子交易的形式，是指当事人所使用的具体的电子通信手段；而交易的内容，则是交易当事人所享有的利益，表现为一定的权利义务。

(2) 技术性。在电子商务法律中，许多法律规范都是直接或间接地由技术规范演变而成的。比如，一些国家将运用公开密钥体系生成的数字签名，规定为安全的电子签名。这样就将有关公开密钥的技术规范，转化成了法律要求，对当事人之间的交易形式和权利义务的行使，都有极其重要的影响。另外，关于网络协议的技术标准，当事人若不遵守，就不可能在开放环境下进行电子商务交易。所以，技术性特点是电子商务法律的重要特点之一。

(3) 开放性。开放性具体表现在电子商务法律的基本定义的开放、基本制度的开放以及电子商务法律结构的开放这 3 个方面。

(4) 复合性。电子商务交易关系的复合性，源于其技术手段上的复杂性和依赖性。它表现在通常当事人必须在第三方的协助下，完成交易活动。

2．电子商务法律主体

电子商务法律主体是指参与电子商务活动并在电子商务活动中享有权利和承担义务的个人和组织。在电子商务活动中，首先，需要有网络支持机构和网络公司为交易双方提供服务。其次，由于交易双方通常是通过网络利用数据电文缔结电子合同来达成交易，如何保证交易双方的身份真实、电子合同的真实性、完整性和不可否认性，这就要求有一个可信的第三方，即认证中心(CA)。同时，电子商务的真正完成还有待于支付和结算的完结，这就要求金融服务机构在电子商务中按照买卖双方的指令进行支付和计算。由此可见，在电子商务活动中，为了保证交易的安全和效率，需要许多参与者介入到货物交易或服务交易中，他们彼此发生联系，形成各种各样的法律关系，这些参与者与交易双方共同构成了电子商务法律的主体。可见，电子商务法律主体主要涉及交易双方、网络支持机构、网络公司、电子商务认证机构、结算机构、货物配送机构。

3．电子商务带来的法律新问题

电子商务的突出特征是通过 Internet 与计算机构成的网络世界完成商务活动。这种网络世界构成了一个区别于传统商业环境的新环境，被称为"虚拟"世界。在这个世界里，来自于全世界各个角落的人和企业均可以缔结交易，当事人只要打开一个网站进行搜索和点击，无须见面和使用笔墨，瞬间即可以完成寻找交易对象、缔结合同、支付等交易行为。这种环境和手段的改变，使得在传统交易方式下形成的规则难以完全适用于新环境下的交易，因此，需要有新的法律规范，创造适应电子商务运作的法制环境。这些新问题大致列举如下。

(1) 电子商务运作平台建设及其法律地位问题。

(2) 在线交易主体及市场准入问题。

(3) 电子合同问题。

(4) 电子商务中产品交付的特殊问题。

(5) 特殊形态的电子商务规范问题。

(6) 网上电子支付问题。

(7) 在线不正当竞争与网上无形财产保护问题。

(8) 在线消费者保护问题。

(9) 网上个人隐私保护问题。

(10) 网上税收问题。

(11) 在线交易法律适用和管辖冲突问题。

10.2 电子商务知识产权和隐私权保护

电子商务发展，要求建立清晰的、有效的网上知识产权保护体系，解决网上著作权、专利权、商标权和域名的保护问题，制止盗版行为。同时，要给予消费者权益的充分保护。

10.2.1 电子商务知识产权保护内容

知识产权是专利权、商标权、著作权、版权、专用技术、商业秘密以及邻接权、与贸易有关的知识产权的统称。随着科学技术的迅速发展，知识产权保护对象的范围不断扩大，不断涌现新型的智力成果，如计算机软件、生物工程技术、遗传基因技术、植物新品种等，这些也是当今世界各国所公认的知识产权的保护对象。而上述权利在 Internet 上得以自然延伸，一切侵犯上述权利或数字化后的上述权利的行为都将构成对知识产权的侵害。版权、专利权和商标权是传统知识产权的主要内容，如今这一传统的知识产权体系在网络中受到了前所未有的挑战，具体内容如下。

1. 版权保护

所谓版权，有时也称作者权，在我国被称为著作权，是基于特定作品的精神权利以及全面支配该作品并享受其利益的经济权利的合称。版权法自产生以来，一直受着技术发展的重大影响，版权制度总是随着传播作品的技术手段的发展而不断向前发展的。法律上客体是指主体的权利与义务所指向的对象。版权的客体是指版权法所认可的文学、艺术和科学等作品，简称作品。计算机技术以及网络通信的发展给版权的客体带来了新的内容。

(1) 计算机软件。目前世界上已经建立了一个比较全面的著作权保护法律体系，将计算机软件纳入著作权保护之中，给软件提供更加及时和完善的保护。计算机软件不同于一般的文字作品，其版权保护对象是：操作系统、微程序、固化程序、SSO(程序的结构、顺序和组织)、用户接口、数据库、文档、其他应用软件。

(2) 数据库。数据库是指由版权作品选编、汇集而成，属于汇编作品而受版权保护；如数据库由不受版权保护的材料组合而成，但因在材料的选择和编排上具有独创性，而构成智力创作成果时，也可作为版权法意义上的编辑作品加以保护。上述两种数据库所受的保护与一般文学艺术作品没有本质区别。

(3) 多媒体。多媒体作品是指将传统的单纯以文字方式表现的计算机信息以图形、动画、声音、音乐、照片、录像等多种方式来展现的作品。

2．专利权保护

所谓专利权指的是一种法律认定的权利。它是指对于公开的发明创造所享有的一定期限内的独占权。授予专利权的发明、实用新型和外观设计都要求具备一定的实质性要求。发明专利和实用新型专利要求应当具备新颖性、创造性、实用性，即通常所说的"三性"，而外观设计则只需要具备新颖性就足够了。

3．商标权保护

商标在一定程度上体现了商品生产者或服务提供者的信誉这一"人格化因素"。在电子商务环境下，商标权的保护涉及如下内容。

(1) 网络链接上的商标侵权。在 Internet 上，处于不同服务器上的文件可以通过超文本标记语言链接起来。上网的人常常都有这样的经历：只要在网页的某个图标上轻轻点击一下，另一个网页或者网页的另一部分内容就呈现在眼前。这种网页跳跃和文件转换的过程就是"链接"。因此在网站设计时，不要一味追求网页色彩缤纷、鲜亮美丽，而随意采用别的网站或公司的图标，否则将会在无意之中陷入一场知识产权的纠纷之中。

(2) 网络搜索引擎上的隐性商标侵权。隐性商标侵权的特点是某个网主将他人的商标置于自己的网页的源代码中，这样虽然用户不会在该网页上直接看到他人的商标，但是当用户使用网上搜索引擎查找商标时，该网页就会位居搜索结果的前列。这种隐性使用他人商标，靠他人的商业信誉把用户吸引到自己的网页的网主，有淡化、贬低他人知名商标、商号之嫌，情节严重的则侵犯了知名企业的商标权。

(3) 电子形式的商标侵权。在北京市某信息技术公司诉某集团总公司侵犯商标权的案件中，被告在其软件安装、运行的界面上(含对话框、标题栏、图标)使用了原告的商标，预示着网络上的商标侵权已经在身边发生。只有网络管理机构加强对 Internet 的管理，广大网民积极提升对网上商标权的维护意识，政府积极出台相应的知识产权法规，才能有效地杜绝此类案件的发生。

4．域名的保护

任何厂商要从事电子商务，必须拥有一个自己的网络名称——域名。作为一种全新的网上资源和商战热点，域名抢注的纷争近年来频繁发生。其原因在于用户对域名这一新生事物的法律性质认识不足，对其注册与使用行为的法律性质分析不够深入，同时也缺乏相应的法律规范来调整。因此，在电子商务环境下域名保护成为企业知识产权保护的一个重要内容。

10.2.2 Internet 上的侵权行为

当今时代，网络已经渗透我们生活的各个角落，Internet 上的侵权行为俯拾皆是，由此引发的法律问题也是不计其数。Internet 上的侵权行为包括直接侵权、间接侵权和不正当竞争行为等。

1．直接侵权

未经作者或者其他版权人许可而以任何方式复制、出版、发行、改编、翻译、广播、表演、展出、摄制影片等，均构成对版权的直接侵害。在对直接侵权责任采取无过错责任的前提下，按照网络活动的主题分别对直接侵权责任进行分析。

(1) 网主的直接侵权责任。网主，就是以网络技术形式向 Internet 提供信息的主体。网主所提供的信息有"实在的材料"和"虚拟的材料"之分。"实在的材料"就是网页上包括的，存储在该网页所在的服务器上的内容；"虚拟的材料"则是指网主的网页上包括的，但并非存储在该网页所在的服务器上，而是网主运用超文本链接技术从其他服务器上借用的内容。

(2) 网络服务提供者(ISP)的直接侵权责任。网络服务提供商提供中介服务，无论是用户上网浏览，还是向电子布告板系统发送信息，都要经过 ISP 的服务器。在收集、编辑或链接过程中若实施了侵犯版权的行为，这类网络服务提供商毫无疑问将承担直接的版权侵权责任。个人用户虽然在很多情况下是网络服务的接受者，但是当其将新闻转载至其个人主页或 BBS，其充当的又是网络信息提供者的角色，与机构网站转载新闻并没有实质的区别。

(3) 用户的直接侵权责任。网络用户可分为一般用户和平面媒体，一般用户应对其擅自上载他人作品的侵权行为承担直接侵权责任，内容提供商应有义务对上载人的真实姓名、地址和其他联系信息进行确认，以待将来出现侵权现象时查找。一般来说，直接侵权人应当承担严格责任。这是一种无过错责任，即无论直接侵权行为人有无过错，都要承担责任。

2．间接侵权

间接侵权有两种不同的含义：其一是指某人的行为系他人侵权行为的继续，从而构成间接侵权；其二是指某人须对他人的侵权行为负一定责任，而他自己并没有直接从事任何侵权活动。前一种间接侵权责任被称为帮助性侵权的责任，又称二次侵权责任，二次侵权责任行为依赖于直接侵权行为，是直接侵权行为的继续和扩大。后一种间接侵权责任被称为代替责任，是由法人为雇员的侵权行为承担责任发展而来的，在现代社会中主要是指雇主代替承担雇员完成本职工作时产生的侵权责任，或者委托人代替承担受托人履行委托合同时的侵权责任。网上的间接侵权责任主要是指 Internet 服务提供者(ISP)和网主因用户的侵权行为承担的侵权责任。

间接侵权责任是过错责任，即只有在间接侵权行为人有过错的情况下，才承担相应的责任。越来越多的国内学者主张对直接侵权责任与间接侵权责任加以区分，以完善知识产权的保护。如在线服务商通常只是为用户提供交流信息的渠道，而自己并不直接引起信息传输，一般不是网上使用版权材料的直接责任人，所以，间接侵权责任越来越普遍地被认为更适合用以确定在网上侵权行为中在线服务商的责任。而帮助侵权责任是间接侵权责任中主要侵权责任之一。

3．不正当竞争行为

电子商务中的不正当竞争行为主要分为以下四类。

1）　网络虚假广告

所谓网络虚假广告，是指经营者通过在互联网上发布对产品的质量、制作成分、性能、用途、生产者、企业概况等引人误解的虚假宣传而诱导消费者购买其商品或接受其服务，并从而牟取暴利的商业广告。网络虚假广告的特点：一是影响范围大，由于因特网覆盖面广，通过公共网络就可能涉及许多网民的权益；二是速度快，一旦发布虚假广告，可在瞬间将这些虚假信息传送到世界各地；三是有较强的隐蔽性，发布者可通过匿名的方式躲避检查，或者寻找没有法律调整或者执法不严的地区发布使执法者束手无策。网上的虚假广告、诈骗广告、贬损他人抬高自己的广告、故意用相似商标商签和缩略语攀附名牌引起消费者误解的网上广告均属于不正当竞争行为。

2）　网上商业诽谤

通过在电子公告牌上张贴诽谤其竞争对手材料，在网上论坛诽谤竞争对手，对竞争对手的商业信誉、产品或服务声誉进行诋毁，削弱对手的竞争能力，网上压价销售挤兑竞争对手等属于不正当竞争行为。2010 年 10 月 19 日晚，网络若干论坛传出消息，称曾在网上引起轩然大波的"圣元奶粉致儿童性早熟事件"，是奶业巨头蒙牛及其公关公司策划出来的，以打击竞争对手。同时另一奶业巨头伊利公司也指控蒙牛对伊利旗下产品 QQ 星儿童奶、婴儿奶粉进行有计划的舆论攻击。2010 年 10 月 24 日，蒙牛诽谤门案件侦破，涉及蒙牛诽谤门的蒙牛未来星品牌经理安勇、北京博思智奇公关顾问公司郝历平、赵宁和马野 4 人因涉嫌"损害商业信誉以及商品声誉罪"被批捕。这是一起典型的网络诽谤案件。相比传统的商业诽谤，网络时代的商业诽谤多了个网络公关公司的角色，而由其统领着的浩大的"网络水军"，便是诽谤侵害人所期待的舆论声势的力量源泉。

3）　网上倾销

电子商务是发展的大趋势，这个势头是不能阻挡的，电子商务对传统的商品销售带来巨大的冲击。网络购物的发展势头迅猛，既有积极的方面，也有让人头疼之处。以淘宝为例，市场统一价格的商品在这里异常便宜，远远低于商家给出的会员价，甚至有些商家只要赚上三五个点就可卖出。因为他们没有店面，没有成本开销，加上一些品牌没有市场保护的意识纵容这些行为，使一些中小零售商家生存空间受到严重挤压，在其中左右为难。相关部门应研究并应出台相应的规章制度让市场更加规范。

4）　通过网络窃取、破坏他人的商业秘密

网上的资源有些是公开的，有些是保密的，只有授权访问者才能获得保密的商业信息。任何非法解密登录他人的远程终端，窃取破坏他人的商业秘密的行为均属于不正当竞争行为。

10.2.3　隐私权保护

目前电子商务中隐私权保护方面存在着很多问题，给网络消费者带来了很多麻烦和困惑。

1．隐私权保护

所谓隐私权，是指公民享有的私人生活与私人信息依法受到保护，不被他人非法侵犯、知悉、搜集、利用和公开的一种人格权。一般认为，隐私权的主体只能是自然人，其内容具有真实性和隐秘性，主要包括个人生活宁静权、私人信息保密权、个人通信秘密权及个人隐私利用权。公民的隐私权是人格权利中最基本、最重要的内容之一，是伴随着人类对自身的尊严、权利、价值的认识而产生的。隐私权深入到日常生活的细节和内心世界，来保护自然人的人格和精神状态，是一种高层次的人格权。

美国社会和法律研究中心最近进行的一项调查显示，88%的美国公民对他们的个人信息可能被随便调用而表示担心；在经常上网的人群中，近 90%的人担心他们的隐私权被侵犯。

2．网上隐私权保护

网络与电子商务中的隐私权，从权利形态来分有隐私不被窥视的权利、隐私不被侵入的权利、隐私不被干扰的权利、隐私不被非法收集利用的权利；从权利的内容可以分为个人特质的隐私权(姓名、身份、肖像、声音等)、个人资料的隐私权、个人行为的隐私权、通信内容的隐私权和匿名的隐私权等。

目前网络隐私权保护主要存在 3 方面的问题：个人数据过度收集、个人数据二次开发利用、个人数据交易。关于网络隐私权的 3 个方面是相互联系的，它们共同对网络隐私权的保护造成威胁。但由于具体情况不同，不应该采取武断的处理方法，而需要在商家与消费者之间找到一个平衡点，既保证个人信息的正常流动，使得商家可以提供有针对性的服务，同时又要注意保护网络隐私，使网络消费者不受非法干扰。

10.2.4　网络消费者权益保护

消费者权益，是指消费者依法享有的权利及该权利受到保护时而给消费者带来的应得利益。它包括两个方面，即消费者权利和消费者利益，其核心是消费者权利。我国《消费者权益保护法》为消费者规定了安全保障权、知悉真情权、自主选择权、公平交易权、依法求偿权、结社权、求教获知权、受尊重权、监督批评权等 9 项权利，并同时规定了经营者、国家和社会负有保障消费者权益得以实现的义务。

电子商务极大地拓展了消费市场，增大了消费信息量和增加了市场透明度，给消费者带来了极大的便利与增值服务，但是，又不可避免地使消费关系复杂化并增加了消费者遭受损害的机会。因此，电子商务给消费者权益保护带来了新的挑战。从国内外的实践来看，电子商务对消费者的威胁或者潜在威胁主要有以下 5 个方面。

1．消费者信息知情权

我国《消费者权益保护法》第 8 条规定："消费者享有知悉其购买、使用的商品或者接受的服务真实情况的权利。消费者有权根据商品或者服务的不同情况，要求经营者提供商品的价格、产地、生产者、用途、性能、规格、等级、主要成分、生产日期、有效期限、检验合格证明、使用方法说明书、售后服务或服务的内容、规格、费用等有关情况。"尽管传统的消费者权益保护法律规定了消费者的知情权和商家如实告知商品信息的义务，且与传统购物方式中的看货、了解情况、试用、讨价还价、进行交易、送货等一系列的环节相配套，但在虚拟的网络中是不足以保护消费者权益的，这些环节在电子商务中，除送货外，其他的统统变成了虚拟化的方式，消费者与供应者并不见面，通过网上的宣传了解商品信息，通过网络远距离订货，通过电子银行结算，由配送机构送货上门等。那么，在这样的情况下，就自然产生了消费者看不到商家与摸不到商品的相关信息、如何保证消费者能充分获得并如何保证其真实可靠的问题。因此必须建立商业信用制度，这不仅可以预防或惩戒网上商业机构的欺诈行为，还可以增强消费者对网络交易的信心，使其积极参与网络交易活动，从而促进电子商务的繁荣与发展。

2. 消费者安全使用产品的权利

在一般的电子交易中，要经过十几个步骤才能完成一个完整的电子交易，这其中可以包括：消费者浏览网页、选择商品进行购买、提出支付请求、商家发出 Wake Up Tick 唤醒电子钱包、消费者发送初始请求给商家、商家发送初始应答及证书、消费者收到应答并发送购买请求、商家收到购买请求发送支付授权请求、支付网关收到授权请求、发送金融信息给金融机构、金融机构返回应答信息、商家处理授权应答并向消费者发送支付成功消息等。在这些过程中，往往是消费者支付款项在先，商家将货物送到消费者手中在后，而由于目前的电子商务存在安全性不高、支付体系不完善、送货系统效率低等诸多问题，货物经过很长的间隔才送到甚至送不到都有可能发生。那么，在这样的情况，消费者的付款能否作为预付款处理就自然成了问题。因为我国《消费者权益保护法》第 47 条明确规定："经营者以预付款方式提供商品或者服务的，应当按约定提供。未按照约定提供的，应当按照消费者的要求履行约定或者退回预付款；并应当承担预付款的利息、消费者必须支付的合理费用。"

3. 消费者退换货的权利

我国《消费者权益保护法》第 23 条规定："经营者提供商品或者服务，按照国家规定或者与消费者的约定，承担包修、包换、包退或者其他责任的，应当按照国家规定或者约定履行，不得故意拖延或者无理拒绝。"由于网络交易往往是先付款，后送货，当消费者接到货物时，货款早已汇出，一旦商品出现质量问题或者不符合要求，对于隔着千山万水、互不见面的商家，消费者难以行使退换货的权利。

在电子商务环境下，数字化商品(包括音乐及影视 CD、软件、电子书籍等)一般都通过线上传递的方式交易，并且消费者在购买这些数字化商品前，大多有浏览其内容或使用试用版本的机会，然而，若根据传统的消费者保护原则，消费者在通过线上传递的方式购买了数字化商品之后，又提出退货的要求，则很可能产生对商家不公平的情形。因为商家无法判断消费者在退还商品之前，是否已经保留了复制件，而消费者保存复制件的可能性又非常之大。所以，传统的《消费者权益保护法》中关于退换货的规定，在数字化商品的电子商务中，还需重新审视与斟酌。

除此之外，与电子商务中消费者退换货的权利相关的问题还有很多。例如，在商品送货上门之后，如果消费者提出非厂商、经销商或商品原因的退货要求，相应的配送费用应该由谁来承担，如果是因为网络上的商品信息不够充分，致使消费者在收到货物后发现与所宣传的不完全符合或存在没有揭示过的新特点，能否视为欺诈或假冒伪劣等而适用双倍返还价款的处罚；如果由于商品本身的特性导致一些特征无法通过网络认识，消费者购买或使用后才发现，双方又无退换货的约定和法律法规依据，那么消费者能否提出退货的要求，以及退换货是否会被视为违约；等等。

4．网上购物契约的效力问题

在进行网上购物时，很重要的一环就是要通过网络与商家签订相关的契约，这些契约内容一般已是商家事先准备好的固定的条款，可以称为定型化契约。对于这些定型化契约，一方面，由于其合同条款已经固定，没有另一方的意思表示，所以在具体执行中难免会对契约的效力和约束力等产生这样那样的异议；而另一方面，由于其条款完全由商家制定，难免会存在一些有违公平合理、等价有偿原则的条款，如类似无论商品有何瑕疵，消费者只能请求免费修理，而不能退货或求偿的条款等。这样也就自然产生了消费者认为这些契约有违我国民法的基本原则而请求认定无效的异议。要解决这些问题，就需要对网络购物中定型化契约的效力及民法、合同法一些基本原则在网络购物如何具体认定等做出法律上的判断。

5．电子商务中系统风险的责任承担问题

无论办理网上银行业务、网上购物、网上炒股还是其他网上服务，安全性、准确性和及时性无疑是最为重要的。尤其在电子商务发展的初期，交易安全性与准确性方面发生问题恐怕难以避免。不管是系统错误或服务失效，责任终归是要由人来承担的，显然这是一个非常敏感的问题。这一问题在某种程度上的解决，有赖于电子商务中损害责任的承担问题在法律上的健全。

10.3　国际电子商务法律与法规

10.3.1　国际组织在立法方面的现状

电子商务法是指调整电子商务活动中所产生的社会关系的法律规范的总称，是一个新兴的综合法律领域。电子商务法是调整以数据电文为交易手段而形成的商事关系的规范体系。联合国国际贸易法律委员会在《电子商务示范法》中所给数据电文的定义是："就本法而言，数据电文是指以电子手段、光学手段或类似手段生成、发收或储存的信息，这些手段包括不限于电子数据交换(EDI)、电子邮件、电报、电传或传真。"当以数据电文为交易手段，一般应由电子商务来调整。

为了给电子商务的发展提供良好的法律环境，以联合国为首的有关国际性、区域性组织及各国政府高度重视，对电子商务法律进行了积极探索，纷纷出台推动电子商务发展的政策、行动纲领和规范性文件，同时减少各国在立法上的冲突，为电子商务在全球范围内的发展扫平障碍。

1．国际组织的电子商务立法情况

联合国国际贸易法律委员会(简称联合国贸法委)先后主持制定了一系列调整国际电子商务活动的法律文件，主要包括《计算机记录法律价值的报告》《电子资金传输示范法》《电子商务示范法》《电子商务示范法实施指南》以及《电子签名统一规则》等。

1998 年 10 月在加拿大渥太华召开的第一次以电子商务为主题的部长级会议，是由国际经济合作与发展组织(Organization for Economic Cooperation and Development，OECD)组织召开的。该会议形成了一批对于电子商务实际运作具有指导性意义的文件。主要有：《OECD电子商务部长级会议结论》《全球电子商务行动报告》《OECD 国际电子商务行动计划》和《国际组织和地区性组织电子商务活动和计划报告》。并于 1999 年 12 月制定了《电子商务消费者保护准则》，1998 年制定了《经合组织关于电子商务中消费者保护指南的建议》，从信息透明、有效的保护公平的商业、广告及销售行为，确认争议解决和救济，隐私等方面对消费者保护提出了指导性建议。

世界贸易组织(WTO)建立后，立即开展了信息技术的谈判，并先后达成了 3 大协议，分别为，1997 年 2 月 15 日达成的《全球基础电信协议》，该协议主要内容是要求各成员方向外国公司开放其电信市场并结束垄断行为；1997 年 3 月 26 日达成的《信息技术协议》(ITA)，该协议要求所有参加方自 1997 年 7 月 1 日起至 2000 年 1 月 1 日将主要信息技术产品的关税降为 0；1997 年 12 月 31 日达成的《开放全球金融服务市场协议》，该协议要求成员方对外开放银行、保险、证券和金融信息市场。

国际商会(ICC)于 1997 年 11 月 6 日至 7 日在法国巴黎举行的世界电子商务会议中通过了《国际数字化安全保证商务通则》(GUIDEC)，为电子商务提供了指导性政策，并同意了有关术语；2000 年 1 月 1 日生效的《2000 年国际贸易术语解释通则》，对使用电子方式通信等方面进行了修改和完善。

世界知识产权组织(WIPO)在电子商务领域所关注的焦点在于如何在电子商务环境下实现商标、版权和专利权的保护，尤其关心新兴的电子商务对电影、出版、多媒体和信息技术等行业的影响。1996 年，WIPO 通过了《世界知识产权组织版权公约》和《世界知识产权组织版权表演和唱片公约》，目的就是解决新技术对传统版权带来的问题；1999 年 4 月 30 日，WIPO 公布了《WIPO 国际 Internet 域名规程最终报告》，针对 Internet 上由域名引起的问题提出了一些建议；1999 年 9 月 WIPO 在日内瓦召开的会议，从技术、商业和政策法规等多角度讨论了电子商务知识产权问题。

欧盟(EU)于 1997 年提出《欧洲电子商务行动方案》，为规范欧洲电子商务活动制定了框架，1998 年颁布《关于信息社会服务的透明度机制的指令》。1999 年末，欧盟制定《电子签名统一框架指令》，该指令由 15 个条款和 4 个附件组成，主要用于指导和协调欧盟各国的电子签名立法。

亚太经合组织(APEC)于 1997 年 11 月召开的温哥华 APEC 领导人及部长会议上，决定启用 APEC 领域内的电子商务计划；1998 年 11 月的部长级会议签署了"APEC 电子商务行动蓝皮书"。

在 1999 年 6 月的新西兰会议上，电子商务工作组又单独就各方电子商务的发展及立法框架等方面交换了意见，并深入地进行了探讨。它们是世界各国电子商务立法经验的总结，同时又指导着各国的电子商务法律实践。

2. 欧洲地区的电子商务立法

俄罗斯是世界上最早进行电子商务立法的国家：1994 年开始建设俄联邦政府网；1995 年俄国家杜马审议通过了《俄罗斯信息、信息化和信息保护法》；1996 年通过了《国际信息交流法》；2001 年通过了《电子数字签名法》草案，规定了国家机构、法人和自然人在正式文件上用电子密码进行签名的条件、电子签名的确认、效力、保存期限和管理办法等。此外，还有德国 1997 年的《信息与通用服务法》，意大利 1997 年的《数字签名法》，法国 2000 年的《信息技术法》等。

3. 北美洲和澳大利亚的电子商务立法

1995 年美国犹他州制定了世界上第一个《数字签名法》，1997 年在统一商法典中增加了两章——电子合同法和计算机信息交易法，1998 年做出进一步的修改；20 世纪末，美国已有 44 个州制定了与电子商务有关的法律。2000 年，美国颁布《国际与国内商务电子签章法》。进入 21 世纪后，美国又出台了一系列的法律和文件，从而构成了电子商务的法律框架。1999 年加拿大制定了《统一电子商务法》，正式承认数字签名和电子文件的法律效力。1999 年澳大利亚颁布了《电子交易法》，确定了电子交易的有效性，并对适用范围进行了适当限制，对"书面形式""签署""文件之公示""书面信息的保留""电子通信发出、接收的时间和地点""电子信息的归属"进行了规定。

4. 亚洲地区的电子商务立法

新加坡早在 1986 年就宣布了国家贸易网络开发计划，1991 年全面投入使用 EDI 办理和申报外贸业务。1998 年制定了《电子交易法》，并逐步建立起完整的法律和技术框架。

马来西亚是亚洲最早进行电子商务立法的国家。20 世纪 90 年代中期提出建设"信息走廊"的计划，1997 年颁布了《数字签名法》，该法采用了以公共密钥技术为基础，并建立配套认证机制的技术模式，极大地促进了电子商务发展。

韩国 1999 年的《电子商务基本法》是典型的综合性电子商务立法，该法包括：关于电子信息和数字签名的一般规定；电子信息；电子商务的安全；促进电子商务的发展；消费者保护及其他；对电子商务的各方面做出基础性的规范。

日本 2000 年制定的《电子签名与认证服务法》，主要的篇幅用于规范认证服务，从几个方面对认证服务进行了全面、细致的规定；该法还明确了指定调查机构的权利与义务，形成了独特的监管模式。

印度 1998 年推出《电子商务支持法》，并在 2000 年针对电子商务的免税提出实施方案，促进了信息产业和相关产业的持续增长。

中华人民共和国电子签名法是为了规范电子签名行为，确立电子签名的法律效力，维护有关各方的合法权益而制定的法律。中华人民共和国电子签名法由中华人民共和国第十届全国人民代表大会常务委员会第十一次会议于 2004 年 8 月 28 日通过，自 2005 年 4 月 1 日起施行。当前版本为 2015 年 4 月 24 日第十二届全国人民代表大会常务委员会第十四次会议修正。该法共 5 章 36 条，赋予电子签名与手写签名或盖章具有同等的法律效力，明确了电子认证服务的市场准入制度，对我国电子商务的发展产生了重大的影响。

10.3.2　国际电子商务法律与法规的内容与特点

1. 国际电子商务立法主要内容

当前的国际电子商务立法主要涉及以下 7 个方面的内容。

(1) 市场准入。市场准入是电子商务跨国界发展的必要条件。WTO 通过的有关电信及信息技术的各项协议均贯穿着贸易自由化的要求。例如，《全球基础电信协议》要求成员国开放电信市场，《信息技术协议》要求参加方在 2000 年以前涉及的绝大部分产品实现贸易自由化。

(2) 税收。由于电子商务交易方式的特点，给税收管辖权的确定带来困难，因而引起了改革传统税收法律制度、维护国家财政税收利益的课题。1997 年的美国《全球电子商务纲要》主张对网上交易免征一切关税和新税种，即建立一个网上自由贸易区。1998 年 5 月 20 日，WTO 第二届部长会议通过的《关于全球电子商务的宣言》，规定至少一年内免征 Internet 上所有贸易活动关税，并就全球电子商务问题建立一个专门工作组。网络贸易税收问题将成为新一轮贸易谈判的重点之一。

(3) 电子商务合同的成立。电子商务方式是由买卖双方通过电子数据传递实现的，其合同的订立与传统商务合同的订立有许多不同之处，因而需要对电子商务合同的成立做出相应的法律调整。联合国贸法委 1996 年通过的《电子商务示范法》对涉及电子商务合同的成立做了规定，《电子商务示范法》承认自动订立的合同中要约和承诺的效力，肯定数据电文的可接受性和证据力，对数据电文的发生和收到的时间及数据电文的收发地点等一系列问题均作了示范规定，为电子商务的正常进行提供了法律依据。国际商会正在制定的《电子贸易和结算规则》，则以《电子商务示范法》为基础作了进一步的规定。

(4) 安全与保密。在电子数据传输的过程中，安全和保密是电子商务发展的一项基本要求。

目前，一些国际组织已先后制定了一些规定，以保障网络传输的安全可靠性。1997 年国际商会制定了《电传交换贸易数据统一行为的守则》。联合国贸法委 1996 年《电子商务示范法》中对数据电子的可靠性、完整性以及电子签名、电子认证等做了规定。OECD、欧盟、美国及其他发达国家也先后制定了网络交易安全与保密方面的规则。

(5) 知识产权。全球电子商务的迅速普及，使现行知识产权保护制度面临新的更加复杂的挑战，对版权、专利、商标、域名等知识产权的保护成为国际贸易与知识产权法的突出问题。1996 年世界知识产权组织(WITO)通过《WITO 版权条约》和《WITO 表演与录音制品条约》，这两项条约被称为"Internet"条约。WIPO 于 1998 年 10 月宣布，将成立专门的指导委员会，加强与各地区成员国的协商，在 1999 年 9 月召开了全球电子商务的国际会议。在新一轮 WTO 谈判中，网络贸易中的知识产权保护也将成为电子商务谈判的一个重要内容，从而构成新的全球电子商务协定的组成部分。

(6) 隐私权保护。满足消费者在保护个人资料和隐私方面的愿望是构建全球电子商务框架必须考虑的问题。OECD 1990 年的《保护隐私和跨界个人资料指南》、欧盟 1998 年 10 月生效的《欧盟隐私保护指令》对网上贸易涉及的敏感性资料及个人数据给予法律保护，对违规行为追究责任。

(7) 电子支付。利用电子商务进行交易必然会涉及电子支付。电子支付是目前电子商务发展的一个重点。电子支付的产生使货币从有形流动转变为无形的信用信息在网上流动，因而将对国际商务活动与银行业产生深远的影响。国际商会目前正在制定的《电子贸易和结算规则》对电子支付的安全性、数字签名、加密及数字时间签章做了规定，该规则一旦正式通过，将成为电子商务及电子支付的指导性交易规则。

2. 国际电子商务立法的特点

由于信息技术的发展具有以往几次科技革命所不具备的特点，因而由信息技术革命所引起的电子商务的国际立法在一定程度上也具有以往的国际经济贸易立法所不具备的特点。国际电子商务立法主要具有以下特点。

(1) 电子商务的国际立法先于各国国内法的制定。以往的国际经济贸易立法通常是先由各国制定国内法律，然后由一些国家或国际组织针对各国国内法的差异和冲突进行协调，从而形成统一的国际经贸法律。20 世纪 90 年代以来，由于信息技术的跨越性发展和电子商务的迅猛性发展，在短短的几年时间里，即已形成电子商务在全球普及的特点，因而使各国未能来得及制定系统的电子商务的国内法规。同时，由于电子商务的全球性、无国界的特点，任何国家单独制定的国内法规都难以适用于跨国界的电子交易，因而电子商务的立法一开始便是通过制定国际法规而推广到各国的，如联合国贸法委 1996 年制定的《电子商务示范法》。

(2) 电子商务国际立法具有边制定边完善的特点。由于电子商务发展迅猛，且目前仍在高速发展过程中，电子商务遇到的法律问题还将在网络交易发展过程中不断出现，因而目前要使国际电子商务法律体系一气呵成是不可能的，只能就目前已成熟或已达成共识的法律问题制定相应的法规，并在电子商务发展过程中加以不断完善和修改。典型法规为联合国贸法委《电子商务示范法》，该法第一部分为"电子商务总则"；第二部分为"电子商务的特定领域"，目前只制定了"第一章货物运输"，该部分其余章节则有待内容成熟后再逐章增加。该法于 1996 年通过后不久其第一部分内容即于 1998 年 6 月由联合国国际贸易法委员会作了补充。联合国《电子商务示范法》的这一特点是以往国际经贸立法中所罕见的，也是与国际电子商务发展的特点相适应的。

(3) 电子商务的贸易自由化程度较高。由于电子商务具有全球性的特点，如施加不当限制，将会阻碍其发展速度，因而要求电子商务实施高度贸易自由化。1997 年 7 月美国发布的《全球电子商务纲要》要求建立一个可预见的、干预最少的、一致的、简明的电子商务法律环境。1998 年 5 月 20 日，WTO 的 132 个成员通过《关于全球电子商务的宣言》，规定至少 1 年内免征 Internet 上所有贸易活动的关税，从而形成电子商务"全球自由贸易区"。可见，电子商务贸易自由化程度将高于其他贸易方式。

(4) 电子商务国际立法重点在于使过去制定的法律具有适用性。电子商务的发展带来了许多新的法律问题，但电子商务本身并非同过去的交易方式相对立，而只是国际经贸往来新的延伸，因此，电子商务国际立法的重点在于对过去制定的国际经贸法规加以补充、修改，使之适用于新的贸易方式。例如，1980 年通过的《联合国国际货物销售合同公约》在制定时并未预见到电子商务的发展，因而其合同订立等条款并不完全适用于电子商务合同，联合国贸法委 1996 年《电子商务示范法》在合同订立方面的规定实质上是对《联合国国际货物销售合同公约》的补充和完善，而并非推倒重来。又如，国际商会 2000 年 1 月 1 日生效的《2000 年国际贸易术语解释通则》，在使用电子方式通信方面，基本沿用了 1990 年修订本的表述方式，而未作推倒重来式的修订。

(5) 发达国家在电子商务国际立法中居主导地位。由于发达国家具有资金、人才、技术优势，因而其电子商务程度远远高于发展中国家。发展中国家电子商务尚处于起步阶段甚至尚未开展，因而在电子商务立法方面，发达国家尤其是美国处于主导地位。目前有关电子商务立法的各种构想也大多是发达国家(主要是美国和欧盟)提出的，而发展中国家处于被动地位，即使此种立法对本国造成不利，也只能被迫接受。例如，1998 年美国向 WTO 提出电子商务免税的建议，虽然一些发展中国家存在种种担心和疑虑，但最后只得同意。

(6) 工商垄断企业在电子商务技术标准和制定上起主要作用。由于 Internet 技术日新月异，政府立法步伐难免滞后于技术进步，妨碍技术更新。因此，美国等发达国家政府主张，电子商务涉及的技术标准由市场而不是由政府来制定。由于 IBM、HP 等工商大企业具有资金、技术优势，因而目前电子商务涉及的技术标准实质上是由发达国家工商企业制定的。例如，安全电子交易(SET)标准即是由 VISA 和 MasterCard 两大集团于 1998 年 2 月 1 日共同制定，并得到 IBM、Microsoft 与 Netscape 等公司的支持。

10.4　国内电子商务法律与法规

10.4.1　国内电子商务法律与法规的发展进程

我国的电子商务已经进入良性发展的快车道。国家对电子商务的法规建设相当重视。1999 年就开始着手电子商务法律与法规建设，把规范企业之间的电子商务活动作为电子商务管理工作的重点。随着企业之间电子商务活动的开展，对于电子商务法律的需求已经越来越强烈。以法律文件来看，我国《合同法》中增加的"数据电文"条款，就是专门为适应电子商务活动而设立的。它承认了数据电文这种新交易形式的法律效力，对电子商务活动的全面开展具有极其重要的意义。2000 年 9 月颁布的《互联网信息服务管理办法》则属于行政法规。除此之外，我国的一些行政机关在其业务范围内制定了一些具体的行政规章。例如，证监会于 2000 年 3 月颁布的《网上证券委托暂行管理办法》，教育部 2000 年 6 月发布的《教育网站和网校暂行管理办法》，国家工商总局 2000 年 9 月制定的《经营性网站备案登记管理暂行办法》及其实施细则、《网站名称注册管理暂行办法》及其实施细则等，均系与电子商务有关的规章。

1. 我国现行的涉及交易安全的法律、法规的种类

(1) 综合性法律，主要是民法通则和刑法中有关保护交易安全的条文。

(2) 规范交易主体的有关法律，如公司法、国有企业法、集体企业法、合伙企业法、私营企业法和外资企业法等。

(3) 规范交易行为的有关法律，包括经济合同法、产品质量法、财产保险法、价格法、消费者权益保护法、广告法、反不正当竞争法等。

(4) 监督交易行为的有关法律。如会计法、审计法、票据法、银行法等。

2．对电子商务类法规、网络购物类法规和电子支付类法规的简单介绍

1）　电子商务类法规

国务院办公厅：《关于加快电子商务发展的若干意见》(2005 年 1 月)

商务部：《关于网上交易的指导意见(征求意见稿)》(2006 年 6 月)

商务部：《关于网上交易的指导意见(暂行)》(2007 年 3 月)

商务部：《关于促进电子商务规范发展的意见》(2007 年 12 月)

商务部：《电子商务模式规范》(2008 年 4 月)

商务部：《关于加快流通领域电子商务发展的意见》(2009 年 11 月)

国家工商总局：《网络商品交易及有关服务行为管理暂行办法》(2010 年 6 月)

商务部：《商务部"十二五"电子商务发展指导意见》(2011 年 10 月 19 日)

2）　网络购物类法规

全国人民代表大会常务委员会：《中华人民共和国消费者权益保护法》(1993 年 10 月)

全国人大常委：《中华人民共和国商标法》(2001 年 10 月)

商务部商业改革司：《网络购物服务规范》(2008 年 4 月)

国家工商行政管理总局：《网络商品交易及有关服务行为管理暂行办法》(2010 年 5 月)

3）　电子支付类政策

中国人民银行：《支付清算组织管理办法(征求意见稿)》(2005 年 6 月)

中国人民银行：《电子支付指引(第一号)》(2005 年 10 月)

中国人民银行：《关于加强银行卡安全管理预防和打击银行卡犯罪的通知》(2009 年 4 月)

中国人民银行：《非金融机构支付服务管理办法》(2010 年 6 月)

2004 年由中国电子商务协会政策法律委员会组织有关企业起草出台了《在线交易平台服务自律规范》。规范的对象是网络服务平台，因为它处于联系支付方、服务方、销售方、购买方的枢纽地位，选择它能达到管中窥豹之效。以行业规范的形式确立了网络交易平台提供商的责任和权利，对网络交易服务进行了全面的规范。

10.4.2　电子合同的法律效力

合同，亦称契约。根据我国《合同法》第 2 条规定，"合同是平等主体的公民、法人、其他组织之间设立、变更、终止债权债务关系的协议"。合同反映了双方或多方意思表示一致的法律行为。现阶段，合同已经成为保障市场经济正常运行的重要手段。电子合同，指在网络条件下合同当事人之间为了实现一定目的，通过电子邮件和电子数据交换所明确相互权利义务关系的协议或者契约。所谓电子邮件(E-mail)，是以网络协议为基础，从终端机输入信件、便条、文件、图片或声音等通过邮件服务器传送到另一端终端机上的信息。而电子数据交换(EDI)则是通过计算机联网，按照商定的标准采用电子手段传送和处理具有一定结构的商业数据，且应通过权威认证机构认证或合同订立各方认定的认证机构认证。

在合同法中，确定合同成立的时间与成立地点具有重要的意义。因为在一般情形下，合同的成立时间也就是合同的生效时间。例如，我国《合同法》第 44 条就规定："依法成立的合同，自成立时生效。"因此，确定了合同的成立时间也就相应地确定了合同当事人开始履行合同义务的时间。而合同的成立地点往往在管辖、证据法的确定等问题上具有重要的参考价值。

合同成立的标准是双方意思表示一致的达成，即合意的达成。合意的达成又是以承诺的形成为标志。因此，合同的成立应以承诺作为判别标准。2005 年 4 月 1 日起《电子签名法》开始实施，该法首次赋予电子签名与文本签名具有同等法律效力，并明确电子认证服务市场准入制度，保障电子交易安全。随着这部法律的出台和实施，电子签名将获得与传统手写签名和盖章同等的法律效力，同时承认电子文件与书面文书具有同等效力，从而使现行的民商事法律同样适用于电子文件。电子合同与传统合同有很大的区别，目前应着重解决以下 4 个问题。

1．书面形式问题

《合同法》已经将传统的书面合同形式扩大到数据电文形式。《合同法》第 11 条规定："书面形式是指合同书、信件以及数据电文(包括电报、电传、传真、电子数据交换和电子邮件)等可以有形地表现所载内容的形式。"

2．电子签字

按照《合同法》第 33 条规定："当事人采用信件、数据电文等形式订立合同的，可以在合同成立之前要求签订确认书。签订确认书时合同成立。"这是一种过渡性的办法，可以提高合同的可靠性，防止电子签字的伪造。如果在司法解释中将公文和印章概念加以扩大，扩展到电子签字，利用电子合同开展贸易就可以真正进入实施阶段了。

3．电子合同到达与合同成立地点

《合同法》第 16 条规定："采用数据电文形式订立合同，收件人指定特定系统接收数据电文的，该数据电文进入该特定系统的时间，视为到达时间；未指定特定系统的，该数据电文进入收件人的任何系统的首次时间，视为到达时间。"该法第 34 条同时规定："采用数据电文形式订立合同的，收件人的主营业地为合同成立的地点；没有主营业地的，其经常居住地为合同成立的地点。"

4．证据问题

电子合同出现争议后应该以什么作为证据、怎样取证，目前还没有规定。这不仅涉及电子合同的到达时间和成立地点，还涉及买卖双方电子合同和电子签字的保管问题。这是电子商务大规模推广之前必须尽快解决的问题。

10.5 电子商务税收问题

电子商务给传统税收体制及税收管理模式带来了巨大的挑战，甚至让人措手不及。电子商务横跨信息技术、通信技术、金融服务领域、生产者、消费者和各国政府部门，是人类有史以来最复杂的工程之一。

1．对于税收原则的冲击

对于税收原则的冲击，主要体现在以下 3 个方面。

（1）对税收公平原则造成冲击。随着电子商务的发展，这种建立在 Internet 基础上的与传统的有形贸易完全不同的"虚拟"贸易形式，往往不能被现有的税制所涵盖，导致传统贸易主体与电子商务主体之间税负不公，从而对税收公平原则造成冲击。

（2）对税收中性原则造成冲击。电子商务与传统贸易的课税方式和税负水平不一致，因税负不公对税收中性原则产生冲击。

（3）对税收效率原则造成冲击。在电子商务交易中，产品或服务的提供者可以减少很多中间环节如代理人、批发商、零售商等，而直接将产品提供给消费者。中间人的消失，将使许多无经验的纳税人加入到电子商务中来，造成税务机关工作量增大，这无疑将影响税收的效率原则。

2．对于各税种的冲击

对于各税种的冲击，主要体现在两个方面。

（1）电子商务对增值税课税的影响。现行增值税通常是适用目的地原则征收的，对电子商务而言，销售者不知数字化商品用户的所在地，不知其服务是否输往国外，因而不知是否应申请增值税出口退税。同时，用户无法确知所收到的商品和服务是来源于国内或国外，也就无法确定自己是否应补缴增值税。另外，由于联机计算机的 IP 地址可以动态分配，同一台计算机可以同时拥有不同的网址，不同的计算机也可以拥有相同的网址，而且用户可利用 WWW 匿名电子信箱来隐藏身份。网上交易的电子化和网络银行的出现，使税务部门查清供货途径和货款来源更加困难，难以明确是征税还是免税，不仅导致按目的地原则征税难以判断，而且对税负公平原则造成极大影响。

（2）电子商务对所得税课税的影响。现行所得税税制着眼于有形商品的交易，对有形商品的销售、劳务的提供及无形资产的使用都做了区分并且规定了不同的课税规定。在电子商务交易中，交易方可借助网络将有形商品以数字化形式传输与复制，使得传统的有形商品和服务难以界定。网上信息和数据销售业务，由于其具有易被复制和下载的特性，模糊了有形商品、无形资产及特许权之间的界限，使得税务机关难以通过现行税制确认一项所得究竟是销售货物所得、提供劳务所得还是特许权使用费所得，导致课税对象混乱和难以确认，不利于税务处理。

3．对于税收征管的挑战

传统的税收制度是建立在税务登记、查账征收和定额征收基础之上的。这种面对面的操作模式在电子商务时代显然不能适应实际状况，电子商务的虚拟化、无形化、随意化、隐匿化给税收征管带来没有遇到过的难题。

（1）无纸化操作对税收稽查方式提出了挑战。电子信息技术的运用使得交易记录以电子形式出现，电子凭证可以轻易被修改，而且不留下任何痕迹、线索，税收审计稽查失去了最直接的纸质凭证，使传统的凭证追踪审计失去了基础，这样税务部门就得不到真实、可靠的信息。另外，无纸化操作产生的电子合同、交易票据实际上就是数据记录，电子账本本身就是数据库，如果对它们继续征收印花税在法律上将不再适用，而且很难区分这些数据及数据库，哪些是用来交易的，哪些是用于单纯的企业内部管理的。

（2）加密措施为税收征管加大了难度。数据信息加密技术在维护电子商务交易安全的同时，也成为企业偷漏税行为的天然屏障，使得税务征管部门很难获得企业交易状况的有关资料。纳税人可以使用加密、授权等多种保护方式掩藏交易信息。如何对网上交易进行监管以确保税收收入及时、足额地入库是网上征税的又一难题。

(3) 电子货币影响传统的征税方法。电子货币的存在使供求双方的交易无须经过众多的中介环节,而是直接通过网络进行转账结算。以往税务机关通常通过查阅银行账目得到纳税人的有关信息,判断其申报的情况是否属实,这样在客观上为税收提供了一种监督机制,电子货币的使用使这种监督机制几乎失去了作用。传统税收征管很大一部分是通过中介环节代扣代缴的,电子商务无疑会使征税过程复杂化,使原本只需向少数代理人征税转变为向广大消费者征税,从而加大了税收部门的工作量,提高了税收成本。

4.对国际税收基本概念的冲击

电子商务环境下,现有国际税收制度下的"常设机构"概念受到挑战,国际税收管辖权潜在冲突不断加剧。

(1) 常设机构概念受到挑战。在现有国际税收制度下,"常设机构"是收入来源国用来判断是否对非居民营业利润征税的一项标准。但在电子商务中这一概念无法界定。因为电子商务是完全建立在一个虚拟的市场上,大多数产品或服务提供并不需要企业实际出现,而仅需一个网站和能够从事相关交易的软件,而且 Internet 上的网址、E-mail 地址、身份(ID)等,与产品或劳务的提供者无必然的联系,仅从这些信息无法判断其机构所在地。

(2) 国际税收管辖权的潜在冲突加剧。在电子商务环境下,交易的数字化、虚拟化、隐匿化和支付方式的电子化使交易场所、提供商品和服务的使用地难以判断,以至于来源地税收管辖权失效。而如果片面强调居民税收管辖权,则发展中国家作为电子商务商品和服务的输入国,其对来源于本国的外国企业所得税税收管辖权,将被削弱或完全丧失,这显然不利于发展中国家的经济发展和国际竞争。因此,重新确认税收管辖权已成为电子商务税收征管的重大问题。

5.电子商务引发的国际避税问题

电子商务的高流动性和隐匿性使得征税依据难以取得。美国财政部有关电子商务的白皮书中提出了电子商务中以下几个影响征税的特点。

(1) 消费者匿名;
(2) 制造商隐匿其住所;
(3) 税务部门无法掌握电子交易情况;
(4) 电子商务本身也可以隐匿。

另外,企业可在 Internet 上轻易变换其站点,这样,任何一个企业都可以选择低税率和免税国家设立站点,从而达到避税的目的。电子商务的发展还促进了跨国公司集团内部功能的完善化和一体化,使得跨国公司操纵转让定价从事国际税收筹划更加容易。同时,由于电子商务信息加密系统、匿名式电子支付方式、无纸化操作及流动性等特点,税务机关难以掌握交易双方具体交易事实,相应地,税务机关很难确定合理的关联交易价格以做出税务调整。

10.6 电子商务信用体系建设

在电子商务全球化的发展趋势中，电子商务交易的信用危机也悄然袭来，虚假交易、假冒行为、合同诈骗、网上拍卖哄抬标的、侵犯消费者合法权益等各种违法违规行为屡屡发生，这些现象在很大程度上制约着电子商务快速、健康的发展。在经济进入全球化的过程中，信用是进入国际市场的通行证。电子商务作为一种商业活动，信用同样是其存在和发展的基础。

10.6.1 信用体系建设的基本情况

合理规范的信用体系不仅有利于电子商务的健康、规范发展，而且对树立全社会信用意识、完善我国的市场经济体制、建立公平公正的市场经济秩序起着巨大的推动作用。西方发达国家在"社会诚信体系"建设方面已有许多成功的经验，纵观国际社会，目前国际上主要存在以下几种征信规范模式。

1. 市场运作、立法指导型

该模式最主要的特征是征信机构的设立、运作、消亡，基本是通过市场机制进行的，而政府在对征信行业的管理主要是以立法形式体现。对这一模式进行细分，可以分为两类。

(1) 以征信公司开展商业运作形成的信用管理体系。最典型的是美国。美国的企业、个人征信公司等从事征信业务的企业都是以市场化运作为主的，无论从事哪种征信业务的征信机构均属私营，政府不作投资或者组织；政府也不对征信服务行业实施任何准营许可，而交由市场机制去决定和规制。市场的启动和认可是完全依靠市场经济的法则和运作机制，靠行业的自我管理而成长壮大的。在这种运作模式中，利益导向是核心。而政府则是通过立法的形式来规范征信活动各方的行为，使征信活动的各方参与者均能按照这样的游戏规则，遵循市场规律的基本原则，自由地开展竞争。

(2) 以中央银行建立的中央信贷登记为特征的征信管理体系。这种模式以欧洲为代表，和美国相同，欧洲等经济发达地区也是典型的"市场驱动型"发展模式，政府仅负责提供立法支持和监管征信管理体系的运转，征信机构的生死存亡取决于其在多大程度上满足投资者的需求。由于中央银行信贷登记系统掌握的信息包括企业和个人的信贷信息，这些信用信息成为征信机构进行企业、个人信用分析、评价的主要信息，因此，在这些国家的征信监管活动中，中央银行扮演着重要的角色。

2. 政府推动、直接监管型

这是一种以政府力量为主导建立的征信管理体系，政府在征信行业管理领域投入较大。一些发展中国家就属于这种"政府驱动型"的发展模式，这一模式的实质表现是政府不仅是征信市场的监管者，而且是促进该国征信行业发展的直接推动力。它的主要特征是政府监管部门对资信评级机构和评级业务的推动及有效监管是评级业务发展的主要动力之一。从亚洲各国的实践来看，政府驱动的发展模式效果并不理想，一些国家都曾成立过由政府部门牵头的信用评级公司。

10.6.2 电子商务信用模式

电子商务作为虚拟经济、非接触经济,如果没有完善的信用体系作保证,生存和发展将十分困难。个人和企业的交易风险都将提高,如买家付款后不能及时得到商品,卖家卖出商品不能保证收到货款,商品质量问题,网上重复拍卖问题等,都难以避免。易观国际在《C2C 市场趋势预测(2006—2010 年)》报告中指出,影响未来 C2C 市场交易规模的因素中,阻碍因素主要包括信用体系不完善、商业模式尚未得到验证、不断有主流厂商退出市场等。其中信用问题一直是影响电子商务市场发展的重要因素,社会对信用问题产生的负面影响的关注,一方面降低了人们对电子商务的认知,一方面也客观上暴露了问题。因此C2C 平台需要在确认卖家的信息、构建信用评价体系等方面进一步投入资源。信用体系的不完善将制约用户在 Internet 平台的消费。

目前电子商务主要采取 4 种较为典型的信用模式,即中介人模式、担保人模式、网站经营模式和委托授权模式。

(1) 中介人模式是将电子商务网站作为交易中介,达成交易协议后,购货的一方要将货款、销售的一方要将货物分别交给网站设在各地的办事机构,当网站的办事机构核对无误后再将货款及货物交给对方。这种信用模式试图通过网站的管理机构控制交易的全过程,虽然能在一定程度上减少商业欺诈等商业信用风险,但却需要网站有较大的投资设立众多的办事机构,而且还有交易速度和交易成本问题。

(2) 担保人模式是以网站或网站的经营企业为交易各方提供担保为特征,试图通过这种担保来解决信用风险问题的模式。这种将网站或网站的主办单位作为一个担保机构的信用模式,也有一个核实谈判的过程,无形中增加了交易成本。因此,在实践中,这一信用模式一般只适合用于具有特定组织性的行业。

(3) 网站经营模式是通过建立网上商店的方式进行交易活动,在取得商品的交易权后,让购买方将购买的商品的货款支付到网站指定的账户上,网站收到购物款后才给购买者发送货物。这种信用模式是单边的,是以网站的信誉为基础的,这种信用模式一般主要适用于从事零售业的网站。

(4) 委托授权经营模式是网站通过建立交易规则,要求参与交易的当事人按预设条件在协议银行建立交易公共账户,网络计算机按预设的程序对交易资金进行管理,以确保交易在安全的状况下进行。这种信用模式中电子商务网站并不直接进入交易的过程,交易双方的信用保证是以银行的公平监督为基础的。

电子商务目前所采用的这 4 种信用模式,是从事电子商务企业为解决商业信用问题的积极探索。但各自存在的缺陷也是显而易见的。特别是这些信用模式所依据的规则基本上都是企业性规范,缺乏必要的稳定性和权威性。在此基础上,目前还需完善以下 3 点。

(1) 构建网上信用销售评估模型。西方企业信用部门在电子商务交易之前,首先通过两种方式评估客户信用,一种方式是根据客户的财务报表进行评估,另一种方式是开发出适合本行业特点和本企业特征的信用评估系统。而我国大多数企业还只是停留在感性认识阶段,只有一部分外贸企业吸收了最近几年的经验,已经开始重视收集客户的信息资料,并取得了良好的效果：应收账款逾期率、坏账率大幅下降，企业效益明显回升。

(2) 加强网上客户档案管理。欧美企业对赊销客户的档案一般进行定期(一般是半年)审查，根据客户信用信息的变化及时调整信用额度，而我国企业不能及时根据用户信息的变化及时调整信用额度，使得优良的客户订单得不到增加；也不利于及时发现信誉较差的客户，造成坏账损失。

(3) 建立合理的应收账款回收机制。西方国家和很多发展中国家对应收账款管理都有明确的规定，一般超过半年的应收账款就必须作为坏账处理，有的以 3 个月作为期限。为了防止坏账，当账款逾期在 3 个月以内，由企业内部的信用部门进行追收；超过 3 个月后，寻求外部专业机构和力量协助追收；超过 6 个月后，一般会采取法律行动追讨逾期账款。

 # 复习思考题

1. 试述我国《电子签名法》的主要内容。
2. 电子商务发展对法律提出了哪些新的要求？
3. 试用法律知识分析当前有些人恶意抢注域名的行为是否违法。
4. 什么是隐私和隐私权？应该如何防止在上网时泄露隐私？
5. 例举 Internet 上的侵权行为有哪些？
6. 《电子商务示范法》对电子商务发展有何意义？
7. 在提供电子签字服务时，验证服务提供商的行为规范有哪些？
8. 简述认证机构在电子商务中的法律地位及认证机构建议的基本原则。

 # 案例分析

案例一 电子商务立法，时间表确定

导读：目前已完成的与"电子商务法"相关的研究课题，具体包括：电子商务市场准入与退出问题、电子商务纠纷解决机制研究、数据电文和电子合同问题研究、电子商务监管体制问题、消费者权益保护问题、电商产品质量监管、在线数据和商品的知识产权、税收、电子商务领域电子支付、信息安全保障、跨境电子商务、快递与电子商务协调发展、电子商务可信交易环境，等等。

《电子商务法》立法进程，正在有序推进。12 月 20 日，在北京大学法学院举行的电子商务立法框架和疑难问题研讨会上，全国人大财经委相关人士透露了《电子商务法》的立法时间表。

"双 11"之后不久，《电子商务法》的起草单位——全国人大财经委就组织了起草组第二次全体会议。

14 项研究课题

电子商务法，在 2013 年 10 月被列入十二届全国人大常委会立法规划，其属于第二类

项目，即"需要抓紧工作、条件成熟时提请审议"的法律草案。研讨会上，国家邮政局相关人士提供的数据显示，"双 11"期间，快递业 6 天处理了 5.4 亿件快件，日最高峰 1.026 亿件，"今年大数可能要接近 140 亿件"。这其中，电子商务占据了重要份额。

2013 年，全国人大财政经济委员会召开了电子商务法起草组成立暨第一次全体会议，并确定了 14 项研究课题。"从这 14 个项目，可以大致看出电子商务法的框架"，全国人大财经委相关人士介绍。

这些课题如今已基本完成。10 月 15 日，国家工商总局组织召开专家评审会，对全国人大财经委委托开展的"电子商务市场准入与退出问题研究""电子商务消费者权益保护问题研究""电子商务纠纷解决机制研究""数据电文和电子合同问题研究"和"电子商务监管体制问题研究"5 个专项课题研究报告进行专家评审。

除了国家工商总局，国家发改委、工信部、商务部、人民银行等单位也分别承担了若干项课题，涵盖了电子商务领域电子支付、在线数据和商品的知识产权、消费者权益保护、税收、信息安全保障、跨境电子商务等内容。

此外，国家邮政局还提出了快递与电子商务协调发展，国家质检总局提出了电商产品质量监管，深圳市提出了电子商务可信交易环境等课题。"这些课题是比较有共识的"，上述人士称，"但亦有一些重要问题没有纳入课题，如电子商务中的法律责任划分"。

立法疑难

"在司法领域，电子商务法主要用来解决电商平台的法律责任问题。"中国电子商务协会政策法律委员会副主任阿拉木斯说。

有电商企业法务人员认为，在新的互联网环境下，传统的《合同法》《消费者权益保护法》已不适应电子商务的新型法律纠纷。

北京大学法学院副院长薛军认为，在处理电商网站销售了侵权商品、假冒伪劣商品，责任应如何分配时，可以考虑引入互联网版权领域的"避风港原则"。"电子中介组织只要不参与交易，就可以免责，但如果电商网站参与了交易，如进行了商品推介、竞价排名，其承担的责任就应该加重。"

电子商务立法中的疑难问题还包括，电子合同的格式条款。在手机屏幕大小的页面上，如何保障消费者操作的便捷，又实现消费者对合同条款的全面、准确理解是一对矛盾。

现实中，电商平台要么要求消费者下拉合同全文，用"界面不友好"的方式强制消费者阅读完合同后才能进行交易，要么只提供合同链接，实现操作便捷的同时，减弱了消费者的知情权。

对电商企业来说，后一种方式面临尴尬。薛军介绍，北京市法院已有判例，否定了链接合同的告知方式。但他认为，应当尊重移动互联网的特殊属性，认可电子合同的链接方式，但对合同中的重要条款应引入社会管控体系，要求企业向行业协会报备、讨论，进行实质监管。

个人信息保护，也是电子商务中的重要问题。在大数据时代，消费者个人信息屡屡出现流失现象。北京大学法学院完成了一份电子商务法专家建议版立法大纲，据薛军介绍，其中建议对个人信息实行分类管制，严格保护消费者个人信息的敏感内容，对数据型信息进行一般管理。

目前，有多部不同层级的互联网信息管理法规正在起草，其中均包含了网络实名制的规定。但在学界看来，网络实名制是一把"双刃剑"，如何避免类似韩国的互联网个人信息大面积泄露应是题中之意。

如何进行政府创新管理，也是电子商务法考虑的问题。至今仍有意见认为无须进行电子商务立法。"不能因为电子商务交易量大，就认为应该立法"，有业内人士在研讨会上称。立法启动之初，也曾有这部法律是一部民商法还是一部产业促进法的争论，上述全国人大财经委人士介绍，电子商务法的立法宗旨，被确定为"促进发展、规范秩序、保护权益"。

在中国电子商务协会政策法律委员会副主任阿拉木斯看来，2010 年国家工商总局作出的"个人网店无须工商登记"是电子商务管理"最大的创新"。但他透露，这一规定如今在管理机构内部也出现反对声音。"这被认为是对线下企业的歧视，尤其是在工商登记制度改革的背景下，关于个人网店注册的要求更加突出"，他告诉记者。

（案例来源：21 世纪经济报道，记者王峰，编辑谭翊飞，2014-12-21）

案例二　电子商务法律案例——电子签名

2004 年初，杨先生结识了女孩韩某。同年 8 月 27 日，韩某发短信给杨先生，向他借钱应急，短信中说："我需要 5 000 元，刚回北京做了眼睛手术，不能出门，你汇到我卡里。"杨先生随即将钱汇给了韩某。一个多星期后，杨先生再次收到韩某的短信，又借给韩某 6 000 元。因都是短信来往，二次汇款杨先生都没有索要借据。此后，因韩某一直没提过借款的事，而且又再次向杨先生借款，杨先生产生了警惕，于是向韩某催要。但一直索要未果，于是起诉至海淀法院，要求韩某归还其 11 000 元钱，并提交了银行汇款单存单两张。但韩某却称这是杨先生归还以前欠她的欠款。

为此，在庭审中，杨先生在向法院提交的证据中，除了提供两张银行汇款单存单外，还提交了自己使用的号码为"1391166××××"的飞利浦移动电话一部，其中记载了部分短信息内容。如：2004 年 8 月 27 日 15：05，"那就借点资金援助吧"；2004 年 8 月 27 日 15:13，"你怎么这么实在！我需要 5 000，这个数不大也不小，另外我昨天刚回北京做了个眼睛手术，现在根本出不了门，都没法见人，你要是资助就得汇到我卡里！"等韩某发来的 18 条短信内容。后经法官核实，拨打杨先生提供的发送短信的手机号码后接听者是韩某本人。而韩某本人也承认，自己从 2003 年七八月份开始使用这个手机号码。

法院经审理认为，依据《最高人民法院关于民事诉讼证据的若干规定》中的关于承认的相关规定，"1391173××××"的移动电话号码是否由韩女士使用，韩女士在第一次庭审中明确表示承认。在第二次法庭辩论终结前韩女士委托代理人撤回承认，但其变更意思表示未经杨先生同意亦未有充分证据证明韩女士承认行为是在受胁迫或者重大误解情况下作出，原告杨先生对该手机号码是否为被告所使用不再承担举证责任，而应由被告对该手机其没有使用过承担举证责任，而被告未能提供相关证据，故法院确认该号码系韩女士使用。

依据 2005 年 4 月 1 日起施行的《中华人民共和国电子签名法》中的规定，电子签名是指数据电文中以电子形式所含、所附用于识别签名人身份并表明签名人认可其中内容的数据。数据电文是指以电子、光学、磁条或者类似手段生成、发送、接收或者储存的信息。移动电话短信息即符合电子签名、数据电文的形式。同时移动电话短信息能够有效地表现所载内容并可供随时调取查用，能够识别数据电文的发件人、收件人以及发送、接收的时间。经本院对杨先生提供的移动电话短信息生成、储存、传递数据电文方法的可靠性，保持内容完整性方法的可靠性，用以鉴别发件人方法的可靠性进行审查，可以认定该移动电话短信息内容作为证据的真实性。根据证据规则的相关规定，录音录像及数据电文可以作为证据使用，但数据电文可以直接作为认定事实的证据，还应有其他书面证据相佐证。

通过韩女士向杨先生发送的移动电话短信息内容中可以看出：2004 年 8 月 27 日，韩女士提出借款 5 000 元的请求并要求杨先生将款项汇入其卡中；2004 年 8 月 29 日，韩女士向杨先生询问款项是否存入；2004 年 8 月 29 日，中国工商银行个人业务凭证中显示杨先生给韩女士汇款 5 000 元；2004 年 9 月 7 日，韩女士提出借款 6 000 元的请求；2004 年 8 月 29 日，韩女士向杨先生询问款项是否汇入；2004 年 9 月 8 日，中国工商银行个人业务凭证中显示杨先生给韩女士汇款 6000 元。2004 年 9 月 15 日至 2005 年 1 月韩女士屡次向杨先生承诺还款。

杨先生提供的通过韩女士使用的号码发送的移动电话短信息内容中载明的款项往来金额、时间与中国工商银行个人业务凭证中体现的杨先生给韩女士汇款的金额、时间相符，且移动电话短信息内容中亦载明了韩女士偿还借款的意思表示，两份证据之间相互印证，可以认定韩女士向杨先生借款的事实。据此，杨先生所提供的手机短信息可以认定为真实有效的证据，证明事实真相，本院对此予以采纳，对杨先生要求韩女士偿还借款的诉讼请求予以支持。

本案评论

在本案中，法官引用了电子签名法的有关规定裁判了本案，还是合适的。根据对本案的描述，依据电子签名法，本案中的手机短信可以作为证据。电子签名法的核心内容，在于赋予数据电文、电子签名、电子认证相应的法律地位，其中数据电文的概念非常广泛，基本涵盖了所有以电子形式存在的文件、记录、单证、合同等，我们可以理解为信息时代所有电子形式的信息的基本存在形式。在电子签名法出台实施之前，我们缺乏对于数据电文法律效力的最基本的规定，如数据电文是否符合书面形式的要求、是否能作为原件、在什么样的情况下具备什么样的证据效力等，十分不利于我国信息化事业的发展，甚至可以说，由于缺乏对于数据电文基本法律效力的规定，我们所构建的信息社会缺乏最基本的法律保障。

根据我国《电子签名法》第八条的规定，审查数据电文作为证据的真实性，应当考虑的因素是：生成、储存或者传递数据电文方法的可靠性；保持内容完整性方法的可靠性；用以鉴别发件人方法的可靠性；其他相关因素。也就是说，审查一个数据电文作为证据的真实性，主要是从该系统的操作人员、操作的程序、信息系统本身的安全可靠性等几个方面来考量的。如审查传送数据电文的系统是否具备相当的稳定性，被非法侵入、篡改的可能性有多大，操作时是否严格按照所要求的程序来进行，能否有效地鉴别发信人，等等。

在本案中，针对主要证据——手机短信息，法官根据《电子签名法》第八条的规定及相关规定审查了该证据的真实性，在确定能够确认信息来源、发送时间以及传输系统基本可靠、文件内容基本完整，同时又没有相反的证据足以否定这些证据的证明力的情况下，认可了这些手机短信息的证据力。适用法律是恰当准确的，判断方法是科学合理的，符合电子签名法的要求。

在电子签名法出台之前，可以说有很多类似的案例，主要是针对电子邮件能否作为证据。由于缺乏直接的法律规定，为此上海高院还专门出台了相关的解释，这种情况随着电子签名法的出台得到了根本的改变。

根据有关报道，本案是我国电子签名法实施后，法院依据电子签名法裁判的第一起案例，该案意义重大，意味着我国的电子签名法真正开始走入司法程序，数据电文、电子签名、电子认证的法律效力得到了根本的保障。通过电子签名法的实施，基本上所有与信息化有关的活动在法律的层面都有了自己相应的判断标准。

（案例来源：百度文库，http://wenku.baidu.com）

案例思考：

1. 电子商务发展对法律提出了哪些新的要求？
2. 与传统签名相比较电子签名存在哪些具体的特点？
3. 电子商务法律体系还需完善哪些内容？
4. 结合本案例列举一个身边的关于电子商务法律的案例。

参 考 文 献

[1] 卢金钟. 新编电子商务概论[M]. 北京：清华大学出版社，2012.

[2] 卢金钟. 新编电子商务概论[M]. 2 版. 北京：清华大学出版社，2015.

[3] 卢金钟，张昭俊. 电子商务物流管理 [M]. 北京：清华大学出版社，2013.

[4] 刘玉霞. 电子商务英语[M]. 北京：清华大学出版社，2014.

[5] 吴吉义. 电子商务概论与案例分析[M]. 北京：人民邮电出版社，2008.

[6] 赵莉，吴学霞. 电子商务概论[M]. 武汉：华中科技大学出版社，2009.

[7] 黄海滨. 电子商务概论[M]. 上海：上海财经大学出版社，2010.

[8] 仝新顺，等. 电子商务概论[M]. 北京：清华大学出版社，2010.

[9] 徐丽娟. 电子商务概论[M]. 北京：机械工业出版社，2009.

[10] 邵兵家. 电子商务概论[M]. 北京：高等教育出版社，2006.

[11] 朱美虹. 电子商务与现代物流[M]. 北京：中国人民大学出版社，2009.

[12] 屈冠银. 电子商务物流管理[M]. 北京：机械工业出版社，2009.

[13] 戴建中. 电子商务概论[M]. 北京：清华大学出版社，2009.

[14] 仝新顺，陈金法. 电子商务概论[M]. 郑州：中原出版传媒集团，中原农民出版社，2008.

[15] 王伟军. 电子商务概论[M]. 北京：首都经济贸易大学出版社，2009.

[16] 彭欣. 网络营销实用教程[M]. 2 版. 北京：人民邮电出版社，2009.

[17] 刘扬林. 网络经济学基础[M]. 北京：清华大学出版社，2008.

[18] 朱小立. 电子商务应用[M]. 北京：机械工业出版社，2009.

[19] 闵敏，吴凌娇等. 电子商务实用基础[M]. 北京：机械工业出版社，2009.

[20] 黄宗捷. 网络经济学[M]. 北京：中国财政经济出版社，2001.

[21] 闫丽丽，金志芳. 电子商务概论[M]. 北京：化学工业出版社，2008.

[22] 刘培刚，郑亚琴. 网络经济学[M]. 上海：华东理工大学出版社，2007.

[23] 孙运传，等. 电子商务[M]. 2 版. 北京：北京理工大学出版社，2007.

[24] 陈宝昌，倪红耀. 电子商务概论[M]. 北京：中国财政经济出版社，2009.

[25] 沈美丽，等. 电子商务基础[M]. 北京：电子工业出版社，2010.

[26] 邹德军. 电子商务应用案例[M]. 北京：机械工业出版社，2010.